法商概论

鲁晓明 | 主　编
谢　伟　刘　薇 | 副主编

INTRODUCTION TO LAW AND COMMERCE

法律出版社 LAW PRESS · CHINA
北京

图书在版编目（CIP）数据

法商概论／鲁晓明主编. -- 北京 ：法律出版社，2025. -- ISBN 978-7-5244-0307-4

Ⅰ. D922.291.914

中国国家版本馆 CIP 数据核字第 2025AQ3931 号

法商概论
FASHANG GAILUN

鲁晓明 主 编
谢 伟
刘 薇 副主编

责任编辑 陆帅文
装帧设计 贾丹丹

出版发行 法律出版社
编辑统筹 法律教育出版分社
责任校对 张翼羽
责任印制 刘晓伟
经　　销 新华书店

开本 710 毫米×1000 毫米 1/16
印张 21.75 **字数** 382 千
版本 2025 年 7 月第 1 版
印次 2025 年 7 月第 1 次印刷
印刷 三河市龙大印装有限公司

地址：北京市丰台区莲花池西里 7 号（100073）
网址：www.lawpress.com.cn
投稿邮箱：info@lawpress.com.cn
举报盗版邮箱：jbwq@lawpress.com.cn
销售电话：010-83938349
客服电话：010-83938350
咨询电话：010-63939796

书号：ISBN 978-7-5244-0307-4
定价：56.00 元

主编简介

鲁晓明,法学博士,教授,博士生导师,广东财经大学民商法学科带头人,南粤优秀教师,广东省第三届十大中青年法学家,国家社科基金重大项目首席专家,《数字法治》《广东财经大学学报》编委;在《法学研究》《中国法学》等核心期刊发表论文60余篇,出版著作9部;担任中国法学会民法学研究会常务理事、中国法学教育委员会理事等学术兼职。

谢伟,法学博士,教授,硕士生导师,广东财经大学经济法学科带头人;中国法学会环境资源法学研究会理事,广东省法学会经济法学研究会副会长,美国佩斯大学法学院访问学者;曾先后在《法学评论》《政治与法律》等核心刊物发表学术论文20余篇,主编教材4部,出版学术专著5部,主持省部级教研科研项目10余项。

刘薇,法学博士,教授,硕士生导师,广东财经大学法律硕士(JM)教育中心主任,日本北海道大学访问学者;在《甘肃社会科学》《学术界》等核心刊物发表论文30余篇,出版著作4部;担任广东省法学会法理学研究会常务理事,佛山市三水区区委、区政府第四届法律顾问等。

编写说明

法与商的关系是一个古老而又生生不息的重要命题。历史经验已经证明,商事活动需要法律的规范和保障。市场经济是法治经济,因而法与商的关系便成为市场经济兴衰的一个风向标。发达的市场经济必然要求完备的法治保障,缺乏法律规制的市场经济必然陷入失序和混乱。因而,法治化营商环境成为现代市场经济持续发展必备的要素之一。

法商融合是广东财经大学的办学特色之一。法商融合要求培养出的学生要精通经济学规律,兼通法律。"法商概论"课程是广东财经大学法商融合代表性课程之一。本书作为与此课程相配套的专用教材,从法与商的关系着手,阐述了法的一般理论。在此基础上,精心拣选民法、商法和经济法中具有代表性的基本法律进行重点诠释,力图使学生能够认识、理解和掌握与市场经济活动密切相关的基本法律制度,从而奠定法商融合、精商通法的理论基础。

本书第一章由刘薇编写,第二章由鲁晓明编写,第三章、第四章、第五章由姚志伟、黄泷一编写,第六章由王雪丹编写,第七章由靳羽编写,第八章、第九章、第十章由谢伟编写。由于编者水平有限,本书中的错讹之处在所难免,恳请读者批评指正。

目　　录

第一编 | 法与商的基础概论

第一章　法的基本原理　3
　第一节　法律的基本概念　3
　第二节　法律关系　17

第二章　法与商的关系　22
　第一节　商的含义　22
　第二节　法与商的基本关系　24
　第三节　法律与社会主义市场经济法治建设　26

第二编 | 民事法律制度

第三章　基本民事法律制度　33
　第一节　民事法律行为制度　33
　第二节　代理制度　53
　第三节　诉讼时效制度　63

第四章　物权法律制度　69
　第一节　物权法律制度概述　69
　第二节　所有权　82
　第三节　用益物权　97
　第四节　担保物权　107

第五章　合同法律制度 124
第一节　合同法律制度概述 124
第二节　合同的订立 128
第三节　合同的效力 136
第四节　合同的履行 137
第五节　合同的担保与保全 147
第六节　合同的变更、转让与终止 154
第七节　违约责任 166

第三编 | 商事法律制度

第六章　公司法律制度 175
第一节　公司法基本理论 176
第二节　股份有限公司 183
第三节　有限责任公司 188
第四节　公司解散和清算 194

第七章　证券法律制度 205
第一节　证券法律制度概述 206
第二节　股票的发行、上市与交易 228
第三节　公司债券的发行与交易 251

第四编 | 经济法律制度

第八章　反垄断法律制度 275
第一节　反垄断法概述 275
第二节　反垄断法规制的主要垄断行为 280
第三节　对涉嫌垄断行为的监督检查和相关法律责任 293

第九章　反不正当竞争法律制度 302
第一节　反不正当竞争法概述 302
第二节　反不正当竞争法规制的主要不正当竞争行为 303
第三节　对不正当竞争行为的监督检查和相关法律责任 312

第十章　消费者权益保护法律制度 318
第一节　消费者权益保护法概述 318
第二节　消费者的权利和经营者的义务 321
第三节　消费者权益的保护和争议的解决 331

第一编

法与商的基础概论

法是在对人类生活经验进行总结的基础上形成的，由国家制定或认可并普遍适用的，调整社会关系的规则。法通过对社会成员行为的规范和引导，实现立法者所追求的社会秩序与公平正义目标。在商事活动中形成的各种具体商事关系，是法律调整的重要对象。

根据我国《宪法》的规定，我国“实行依法治国，建设社会主义法治国家”。依法治国是对新中国历史经验进行深刻总结的结果，是发展社会主义市场经济的客观需要。全面推进依法治国，离不开党的领导。社会主义市场经济本质上是法治经济。在平等保护市场主体的产权和其他合法权益、营造公平竞争的良好商事环境、完善国有资产管理体制、创新和完善宏观调控等方面，法治都发挥着至关重要的保障作用。

随着社会主义市场经济的不断发展，法与商的关系也变得越来越密切，二者的融合发展已经成为现实。这意味着法律和商事行业的相关人员都需要掌握相应的知识以适应市场的需要。一方面，法律从业人员需要了解商业运营的相关知识，才能更好地为客户提供服务；另一方面，商事主体需要了解并掌握各种法律法规，不断完善自身的法律知识并提升运用能力，从而预防商业风险、保护自身利益。

第一章　法的基本原理

本章概览

科学研究是最高的理性认识。理性认识的产生和发展是一个形成概念并将概念序列化、体系化的过程。概念是理论的载体,概念的形成和发展过程同时也是理论和理论体系形成和发展的过程。科学概念以其内涵和外延的确定性标准促进认识的精确化和精细化,以其包容的想象力、新思维、新视野推进认识的拓展和深化,以其对事物本质和客观世界规律的正确反映指导人们的行为、提高人们实践活动的自觉性和能动性。

法学之所以是科学,其重要标志之一就在于形成了一个内容丰富、逻辑严谨的概念体系和理论体系。本章所分析的法的概念、基本特征、法律规范、法律渊源、法律关系以及全面依法治国等都是法学体系的基本概念。

第一节　法律的基本概念

一、法的概念与基本特征

(一)“法”与“法律”的语义

据我国历史第一部字书——东汉许慎编著的《说文解字》的考证,汉语中的“法”的古体是“灋”。“灋,刑也,平之如水,从水;廌,所以触不直者去之,从去。”[1]这一解释表明:第一,古代的“法”和“刑”是通用的。古代的刑既有杀戮、罚罪之意,也有规范之意。第二,“平之如水,从水”,表明法有“公平”之意。第三,“廌,所以触不直者去之,从去”,表明法有“明断曲直”之意。据说廌是一种神兽,

[1] (东汉)许慎撰:《说文解字》,中华书局1985年版,第326页。

《神异经》称之为“獬豸”,其“性知有罪……有罪则触,无罪则不触”。

在古代文献中,“法”除与“刑”通用外,也往往与“律”通用。据《尔雅·释诂》记载,在秦汉时期,“法”与“律”二字已同义,都有常规、均布、划一的意思。《唐律疏议》更明确指出:“法亦律也,故谓之为律。”书中又称,战国时李悝“集诸国刑典,造《法经》六篇……商鞅传授,改法为律”[1]。故“法”与“律”复合,作为独立合成词“法律”,虽在古代文献中偶尔出现过,但主要是近现代的用法。清末以来,“法”与“法律”是并用的。

在现代汉语中,“法律”一词有广义和狭义两种用法。广义的“法律”指法律的整体。例如,就我国现在的法律而言,它包括宪法、全国人大及其常委会制定的法律、国务院制定的行政法规、地方国家权力机关制定的地方性法规以及民族自治地方的人民代表大会制定的自治条例和单行条例等。狭义的法律仅指全国人大及其常委会制定的法律。为了加以区别,学者们有时把广义的法律称为“法”,把狭义的法律称作“法律”,但在很多场合下,根据约定俗成的原则和话语习惯,“法”与“法律”是通用的,如“改革于法有据”“权大还是法大”“法律体系”“宪法法律至上”“法无明文规定不为罪”等。

在我国当代法学理论中,法律有广狭两层含义。广义的“法律”是指法的整体,包括法律、有法律效力的解释及行政机关为执行法律而制定的规范性文件(如规章)。而狭义的“法律”则专指拥有立法权的国家机关依照立法程序而制定的规范性文件。另外,我国也有一些学者认为,需要从“自然法”观念出发来区分“法”与“法律”,这里的“法”是指高于制定法之上并能衡量制定法善恶的某些特定的标准;而“法律”只是国家机关制定的法律规则。

在我国现代法律制定中,“法律”也有广狭两层含义:广义的法律是指包括宪法、法律、行政法规在内的一切规范性法律文件;狭义的法律是指全国人大及其常委会制定的法律。

(二)法的本质

关于法的本质,资产阶级法学家有过各种各样的论述,其中具有代表性的有意志说、命令说、规则说、判决说、行为说、社会控制说、事业说等。资产阶级法学家关于法的本质的论述总体上是以唯心主义或形而上学为哲学基础的,具有形式主义或神秘主义的特点,他们或者从法的表面现象来论述法的本质,或者从先验的精神世界寻找法的本质,其要害是用似是而非的言辞和定义掩盖资本主义社会法的资

---

[1] (唐)长孙无忌等撰,刘俊文点校:《唐律疏议》,中华书局1983年版,第2页。

产阶级本质。

马克思主义经典作家关于法的本质的论述与资产阶级法学家关于法的本质的种种观点,形成鲜明对照。第一,马克思主义经典作家的论述揭示了法与统治阶级的内在关系。虽然资产阶级法学家的论述中包括了法是意志的体现、法以利益为基础、法是调整社会关系的准则等方面,但这些论述都没有把法与统治阶级联系起来,并未揭示出法是统治阶级意志的体现,是以统治阶级利益为出发点和落脚点的,是从统治阶级的立场,根据统治阶级的利益主张和价值标准,来调整社会关系的,都没有抓住法的本质或实质。马克思主义经典作家的论述则做到了这一点,从而为人们理解法的本质提供了一把"金钥匙",其意义不亚于"剩余价值学说"对于经济学的革命性意义。第二,马克思主义经典作家的论述揭示了法与国家的必然联系。法与国家的关系是法学的一个原则问题,这个问题不解决,就不可能科学地说明法的问题。资产阶级法学家从来没有很好地解决这个问题,他们往往把那些与国家没有直接联系的社会规范(非出自国家的社会规范)当作法,混淆了法与非法的界限,同时掩盖了资本主义国家的阶级本质。第三,马克思主义经典作家的论述揭示了法与社会生产方式的因果联系。资产阶级法学家往往在抽象的"人性"、"精神世界"或"权力意志"之中寻找法的本源。与他们不同,马克思主义经典作家则深入法的背后寻找法的本源,揭示法的本质,指出法的本质既不能从它们本身来理解,也不能从人类精神的一般发展来理解,"只有理解了每一个与之相应的时代的物质生活条件,并且从这些物质条件中被引申出来的时候,才能理解"〔1〕。由于揭示了法与统治阶级、国家、社会物质生活条件的必然联系,马克思主义经典作家的论述推进了法学理论的根本变革。

(三)法的基本特征

法的特征是法的本质的外化,是法与其他现象或事物的基本关系的表现。由于法与各种各样的现象或事物有着多方面的联系,法也就具有多方面的特征。总体而言,可以把法的基本特征概括为以下五点。

1. 法是由一定物质生活条件所决定的统治阶级意志的体现

马克思主义认为,统治阶级的意志通过法律的形式上升为国家意志。法作为统治阶级意志的体现,同时又具有代表全社会的属性。因此,一方面,法代表的是统治阶级的整体意志,而不是统治阶级中个别人或个别集团的意志;另一方面,法也根据不同阶级、阶层和利益群体相互斗争和妥协的具体情况,尽可能关注被统治

〔1〕《马克思恩格斯选集》(第2卷),中共中央马克思恩格斯列宁斯大林著作编译局编译,人民出版社1995年版,第38页。

阶级和社会弱势群体等的权利和利益。但是,在本质上,法仍集中体现统治阶级的利益。

从现象层面认识法,法被认为是国家意志。从本质层面认识法,法是统治阶级意志的体现,这是对法本质认识的第一层次;法所反映的统治阶级意志受到物质生活条件的制约,这是对法本质的更深层次的认识。

2. 法是调整人的行为的社会规范

社会规范是指人们社会行为的规矩和社会活动的准则。法是一种社会规范,即一种制度、一种标准、一种尺度,是我们所有人都要遵照执行的,属于社会规范的范畴。法是解决主体行为问题的,不解决思想问题、观念问题。法的调整对象仅仅是人们的行为,而不涉及离开行为的单纯的人的观念、思想和灵魂。例如,一个人在心里总想着要杀死某人,但是一直都没有实施任何杀人行为,法律不会对此进行调整,也没有必要调整。虽然法不针对思想,但是并不等于它毫不关注行为人的主观心理状态。例如,刑法中的故意与过失、民法中的过错,都是对行为人主观心理状态的考察。另外,法通过调整人们的行为,可以影响人们的思想、观念等主观方面,在调整和规制人的行为时也会考虑行为人的主观方面。法律上对主观心理状态的判断是建立在行为基础之上的推定,也就是说,我们是通过行为人的行为进而推定其具有某种特定的心理状态。

3. 法是由国家制定或认可的社会规范

社会规范泛指在人类社会生活中调整人们之间交互行为的准则。社会规范的种类繁多,法律规范只是其中的一种,此外还有道德规范、宗教规范、礼仪、政治规范(政治集团的章程、政治生活准则)、经济规范(经济交往中应遵守的规则、惯例)、职业规范等。法律规范区别于其他社会规范的首要之处在于:法律规范是由国家制定或认可的普遍适用于一切社会成员的规范。

由国家制定或认可,是国家创制法的两种方式。国家制定的法,即通常所说的"成文法",是由有权创制法律规范的国家机关制定的。在不同的社会制度、政治制度和法律传统下,国家制定法律的方式有所不同。国家认可的法一般是指习惯法。习惯法是根据调整社会关系的需要,由国家立法机关或司法机关赋予社会上既存的某些习惯、教义、礼仪等以法律的效力而形成的法律规范,或者是法官对特殊的地方习惯的认可。由于它们一般不是通过规范性文件表现出来的,所以被称作"不成文法"。随着社会的发展,国家治理与社会调节形成良性互动关系,越来越多的社会规范得到国家立法、执法和司法机关的认可而具有法律效力,如执政党的规范性政策、在经济社会领域广泛存在的公序良俗等。

法既然是由国家制定和认可的,它就必然具有国家意志的属性,因此具有高度的统一性、极大的权威性。这种统一性是从国家权力和国家意志的统一性中引申出来的。法的统一性,首先是指各个法律规范之间在根本原则上的一致,其次是指一个国家原则上只能有一个总的法律体系,且该法律体系内部各规范之间不能相互矛盾。在联邦制国家或实行“一国两制”的国家,联邦成员法律之间、不同社会制度区域法律之间可能存在差异,但就联邦成员内部、同一区域内部而言,法律规范体系是一致的。法的统一有赖于国家的统一和政权稳定。从法的统一性又可引申出法的普遍适用性,即法作为一个整体在本国主权范围内具有普遍的约束力,任何国家机关、团体和个人都不得超越法律或者凌驾于法律之上。法的权威性主要指法的不可违抗性,法律的权威代表着国家的权威,任何国家都不会容忍违法行为。

4. 法是以权利义务为主要内容的社会规范

法通过规定人们的权利和义务,影响人们的行为动机,指引人们的行为,调节社会关系。法所规定的权利和义务不仅指个人、组织(法人)及国家(作为普通法律主体)的权利和义务,还包括国家机关及其公职人员在依法执行公务时所行使的职权和职责。

法以规定人们的权利和义务为自己的主要内容,所以,法属于“应然”的范畴,而不属于“实然”的范畴。法律告诉人们,当某一预设(假定)的条件存在时,某种行为就可以作出(许可)、必须作出(命令)或者不得作出(禁止)。法律同客观规律既有联系,又有区别,同客观规律既可能一致,也可能不一致甚至违反客观规律。这是因为法是由人制定的规则,是立法者主观意志的反映,因而法能否反映客观规律取决于立法者对客观规律的认识程度和尊重程度,而立法者的认识要受到许多限制,不但常常受科学认知水平和技术条件的限制,也受客观事物发展过程及其表现程度的限制。由于这些限制,人们对规律的认识不可避免地会出现偏差,据此制定的法肯定会在一定程度上偏离客观规律,甚至违背客观规律。

5. 法是由国家强制力保证实施的社会规范

任何一种社会规范,都有保证其实施的社会力量,即都有某种强制性。然而,不同社会规范的强制性在性质、范围、程度和方式等方面是不尽相同的。例如,道德是依靠人们的内心信念、社会舆论实施的,违反道德者通常会受到社会舆论的轻蔑、谴责;如果他是一个组织的成员,还可能同时受到所属组织(如政党、共青团、妇联、工会等)的处分。在这里,每一个有关的组织、每一个社会成员,都可以把违反道德的责任直接同违反者联系起来,直接对其实施道德制裁,而不一定经由特定的程序,也不一定借助系统的国家强制力。法的实施则不同,法是由国家强制力保证实施的,对违法和犯罪行为,国家将通过一定的程序对行为者进行强制制裁。

在社会主义社会,法律的实施虽然离不开国家的强制力量作为最后一道防线,但在其实施过程中起经常性保证作用的是法律自身的道德力量,是人们对法律的认同、尊重和信仰。在社会主义制度下,所有的公民,从国家元首、执政党的领袖到普通工人和农民,都既享有权利,又负有义务,享有的权利越多,承担的义务也越多;并且作为手段,社会主义法定权利和义务都是以人民的根本利益为依据的,都是为了巩固和发展社会主义民主和社会主义经济制度,建设社会主义物质文明、精神文明、政治文明、社会文明、生态文明,满足人民群众的物质利益和精神上自由发展的需要。这是空前公正合理的,能够引起绝大多数人的心理认同、道德拥护和自觉遵守。

(四)法的定义

法的定义可以分为两大类:一类是非马克思主义的;另一类是马克思主义的。从总体上看,虽然非马克思主义法学关于法本质的理论也包含着富有启迪性的见解,但它们都不是真正科学和比较完备的法学理论。马克思主义创始人从唯物史观出发,从不同侧面和角度对法的概念作了不少定义式的表述,深刻地揭示了法的本质和基本特征。马克思和恩格斯在《德意志意识形态》一书中指出,在一定的物质生产关系中,“占统治地位的个人除了必须以国家的形式组织自己的力量外,他们还必须给予他们自己的由这些特定关系所决定的意志以国家意志即法律的一般表现形式”。“由他们的共同利益所决定的这种意志的表现,就是法律。”[1] 1848年马克思和恩格斯在《共产党宣言》中指出:“资产阶级法不过是被奉为法律的资产阶级意志,而这种意志的内容是由资产阶级的物质生活条件所决定的。”这揭示了法的概念的核心内涵,指明了给法下科学定义的基本要素,也为研究法的本质和基本特征提供了科学的立场、观点和方法。

根据马克思主义关于法的一般理论,吸收国内外法学研究的成果,可以把法定义为:法是指由国家制定或认可的、以权利义务为主要内容并通过国家强制力保证实施的,反映由特定物质生活条件所决定的统治阶级意志,以确认、保护和发展统治阶级所期望的社会关系和社会秩序为目的的行为规范体系。

二、法律规范

(一)法律规范的概念与特征

法律规范是由国家制定或认可的,具体规定主体权利、义务及法律后果的行为准则。法律规范是法律构成的基本单位,具体体现法律的属性,实现法律的功能。

---

〔1〕《马克思恩格斯全集》(第3卷),人民出版社1960年版,第378页。

法律规范具有如下特征：(1)法律规范具体规定权利、义务及法律后果；(2)法律规范规定主体的行为模式，具有可重复适用性和适用的普遍性；(3)法律规范的可操作性强，确定性程度高。

法律规范不同于规范性法律文件。规范性法律文件是以规范化的成文形式表现出来的各种法的形式的总称，是有权制定法律规范的国家机构制定或发布的，具有普遍拘束力的法律文件，如《公司法》《上市公司信息披露管理办法》等。规范性法律文件是表现法律内容的具体形式，是法律规范的载体。

法律规范不同于国家的个别命令，后者虽然也有法律效力，但其效力仅针对特定的主体或场合，不具有可重复适用性和普遍适用性。如立法机关的个别决定、行政措施、司法机关的判决等，其直接功能在于赋予特定法律主体法律地位或资格，或者是确认特定主体之间的权利义务关系或法律责任。

法律规范不同于法律条文。法律条文是法律规范的文字表述形式，是规范性法律文件的基本构成要素；法律规范是法律条文的内容，法律条文是法律规范的表现形式。法律规范是法律条文的内容，但法律条文的内容还可能包含其他法律要素，如法律原则等。同时，法律规范与法律条文也不是一一对应的，一项法律规范的内容可以表现在不同法律条文甚至不同的规范性法律文件中，同样，一个法律条文中也可以反映若干法律规范的内容。

(二)法律规范的种类

按照不同标准可以对法律规范进行不同的分类，例如，按照法律调整的是国内关系还是国际关系，可以将法律规范分为国内法规范和国际法规范；按照法的渊源形式，可以将法律规范分为成文法规范和不成文法规范；按照法律调整的对象和领域，可以将法律规范分为不同部门法律规范等。而在法的应用意义上，下面几种分类更为重要。

1. 授权性规范和义务性规范

这是根据法律规范为主体提供行为模式的方式进行的区分。授权性规范是规定人们可以作出一定行为或者可以要求别人作出一定行为的法律规范。该类规范肯定了主体为实现其利益所必需的行为自由，立法语言通常表现为“可以……”“有权……”“享有……权利”等。义务性规范是规定人们必须做出某种行为或者不做出某种行为的法律规范。义务性规范又可分为命令性规范和禁止性规范。命令性规范是指规定人们的积极义务，即规定主体应当或必须作出一定积极行为的规范，通常表达为“应(当)……”“(必)须……”“有……义务”等。禁止性规范是指规定人们的消极义务(不作为义务)，即禁止人们作出一定行为的规范。禁止性规范通过禁止主体作出某些行为,以实现权利人的利益,立法语言通常表现为“不得……”“禁止……”等。

2. 强行性规范和任意性规范

这是根据法律规范是否允许当事人进行自主调整,以及按照自己的意愿设定权利和义务的标准进行的区分。强行性规范是指所规定的义务具有确定的性质,不允许任意变动和伸缩的法律规范。任意性规范是指在法定范围内允许行为人自行确定其权利义务的具体内容的法律规范。它允许人们自行选择或协商确定作为与不作为、作为的方式以及法律关系中权利义务的具体内容。根据任意性规范协商确定的规则,在当事人之间具有法律约束力,只有在当事人没有约定的情况下,才适用法律的一般规定。

3. 确定性规范和非确定性规范

这是根据法律规范内容的确定性程度进行的区分。确定性规范是指内容已经完备明确,无须再援引或参照其他规范来确定其内容的法律规范。绝大多数法律规范属于此类规范。非确定性规范是指没有明确具体的行为模式或者法律后果,需要引用其他法律规范来说明或补充的规范,具体包括委任性规范和准用性规范。委任性规范是指只规定某种概括性指示,具体内容则由有关国家机关通过相应途径或程序加以确定的法律规范。准用性规范是指本身没有具体的规则内容,而是规定可以援引或参照其他有关规定内容的法律规范。如《民法典》第656条规定:“供用水、供用气、供用热力合同,参照适用供用电合同的有关规定。”

(三)法律规范的逻辑结构

法律规范的逻辑结构是指法律规范的构成要素及要素间在逻辑上的相互关系。通常认为,一个完整的法律规范由假定(或称条件)、模式和后果三部分构成。假定是指法律规范所规定适用该规范的条件和情况,它将法律规范的作用与一定的事实状态相联系,指出在发生何种情况或具备何种条件时,法律规范中的行为模式开始发挥作用。模式是指法律规范所规定的行为规则,包括可以做什么、应当做什么或禁止做什么,分别对应可为模式、应为模式和勿为模式。后果是指法律规范所规定的行为应当承担的法律后果,以表达法律规范对主体具有法律意义的行为的态度。后果分为肯定式的法律后果(合法后果)和否定式的法律后果(违法后果)。在法律规范的逻辑结构上,假定、模式是后果的前提,后果是对主体遵守或违反假定和模式的评价。

三、法律渊源

法律渊源是指法律的存在或表现形式。法律渊源表明法的效力来源,包括法的创制、方式和法律规范的外部表现形式。存在于社会中的诸种规范，何者可以被视为具有法律效力的法律规范，是法律渊源要解决的问题。不同于英美法系国家，我国主要承继成文法传统，法律渊源主要表现为制定法，不包括判例法。具体而言，我国的法律渊源主要有：

（一）宪法

宪法是由全国人大依特别程序制定的具有最高效力的根本大法。宪法规定的是国家政治、经济和社会制度的基本原则，公民的基本权利和基本义务，国家机关的组织和活动原则等国家和社会中最基本、最重要的问题。宪法具有最高效力，一切法律、行政法规、地方性法规、自治条例和单行条例、规章都不得同宪法相抵触。广义的宪法不仅包括《宪法》，还包括其他附属性宪法性文件，如《全国人民代表大会和地方各级人民代表大会选举法》《香港特别行政区基本法》等。

（二）法律

法律是由全国人大及其常委会制定和修改的规范性法律文件的总称，在地位和效力上仅次于宪法，高于行政法规、地方性法规、规章。其中，全国人大制定和修改的，调整国家和社会生活中带有普遍性的社会关系的规范性法律文件，属于基本法律，如《刑法》《民法典》等。全国人大常委会制定和修改的，调整国家和社会生活中某一方面社会关系的规范性法律文件，属于一般法律，如《公司法》《证券法》等。在全国人大闭会期间，全国人大常委会可以对基本法律进行部分补充和修改，但是不得同该法律的基本原则相抵触。全国人大常委会负责解释法律，其作出的法律解释与法律具有同等效力。

（三）法规

法规包括行政法规和地方性法规。行政法规是作为国家最高行政机关的国务院在法定职权范围内为实施宪法和法律而制定的规范性法律文件。行政法规应当依据宪法和法律制定，其地位和效力仅次于宪法和法律。根据《立法法》第 72 条第 2 款的规定，行政法规可以就下列事项作出规定：（1）为执行法律的规定需要制定行政法规的事项；（2）《宪法》第 89 条规定的国务院行政管理职权的事项。《市场主体登记管理条例》《证券公司监督管理条例》等属于行政法规。

地方性法规是有地方立法权的地方人民代表大会及其常委会就地方性事务以及根据本地区实际情况执行法律、行政法规的需要所制定的规范性法律文件的总称。地方性法规不得与宪法、法律和行政法规相抵触。地方性法规只在本辖区内适用。根据《立法法》第 80 条的规定，省、自治区、直辖市的人民代表大会及其常委会在一定条件下，有权制定地方性法规。第 81 条第 1 款规定，设区的市的人民代表大会及其常委会有权对“城乡建设与管理、生态文明建设、历史文化保护、基层治理等方面的事项”制定地方性法规；该条第4款规定，自治州的人民代表大会及其常委会也可依照该法第81条第1款的规定行使制定地方性法规的职权。

(四)规章

规章包括部门规章和地方政府规章。部门规章是国务院各部、委员会、中国人民银行、审计署和具有行政管理职能的直属机构，就执行法律、国务院行政法规、决定、命令的事项在其职权范围内制定的规范性法律文件的总称。如财政部发布的《企业会计准则——基本准则》、中国人民银行发布的《支付结算办法》、中国证券监督管理委员会发布的《上市公司信息披露管理办法》等。没有法律或者国务院的行政法规、决定、命令的依据，部门规章不得设定减损公民、法人和其他组织权利或者增加其义务的规范，不得增加本部门的权力或者减少本部门的法定职责。

地方政府规章是指有权制定规章的地方人民政府，依据法律、行政法规和本省、自治区、直辖市的地方性法规制定的规范性法律文件。其中省、自治区、直辖市和设区的市、自治州的人民政府，可以就执行法律、行政法规、地方性法规的规定而需要制定规章的事项以及属于本行政区域的具体行政管理事项，制定地方政府规章。其中，设区的市、自治州的人民政府制定地方政府规章“限于城乡建设与管理、生态文明建设、历史文化保护、基层治理等方面的事项”。没有法律、行政法规、地方性法规的依据，地方政府规章不得设定减损公民、法人和其他组织权利或者增加其义务的规范。

(五)司法解释

司法解释是最高人民法院、最高人民检察院在总结司法审判经验的基础上发布的指导性文件和法律解释的总称，如最高人民法院发布的《关于适用〈中华人民共和国民法典〉时间效力的若干规定》《关于适用〈中华人民共和国民法典〉物权编的解释(一)》等。1981年第五届全国人大常委会第十九次会议通过《关于加强法律解释工作的决议》第2条规定：“凡属于法院审判工作中具体应用法律、法令的问题，由最高人民法院进行解释。凡属于检察院检察工作中具体应用法律、法令的问题，由最高人民检察院进行解释。最高人民法院和最高人民检察院的解释如果有原则性的分歧，报请全国人民代表大会常务委员会解释或决定。”

(六)国际条约和协定

国际条约和协定是指我国作为国际法主体同其他国家或地区缔结的双边、多边协议和其他具有条约、协定性质的文件，如我国为加入世界贸易组织与相关国家签订的协议、我国与有关国家签订的双边投资保护协定等。上述文件生效以后，对缔约国的国家机关、组织和公民就具有法律上的约束力，形成法律渊源。

四、法律体系

（一）法律体系的概念和特点

法律体系是指一个国家的全部法律规范，按照一定的原则和要求，根据法律规范的调整对象和调整方法的不同，划分为若干法律部门，进而形成的有机联系、内在统一的整体。法律体系有以下几个特点：

第一，法律体系是由一个国家的全部现行法律构成的整体。也就是说，它既不是由几个国家的法律构成的整体，也不是由一个地区或几个地区的法律构成的整体，而是由一个主权国家的法律构成的整体；它既不包括一国历史上的法律或已经失效的法律，也不包括一国将要制定的法律或尚未生效的法律，只包括现行的国内法和被本国承认的国际法。

第二，法律体系是一个由法律部门分类组合而形成的呈体系化的有机整体。法律体系作为一个"体系"，它的内部构成要素是法律部门，按照一定的标准进行分类组合，呈现为一个体系化、系统化的相互联系的有机整体。"法从形式上应合理组织，内部结构要协调一致，以免由于内在矛盾而推翻自己。从这一观点来说，法应是专门的法律调节体系，或者同样地拥有系统化特征。"[1]

第三，法律体系的理想化要求是门类齐全、结构严密、内在协调。门类齐全是指在一个法律体系中，在宪法的统领下，应该具备调整不同社会关系的一些最基本的法律部门，不能有缺漏。结构严密是指不但在整个法律体系内部要有一个严密的结构，在各个法律部门内部也要形成一个由基本法律及与其相配套的一系列法规、实施细则等构成的严密结构。内部协调是指在一个法律体系中，一切法律部门都要服从宪法并与其保持协调一致，即普通法与根本法相协调、程序法与实体法相协调等。

第四，法律体系是客观法则和主观属性的有机统一。从根本意义上讲，法律体系是经济关系的反映，它必须适应于总的经济状况，因此，法律体系的形成是由客观经济规律和经济关系决定的；但从法律关系的形成过程来讲，它又离不开人的意志、主观能动性、意识形态、文化传统等作用，由此而使世界各国的法律体系呈现出不同的模式、形态等。因此，法律体系是客观法则和主观属性的有机统一。

（二）法律部门及其划分标准

"法律部门"这一概念，在有的法学著作和教材中被称为"部门法"，它是指根据

---

〔1〕［俄］B. B. 拉扎列夫主编：《法与国家的一般理论》，王哲等译，法律出版社 1999 年版，第 156 页。

一定的标准和原则，按照法律规范自身的不同性质、调整社会关系的不同领域和不同方法等所划分的同类法律规范的总和。法律部门是法律体系的基本构成，各个不同的法律部门的有机组合便成为一国的法律体系。法律部门的划分标准是：(1)法律规范所调整的社会关系；(2)法律规范的调整方法。这两方面有着较为密切的内在关系。

首先，法律是调整社会关系的行为准则，任何法律都有其所调整的社会关系，否则，就不成其为法律。法律部门就是以法律所调整的社会关系的内容为依据来确定某一部法律法规、某一项规则属于何种法律部门的，因为调整社会关系的内容决定着法律规范的性质。社会关系是多种多样且复杂变化的，人们可以将社会关系分为政治关系、经济关系、文化关系、宗教关系、家庭关系等。这些不同领域的社会关系成为法律调整的领域之后，便成了法律部门形成的基础，而调整不同领域的社会关系的法律又形成不同的法律部门。

其次，划分法律部门，还需将法律规范的调整方法作为划分标准。如可将以刑罚制裁方法为特征的法律规范归入刑法法律部门，将以承担民事责任为特征的法律规范归入民法法律部门，等等。

此外，国内有些法学论著还提出将法律规范的数量及方便归类原则等作为法律部门划分的辅助方法。

(三)当代中国的法律体系

中国特色社会主义法律体系可以划分为以下九个主要法律部门：宪法及宪法相关法、刑法、行政法、民商法、经济法、诉讼与非诉讼程序法、社会法、环境资源法、军事法。

1. 宪法及宪法相关法

宪法是国家的根本大法，规定国家的根本制度和根本任务、公民的基本权利和义务等内容。宪法相关法是与宪法相配套、直接保障宪法实施和国家政权运作等方面的法律规范的总和，主要包括四个方面：有关国家机构的产生、组织、职权和基本工作制度的法律；有关民族区域自治制度、特别行政区制度、基层群众自治制度的法律；有关维护国家主权、领土完整和国家安全的法律；有关保障公民基本权利的法律。

2. 刑法法律部门

刑法是规定犯罪、刑事责任和刑罚的法律规范的总和。刑法所调整的是因犯罪而产生的社会关系。刑法采用的调整方法是最严厉的一种法律制裁方法，即刑罚的方法。“刑网简要，疏而不失。”它在个人或单位的行为严重危害社会、触犯刑事法律的情况下,给予其刑事处罚。刑罚承担着保护社会和保卫人民的功能,承担着惩治各种刑事犯罪,维护社会正常秩序,保护国家利益、集体利益以及公民各项合法权益的重要任务。

我国法律体系中刑法类的法律主要是以《刑法》为轴心的法律规范,还有此后的12个刑法修正案等。

3. 行政法法律部门

行政法法律部门,是指有关调整国家行政管理活动中形成的社会关系的法律规范的总和,具体包括由国务院制定的有关一般行政管理的行政法规,也包括全国人大及其常委会制定的有关行政管理的法律或地方国家机关制定的有关行政管理的地方性法规。

行政法法律部门由许多单行的法律法规、地方性法规等构成,这是由国家行政管理活动的多样性、复杂性及国家管理活动的广泛性所决定的。行政法律关系主体之间的法律地位一般是不平等的,它体现了管理与被管理间的行政隶属关系。我国已制定的行政法律主要有《行政处罚法》《行政复议法》等。

4. 民商法法律部门

民商法法律部门是指调整平等主体的公民与公民之间、法人与法人之间、公民与法人之间的财产关系和人身关系以及商事关系的法律规范的总和。在我国法律体系中,民商法法律部门包括民法和商法两大种类的法律文件和规范。其中,民法调整平等主体的自然人、法人和非法人组织之间的人身关系和财产关系,主要包括物权、债权、婚姻、家庭、收养、继承等方面的法律规范。商法是在适应现代商事活动需要的基础上,从民法中分离而逐渐发展起来的法律部门,主要包括公司、证券、破产、保险、票据、海商等领域的法律规范。根据全国人大对社会主义法律体系的划分,知识产权法律制度也被划入民商法部门。

5. 经济法法律部门

经济法是调整因国家从社会整体利益出发对经济活动实行干预、管理或调控所产生的社会经济关系的法律规范的总称。经济法在承认市场对资源配置起决定性作用的前提下,通过必要的国家干预手段以克服市场的自发性、滞后性、盲目性等缺陷。经济法主要包含两个部分:一是创造平等竞争环境、维护市场秩序方面的法律,主要是反垄断、反不正当竞争、反倾销和反补贴等方面的法律;二是国家宏观调控和经济管理方面的法律,主要是有关财政、税务、金融、审计、统计、物价、技术监督、工商管理、对外贸易和经济合作等方面的法律。

6. 诉讼与非诉讼程序法法律部门

诉讼与非诉讼程序法是调整因诉讼活动和非诉讼活动而产生的社会关系的法

律规范的总和。它包括民事诉讼、刑事诉讼、行政诉讼和仲裁等方面的法律。这方面的法律不仅是实体法的实现形式和实体法内部生命力的表现,也是人民权利实现的重要保障,其目的在于保证实体法的公正实施。

我国的诉讼制度分为刑事诉讼、民事诉讼和行政诉讼三种,分别针对三类诉讼活动进行规范。此外,我国还针对海事诉讼活动的特殊性,制定了《海事诉讼特别程序法》,作为《民事诉讼法》的补充。为处理国与国之间的犯罪引渡问题,我国制定了《引渡法》,作为《刑事诉讼法》的补充。

非诉讼程序在纠纷解决中也占有重要地位。例如,我国制定了《仲裁法》,作为有效解决民事经济纠纷,保护当事人的合法权益的重要方式。《人民调解法》则将人民调解工作长期积累的经验做法上升为法律,从法律上完善人民调解制度,明确人民调解与其他纠纷解决机制的关系,加强对人民调解工作的支持和保障。

7. 社会法法律部门

社会法是调整有关劳动关系、社会保障和社会福利关系,加强民生和社会建设的法律规范的总和,它主要是保障劳动者、失业者、丧失劳动能力的人和其他需要扶助的人的权益的法律。社会法的目的在于从社会整体利益出发,对上述各种人的权益进行必要的、切实的保障。社会法是在国家干预社会生活过程中发展起来的一个法律门类,包括两个方面:第一,有关劳动关系、劳动保障和社会保障方面的法律,如《劳动法》《社会保险法》《工会法》等;第二,有关特殊社会主体权益保障方面的法律,如《未成年人保护法》《妇女权益保障法》《残疾人保障法》等。

8. 环境资源法法律部门

环境资源法是关于保护、治理和合理开发自然资源、保护环境、防治污染和其他公害以及维护生态平衡的法律规范的总称。环境资源法对于合理利用自然资源,防止环境污染和生态破坏,推进生态文明建设,保护人民健康,建设美丽中国,促进经济持续发展和社会全面进步,具有重大和深远的意义。

我国目前有关自然资源方面的法律规范主要有《森林法》《草原法》《渔业法》《矿产资源法》等;有关环境保护方面的法律规范主要有《环境保护法》《海洋环境保护法》等。

9. 军事法法律部门

军事法是指关于军事管理和国防建设方面的法律规范的总和。军事法律体系是中国特色社会主义法律体系的重要组成部分,依法治军、从严治军是强军之基,是建军、治军的基本方略。现行有效的军事法主要包括《国防法》《兵役法》等,国务院和中央军委联合制定的军事行政法规,以及中央军委制定的军事法规等。

第二节　法律关系

一、法律关系的概念和特征

法律关系是根据法律规范产生、以主体间的权利与义务关系为内容的特殊的社会关系。与其他社会关系相比,法律关系具有以下特征:

第一,法律关系是以法律规范为前提的社会关系。法律关系是社会关系的一种,但并非所有的社会关系都属于法律关系。法律关系是以相应法律规范的存在为前提的,没有法律规范就不可能产生相应的法律关系。某些社会关系领域,如友谊关系、爱情关系、政党或社会团体的内部关系等,通常不涉及法律调整,不存在相应的法律规范,所以也就不存在相应的法律关系。

第二,法律关系是以权利义务为内容的社会关系。法律关系与不具有法律意义的社会关系的重要区别,就是在法律化的社会关系中,当事人根据法律规范而分别享有一定的权利或负有一定的义务,当事人双方或数方被一条法律上的纽带——权利与义务的纽带联系在一起。法律在当事人之间设定权利与义务,从而使他们之间的行为和要求具有法律意义,可以依法予以肯定或否定评价,被给予肯定评价的行为和要求会得到法律的支持和保护,被给予否定评价的行为和要求则会受到法律的取缔甚至制裁。

第三,法律关系是以国家强制力为保障的社会关系。在法律规范中,关于一个人可以做什么、不得做什么和必须做什么的规定,是国家意志的体现,它体现了国家对各种行为的态度。根据法律规范而形成法律关系,就是法律从书本上的抽象规定变成社会中现实秩序的一种状态。如果这种现实的权利、义务关系受到破坏,就意味着国家所设定的义务被拒绝履行。因此,一旦一种社会关系被纳入法律调整范围之内,就表明国家意志不会听任它被随意破坏,并且会利用国家强制力来加以保障。依据强行性规则而形成的法律关系是受到国家强制力直接保障的,而依据任意性规则而形成的法律关系,在其受到破坏时,则需经权利人的请求,国家强制力才会出现。

二、法律关系的基本构成

一般认为,法律关系由主体、客体和内容三部分构成,这三者也称为法律关系的三要素。

（一）法律关系的主体

法律关系的主体，即法律关系的参加者，是指参加法律关系，依法享有权利和承担义务的当事人。享有权利的一方被称为权利人，承担义务的一方被称为义务人。不过需要注意的是，法律上称的“人”与日常用语所称的“人”有不完全相同的含义。法律上所使用的“人”的概念主要包括自然人和法人。

自然人是指有生命并具有法律人格的个人，是权利主体或义务主体最基本的形态，包括公民、外国人和无国籍人。不过，有生命的人并不一定在任何时空条件下都被法律视为人，即并不一定会被法律当作一个人来对待。在奴隶制中，奴隶虽然是一般意义上的人，但往往不被法律承认为人，即不具有法律上的人格。因此，自然人是一个法律概念，以有生命且有法律人格为充分必要条件。

法人是具有民事权利能力和民事行为能力，依法独立享有民事权利和承担民事义务的组织。根据法律的规定，法人可以以自己的名义拥有财产、订立合同、行使权利、履行义务、起诉或应诉，故法人也被称为拟制人。在我国，法人可分为营利法人、非营利法人和特别法人。

在法律上，国家也常常作为具有法律人格者而参加一定的法律关系，并享有权利或承担义务。例如，国家作为主权者是国际公法关系的主体，可以成为对外经济贸易关系中的债权人和债务人；在国内法上，国家可以直接以自己的名义参与国内法律关系（如发行国库券，或成为国家所有权关系主体）。当然，大多数情况下，国家是以其机关或者授权的组织作为代表参加法律关系的。

（二）法律关系的客体

法律关系的客体是法律关系主体的权利与义务所指向的共同对象，又称权利客体与义务客体。法律关系客体的形态多种多样，通常包括以下五大类。

1. 物

法律意义上的物是指法律关系主体支配的、在生产上和生活上所需要的客观实体。物既可以是自然物，如森林、土地，也可以是人的劳动创造物，如建筑物、机器、各类产品。广义上物的概念还包括财产的一般表现形式——货币及其他各种有价证券，如汇票、支票、股票、债券等。

2. 行为

一定的行为结果可以满足权利人的利益和需要，可以成为法律关系的客体。行为包括作为和不作为，前者如旅客运输合同的客体是运送旅客的行为，后者如竞业禁止合同的客体是不从事相同或相似的经营或执业活动。

3. 智力成果

人类智力活动创造的成果,包括科学著作、文学艺术作品、专利、商标等,这些成果是人们脑力活动的产物,称为智力成果。智力成果常成为知识产权法律关系的客体。

4. 人格利益

人格利益是人身权法律关系的客体,也是诸多行政、刑事法律关系的客体。具体包括公民或组织的姓名或者名称、公民的肖像、名誉、尊严,公民的人身、人格和身份等。

5. 信息

作为法律关系客体的信息,是指有价值的情报或资讯,如矿产情报、产业情报、国家机密、商业秘密、个人隐私等。随着信息时代的到来,特别是互联网的扩展和数码存储技术的发展,信息在法律关系客体中的地位将愈加重要。我国《网络安全法》第 44 条规定:“任何个人和组织不得窃取或者以其他非法方式获取个人信息,不得非法出售或者非法向他人提供个人信息。”显然,我国法律已经把信息作为法律关系的客体予以保护。

(三)法律关系的内容

法律关系的内容就是法律关系主体之间所存在的法律权利和法律义务。它是法律规范的指示内容在实际社会生活中的具体落实,是法律规范在社会关系中实现的一种状态。具体而言,法律权利是法律允许权利人为了满足自己的利益可以作为或不作为,或者要求他人为一定行为或不为一定行为,并由他人的法律义务作为保证的资格。法律义务是法律规定的义务人应当按照权利人的要求为一定行为或不为一定行为,以满足权利人的利益的约束。权利和义务之间关系密切,没有无义务的权利,也没有无权利的义务;不能一方只享受权利不承担义务,另一方只承担义务不享受权利;权利是权利人的行为自由,因此权利可以行使也可以放弃,但权利的行使有一定的界限,不得滥用权利。

三、法律关系的形成、变更与消灭

(一)法律关系形成、变更与消灭的条件

法律关系的形成、变更与消灭需要具备一定的条件。其中,最主要的条件有两个:一是法律规范;二是法律事实。法律规范是法律关系形成、变更与消灭的法律依据,没有一定的法律规范,就不会有相应的法律关系。但是法律规范只设计出了法律主体权利和义务关系的一般模式,它不是现实的法律关系本身。法律关系的

形成、变更与消灭还必须具备直接的前提条件，这就是法律事实，它是联系法律规范与法律关系的中介。

所谓法律事实，就是法律规范所规定的，能够引起法律关系形成、变更与消灭的客观情况或现象。借用霍菲尔德的话，法律事实“乃是依有效的一般法律规则足以改变法律关系者，即要么创设新关系，要么消灭旧关系，要么同时起到上述两种作用之事实”〔1〕。也就是说，首先，法律事实是一种客观存在的外在现象，而不是人们的一种心理现象或心理活动。纯粹的心理现象不能被看作法律事实。其次，法律事实是由法律规定的、具有法律意义的事实，能够引起法律关系的形成、变更或消灭。与人类生活无直接关系的纯粹的客观现象，如宇宙天体的运行，就不是法律事实。

（二）法律事实的种类

在法律实践中，法律事实多种多样，我们可以根据不同的标准将其划分为不同的种类。

1. 法律事件与法律行为

以是否以人们的意志为转移作标准，法律事实可以分为法律事件和法律行为两类。

法律事件是法律规范规定的，不以当事人的意志为转移而引起法律关系形成、变更或消灭的客观事实。法律事件又分成社会事件和自然事件两种。前者如社会革命、战争等，后者如人的生老病死、自然灾害等。这两种事件对于特定的法律关系主体而言，都是不以其意志为转移的事件。但由于这些事件的出现，法律关系主体之间的权利与义务关系就有可能形成，也有可能发生变更，甚至完全归于消灭。例如，由于人的出生便产生了父母与子女间的抚养关系和监护关系，而人的死亡却导致抚养关系、夫妻关系或赡养关系的消灭和继承关系的产生。

法律行为可以作为法律事实而存在，能够引起法律关系形成、变更或消灭。因为人们的意志有善意与恶意、合法与违法之分，故其行为也可以分为善意行为、合法行为与恶意行为、违法行为。善意行为、合法行为能够引起法律关系的形成、变更或消灭。例如，依法登记结婚的行为引起婚姻关系的成立。同样，恶意行为、违法行为也能够引起法律关系的形成、变更或消灭。例如，犯罪行为产生刑事法律关系，也可能引起某些民事法律关系（损害赔偿等）的产生或变更。

2. 肯定式法律事实与否定式法律事实

这是根据法律事实的存在形式而作的分类。肯定式法律事实是指只有当其存

---

〔1〕［美］霍菲尔德：《基本法律概念》，张书友编译，中国法制出版社2009年版，第20页。

在时,才能引起法律后果的法律事实。达到法定婚龄,男女双方完全自愿,符合一夫一妻制原则,这三个法律事实都是结婚这一法律后果出现所必须具备的事实。否定式法律事实是指只有当其不存在时,才能引起法律后果的法律事实。例如,直系血亲和三代以内的旁系血亲不准结婚,法官不应当是案件当事人或当事人的近亲属,等等。

值得指出的是,在研究法律事实问题时,应当看到这样两种复杂的现象:(1)同一个法律事实(事件或者行为)可以引起多种法律关系的产生、变更或消灭。例如,工伤致死事件,不仅导致劳动关系、婚姻关系的消灭,而且导致劳动保险合同关系、继承关系的产生。(2)两个或两个以上的法律事实引起同一个法律关系的产生、变更或消灭。例如,房屋买卖关系,除双方当事人签订买卖协议外,还须向房管部门办理登记过户手续方产生效力,相互之间的关系也才能够成立。在法学上,人们常常把两个或两个以上的法律事实所构成的一个相关的整体称为"事实构成"。

推荐阅读

1. 张文显主编:《法理学》(第5版),高等教育出版社2018年版。
2.《法理学》编写组:《法理学》(第2版),人民出版社、高等教育出版社2021年版。
3.《习近平谈治国理政》(1-3卷),外文出版社2018-2020年版。
4.《中共中央关于全面推进依法治国若干重大问题的决定》,人民出版社2014年版。
5. 沈宗灵主编:《法理学》(第2版),高等教育出版社2009年版。
6. 李光灿、吕世伦主编:《马克思、恩格斯法律思想史》(修订版),法律出版社2001年版。
7. [英]哈特:《法律的概念》(第3版),许家馨、李冠宜译,法律出版社2018年版。
8. [美]E. 博登海默:《法理学:法律哲学与法律方法》,邓正来译,中国政法大学出版社2017年版。

第二章　法与商的关系

本章概览

法学上的“商”，既具有一般文化意义上“商”的内涵，又与之有一定的区别。商活动作为社会物质资料的生产、交换、分配和消费行为，在现代社会中具有基础性地位。“法”与“商”有着密切而复杂的关系。法律作为上层建筑的组成部分，是经济基础的反映。法律作为上层建筑，对经济基础具有反作用。法治是最好的营商环境，市场经济的发展离不开法律的规范和引导，法律体系越完善，市场就越发达，经济就越繁荣。

第一节　商的含义

现代汉语中“商”一词，英语表述为“commerce”，德语中称“der handel”，日语中叫“商业”，西班牙语表述为“negocios”，意大利语称“affair”。

“商”作为一个古老的用语，是一个被多学科普遍使用又相对抽象的概念，在不同语境和不同社会历史条件中含义往往不同。在语源上，商具有多重含义。在古代汉语中，商是一种计时单位。“商，刻也”〔1〕，一刻称为一商。其后又扩展至“估算”“推测”等意，所谓“商，从外知内也”〔2〕。进而发展到与量合用，称为“商量”，引申为协商的意思。有时，人们还会在“赏赐”“经常”等意义上使用“商”一词。在汉语中，“商”既指商业或商业活动，又指商人。颜师古曰：“本，农业也；末，工商也。”〔3〕此处的商，即为商业。而商贾、厂商等所说之商，则指商人。

〔1〕《集韵·阳韵》。
〔2〕《说文·内部》。
〔3〕《汉书·食货志》。

从一般文化意义上来说,商、商业、商活动都表明一种经济活动。就这一层面而言,商可指人们之间围绕物之利用形成的关系或地位。在经济生活中,人们最初是在相互交换和互通有无这一意义上使用商的概念,因而,商总是与贸易活动联系在一起。在人类社会早期,古老的商活动主要是物的交换,它以互通有无、满足基本生活需要为前提。因为没有货币,商主要作为一般价值标准存在。“通财鬻货曰商”〔1〕,“商之谓言章也,章其远近,度其有无,通四方之物,故谓之商”〔2〕。随着商品贸易的发展,交易规模不断扩大,“商”逐渐演变为一种以营利为目的的活动。一个以从事交易活动为职业、从中获得利益的阶层出现,这便是商人。“商”的内涵因之不断丰富,不仅非营利的交换活动为商,而且以营利为目的的交易活动也为商。“商”不仅指一种交易行为,有时也特指从事这一行为的人〔3〕。随着商品经济的发展,商的范围不断扩大,内涵也不断变化。“商”这一概念既呈现出发展性、阶段性与丰富性特征,又具有相对的稳定性。

在日常生活中,人们常常将各种形式的物的买卖与交易活动都视为商。除传统意义上的买卖外,加工制造、批发、代理、信托经纪、仓储、交通、金融、保险、证券、信息、娱乐、饮食服务等商品经济所及的各个领域都具有“商”的意义。

在现代社会,人们习惯在多个层次使用“商”一词,“商”的概念已经发展成为横贯社会学、经济学、法学等多学科、多层次的概念。在社会学意义上,“商”主要指介于农业、工业及生产者与消费者之间,与农业、工业等相对应的一种社会分工,是社会职业的一种分类。从经济学意义上来说,“商”主要是指物质流通和分配活动,是沟通生产与消费的流通环节,即产品由生产者流转到消费者的渠道和中介。经济学上的这一理解,显然是一种狭义的理解。而法学层面的商,范围要比经济学上的广泛得多。不仅仅物质的流通活动,物质的分配活动和生产活动,都被视为商。

尽管各国法律均没有对“商”作出明确定义,但经过长期发展,法学界对“商”的理解已经相对确定。法学上的“商”,既具有一般文化意义上“商”的内涵,又与之有一定的区别。法学意义上“商”的概念,既有狭义层次,也有广义层次。

狭义层次的“商”,是指与经营活动联系在一起,以营利为目的的生产和流通行为。只有生产和流通行为与经营联系在一起,即生产和流通是为了一定的营利目的而为时,这种行为才可以被视为法律意义上的商。这一层次的“商”,是在对商事习惯和不同时期商事实践进行概括的基础上逐渐形成的。随着贸易活动的发展,

---

〔1〕《汉书·食货志》。

〔2〕《白虎通·商贾》。

〔3〕 范健、王建文:《商法学》,法律出版社 2007 年版,第 3 页。

尤其是货币和早期资本主义的发展,传统以物易物的商品交换行为逐渐失去意义,专门以营利为目的职业阶层出现。凡属以营利为目的、从事媒介交易的行为,皆被认为商。这种意义上的商具有如下特点:第一,具有营利性,即是以获得经济利益为目的和动机的专门活动。至于在经营活动中是否真正盈利,并不影响经营活动的营利性。第二,具有营业性,即是以营利为目的,持续进行的经营活动。偶尔一次获取利益的买卖行为并非持续从事的营利性活动,不具有营业性,故不属于商的范围。法学学科意义上作为民商法之有机组成部分、被认为属于民法特别法的商法,即是从狭义层次而言。

广义层次的"商",则是指一切物质的生产、分配和流通行为,泛指一切经济活动。本书以"法商概论"命名,其中关于"商"这一概念的含义,有别于作为部门法的"商法"中"商"的含义,并不特指以营利为目的营业行为,而是概指一切有关经济的活动。从这一意义上来说,也不同于经济学意义上的"商"。本节所指的法与"商"的关系,基本等同于最广泛层面的法与经济的关系。本书所称之"法商概论"则大致可概括为涉及国家有关经济的法的理论。

商活动作为社会物质资料的生产以及交换、分配和消费行为,在现代社会中具有基础性地位。商活动既是物质产品的生产活动,也是物质产品的流通活动。生产是创造产品、从无到有的过程,或者是从一种产品转化为另一种产品的过程,这一过程创造的是产品的使用价值。流通是指商品从生产出来到使用者之间的环节,主要包括产品的运输、保存以及资本的周转等内容。人类社会生存和发展需要用物质产品不断满足人们的需求。人类欲望的无止境性与资源的稀缺性决定了人们需要作出选择,用既定的资源生产什么、如何生产和为谁生产,进行资源配置和利用,也就是进行经济活动。

第二节　法与商的基本关系

经济与法律是人类社会的两大基本领域,两者有着密切和复杂的关系。

马克思主义认为,经济基础与上层建筑矛盾运动的规律,是人类社会发展的基本规律。经济基础决定上层建筑,法律作为上层建筑的组成部分,是经济基础的反映。"先有交易,后来才由交易发展为法制……这种通过交换和在交换中才产生的实际关系,后来获得了契约这样的法的形式。"[1]恩格斯指出,把每天重复着的生

[1] 《马克思恩格斯全集》(第19卷),人民出版社1963年版,第423页。

产、分配和交换产品的行为用一个共同规则概括起来,设法使个人服从生产和交换的一般条件。这个规则首先表现为习惯,后来便成了法律。[1]

经济基础对于法的决定作用,具体体现为:其一,经济决定法律的性质。有什么性质的经济基础,就有什么性质的法律上层建筑。法律是伴随商品经济的出现而产生的,是商品经济的产物。其二,商业经济关系决定法律的内容。从某种意义上来说,一切法律问题归根结底都是经济关系的反映和要求,法的关系根源于物质的生活关系。"无论是政治的立法或市民的立法,都只是表明和记载经济关系的要求而已。"[2]其三,商业经济决定法律的发展变化趋势。商品经济发展程度及其对法律的需求程度,直接决定法律的发展程度。其四,商业经济决定法律的实现程度。法律的价值相当程度上以满足人们经济生活需要为衡量尺度。可以说,有什么样的经济基础就有什么样的法律。

当然,经济基础决定法律是在最终意义上来说的,既不是说经济基础之外的因素对法律没有重要影响,也不是说法律可自发地从经济基础中产生。一国的历史传统、道德和宗教观念、风俗习惯以及国际环境等,都能对法律产生重大影响,而且经济基础决定上层建筑是一个复杂的过程。法律尽管决定于经济要求,但并不意味着总会自动地体现经济生活的客观要求,也不意味着不会出现违反经济规律的法律。事实上,因为立法者认识水平等种种原因,违反经济规律的法律总是客观存在的,只不过最终会被淘汰而已。

法律作为上层建筑,对经济基础具有反作用。法律通过确认、规范制约和保障商业经济活动,服务于经济。法律现象是经济关系、经济现象在法律上的反映。法律对商业经济活动具有能动的反作用。表现在:其一,法律对于经济制度的维护。法律通过对社会基本经济关系的确认,维护基本经济制度。其二,保障商业经济活动有序运行。法律通过对商业经济行为的调整和规范,维护正常的商业经济秩序不受侵扰,确保经济活动在法律的轨道上运行。其三,通过规制、维护和保障商业活动,促进经济的发展。法律通过对工商业经济秩序的规范,维护经济稳定和持续增长。总之,反映经济运行规律的法律,总是能促进经济的发展;僵化过时的法律,则阻碍经济的发展。

---

〔1〕《马克思恩格斯全集》(第3卷),人民出版社1958年版,第211页。

〔2〕《马克思恩格斯全集》(第4卷),人民出版社1971年版,第121-122页。

第三节 法律与社会主义市场经济法治建设

调整商业经济活动,是法律的基本任务。“厉行法治是发展社会主义市场经济的内在要求。”[1]法治是最好的营商环境,市场经济是商品经济,也是法治经济。市场经济的发展离不开法律的规范和引导,法律体系越完善,市场越发达,经济也就越繁荣。

通过法治建设,发挥法律对社会主义市场经济的促进作用主要体现在如下几个方面。

一、坚持和完善社会主义基本经济制度

法治经济以基本经济制度为基石。我国是社会主义国家,要始终坚持“公有制为主体、多种所有制经济共同发展,按劳分配为主体、多种分配方式并存,社会主义市场经济体制等社会主义基本经济制度”。法治建设的第一要务是以宪法和法律确认和巩固社会主义基本经济制度,引领经济体制改革的方向,完善和发展社会主义市场经济。激发各类市场活力,建立高标准市场体系。

以法治方式适应、引领发展新格局,要妥善处理好政府与市场的关系。《中共中央关于制定国民经济和社会发展第十四个五年规划和二〇三五年远景目标的建议》提出:“坚持和完善社会主义基本经济制度,充分发挥市场在资源配置中的决定性作用,更好发挥政府作用,推动有效市场和有为政府更好结合。”政府和市场的关系是经济学永恒的主题。政府是一只“看得见的手”,市场是一只“看不见的手”。这两只手只有在法治之下才能交互作用,解决市场与政府的关系问题只能靠法治。一方面,设立市场准入负面清单,充分发挥市场在资源配置中的决定性作用,法不禁止即自由;另一方面,给政府这只“看得见的手”设立正面清单,划定政府的权力界限,明确政府的责任清单,法无授权不可为。构建开放公平、规范有序,市场主体自主决策、平等竞争,政府权责清晰、监管有力的法治机制。

二、完善社会主义市场经济法律制度

社会主义市场经济本质上是法治经济。社会主义市场经济建设,要做好社会

---

〔1〕 中共中央文献研究室编:《十八大以来重要文献选编》(中),中央文献出版社 2016 年版,第 819 页。

主义基本制度与市场经济规律的有机结合，保护产权、尊重契约、平等交换、公平竞争、有效监管，不断完善法律制度。一是要确认经济活动主体的法律地位。通过确认经济活动主体的法律地位，赋予其参与民事活动的权利能力和行为能力，保障经济活动主体的平等法律地位和合法权益。二是建立和完善现代产权制度。商业经济活动本质上是围绕产权展开的，法律通过确认和保护产权对社会资源及由其衍生的利益分配格局产生决定性影响。推进现代产权制度建设，要加强知识产权保护，大幅提高科技成果转移转化成效。要健全产权执法司法保护制度。我国《民法典》《著作权法》《商标法》《专利法》等分别确立了有形和无形财产领域的基本产权规则。三是规范交易活动。在现代市场经济活动中，交易的最主要规则就是法律。良好的交易规则有助于激发社会活力，降低交易成本。法律通过对经济行为的调控和规范，维护正常的经济秩序不受侵扰，确保经济在法律的轨道上运行。四是维护和保障经济关系。法律通过维护和保障经济关系，维护经济的稳定和持续增长。在社会主义经济建设中，我国立法机关紧紧围绕经济发展需要，适时立法和修法，明确经济建设的方针和原则，确认经济主体的法律地位，推进市场经济的健康发展，为法治经济建设铺就了制度基石。

三、营造公平竞争、规范有序的法治环境

法治是最好的营商环境，营造公平竞争、规范有序的法治环境，对于发展社会主义市场经济至为重要。长期以来，我国致力于营造有利于经济发展的良好法治环境，着力推进法治环境建设，产生了良好的效果。

营造良好的经济法治环境，主要应从以下几个方面入手：一是保障各类市场主体享有公平竞争的权利，尤其要破除对非公有制经济的错误认识，确认和保障非公有制经济的平等主体地位和平等权利，消除制约和约束非公有制经济发展的不合理规定和隐形壁垒，为非公有制经济主体公平参与市场竞争营造良好的环境。二是建设高标准市场体系，维护统一市场和公平竞争。坚持平等准入、公正监管、开放有序、诚信守法，坚持权利、规则和机会平等的原则，通过健全市场体系基础制度，健全公平竞争审查机制，加强反垄断和反不正当竞争执法司法，完善市场运行机制，健全产权执法司法保护，形成高效规范、公平竞争的国内统一市场。三是打造市场化、法治化、国际化、便利化的营商环境。以开放促改革和发展，是我国改革开放的成功经验。通过不断出台措施，持续扩大对外开放，建立和完善外商投资促进机制，着力营造稳定、透明、可预期和公平竞争的市场环境；促进国际关系民主化和全球治理平等化，创造公平竞争的市场环境，提高我国在全球经济治理中的制度性话语权；建立公平、开放、透明的市场规则，提高我国服务业竞争力；积极推动建

立均衡、共赢、关注发展的多边经贸体制；完善市场准入和监管、产权保护、信用体系等方面的法律制度，完善各类主体公平竞争的的法治环境，放宽市场准入，推动贸易和投资便利化。四是积极推进法治经济示范区建设。自由贸易区等经济法治创新试验区为法治提供重要的制度创新来源，起着经济法治试验田的作用。实施自贸区战略，是我国新一轮对外开放的重要内容，是适应经济全球化新趋势的客观要求。自贸区聚焦商事制度、贸易监管制度、金融开放创新制度、事中事后监管制度等，探索形成法治化、国际化、便利化的营商环境，其建设对于我国适应新形式加快制度创新，形成公平、统一、高效的市场环境具有特殊意义。

四、贯彻新发展理念、构建新发展格局

当前，我国社会的主要矛盾已经转化为人民日益增长的美好生活需要和不平衡不充分的发展之间的矛盾，发展中的矛盾和问题集中体现在发展质量上。中国特色社会主义进入新时代，要把发展质量摆在突出位置，着力提升发展质量和效益。党的十八届五中全会提出了以“创新、协调、绿色、开放、共享”为主要内容的新发展理念，这为有效引领和保障经济高质量发展打下了基础。

新发展格局不是封闭的国内循环，而是开放的国内国际双循环。党的十九届五中全会提出，要“加快构建以国内大循环为主体、国内国际双循环相互促进的新发展格局”，这为构建新发展格局指明了方向。构建新发展格局，要坚持扩大内需这个战略基点，使生产、分配、流通、消费更多依托国内市场，形成国民经济良性循环。要坚持供给侧结构性改革，提升供给体系对国内需求的适配性，打通经济循环堵点，提升产业链、供应链的完整性，使国内市场成为最终需求的主要来源，形成需求牵引供给、供给创造需求的更高水平动态平衡。

构建以国内大循环为主体、国内国际双循环相互促进的新发展格局，对法治提出了新要求。国内大循环不是某一地某一行业的循环，而是以全国为范围、打破行业壁垒的大循环，要求构建全国统一的大市场。全国统一的大市场，要求运用统一适用、普遍适用、平等适用的法律规则，打破和消除地方和行业壁垒、破除垄断，建立公平竞争的制度，发挥《民法典》和商事类法律所具有的统一适用、普遍适用、平等适用作用，为市场经济保驾护航。

| 扩展阅读 |

改革开放以来的法治建设与我国社会主义市场经济的迅速发展

新中国成立以来,我国的法制建设走过了一条曲折发展的道路。新中国成立初期,我国十分重视社会主义法制建设。1950 年,我国相继出台《婚姻法》《土地改革法》等一系列法律。1954 年,中华人民共和国第一届全国人民代表大会在北京召开,并通过了《宪法》,此后社会主义法制建设有序开展。但“文革”期间,法制建设处于停滞状态,经济也受到很大冲击。

党的十一届三中全会认真总结了新中国成立以来正反两方面的经验教训,深刻指出:“为了保障人民民主,必须加强社会主义法制,使民主制度化、法律化,使这种制度和法律具有稳定性、连续性和极大的权威,做到有法可依,有法必依,执法必严,违法必究。”1979 年 9 月 9 日,中共中央颁布《关于坚决保证刑法、刑事诉讼法切实实施的指示》,首次在党和国家重要文件中明确提出“实行社会主义法治”。1996 年 3 月通过的《国民经济和社会发展“九五”计划和 2010 年远景目标纲要》,将“依法治国”作为一项基本方针确立下来,明确提出了“依法治国,建设社会主义法制国家”的重要任务。党的十五大提出“依法治国,建设社会主义法治国家”的重大战略任务。1999 年 3 月,“依法治国,建设社会主义法治国家”正式写入宪法修正案。

与此同时,我国开启了波澜壮阔的社会主义法治建设。全国人大几次修改宪法,及时把党和人民在中国特色社会主义建设和改革实践中取得的创新成果写入宪法之中,引领我国法治建设。《刑法》《民法通则》《担保法》《合同法》《公司法》《民事诉讼法》《行政诉讼法》《刑事诉讼法》等一大批法律文件出台,至 2011 年,建成以宪法为统帅,以宪法相关法、民商法、行政法、经济法等多个法律部门的法律为主干,由法律、行政法规、地方性法规与自治条例、单行条例等三个层次的法律规范构成的中国特色社会主义法律体系。

党的十八大以来,以习近平同志为核心的党中央把全面推进依法治国作为推进国家治理体系和治理能力现代化的主要内容和重要任务,将社会主义法治建设推进到了一个新水平。党的十八届四中全会审议通过《中共中央关于全面推进依法治国若干重大问题的决定》,确定了全面推进依法治国的总目标。2020 年 5 月 28 日,新中国成立以来第一部以法典命名的法律《民法典》经第十三届全国人大第三次会议审议通过,标志着我国社会主义法治建设迈上新台阶。

法治是最好的营商环境。社会主义法治建设对发展社会主义市场经济、巩固社会主义基本经济制度,推进国家治理体系和治理能力现代化产生了积极的影响。

伴随大规模的法治建设，市场主体的动能不断激活，我国社会主义事业建设飞速发展。1978 年，我国 GDP 总量仅 3679 亿美元，居全球第 11 位，占全球 GDP 总量的 1.7%[1]；经过数十年发展，截至 2023 年，我国 GDP 总量达到 126 万亿元，占全球 GDP 总量的 17.2%，成长为全球第二大经济体。经过几十年建设，我国已经拥有 41 个工业大类、207 个工业中类、666 个工业小类，成为全世界工业门类最齐全的国家。2010 年我国制造业增加值首次超过美国，成为全球制造业第一大国。2023 年我国的出口国际市场份额达 14.2%，自 2017 年起连续 7 年保持全球货物贸易第一大国地位。2021 年 7 月 1 日，习近平总书记在庆祝中国共产党成立 100 周年大会上庄严宣告，我国小康社会全面建成。人民群众生活发生了翻天覆地的变化。

推荐阅读

(一) 参阅论文

1. 张占斌：《深刻理解改革开放以来的中国与世界》，载《人民论坛 · 学术前沿》2018 年第 23 期。
2. 段丙华：《商法独立的逻辑和体系：基于组织化交易论》，载《中国法学》2024 年第 4 期。
3. 范健：《当代中国商法的理论渊源、制度特色与前景展望》，载《法制与社会发展》2018 年第 5 期。
4. 施天涛：《商人概念的继受与商主体的二元结构》，载《政法论坛》2018 年第 3 期。
5. 王权兴、管斌：《民商法与经济法关系论纲》，载《法商研究》2000 年第 5 期。

(二) 参阅书目

1. 《马克思恩格斯全集》，人民出版社 2006 年版。
2. 中共中央文献研究室编：《十八大以来重要文献选编》(中)，中央文献出版社 2016 年版。
3. 《汉书 · 食货志》。
4. 范健、王建文：《商法学》，法律出版社 2007 年版。
5. 高培勇：《新中国法治建设 70 年》，中国社会科学出版社 2019 年版。
6. 许中缘：《商法的独特品格与我国民法典编撰》，人民出版社 2017 年版。

---

[1] 《国家统计局发布改革开放 40 年经济社会发展成就报告》，载《人民日报》(海外版) 2018 年 8 月 29 日。

第二编

民事法律制度

民事法律行为是私法自治的体现，它基于个人或多方的意思表示产生法律效果，涵盖单方和数方行为、负担与处分、生前与死因、财产与身份等多种行为类型，以及事实行为如建造和拾得遗失物。代理制度允许民事主体通过代理人实施法律行为，强调显名原则和代理人责任，确保行为的合法性和交易安全。诉讼时效则是确保法律关系确定性和可预测性的机制，通过普通诉讼时效和最长诉讼时效，以及取得时效的规定，鼓励权利人及时行使权利，维护社会秩序的稳定和保障资源的有效流转。

物权法律制度确立了权利人对特定物的直接支配和排他性权利，包括所有权、用益物权和担保物权。所有权允许权利人依法全面控制自己的不动产或动产，涵盖占有、使用、收益和处分等权能。用益物权使权利人能够对他人财产行使占有、使用和收益的权利，如土地承包经营权和建设用地使用权等，旨在优化资源配置并保障社会稳定。担保物权则为债权人提供了债务清偿的保障，包括抵押权、质权和留置权，以降低交易风险并促进资金融通。物权变动规范了物权的设立、变更、转让和消灭过程，确保交易安全和效率。物权保护机制，如物权请求权和侵权损害赔偿请求权，为物权人提供了法律救济途径，维护了其合法权益。合同是民事主体间用以设立、变更或终止民事法律关系的协议，其履行要求债务人或第三人根据约定内容进行给付，以实现合同目的。合同法律制度为市场交易提供了坚实的法律基础，确保了交易自由与安全，并通过规范合同的履行、违约责任、合同变更与解除等，维护了交易秩序和法律安定性。合同履行的原则和规定强化了合同当事人的权利与义务，确保合同目的的实现,同时促进了商业道德和市场诚信体系的建设。合同的法律保护,包括强制履行与损害赔偿,以及合同解释原则和补充协议,为合同争议提供了有效的解决途径。《民法典》通过设立债权人代位权和撤销权,增强了债权人在债务人财产管理中的监督能力。债务人的责任界限通过保证和定金等机制得到明确,确保了债务的履行,法律适用的统一性为司法实践提供了明确的适用标准。违约责任的规定,基于严格责任原则,强化了合同的约束力,并指导当事人在违约情况下进行合理选择,通过可预见性规则和特别限定规则平衡双方利益,防止赔偿责任的不合理扩大。

第三章　基本民事法律制度

本章概览

本章主要介绍民事法律行为制度、代理制度与诉讼时效制度。民事法律行为是合同、物权、婚姻家庭、继承等民事制度的基础,本章第一节重点阐述法律行为的概念,法律行为的类型,法律行为、准法律行为与事实行为的异同,意思表示的概念与构成,意思表示的解释,法律行为的成立与生效,法律行为的效力瑕疵。民事主体通过代理人实施法律行为是常见现象,本章第二节重点介绍代理的概念,代理的效力,法定代理与意定代理的异同,无权代理与表见代理的法律效果。本章第三节介绍诉讼时效的概念,诉讼时效的计算,诉讼时效的中止、中断等内容。

第一节　民事法律行为制度

一、法律行为的概念

法律行为,是指以意思表示为要素,因意思表示而发生一定私法效果的法律事实。法律行为制度,是私法自治的体现,也是私法自治的重要工具。作为私法自治的核心工具,法律行为引起的私法效果,取决于意思表示,由当事人决定。

法律行为是最重要、最常见的法律事实,例如签订合同、立遗嘱、缔结婚姻等。实施法律行为至少需要一个意思表示。换言之,法律行为中至少包含了一个意思表示。例如,合同解除权的行使,既是形成权的行使,也是单方法律行为。除意思表示外,部分法律行为还需要其他的构成要件,例如书面形式。

关于法律行为的定义,《民法典》第 133 条设有规定。《民法典》第 133 条规定:“民事法律行为是民事主体通过意思表示设立、变更、终止民事法律关系的行为。”

二、法律行为的类型

(一)单方法律行为与数方法律行为

依照法律行为实施的人数,可以将法律行为分为单方法律行为与数方法律行为,后者又可以再细分为合同、共同行为和决议。[1]《民法典》第134条第1款规定:"民事法律行为可以基于双方或者多方的意思表示一致成立,也可以基于单方的意思表示成立。"第2款规定:"法人、非法人组织依照法律或者章程规定的议事方式和表决程序作出决议的,该决议行为成立。"

1. 单方法律行为

单方法律行为,是指仅包含单个意思表示的法律行为。该意思表示一经作出,单方法律行为即成立。[2] 例如,撤销权行使、解除权行使。又如,所有权之抛弃、遗嘱行为。

2. 合同

合同,又称契约,是指方向相对或相反的两个以上意思表示一致而成立之法律行为。例如,出卖人与买受人订立买卖合同,出租人与承租人订立租赁合同。

3. 共同行为

共同行为,是指方向相同的两个以上意思表示一致而成立之法律行为,例如社团法人的设立行为、合伙行为等。

4. 决议

决议,通常由团体成员之意思表示构成,由团体成员集体为之,实行多数决,对做出相反意思表示或未做出意思表示的成员亦具有拘束力。[3] 例如,董事会决议、股东会决议、合伙人决议等。

决议行为除了要遵循法律、行政法规,还须遵循团体章程。决议行为违反团体章程,合法利益受到影响之成员自可要求法院撤销。对此,《民法典》第85条规定了营利法人决议之撤销规则。

(二)负担行为与处分行为

1. 负担行为

负担行为,是使某人负担给付义务并因此而为他人创设一项或多项给付请求

---

[1] [德]汉斯·布洛克斯、沃尔夫·迪特里希·瓦尔克:《德国民法总论》,张艳译,中国人民大学出版社2019年版,第53页。

[2] [德]本德·吕特斯、阿斯特丽德·施塔德勒:《德国民法总论》,于馨淼、张姝译,法律出版社2017年版,第129-130页。

[3] 朱庆育:《民法总论》,北京大学出版社2016年版,第137-138页。

权的法律行为。由于负担行为以为当事人设定债务为主要内容,因此又被称为“债权行为”。例如,买卖契约、赠与契约、使用租赁契约、悬赏广告、捐助行为、遗赠均属于负担行为。

2. 处分行为

处分行为,是指直接对某一项既有权利施加影响导致权利变动的法律行为,包括让与权利、变更权利内容、设定权利负担或废止权利。若处分行为之处分标的为物权,则可称为“物权行为”,当然,处分行为的处分标的并不限于物权。例如,所有权让与、债权转让、设立抵押权或质权、所有权之抛弃,均属处分行为。[1]

(三)生前行为与死因行为

生前行为,是指效力发生于行为人生前的法律行为。死因行为,是以当事人的死亡为生效前提的法律行为。常见的死因行为,如遗嘱、死因捐助。[2]《民法典》第1158条规定之遗赠扶养协议,可以视为混合行为:扶养义务生前履行,遗赠效力死后发生。《民法典》继承编第三章对遗嘱的形式、撤销、变更及无效等,均设有强制性规定。

(四)财产行为与身份行为

财产行为发生财产性法律效果,例如买卖契约使得当事人负担财产性给付行为,所有权抛弃发生所有权消灭的法律效果。身份行为发生在身份法领域,例如结婚创设夫妻身份关系,收养成立亲子关系等。[3]

三、准法律行为与事实行为

与法律行为相区分的,是所谓“具有法律意义的行为”,即能够产生法律效果,但不包括意思表示。

(一)准法律行为

准法律行为,是一种表示行为,需要行为人对意思、事实或感情进行表达,此为其与法律行为的相同之处,与事实行为的不同之处。

但是,准法律行为与法律行为的差异在于:法律行为的法律效果,根据行为人的意思表示中的内容——效果意思而发生。准法律行为的法律效果,并不取决于行为人表示行为的内容,而是由法律直接规定。准法律行为通常可以分为

---

〔1〕 王泽鉴:《民法总则》,北京大学出版社2009年版,第210页。

〔2〕 朱庆育:《民法总论》,北京大学出版社2016年版,第143页。

〔3〕 朱庆育:《民法总论》,北京大学出版社2016年版,第138页。

三类[1]：

1. 意思通知

意思通知，或意思表达，是指行为人将内心的欲望或意思向相对人表达。例如，催告就是典型的意思通知。又如，要约拒绝，亦属于意思通知。

2. 事实通知

事实通知，或观念通知，或观念表达，是指表示某种事实的行为，常见的包括承诺迟到通知、发生不可抗力通知、瑕疵通知、债权让与通知、债务的承认等。

3. 感情表示

感情表示，是指表示某种感情的行为，例如宽恕。

法律关于准法律行为的规定有待完善。鉴于准法律行为与法律行为均属于表示行为，因此关于法律行为的部分规定，亦可类推适用于准法律行为。

（二）事实行为

法律行为与事实行为均可产生法律效果，区别在于各自的法律效果如何产生。法律行为的法律效果，根据行为人的意思表示发生。事实行为的法律效果，根据法律规定而产生。例如，建造（拆除）房屋、拾得遗失物、创作小说等行为均属事实行为。换言之，事实行为是一个纯粹事实上的过程，法律直接将其与特定法律后果联系在一起。[2]

四、意思表示

（一）意思表示的概念与构成

意思表示，是以某一法律效果的发生为目的的，私人的意思表达。[3]

意思表示，可以分为主观构成要件和客观构成要件。主观构成要件，即意思。客观构成要件，即表示。

1. 主观构成要件——意思

意思，可以分为行为意思、表示意识和法律效果意思。

行为意思，也被称为“行为意识”，是指以实施某一外在行为为目的的意识。行为意思可以表现于话语、一定的手势、点头、摇头及其他行为之中。但是，如果这些

---

[1] 王泽鉴：《民法总则》，北京大学出版社2009年版，第205-206页。

[2] [德]本德·吕特斯、阿斯特丽德·施塔德勒：《德国民法总论》，于馨淼、张姝译，法律出版社2017年版，第148-149页。

[3] [德]汉斯·布洛克斯、沃尔夫·迪特里希·瓦尔克：《德国民法总论》，张艳译，中国人民大学出版社2019年版，第48页。

行为发生在熟睡或催眠状态中,则欠缺行为意思;在由刺激引起的不由自主的动作的情况下,也欠缺行为意思。

表示意识,也称为表示意思,是指行为人所具有的这样的意识,即其行为是在法律上有意义的表示,也即,表示意识存在于,当行为人知道其行为意味着某个法律上重要的表示时。行为人因此必须知道,其通过自己的行为表达了某种法律上重要的事情并由此在法律上受到约束,即具有法律约束意思。换言之,如果行为人意识到其行为可以被理解成在法律上有意义的表示,那么他就具备了表示意识。

法律效果意思、法效意思、交易意思,是指以表示来引起特定法律效果的意思。与表示意思不同的是,法律效果意思不是要引起随便什么法律效果,而是要引起十分特定的法律效果。[1]

2. 客观构成要件——表示

法律效果意思,是在它的表达中得以实现的。仅有内心的意思而不表达出来,是不能发生法律效果的,因为内心的意思是看不出来的,必须通过表达才能从外部加以辨认。对于表示行为,《民法典》第 140 条第 1 款有明确规定:“行为人可以明示或者默示作出意思表示。”

明示的意思表示、直接的意思表示,即直接地表达于表示中,例如通过口头表达和书面表达。表意人不需要使用法律专业术语,而只需使意思表示的相对人辨认出表意人所意欲表达的是什么法律效果即可。例如,房屋的承租人对出租人说,他月底将搬出去,那么出租人就可以认为承租人的话包含了通知终止租赁关系的意思表示。

默示的意思表示、可推断的意思表示、间接的意思表示,即行为人以其行为间接表达了其法律效果意思;该法律效果意思,可以从行为中推断出来。[2] 例如,一个人登上公共汽车,投入车费。他作出了一个默示的、以订立运输合同为目的的意思表示。又如,承租人将房屋搬空,并且将钥匙还给出租人,可以推断出承租人有通知终止租赁关系的意思。再如,《民法典》第 638 条第 2 款规定:“试用买卖的买受人在试用期内已经支付部分价款或者对标的物实施出卖、出租、设立担保物权等行为的,视为同意购买。”

3. 视为意思表示的沉默

《民法典》第 140 条第 2 款规定:“沉默只有在有法律规定、当事人约定或者符

---

〔1〕 朱庆育:《民法总论》,北京大学出版社 2016 年版,第 197 页。

〔2〕 [德]汉斯·布洛克斯、沃尔夫·迪特里希·瓦尔克:《德国民法总论》,张艳译,中国人民大学出版社 2019 年版,第 50 页。

合当事人之间的交易习惯时，才可以视为意思表示。”纯粹的不作为，就是沉默。沉默，连行为都没有，当然无从推断出当事人的意思。但是，在例外情况下，沉默也意味着相应的法律效果意思，即基于法律规定、当事人约定、交易习惯。

基于法律规定，例如《民法典》第 145 条第 2 款第 2 句规定：“法定代理人未作表示的，视为拒绝追认”。又如，《民法典》第 638 条第 1 款规定：“试用买卖的买受人在试用期内可以购买标的物，也可以拒绝购买。试用期限届满，买受人对是否购买标的物未作表示的，视为购买。”再如，《民法典》第 734 条第 1 款规定：“租赁期限届满，承租人继续使用租赁物，出租人没有提出异议的，原租赁合同继续有效，但是租赁期限为不定期。”

当事人约定沉默视为意思表示的，从其约定。此项约定，以意思表示一致为前提，单方对他人当事人设定“不作为表示即视为同意”，不发生沉默视为意思表示的效力。例如，A 研究民法，与书商 B 约定：凡有关于民法的新书，请直接寄送到 A 的办公室；A 在两周内不作表示，即视为购买该书。

基于当事人之间的交易习惯，亦可将沉默视为意思表示。所谓当事人之间的交易习惯，即当事人双方经常使用的习惯做法。[1] 例如，甜品店主 A 与水果商 B 约定，接下来的两个月，每天上午 9 时 B 向 A 交付 50 斤草莓。在没有进一步约定的情况下，B 在第三个月、第四个月，仍然在每天上午 9 时向 A 交付草莓，A 仍然收货付款。但是，在第五个月的第二天，A 在没有预先通知 B 的情况下拒绝收货。隔天草莓变质了，B 可以请求 A 就变质的草莓付款。

（二）意思表示的生效

1. 意思表示的发出

无须受领之意思表示，在表意人完成表示且发出时，即当意思被可辨认地最终表达出来时，生效。《民法典》第 138 条规定：“无相对人的意思表示，表示完成时生效。法律另有规定的，依照其规定。”例如，生前捐助行为，捐助行为完成时，意思表示生效。被继承人自书遗嘱，在其写完签字时，该意思表示完成。不过，对于遗嘱、遗嘱捐助行为，依《民法典》继承编之特别规定，在被继承人死亡时，才生效。《民法典》第 139 条规定：“以公告方式作出的意思表示，公告发布时生效。”公告，亦无须受领之意思表示。在行为人公布公告时，意思表示完成且生效。

需受领之意思表示，即有相对人之意思表示，是指须向另一个人发出并随着到达这个人而变为有效的的意思表示。需受领之意思表示，例如要约、承诺、解除权

---

〔1〕 李宇：《民法总则要义：规范释论与判解集注》，法律出版社 2017 年版，第 472-473 页。

行使等。《民法典》第137条第1款规定："以对话方式作出的意思表示，相对人知道其内容时生效。"第2款规定："以非对话方式作出的意思表示，到达相对人时生效。以非对话方式作出的采用数据电文形式的意思表示，相对人指定特定系统接收数据电文的，该数据电文进入该特定系统时生效；未指定特定系统的，相对人知道或者应当知道该数据电文进入其系统时生效。当事人对采用数据电文形式的意思表示的生效时间另有约定的，按照其约定。"

2. 意思表示的知悉或到达

需受领的意思表示，除发出外，其生效尚须相对人知悉或到达相对人。

需受领的意思表示，分为对话的意思表示（在场时的意思表示）和非对话的意思表示（不在场时的意思表示）。按照有关学者观点，"对话与非对话，系以意思表示能否直接通知为区别标准，能直接通知者为对话，不能直接通知者为非对话"[1]。当面交流属于对话，打电话、音频通话、视频通话，也属于对话。信件、电子邮件、传真、电报、安排表示使者或受领使者，则属于非对话。

根据《民法典》第137条第1款的规定，"以对话方式作出的意思表示，相对人知道其内容时生效"。根据《民法典》第137条第2款第1句的规定，"以非对话方式作出的意思表示，到达相对人时生效"。

以非对话方式作出的采用数据电文形式的意思表示，《民法典》第137条第2款第2句、第3句有特别规定："以非对话方式作出的采用数据电文形式的意思表示，相对人指定特定系统接收数据电文的，该数据电文进入该特定系统时生效；未指定特定系统的，相对人知道或者应当知道该数据电文进入其系统时生效。当事人对采用数据电文形式的意思表示的生效时间另有约定的，按照其约定。"

（三）意思表示的撤回

1. 需受领之意思表示：撤回自由原则

《民法典》第141条规定："行为人可以撤回意思表示。撤回意思表示的通知应当在意思表示到达相对人前或者与意思表示同时到达相对人。"

需受领之意思表示，均可由表意人自由撤回，但前提是撤回通知早于意思表示到达或与意思表示同时到达。如果意思表示发出后，表意人死亡，那么其继承人可以撤回。以对话方式发出的意思表示，话音已落，必须马上作出撤回，才能产生撤回的效果。原因在于，需受领之意思表示原则上在到达受领人时才生效。表意人承担了直到这个时候的灭失以及迟延或者内容上错误的风险，即他同样可以合乎

[1] 李宇：《民法总则要义：规范释论与判解集注》，法律出版社2017年版，第460页。

逻辑地直至到达时撤回表示。[1]

撤回通知如果迟于意思表示到达，则意思表示已经生效，此时只能撤销，而不能撤回。意思表示之撤销，须在法律规定或当事人约定允许撤销的情形，方可为之。《民法典》第 475 条规定："要约可以撤回。要约的撤回适用本法第一百四十一条的规定。"《民法典》第 476 条规定："要约可以撤销，但是有下列情形之一的除外：(一)要约人以确定承诺期限或者其他形式明示要约不可撤销；(二)受要约人有理由认为要约是不可撤销的，并已经为履行合同做了合理准备工作。"《民法典》第 477 条规定："撤销要约的意思表示以对话方式作出的，该意思表示的内容应当在受要约人作出承诺之前为受要约人所知道；撤销要约的意思表示以非对话方式作出的，应当在受要约人作出承诺之前到达受要约人。"

2. 无须受领之意思表示：原则上不可撤回

无相对人之意思表示，原则上发出即生效，因此不存在撤回之可能性。例如，悬赏广告公布即生效，不可能撤回，只能撤销。但在例外情形，无相对人的意思表示生效时间晚于表示完成之时，即存在撤回的可能性。例如，遗嘱设立后，遗嘱人可以随时撤回其遗嘱，原因在于遗嘱人在世，遗嘱尚未生效，此时仅可能撤回。《民法典》第 1142 条第 1 款规定："遗嘱人可以撤回、变更自己所立的遗嘱。"

(四)意思表示的解释

《民法典》第 142 条第 1 款规定："有相对人的意思表示的解释，应当按照所使用的词句，结合相关条款、行为的性质和目的、习惯以及诚信原则，确定意思表示的含义。"第 2 款规定："无相对人的意思表示的解释，不能完全拘泥于所使用的词句，而应当结合相关条款、行为的性质和目的、习惯以及诚信原则，确定行为人的真实意思。"

1. 何谓意思表示的解释？

所谓"意思表示的解释"，有学者认为，"指查明表示的意义，而这种意义是其法律上所应具有的"[2]。值得注意的是，单纯解释或说明性解释与补充解释不同。单纯解释或说明性解释，以既存的意思表示为解释对象。《民法典》第 142 条之"意思表示的解释"和通常所说的"意思表示的解释"即指单纯解释。

补充或补充解释，是法律效果意思内容欠缺之处，法律授权法官填补空白，实际上是对意思表示漏洞的填补。目前，仅仅在合同领域，法律授权法官进行意思表

---

[1] [德]本德·吕特斯、阿斯特丽德·施塔德勒：《德国民法总论》，于馨淼、张姝译，法律出版社 2017 年版，第 198 页。

[2] [德]本德·吕特斯、阿斯特丽德·施塔德勒：《德国民法总论》，于馨淼、张姝译，法律出版社 2017 年版，第 202 页。

示补充，在其他法律行为领域，则无此授权。《民法典》第 510 条规定："合同生效后，当事人就质量、价款或者报酬、履行地点等内容没有约定或者约定不明确的，可以协议补充；不能达成补充协议的，按照合同相关条款或者交易习惯确定。"第 511 条规定："当事人就有关合同内容约定不明确，依据前条规定仍不能确定的，适用下列规定：(一)质量要求不明确的，按照强制性国家标准履行；没有强制性国家标准的，按照推荐性国家标准履行；没有推荐性国家标准的，按照行业标准履行；没有国家标准、行业标准的，按照通常标准或者符合合同目的的特定标准履行。(二)价款或者报酬不明确的，按照订立合同时履行地的市场价格履行；依法应当执行政府定价或者政府指导价的，依照规定履行。(三)履行地点不明确，给付货币的，在接受货币一方所在地履行；交付不动产的，在不动产所在地履行；其他标的，在履行义务一方所在地履行。(四)履行期限不明确的，债务人可以随时履行，债权人也可以随时请求履行，但是应当给对方必要的准备时间。(五)履行方式不明确的，按照有利于实现合同目的的方式履行。(六)履行费用的负担不明确的，由履行义务一方负担；因债权人原因增加的履行费用，由债权人负担。"

2. 解释的基准

《民法典》第 142 条并非实体解释规范或具体解释规则，而仅仅是给法官提供一种指引：划定解释的基准，指引解释的目标，提示解释的方法。关于解释的基准，第 142 条区分有相对人的意思表示解释和无相对人的意思表示解释，由此设定不同的路径。

第一，客观主义与文本主义相连接，侧重于文本的含义，以客观化的表示为解释的中心。《民法典》第 142 条对于有相对人的意思表示的解释，倾向于此种方法，其合理性在于，有相对人的意思表示，涉及相对人的利益，且相对人受领表意人的意思表示时，对于该意思表示自有其理解，与表意人的内心真意未必相同，如以表意人的内心意思为准，将有损于相对人的利益及合理期待。当然，法律亦不可能以相对人的理解为准，而是要求法官基于一个理性旁观者的立场，从客观意义上对意思表示不明确、不清晰之处作出解释，即"客观的受领人视角"。

第二，主观主义与语境主义相连接，侧重于综合考虑文本以及文本以外的各种外部证据，以探求表意人的主观意思为解释的中心。第 142 条对于无相对人的意思表示解释，倾向于此种方法论，其合理性在于无相对人的意思表示，如遗嘱、捐助行为，不涉及相对人利益保护及其合理期待，也没有相对人的合理理解可供顾及，自应以表意人之真意为解释的基准。[1]

3. 解释的方法

如无实体解释规范或具体解释规则，则应遵循《民法典》第 142 条提示之解释基准，运用文义解释、整体解释、目的解释、习惯解释、诚信解释等方法，对意思表示进行解释。

第一，文义解释，是意思表示解释的首要方法。第 142 条第 1 款规定“应当按照所使用的词句”，即表明文义解释是首要方法，第 2 款“不能完全拘泥于所使用的词句”亦未否定文义解释的首要地位，而只是指出“不能完全拘泥”而已。

第二，整体解释、体系解释，即《民法典》第 142 条所称之“结合相关条款”，这种解释方法是指不能将意思表示的某一项内容孤立看待，而必须结合意思表示的全部内容，予以解释。

第三，目的解释，即结合行为的目的、行为的性质，确定意思表示具体内容。在依文义解释不能确定意思表示内容的准确含义，运用其他解释方法又得出复数结论时，应采用最符合意思表示目的之结论。

第四，习惯解释，即结合交易习惯、风俗习惯，确定意思表示具体内容。对于合同，其习惯解释大多指向交易习惯，但如有相关的风俗习惯或其他习惯，仍应当考虑。对交易习惯的考量，通常要考虑合同双方是否处于同一生活或交易圈子。

第五，诚信解释，在于防止当事人故意制造解释分歧，曲解意思表示含义，逃避应履行的义务。不过，由于诚信原则的内容较为模糊，故司法实务中罕有单独使用诚信解释方法判决的案件，而大多是与整体解释、目的解释等其他解释方法结合运用。

第六，综合解释，即意思解释的各种方法，并非互相独立、相互排斥，而是可以结合运用，以追求当事人意思之确定为终极目标。[2]

五、法律行为的构成要件

法律行为要取得相应的法律效果，必须符合构成要件。传统民法上，法律行为的构成要件区分为成立要件与生效要件。其中，成立要件是指法律行为成立所必要之事实，法律行为成立后，欲使其发生效力，尚需具备生效要件。

---

〔1〕 李宇：《民法总则要义：规范释论与判解集注》，法律出版社 2017 年版，第 479-480 页。

〔2〕 李宇：《民法总则要义：规范释论与判解集注》，法律出版社 2017 年版，第 482-495 页。

(一)法律行为的成立要件

法律行为成立之后,只是具备了相应的事实构成,但是否具备有效性以及产生何种效力尚不明了。

1. 一般成立要件

法律行为的一般成立要件,是指一般法律行为所共同的成立要件。按照通说,法律行为的一般成立要件有三项:当事人、标的(内容)、意思表示。此处需要注意,通说所称之"法律行为的标的"实际上就是"法律行为的内容",而"内容"实际上包含在"效果意思"中而由意思表示所吸纳。因此,法律行为的一般成立要件,仅有当事人和意思表示两项。

依据《民法典》第 134 条的规定,对于单方行为,意思表示生效,法律行为即成立。对于双方法律行为和多方法律行为,复数意思表示生效后,尚需一致,法律行为才可成立。对于决议行为,成员之意思表示生效后,尚须依法律或者章程规定的议事方式和表决程序作出,法律行为才可成立。

2. 特别成立要件

法律行为的特别成立要件,是指特定的法律行为所特有的成立要件。如要式行为,一定方式之履行为特别成立要件;要物行为,物之交付为特别成立要件。[1]

《民法典》第 135 条关于法律行为形式的规定,属于法律行为的特别成立要件。《民法典》第 135 条规定:"民事法律行为可以采用书面形式、口头形式或者其他形式;法律、行政法规规定或者当事人约定采用特定形式的,应当采用特定形式。"

(二)法律行为的生效要件

法律行为在成立后,满足生效要件的要求,即可发生相应的效力。

1. 一般生效要件

所有的法律行为均须满足一般生效要件,才能生效。与一般成立要件相对应,法律行为的一般生效要件也有三项:当事人须具有权利能力与行为能力;意思表示须真实、自由、健全;标的(内容)须合法、妥当、可能、确定。

如果将后两项合并,那么一般生效要件也可以归纳为两项:当事人须具有权利能力与行为能力;意思表示须真实、自由、健全、合法、妥当、可能、确定。我国《民法典》第 143 条对法律行为的一般生效要件作出了规定。《民法典》第 143 条规定:"具备下列条件的民事法律行为有效:(一)行为人具有相应的民事行为能力;(二)意思表示真实;(三)不违反法律、行政法规的强制性规定,不违背公序良俗。"

---

〔1〕 王泽鉴:《民法总则》,北京大学出版社 2009 年版,第 201-202 页。

2. 特别生效要件

特别生效要件,仅针对特定之法律行为。特别生效要件,例如遗嘱人死亡之于遗嘱、条件成就或期限届至之于附条件或始期的法律行为、法定代理人追认之于限制行为能力人能力以外的行为、本人追认之于无权代理或无权处分行为,等等。[1]

(三)我国法律关于法律行为生效之规定

《民法典》第136条第1款规定:"民事法律行为自成立时生效,但是法律另有规定或者当事人另有约定的除外。"第2款规定:"行为人非依法律规定或者未经对方同意,不得擅自变更或者解除民事法律行为。"

1. 原则:法律行为自成立时生效

依《民法典》第136条第1款之规定,法律行为自成立时生效。此为法律行为生效时间之原则;同时,也意味着法律行为成立,即推定为有效。在诉讼中,主张法律行为有效的一方,仅需证明法律行为已经成立。主张法律行为无效的一方,须就法律行为无效承担举证责任。

2. 例外:法律另有规定或当事人另有约定

《民法典》第136条第1款"但书"规定了例外。其一,法律规定生效时间不同于成立时间的情形。例如,某类合同的生效须经批准。学理上将此类合同称为"批准生效合同"。常见的批准生效合同,主要存在于矿权交易(探矿权、采矿权转让合同)、技术进出口贸易、中外合资合资经营等领域。《民法典》第502条第2款规定:"依照法律、行政法规的规定,合同应当办理批准等手续的,依照其规定。未办理批准等手续影响合同生效的,不影响合同中履行报批等义务条款以及相关条款的效力。应当办理申请批准等手续的当事人未履行义务的,对方可以请求其承担违反该义务的责任。"其二,当事人约定法律行为生效时间不同于成立时间的情形。当事人约定其法律行为不于成立时生效,而延后生效的,法律行为生效或取决于一定事实,或取决于期限的到来,此即附生效条件法律行为和附生效期限法律行为。附生效条件(停止条件)的法律行为,于条件成就时生效;附生效期限(始期)的法律行为,自生效期限届至时生效。[2]

《民法典》总则编第六章第四节(第158—160条)规定了"民事法律行为的附条件和附期限"。这实际上是当事人关于法律行为效力自治的时间维度。《民法典》第158条规定:"民事法律行为可以附条件,但是根据其性质不得附条件的除外。附生效条件的民事法律行为,自条件成就时生效。附解除条件的民事法律行为,自

[1] 朱庆育:《民法总论》,北京大学出版社2016年版,第117页。

[2] 李宇:《民法总则要义:规范释论与判解集注》,法律出版社2017年版,第447-453页。

条件成就时失效。”《民法典》第159条规定：“附条件的民事法律行为，当事人为自己的利益不正当地阻止条件成就的，视为条件已成就；不正当地促成条件成就的，视为条件不成就。”《民法典》第160条规定：“民事法律行为可以附期限，但是根据其性质不得附期限的除外。附生效期限的民事法律行为，自期限届至时生效。附终止期限的民事法律行为，自期限届满时失效。”

六、法律行为的效力瑕疵

《民法典》总则编第六章第三节“民事法律行为的效力”一节，除法律行为的有效要件（第143条）外，主要是关于法律行为的效力瑕疵事由（第144—154条）以及效力瑕疵基本形态（第155—157条）的规定。

（一）效力瑕疵及其事由

1. 行为能力欠缺

（1）限制民事行为能力人实施的法律行为

限制民事行为能力人实施法律行为，原则上须由法定代理人代理，或经过法定代理人的事前同意。限制民事行为能力人未经过法定代理人代理或同意实施非纯获利益或与其年龄、智力、精神健康状况不相适应的法律行为，该法律行为处于效力待定的状态。[1]

《民法典》第145条第1款规定：“限制民事行为能力人实施的纯获利益的民事法律行为或者与其年龄、智力、精神健康状况相适应的民事法律行为有效；实施的其他民事法律行为经法定代理人同意或者追认后有效。”《民法典》第145条第2款规定：“相对人可以催告法定代理人自收到通知之日起三十日内予以追认。法定代理人未作表示的，视为拒绝追认。民事法律行为被追认前，善意相对人有撤销的权利。撤销应当以通知的方式作出。”

依据《民法典》第19条、第22条、第145条，限制民事行为能力人可以独立实施的法律行为，包括两类：其一，纯获利益的法律行为，例如，被免除债务、接受不附义务的赠与、接受不附义务的遗赠等。其二，与年龄、智力、精神健康状况相适应的法律行为。[2]

（2）无民事行为能力人实施的法律行为

对于无民事行为能力人实施法律行为的效果，《民法典》第144条有明确规定。《民法典》第144条规定：“无民事行为能力人实施的民事法律行为无效。”

---

〔1〕 朱庆育：《民法总论》，北京大学出版社2016年版，第251-258页。

〔2〕 李宇：《民法总则要义：规范释论与判解集注》，法律出版社2017年版，第525页。

2. 虚伪表示

意思与表示不一致,可能是故意的不一致,也可能是无意的不一致。前者包括单独虚伪表示(真意保留)和通谋虚伪表示,后者则是指重大误解(错误)。[1]

(1)单独虚伪表示

单独虚伪表示,又称真意保留,即表意人故意隐匿其真意,而表示与其真意不同意义的意思表示。单独虚伪表示分为心中保留和非诚意表示两类。

心中保留,是指一方有意作与真意不相符的意思表示。被保留的内心真意,因为未表示于外,无论动机如何,均不能发生效力,也无从影响表示于外行为之效力。至于表示于外的行为是否有效,则取决于相对人是否知悉保留。相对人若不知悉,基于保护善意相对人的目的,表示于外的行为有效;反之,知情的相对人不值得保护,意思表示无效。

非诚意表示,表意人作出意思表示时并无诚意,并且期待对方不至于对此产生误认,也称非诚意表示或戏谑表示。构成非诚意表示的前提是,行为人作出了一项意思表示,而该意思表示缺乏必要的严肃性,因此诸如戏剧舞台上、教学课堂中以及社交活动时等明显无关乎法律效力的"表示"均不在其列。生活中常见的非诚意表示包括开玩笑、吹牛等。[2]

(2)通谋虚伪表示

《民法典》第 146 条第 1 款规定:"行为人与相对人以虚假的意思表示实施的民事法律行为无效。"第 2 款规定:"以虚假的意思表示隐藏的民事法律行为的效力,依照有关法律规定处理。"

财产行为、身份行为,均可能构成通谋虚伪表示。财产行为,如债务人为逃避债务而与亲友通谋,订立虚假的买卖合同。身份行为,如为了获得一线城市购房资格或为获得外国居留权或国籍而"假结婚",又如为了获取购买二套房的政策优惠而"假离婚"。[3]

依据《民法典》第 146 条第 1 款的规定,通谋虚伪表示实施的法律行为无效。不过,法律条文虽然规定为"无效",但实际上为"不成立":因为表意人实际上欠缺效果意思,根本不愿真正受该虚伪行为约束,故其所谓表示,并不构成意思表示,亦无意思表示一致可言。

隐藏行为,是指当事人以通谋虚伪表示所隐藏的真实的法律行为。依据《民法

[1] 王泽鉴:《民法总则》,北京大学出版社 2009 年版,第 279-280 页。
[2] 朱庆育:《民法总论》,北京大学出版社 2016 年版,第 263-264 页。
[3] 王泽鉴:《民法总则》,北京大学出版社 2009 年版,第 285 页。

典》第146条第2款的规定，隐藏行为的效力"依照有关法律规定处理"。隐藏行为，系当事人的真实意思表示，故其效力的认定，应适用关于法律行为的一般规定及关于该种法律行为的特别规定，不能仅因其为隐藏行为即认定为无效。[1] 例如，不动产买卖当事人基于逃税目的，用低价款的买卖合同登记备案及报税（阳合同、白合同），另订立高价款的真实买卖合同（阴合同、黑合同）。后者是否有效，应依《民法典》关于法律行为的一般规定和关于买卖合同规定判断。阳合同条款与阴合同条款不一致的，足以认定阳合同条款为虚伪表示的，阳合同中的相关条款无效。[2]

3. 意思表示错误

《民法典》第147条规定："基于重大误解实施的民事法律行为，行为人有权请求人民法院或者仲裁机构予以撤销。"

（1）重大误解的定义

"意思表示错误"，亦称"错误"或"重大误解"，是指表意人无意地作出与其内心意思不一致的表示行为。

（2）重大误解的类型

最高人民法院《关于适用〈中华人民共和国民法典〉总则编若干问题的解释》（以下简称《民法典总则编司法解释》）第19条第1款规定："行为人对行为的性质、对方当事人或者标的物的品种、质量、规格、价格、数量等产生错误认识，按照通常理解如果不发生该错误认识行为人就不会作出相应意思表示的，人民法院可以认定为民法典第一百四十七条规定的重大误解。"可导致法律行为撤销的错误，主要是指表示错误，包括表示内容错误和表示行为错误。[3]

第一，表示内容错误。表示内容错误，是指表意人对其意思表示的内容产生了与其内心真意不一致的错误认识。法律行为性质错误，如误以为借用为赠与、代物清偿为买卖。当事人同一性错误，即错认当事人（误甲为乙）。标的物同一性错误，是指错认标的物（误此物为彼物），而非对标的物的性质产生错误认识。除此之外的表示内容错误，还有对标的物的数量的错误认识等。例如，表意人误以为"一打"是十个。

第二，表示行为错误。表示行为错误，是指表意人对内心所意欲表达的内容虽

---

〔1〕［德］本德·吕特斯、阿斯特丽德·施塔德勒：《德国民法总论》，于馨淼、张姝译，法律出版社2017年版，第368-369页。

〔2〕李宇：《民法总则要义：规范释论与判解集注》，法律出版社2017年版，第535-537页。

〔3〕朱庆育：《民法总论》，北京大学出版社2016年版，第269页。

无错误认识,但在对外为表示行为时,该表示行为有错误,而表意人其实无意表示该内容。典型者有误说(如电话订货时因口误报错数量)、误写(标价时写错数额或单位)。[1]

第三,动机错误不属于重大误解,例外情况可视同重大误解。我国《民法典》第147条虽未表达"动机错误原则上不导致法律行为可撤销"之法理,但司法实践中仍然遵循之。动机错误,是意思表示内容以外事项的错误,表意人因对此类事项认识错误而作出意思表示。简言之,动机错误是表示错误以外的错误。[2] 例如,租赁宾馆临街房间,行为人的意思表示内容即为"租特定房间",其动机可能是"观看当天元宵巡游表演"。

(3)因重大误解而实施的法律行为的效力

依据《民法典》第147条,意思表示错误的一方,可以行使撤销权。撤销权为形成诉权,须以诉讼或仲裁的方式行使。依据《民法典》第152条第1款第1项,重大误解的当事人应在知道或者应当知道撤销事由之日起三个月内行使撤销权,逾期不行使,撤销权消灭。依据《民法典》第152条第2款规定,"当事人自民事法律行为发生之日起五年内没有行使撤销权的,撤销权消灭"。除此之外,依据第152条第1款第3项"当事人知道撤销事由后明确表示或者以自己的行为表明放弃撤销权",撤销权亦消灭。至于撤销法律行为的后果,则由《民法典》第157条规定,产生返还财产、折价补偿的后果。

4. 欺诈

《民法典》第148条规定:"一方以欺诈手段,使对方在违背真实意思的情况下实施的民事法律行为,受欺诈方有权请求人民法院或者仲裁机构予以撤销。"

(1)欺诈的定义

欺诈,有学者认为,是指为使相对人陷入错误,故意表示虚假事实或故意隐瞒真实情况,使相对人因错误而为意思表示。[3]《民法典总则编司法解释》第21条规定:"故意告知虚假情况,或者负有告知义务的人故意隐瞒真实情况,致使当事人基于错误认识作出意思表示的,人民法院可以认定为民法典第一百四十八条、第一百四十九条规定的欺诈。"

---

〔1〕[德]本德·吕特斯、阿斯特丽德·施塔德勒:《德国民法总论》,于馨淼、张姝译,法律出版社2017年版,第382-384页。

〔2〕朱庆育:《民法总论》,北京大学出版社2016年版,第270-271页。

〔3〕李宇:《民法总则要义:规范释论与判解集注》,法律出版社2017年版,第581页。

(2)因对方欺诈而实施的法律行为的效力

因欺诈而实施的法律行为,受欺诈人有撤销权。撤销权为形成诉权,须以诉讼或仲裁的方式行使。依据《民法典》第 152 条第 1 款第 1 项"当事人自知道或者应当知道撤销事由之日起一年内"行使撤销权,逾期不行使,撤销权消灭。依据《民法典》第 152 条第 2 款,"当事人自民事法律行为发生之日起五年内没有行使撤销权的,撤销权消灭"。除此之外,依据第 152 条第 1 款第 3 项"当事人知道撤销事由后明确表示或者以自己的行为表明放弃撤销权",撤销权亦消灭。至于撤销法律行为的后果,则由《民法典》第 157 条规定,产生返还财产、折价补偿的后果。欺诈人应向被欺诈人承担损害赔偿责任。

(3)第三人欺诈

《民法典》第 149 条规定:"第三人实施欺诈行为,使一方在违背真实意思的情况下实施的民事法律行为,对方知道或者应当知道该欺诈行为的,受欺诈方有权请求人民法院或者仲裁机构予以撤销。"本条的适用范围,是指在有相对人的情况下所成立的法律行为,例如合同和有相对人的单方法律行为(如解除)。此时需要顾及相对人之信赖保护,故须相对人知道或应知道欺诈行为,受欺诈方才能撤销法律行为。因第三人欺诈而作出的无相对人的意思表示(如公告、捐助行为),无所谓相对人知情与否,不涉及相对人利益保护,表意人当然有权撤销。[1]

5. 胁迫

《民法典》第 150 条规定:"一方或者第三人以胁迫手段,使对方在违背真实意思的情况下实施的民事法律行为,受胁迫方有权请求人民法院或者仲裁机构予以撤销。"

(1)胁迫的定义

胁迫,是指故意以违法手段,使人因恐惧而作出不愿为的意思表示的行为。胁迫,是胁迫人对受胁迫人意思自由的侵害。[2] 受胁迫实施的法律行为可撤销,旨在矫正意思表示不自由的状态,并非补救当事人一方的经济损失。即使受胁迫一方因该法律行为获得利益,亦不影响胁迫的构成。因此,当事人之间权利义务是否公平,在所不问。

(2)因胁迫而实施的法律行为的效力

因胁迫而实施的法律行为,受胁迫人有撤销权。撤销权为形成诉权,须以诉讼

---

〔1〕 朱庆育:《民法总论》,北京大学出版社 2016 年版,第 282-283 页。

〔2〕 [德]汉斯·布洛克斯、沃尔夫·迪特里希·瓦尔克:《德国民法总论》,张艳译,中国人民大学出版社 2019 年版,第 211 页。

或仲裁的方式行使。依据《民法典》第 152 条第 1 款第 2 项“当事人受胁迫，自胁迫行为终止之日起一年内没有行使撤销权”的，撤销权消灭。依据《民法典》第 152 条第 2 款，“当事人自民事法律行为发生之日起五年内没有行使撤销权的，撤销权消灭”。基于保护被胁迫人的目的，如果胁迫行为持续超过 5 年，那么仍应当适用第 152 条第 1 款第 2 项，而非第 152 条第 2 款。除此之外，依据第 152 条第 1 款第 3 项“当事人知道撤销事由后明确表示或者以自己的行为表明放弃撤销权”，撤销权亦消灭。至于撤销法律行为的后果，则由《民法典》第 157 条规定，产生返还财产、折价补偿的后果。

6. 显失公平

《民法典》第 151 条规定：“一方利用对方处于危困状态、缺乏判断能力等情形，致使民事法律行为成立时显失公平的，受损害方有权请求人民法院或者仲裁机构予以撤销。”

(1) 显失公平的含义与构成要件

第一，主观要件：利用对方处于危困状态、缺乏判断能力。危困状态，应当限于人身或财产权益处于受损害状态，或存在遭受损害的现实危险，并且该损害应具有相当的重要性。缺乏判断能力，指基于年老衰弱、不识字、患有尚未丧失辨认能力的精神疾病等原因，而对于一般生活上或交易上事务欠缺判断能力。[1]

第二，客观要件：法律行为成立时明显不公平。此为从客观角度考量，即判断给付与对待给付的关系，是否严重违背客观公平。在司法实践中，对于市场交易，一般以当地同类物或服务的市场价格的 70% 作为判断标准，低于 70% 或高于 130%，可以认为违背客观公平。对于亲属之间订立的合同，因涉及亲情，与市场交易有重要差异，一般不应简单以市场价格为判断标准。[2]

(2) 显失公平的法律行为的效力

对于显失公平的法律行为，受害方有撤销权。撤销权为形成诉权，须以诉讼或仲裁的方式行使。依据《民法典》第 152 条第 1 款第 1 项“当事人自知道或者应当知道撤销事由之日起一年内”行使撤销权，逾期不行使，撤销权消灭。依据《民法典》第 152 条第 2 款，“当事人自民事法律行为发生之日起五年内没有行使撤销权的，撤销权消灭”。除此之外，依据第 152 条第 1 款第 3 项“当事人知道撤销事由后明确表示或者以自己的行为表明放弃撤销权”，撤销权亦消灭。至于撤销法律行为的后果，则由《民法典》第 157 条规定，产生返还财产、折价补偿的后果。利用对方

[1] 朱庆育：《民法总论》，北京大学出版社 2016 年版，第 289 页。

[2] 李宇：《民法总则要义：规范释论与判解集注》，法律出版社 2017 年版，第 624-625 页。

处于危困状态、缺乏判断能力的一方,因法律行为被撤销,应向受害人承担损害赔偿责任。

7. 违反法律、行政法规的强制性规定或违背公序良俗

《民法典》第 153 条第 1 款规定:“违反法律、行政法规的强制性规定的民事法律行为无效。但是,该强制性规定不导致该民事法律行为无效的除外。”第 2 款规定:“违背公序良俗的民事法律行为无效。”

《民法典》第 153 条实际是民法为公法、公序良俗介入法律行为预留的管道,其所维护的是“公共利益”,而非设置私法自治的前提性规范(例如关于行为能力的规定)或对私法自治本身的维护(例如关于意思表示不自由、意思表示错误、代理权、无权处分的规定)。

对于第 153 条第 1 款“法律、行政法规的强制性规定”,须注意以下几点:第一,仅限于“法律、行政法规”,不包括其他广义法律、规范性文件,亦不包括习惯、法律原则、宪法等。第二,仅限于“法律、行政法规的强制性规定”,不包括任意性规定。第三,仅限于“法律、行政法规的强制性规定”中的“效力性强制性规定”,不包括“管理性强制性规定”。

8. 恶意串通的法律行为

《民法典》第 154 条规定:“行为人与相对人恶意串通,损害他人合法权益的民事法律行为无效。”

(1)恶意串通之性质

首先,恶意串通,是指违背善良风俗的一种特例。欺诈、胁迫、乘人之危也属于违背善良风俗,但需要注意的是,在这三种情形下,手段是违反善良风俗的,但相对人做出的意思表示以及由此成立的法律行为本身并未违背善良风俗。但是,对于恶意串通,该法律行为本身即为损害他人之手段,手段与行为本属一体,因此手段、行为均违背善良风俗。其次,恶意串通,与通谋虚伪表示不同。通谋虚伪表示,其意思表示不真实,不以涉及行为人以外之人的权益为要件,并可能包含隐藏行为。恶意串通,其意思表示真实,以损害他人合法权益为要件,并不包含隐藏行为。[1]例如,债务人为逃避债务,将不动产虚假转移给另一人,但债务人仍然占有、使用该不动产,此为通谋虚伪表示。又如,债务人为逃避债务,将不动产真实转让给自己的关联企业,此为恶意串通。

---

〔1〕 李宇:《民法总则要义:规范释论与判解集注》,法律出版社 2017 年版,第 701 页。

(2)恶意串通的构成要件

其一,双方当事人均有损害他人利益的故意。其二,双方当事人均有实施该法律行为的真实意思。其三,该通谋行为客观上损害他人合法权益。“他人合法权益”,是指特定人的利益。恶意串通如损害国家利益或社会公共利益,构成《民法典》第153条第2款的情形,因违背公序良俗而无效。对他人合法权益的损害,不以实际损害发生为要件,有损害他人合法权益的客观可能性,即可构成恶意串通。[1]

(3)恶意串通的法律行为的效力

恶意串通的法律行为“无效”,但此处的“无效”应该解释为“相对无效”。“相对无效”,是指仅该无效规定所保护的特定主体方可主张,其他人(尤其是实施恶意串通的人)不得主张,法院不得依职权宣告。之所以采取“相对无效”的解释,是基于两个理由:其一,恶意串通无效,是保护私人利益,而非公共利益,自然应当允许利益受损的主体自主决定是否主张法律行为无效;其二,允许实施恶意串通的人主张无效,必将诱发机会主义行为,有悖于诚实信用原则或禁止反言原则。但是,对于直接危害公众安全或政治秩序(行政、司法等秩序)的恶意串通行为,已非仅限于特定第三人的利益,法院可以依职权宣告无效,此为“绝对无效”。[2]

(二)效力瑕疵的基本形态

法律行为未发生效力,即存在效力瑕疵。效力瑕疵的基本形态,分为无效、可撤销、效力待定三类。

1. 无效的法律行为

法律行为的无效,系自始无效、绝对无效、当然无效、确定无效。其一,自始无效,是指法律行为自行为成立时即为无效。《民法典》第155条规定:“无效的或者被撤销的民事法律行为自始没有法律约束力。”其二,绝对无效,任何人均可主张法律行为无效,自行为成立时即为无效。此不同于可撤销的法律行为。其三,当然无效,即不问当事人意思如何,当然不具有效力,不需要当事人主张其无效,也不须经过任何程序。此不同于可撤销的法律行为。其四,确定无效,即法律行为之无效,已经永久确定,不可能事后补正或因时间经过而变为有效。此不同于效力待定的法律行为。此外,还有部分无效的法律行为。《民法典》第156条规定:“民事法律行为部分无效,不影响其他部分效力的,其他部分仍然有效。”

2. 可撤销的法律行为

《民法典》第155条规定:“无效的或者被撤销的民事法律行为自始没有法律约

---

〔1〕 李宇:《民法总则要义:规范释论与判解集注》,法律出版社2017年版,第712-714页。

〔2〕 李宇:《民法总则要义:规范释论与判解集注》,法律出版社2017年版,第714-716页。

束力。”可撤销的法律行为，在撤销前为有效的法律行为，一经撤销，则溯及于行为成立时即无效（视为自始无效）。撤销权归于法律行为的当事人，其他人无权主张撤销。另外，撤销权为形成诉权，须向法院提起形成之诉，仅仅向对方当事人通知撤销的，不发生撤销的效力。

3. 效力待定的法律行为

效力待定（效力未定）的法律行为，是指在追认权人追认之前，其效力处于不确定状态；待追认权人追认后，变为确定有效。如果追认权人拒绝追认，则确定不生效力。[1]

4. 法律行为无效、被撤销、确定不生效力的后果

《民法典》第 157 条规定：“民事法律行为无效、被撤销或者确定不发生效力后，行为人因该行为取得的财产，应当予以返还；不能返还或者没有必要返还的，应当折价补偿。有过错的一方应当赔偿对方由此所受到的损失；各方都有过错的，应当各自承担相应的责任。法律另有规定的，依照其规定。”

第二节　代理制度

一、代理概述

（一）代理的范围

《民法典》第 161 条第 1 款规定：“民事主体可以通过代理人实施民事法律行为。”第 2 款规定：“依照法律规定、当事人约定或者民事法律行为的性质，应当由本人亲自实施的民事法律行为，不得代理。”

本条规定了可代理的行为的范围。依据第 161 条第 1 款，可代理的行为，为法律行为，事实行为、不法行为等不属于代理制度的适用范围。依据第 161 条第 2 款的规定，并非所有的法律行为均得代理，依照法律规定、当事人约定或者民事法律行为的性质，应当由本人亲自实施的民事法律行为，不得代理。依照“民事法律行为的性质”不得代理，是指法律行为中的身份行为必须由本人意思决定，不得代理，例如结婚、离婚、收养、遗嘱、协议确定监护人等。

（二）代理的定义

《民法典》第 162 条规定：“代理人在代理权限内，以被代理人名义实施的民事

---

[1] 李宇：《民法总则要义：规范释论与判解集注》，法律出版社 2017 年版，第 505-506 页。

法律行为,对被代理人发生效力。”

代理(Stellvertretung),是以被代理人的名义实施法律行为,并将法律后果归属于被代理人本人。通过代理人作出意思表示,为积极代理;通过代理人接受意思表示,为消极代理。[1]

代理,须代理人以他人(被代理人)的名义实施法律行为。《民法典》第162条规定“以被代理人名义”,即对显名原则的强调。所谓“以他人的名义”,即显名原则/公开原则。代理人必须以可被交易相对人知悉的方式表现出他是为了另一个人而为一定行为,即行为的法律后果不是由他,而是由被代理人承担,也即具有为了或者针对被代理人的效果的,故代理人的行为必须是公开的。[2] 违反显名原则,即如果对于相对人来说,代理人为他人实施法律行为是不可知悉的,那么代理人将成为法律行为的当事人。代理人以明示方式表达其系为被代理人实施法律行为,符合公开原则。如果代理人未明示,但可以从相关情况中推断出其系为被代理人实施法律行为,亦符合公开原则。

(三)代理的类型

《民法典》第163条第1款规定:“代理包括委托代理和法定代理。”第2款规定:“委托代理人按照被代理人的委托行使代理权。法定代理人依照法律的规定行使代理权。”本条依代理权来源的不同,将代理分为法定代理和委托代理。

1. 法定代理

法定代理(gesetzlicher Stellvertretung),指代理权直接来源于法律规定的代理。法定代理,不仅包括监护人的法定代理权,还包括财产代管人的法定代理权、家事代理权。财产代管人,在财产代管事务范围内,为失踪人的法定代理人,有法定代理权。家事代理权,是指夫妻之间基于日常生活事项,互有家事代理权。[3]

2. 委托代理

委托代理,即意定代理(gewillkürter Stellvertretung),指代理权基于法律行为授予的代理。基于授权行为产生的代理权,系“意定代理权”。[4] 关于委托代理,后面再详细阐述。

---

[1] 朱庆育:《民法总论》,北京大学出版社2016年版,第328-329页。[德]汉斯·布洛克斯、沃尔夫·迪特里希·瓦尔克:《德国民法总论》,张艳译,中国人民大学出版社2019年版,第228页。

[2] [德]本德·吕特斯、阿斯特丽德·施塔德勒:《德国民法总论》,于馨淼、张姝译,法律出版社2017年版,第499页。

[3] 李宇:《民法总则要义:规范释论与判解集注》,法律出版社2017年版,第773页。

[4] 王泽鉴:《民法总则》,北京大学出版社2009年版,第364-365页。

(四)代理人责任

《民法典》第 164 条第 1 款规定:“代理人不履行或者不完全履行职责,造成被代理人损害的,应当承担民事责任。”第 2 款规定:“代理人和相对人恶意串通,损害被代理人合法权益的,代理人和相对人应当承担连带责任。”

1. 内部关系

代理人的义务和职责,可能来源于法律规定,亦可能来源于当事人约定。代理关系存在基础关系,而关于基础关系的法律已明文规定代理人义务时,直接适用该规定即可。常见的基础关系,包括亲子关系、夫妻关系、财产代管关系、委托关系、雇佣关系、劳动关系、合伙关系等。在关于基础关系的法律未规定代理人职责时,则适用前述第 164 条第 1 款的规定。[1]

2. 代理人与相对人的恶意串通

依据《民法典》第 154 条的规定,恶意串通的法律行为无效。代理人与相对人恶意串通,属于共同侵权行为,应当依《民法典》第 1168 条承担连带责任。

二、委托代理

(一)授权行为

《民法典》第 165 条规定:“委托代理授权采用书面形式的,授权委托书应当载明代理人的姓名或者名称、代理事项、权限和期限,并由被代理人签名或者盖章。”

1. 授权行为与基础关系的区分

委托代理,即意定代理,与法定代理相对。意定代理权,因授权行为而产生。授权行为,为单方法律行为,仅须被代理人为意思表示即可发生效力,无须代理人同意。授权行为,可以向代理人或相对人为之,前者为内部代理权,后者为外部代理权。[2]

授权行为区别于意定代理的基础关系。意定代理的基础关系,包括委托合同、劳动合同(雇佣合同)、合伙合同等,单凭基础关系,不能产生代理权,须于基础关系之外,另有被代理人的授权行为,方可产生代理权。故《民法典》所称委托代理,此“委托”不是指“委托合同”之“委托”,而是指“授权委托”之“委托”。[3]

2. 授权委托书的记载事项

依据《民法典》第 165 条的规定,书面形式的授权委托书,应当记载代理人的姓

---

〔1〕 李宇:《民法总则要义:规范释论与判解集注》,法律出版社 2017 年版,第 775-776 页。

〔2〕 朱庆育:《民法总论》,北京大学出版社 2016 年版,第 340 页。

〔3〕 李宇:《民法总则要义:规范释论与判解集注》,法律出版社 2017 年版,第 780 页。

名或名称、代理事项、权限和期间。

(二)共同代理

《民法典》第166条规定:“数人为同一代理事项的代理人的,应当共同行使代理权,但是当事人另有约定的除外。”

有多个代理人,以共同行使代理权为原则。擅自行使代理权,按照无权代理或表见代理处理。此处的“当事人另有约定的除外”,应该解释为“被代理人另有安排的除外”。[1]

(三)代理事项违法

《民法典》第167条规定:“代理人知道或者应当知道代理事项违法仍然实施代理行为,或者被代理人知道或者应当知道代理人的代理行为违法未作反对表示的,被代理人和代理人应当承担连带责任。”本条所称之责任,为共同侵权责任,即代理人与被代理人对相对人或相对人以外的第三人造成损害所发生的责任。

(四)自己代理和双方代理

《民法典》第168条第1款规定:“代理人不得以被代理人的名义与自己实施民事法律行为,但是被代理人同意或者追认的除外。”第2款规定:“代理人不得以被代理人的名义与自己同时代理的其他人实施民事法律行为,但是被代理的双方同意或者追认的除外。”

1. 自己代理、双方代理的含义

自己代理,即代理人自己作为一方当事人,同时代理作为他方当事人的被代理人与自己实施法律行为。双方代理,即代理人同时代理对立双方的被代理人实施法律行为。[2]

法律之所以限制自己代理、双方代理,是因为两者可能导致利益冲突,对被代理人的利益造成损害。[3]

2. 法律效果

自己代理、双方代理,经被代理人同意的,对被代理人发生效力。自己代理、双方代理,在未经被代理人追认前,为效力待定之法律行为。如果被代理人追认,则对被代理人发生效力。如果被代理人拒绝追认,则确定不发生效力。

---

〔1〕 李宇:《民法总则要义:规范释论与判解集注》,法律出版社2017年版,第783页。

〔2〕 [德]汉斯·布洛克斯、沃尔夫·迪特里希·瓦尔克:《德国民法总论》,张艳译,中国人民大学出版社2019年版,第260页。

〔3〕 王泽鉴:《民法总则》,北京大学出版社2009年版,第361页。

(五)转委托代理

《民法典》第169条第1款规定:“代理人需要转委托第三人代理的,应当取得被代理人的同意或者追认。”第2款规定:“转委托代理经被代理人同意或者追认的,被代理人可以就代理事务直接指示转委托的第三人,代理人仅就第三人的选任以及对第三人的指示承担责任。”第3款规定:“转委托代理未经被代理人同意或者追认的,代理人应当对转委托的第三人的行为承担责任;但是,在紧急情况下代理人为了维护被代理人的利益需要转委托第三人代理的除外。”

1. 本代理、复代理、转委托代理

本代理,是指代理人自己实施代理行为。复代理,是指代理人另选代理人代为实施法律行为。请注意,复代理人须以被代理人的名义而非以代理人的名义实施法律行为。复代理,在委托代理和法定代理中均可发生。《民法典》第169条仅仅规定委托代理中的复代理,故称为“转委托代理”。

被代理人授权代理人,是基于信任关系,原则上代理人应亲自行为,不得随意转委托他人。随意转委托,可能对被代理人造成损害,故法律限制之。转委托代理,原则上应当经过被代理人事前同意,但遇有紧急情况时,来不及征得被代理人同意,代理人得便宜行事。否则,复代理人之行为即属无权代理。[1]

2. 经被代理人同意、追认的转委托代理

经被代理人同意、追认后,可以直接指示复代理人。相应地,复代理人与相对人所为法律行为,对被代理人直接发生效力;代理人、复代理人不因此对相对人承担责任。代理人仅就“第三人的选任”“对第三人的指示”,向被代理人承担责任。[2]

3. 未被代理人同意、追认的转委托代理

被代理人未同意、未追认,则代理人应就复代理人所为与复代理相关的一切行为承担责任,而不限于选任责任和指示责任。在这种情况下,即便代理人已经选任合格的复代理人且未作指示,只要复代理人因过失给被代理人造成损失,代理人就应当依照《民法典》第164条第1款承担责任。

需要注意的是,《民法典》第169条第3款但书“在紧急情况下代理人为了维护被代理人的利益需要转委托第三人代理的除外”,是指在紧急情况下,代理人即使未获得被代理人的同意或追认仍可实施转委托代理,但在此代理下代理人仍需依据第169条第2款承担选任责任和指示责任而非完全不承担责任。[3]

---

〔1〕 李宇:《民法总则要义:规范释论与判解集注》,法律出版社2017年版,第789页。

〔2〕 朱庆育:《民法总论》,北京大学出版社2016年版,第349页。

〔3〕 李宇:《民法总则要义:规范释论与判解集注》,法律出版社2017年版,第792页。

(六)职务代理

《民法典》第170条第1款规定:"执行法人或者非法人组织工作任务的人员,就其职权范围内的事项,以法人或者非法人组织的名义实施的民事法律行为,对法人或者非法人组织发生效力。"第2款规定:"法人或者非法人组织对执行其工作任务的人员职权范围的限制,不得对抗善意相对人。"

1. 职务代理与委托代理

职务代理属于委托代理,但二者仍然存在差异:其一,在职务代理中,代理权系概括性授予,因职权而获得,无须另外专门授予;代理权的范围依职权范围而概括性地确定。对于一般委托代理,代理权须专门授予,其范围需于授权行为中个别地、具体地确定。其二,"执行法人或者非法人组织工作任务的人员"是指代表人以外的雇员、组织机构成员或其他工作人员。其三,代理行为属于职权范围内事项。其四,代理行为限于直接代理,即以法人、非法人组织名义而为。

2. 职务代理人超越职权范围实施法律行为的效力

非职务代理人,超越代理权限,属于无权代理,应当依据《民法典》第171条、第172条判断其效力。职务代理人,超越职权范围,则依据《民法典》第170条第2款判断其效力。职务代理人的职权范围,以相对人的一般客观认知为准,如法人、非法人组织对代理人的职权范围另有限制,则非相对人所能知悉,不得对抗相对人。

(七)无权代理

《民法典》第171条第1款规定:"行为人没有代理权、超越代理权或者代理权终止后,仍然实施代理行为,未经被代理人追认的,对被代理人不发生效力。"第2款规定:"相对人可以催告被代理人自收到通知之日起三十日内予以追认。被代理人未作表示的,视为拒绝追认。行为人实施的行为被追认前,善意相对人有撤销的权利。撤销应当以通知的方式作出。"第3款规定:"行为人实施的行为未被追认的,善意相对人有权请求行为人履行债务或者就其受到的损害请求行为人赔偿。但是,赔偿的范围不得超过被代理人追认时相对人所能获得的利益。"第4款规定:"相对人知道或者应当知道行为人无权代理的,相对人和行为人按照各自的过错承担责任。"

1. 无权代理与表见代理的关系

无权代理(Stellvertretung ohne Vertretungsmacht)是指行为人没有代理权、超越代理权或者代理权终止后,仍然实施代理行为。

但是,为了保护交易安全,在例外情况下,法律使无权代理行为亦产生如同有权代理一样的后果,此为表见代理。关于表见代理,《民法典》第172条作出了规

定。因此,表见代理实际上是无权代理的一种。广义的无权代理,包含表见代理。狭义的无权代理,不包含表见代理。〔1〕

2.《民法典》第171条之适用范围

本条虽然规定于"委托代理"一节,但对于"法定代理"亦有适用之余地,因此可以类推适用于法定代理领域的无权代理。在法定代理的领域,仍然存在无权代理的可能。法定代理人为监护人,被监护人当然无追认能力。法定代理人为财产代管人的,在失踪人重新出现后,仍然有权追认财产代管人的无权代理行为。在家事代理中,夫妻一方有权追认他方所为超越代理权之行为。〔2〕

3. 无权代理的效力

(1)在被代理人和相对人之间的效力。第一,法律行为效力待定。依据《民法典》第171条,无权代理,除非经被代理人追认,否则不应对被代理人有约束力,此为维护私法自治的当然之意。第二,相对人之催告与被代理人追认。依据《民法典》第171条第2款,相对人可以催告被代理人在一个月内追认。催告,属于意思通知。为保护被代理人,期限可以长于一个月,不能短于一个月。被代理人未作表示,视为拒绝追认。第三,善意相对人的撤销权。《民法典》第171条第2款规定之善意相对人之撤销权,实际上是"撤回权"。此与《民法典》第145条第2款之"撤销权"类似,此处不再重复。

(2)在善意相对人和无权代理人之间的效力。依据《民法典》第171条第3款,在被代理人未追认的情况下,仅善意相对人有权请求无权代理人承担履行责任或赔偿责任。"善意相对人有权请求行为人履行债务或者就其受到的损害请求行为人赔偿",实际上是在善意相对人和无权代理人之间模拟建立了一种"合同"。善意相对人有权依据此"合同"要求无权代理人履行债务,或者要求赔偿。〔3〕

(3)在恶意相对人和无权代理人之间的效力。至于恶意相对人,既然已经知道或应当知道无权代理,则应当自担风险,不能依据《民法典》第171条第3款向无权代理人主张履行债务或损害赔偿。

(4)恶意相对人、无权代理人对被代理人的责任。《民法典》第171条第4款规定:"相对人知道或者应当知道行为人无权代理的,相对人和行为人按照各自的过错承担责任。"该款实际上是恶意相对人、无权代理人对被代理人的按份责任,责任份额依照各自的过错大小确定。但是,如果恶意相对人、无权代理人存在意思联

〔1〕 王泽鉴:《民法总则》,北京大学出版社2009年版,第370页。

〔2〕 李宇:《民法总则要义:规范释论与判解集注》,法律出版社2017年版,第806-807页。

〔3〕 李宇:《民法总则要义:规范释论与判解集注》,法律出版社2017年版,第812-813页。

络,则属于共同侵权,应当依照《民法典》第1168条对被代理人承担连带责任。

(八)表见代理

《民法典》第172条规定:“行为人没有代理权、超越代理权或者代理权终止后,仍然实施代理行为,相对人有理由相信行为人有代理权的,代理行为有效。”

1. 表见代理及其法理基础

表见代理(Rechtsscheinvollmacht),是指本属于无权代理,但因可归责(归咎)于被代理人之事由,造成有授权行为之外观或表象,致善意且无过失的相对人相信无权代理人有代理权而与之实施法律行为,法律规定使之产生与有权代理相同效果的制度。[1]

表见代理的法理基础,在于外观原则,以保护交易安全。既然有代理权的外观可归责(归咎)于被代理人,那么其应当对相信该外观的善意无过失相对人负责。[2]

2.《民法典》第172条的适用范围

《民法典》第172条规定于委托代理领域,仅适用于意定代理,不适用于法定代理。

法定代理人,依法律规定由某人直接担任,或者由法院依法律规定指定某人担任,非由被代理人授权,代理权非因被代理人意思而发生,行为人纵有代理权的外观,也不可归责于被代理人。因此,法定代理人的无权代理行为,不可能具备表见代理的构成要件,与表见代理不相类似,不得类推适用第172条。[3]

3. 表见代理的构成要件

(1)行为人无代理权。无代理权,包括自始无代理权、超越代理权、代理权嗣后终止。

(2)无权代理人有被授予代理权的外观或表象。授权行为的法律外观(Rechtsschein),包括“代理权存续外观”和“代理权授予外观”。前者是指曾经存在有效的授权行为,但授权失效或撤回后,授权的法律外观仍然存在;后者是根本没有授权行为或授权行为无效,但存在授权的法律外观。某一事实是否构成代理权外观,应依一般人的标准判断。换言之,但凡足以使一般人相信代理权存在的事实,即属代理权外观。典型的例子为无权代理人持有被代理人签名盖章的授权委

---

〔1〕 朱庆育:《民法总论》,北京大学出版社2016年版,第364页。

〔2〕 [德]本德·吕特斯、阿斯特丽德·施塔德勒:《德国民法总论》,于馨淼、张姝译,法律出版社2017年版,第519-520页。

〔3〕 李宇:《民法总则要义:规范释论与判解集注》,法律出版社2017年版,第819页。

托书，而其代理权实际上已经终止或根本未发生。在现实中，有些企业销售人员在离职后仍然持原企业的授权委托书实施无权代理行为，此种行为可能构成表见代理。〔1〕

（3）相对人相信行为人有代理权且系善意无过失。所谓“善意”是指“不知且非因过失而不知。”〔2〕对于“过失”的判断，取决于相对人对授权行为法律外观的真实性是否已尽合理的注意，实务中多称之为注意义务、审查义务或核实义务，其性质为不真正义务。如果相对人因未尽注意义务而没有发现法律外观与真实情况不符，则存在过失。〔3〕

（4）相对人基于对行为人被授予代理权外观或表象的相信而与行为人实施法律行为。

（5）行为人被授予代理权的外观或表象可归责（归咎）于被代理人。行为人有代理权的外观或表象可归责于被代理人，学说上称为被代理人可归因性（Zurechenbarkeit）或可归责性要件。

4. 表见代理的效果

《民法典》第 172 条规定，构成表见代理，“代理行为有效”。

（1）仅相对人可主张表见代理的效果。“代理行为有效”的表述并不准确，实际上应该是“对被代理人发生效力”。表见代理制度，目的是保护善意相对人。表见代理的本质，仍然是无权代理，如果善意相对人未主张代理行为对被代理人有约束力而请求无权代理人承担责任时，无权代理人不得以构成表见代理为由主张被代理人对相对人承担责任。〔4〕

（2）相对人可以选择主张表见代理或狭义无权代理的效果。相对人如果选择狭义无权代理的效果，可以依据《民法典》第 171 条，催告被代理人追认，亦可在被代理人追认前，行使撤销权（实为撤回权）。

（3）无权代理人对被代理人的责任。被代理人依照表见代理的规定承担代理行为之后果后，可以向无权代理人请求赔偿因代理行为而遭受的损失。被代理人对无权代理人主张损害赔偿的请求权基础，可能基于《民法典》合同编，亦可能基于《民法典》侵权责任编。〔5〕

---

〔1〕 朱庆育：《民法总论》，北京大学出版社 2016 年版，第 369-370 页。

〔2〕 朱庆育：《民法总论》，北京大学出版社 2016 年版，第 371 页。

〔3〕 李宇：《民法总则要义：规范释论与判解集注》，法律出版社 2017 年版，第 824-827 页。

〔4〕 李宇：《民法总则要义：规范释论与判解集注》，法律出版社 2017 年版，第 830 页。

〔5〕 朱庆育：《民法总论》，北京大学出版社 2016 年版，第 373 页。

三、代理终止

(一)委托代理的终止与继续有效

1. 委托代理终止

《民法典》第173条规定:“有下列情形之一的,委托代理终止:(一)代理期限届满或者代理事务完成;(二)被代理人取消委托或者代理人辞去委托;(三)代理人丧失民事行为能力;(四)代理人或者被代理人死亡;(五)作为代理人或者被代理人的法人、非法人组织终止。”

此处应当注意第3项“代理人丧失民事行为能力”,包括全部丧失和部分丧失。如果代理人从完全行为能力人,变为限制行为能力人或无行为能力人,委托代理均终止。不过,如果被代理人自始即授权限制行为能力人为代理人,则不涉及本条的适用,不影响代理行为的效力。原因在于,代理人所为法律行为,效果归属于被代理人,代理人自己并不因此遭受不利,不致因此违背限制行为能力制度之目的。简而言之,被代理人可以选择限制行为能力人作为代理人。[1]

2. 委托代理行为继续有效

《民法典》第174条第1款规定:“被代理人死亡后,有下列情形之一的,委托代理人实施的代理行为有效:(一)代理人不知道且不应当知道被代理人死亡;(二)被代理人的继承人予以承认;(三)授权中明确代理权在代理事务完成时终止;(四)被代理人死亡前已经实施,为了被代理人的继承人的利益继续代理。”第2款规定:“作为被代理人的法人、非法人组织终止的,参照适用前款规定。”

依据《民法典》第173条,代理实施过程中,被代理人死亡或终止,委托代理终止。但具备第174条规定的情形,委托代理行为仍然有效:第1项之目的,是保护善意代理人;第2项之目的,是保护继承人之财产利益;第3项之目的,是尊重被代理人的意思;第4项之目的,亦为保护继承人之财产利益。

(二)法定代理的终止

《民法典》第175条规定:“有下列情形之一的,法定代理终止:(一)被代理人取得或者恢复完全民事行为能力;(二)代理人丧失民事行为能力;(三)代理人或者被代理人死亡;(四)法律规定的其他情形。”第1项专门适用于基于监护关系而发生法定代理的情形。第2项包括行为能力的全部丧失与部分丧失。

---

[1] 李宇:《民法总则要义:规范释论与判解集注》,法律出版社2017年版,第836-837页。

第三节　诉讼时效制度

一、时效与诉讼时效

（一）时效

所谓时效，是指一定事实状态在法定期间持续存在，从而产生与该事实状态相适应的法律效力的制度。时效制度的直接目的在于促使权利人行使权利。法谚有云："法律不保护在权利上睡觉之人。"实行时效制度，使长期不行使权利的人丧失其权利，除有利于维持法律安定性（Rechtssicherheit）与法律和平状态（Rechtsfrieden）及避免证明困难（Beweisnot）外，其重要作用还在于督促权利人及时行使其权利，以便更好地发挥财产的效用及促进社会经济流转正常进行。[1]

（二）时效的类型

时效分为取得时效和消灭时效（诉讼时效）两种。

1. 取得时效

取得时效，是指无权占有人自主、和平、公开占有他人不动产或动产持续地经过法定期间而取得该不动产或动产所有权的制度。我国法律未规定取得时效。

2. 消灭时效（诉讼时效）

消灭时效（Verjährung）或诉讼时效，是指因在一定期间内不行使权利，致其请求权消灭或发生抗辩权的法律事实。[2] 我国规定"诉讼时效"，并采取"抗辩权发生主义"，即诉讼时效完成后，义务人因而取得拒绝履行的抗辩权。

（三）诉讼时效

1. 普通诉讼时效和最长诉讼时效

《民法典》第 188 条第 1 款规定："向人民法院请求保护民事权利的诉讼时效期间为三年。法律另有规定的，依照其规定。"第 2 款规定："诉讼时效期间自权利人知道或者应当知道权利受到损害以及义务人之日起计算。法律另有规定的，依照其规定。但是，自权利受到损害之日起超过二十年的，人民法院不予保护，有特殊

---

〔1〕［德］本德·吕特斯、阿斯特丽德·施塔德勒：《德国民法总论》，于馨淼、张姝译，法律出版社 2017 年版，第 78–79 页。

〔2〕李宇：《民法总则要义：规范释论与判解集注》，法律出版社 2017 年版，第 883 页。王泽鉴：《民法总则》，北京大学出版社 2009 年版，第 409–410 页。

情况的,人民法院可以根据权利人的申请决定延长。”

普通诉讼时效为3年,属于主观时效期间,自权利人知道或者应当知道权利受到损害以及义务人之日起计算。[1] 普通诉讼时效的起算点,取决于当事人是否知悉。普通诉讼时效,可以中断、中止,性质上为可变期间。

“法律另有规定的,依照其规定”,此为特别诉讼时效。法律特别规定了“短期诉讼时效”。例如,《产品质量法》第45条规定:“因产品存在缺陷造成损害要求赔偿的诉讼时效期间为二年。”法律特别规定了“长期诉讼时效”。例如,《民法典》第594条规定:“因国际货物买卖合同和技术进出口合同争议提起诉讼或者申请仲裁的时效期间为四年。”

最长诉讼时效(客观时效期间)为20年,自权利受到损害之日起计算。最长诉讼时效为独立于当事人知悉的最高期间。最长诉讼时效,不能中断、中止,但法院可以根据权利人的申请决定延长。[2]

2. 分期履行之债的诉讼时效

《民法典》第189条规定:“当事人约定同一债务分期履行的,诉讼时效期间自最后一期履行期限届满之日起计算。”

3. 无民事行为能力人、限制民事行为能力人对其法定代理人请求权的诉讼时效

《民法典》第190条规定:“无民事行为能力人或者限制民事行为能力人对其法定代理人的请求权的诉讼时效期间,自该法定代理终止之日起计算。”

4. 受性侵害未成年人损害赔偿请求权的诉讼时效

《民法典》第191条规定:“未成年人遭受性侵害的损害赔偿请求权的诉讼时效期间,自受害人年满十八周岁之日起计算。”

5. 诉讼时效期间届满的效力

《民法典》第192条第1款规定:“诉讼时效期间届满的,义务人可以提出不履行义务的抗辩。”第2款规定:“诉讼时效期间届满后,义务人同意履行的,不得以诉讼时效期间届满为由抗辩;义务人已经自愿履行的,不得请求返还。”

诉讼时效期间届满,发生义务人之抗辩权(Einrede)。但是,义务人已经同意履行的,不得主张抗辩权;义务人自愿履行的,不得请求返还。[3]

---

[1] 朱庆育:《民法总论》,北京大学出版社2016年版,第552页。

[2] 李宇:《民法总则要义:规范释论与判解集注》,法律出版社2017年版,第889-890页。

[3] 朱庆育:《民法总论》,北京大学出版社2016年版,第542-543页。[德]汉斯·布洛克斯、沃尔夫·迪特里希·瓦尔克:《德国民法总论》,张艳译,中国人民大学出版社2019年版,第299页。

6. 禁止依职权适用时效

《民法典》第193条规定："人民法院不得主动适用诉讼时效的规定。"抗辩权与抗辩（权利阻碍抗辩、权利消灭抗辩）不同，抗辩权之行使与否，取决于当事人之意志。

7. 诉讼时效中止

《民法典》第194条第1款规定："在诉讼时效期间的最后六个月内，因下列障碍，不能行使请求权的，诉讼时效中止：（一）不可抗力；（二）无民事行为能力人或者限制民事行为能力人没有法定代理人，或者法定代理人死亡、丧失民事行为能力、丧失代理权；（三）继承开始后未确定继承人或者遗产管理人；（四）权利人被义务人或者其他人控制；（五）其他导致权利人不能行使请求权的障碍。"第2款规定："自中止时效的原因消除之日起满六个月，诉讼时效期间届满。"

诉讼时效中止（Verjährungshemmung），是指在时效期间行将完成之际，有与权利人无关或无法控制的事由而使权利人无法行使其请求权，法律为保护权利人而使时效期间暂停计算，待中止事由消灭后继续计算。换言之，诉讼时效被延长了。〔1〕

8. 诉讼时效中断

《民法典》第195条规定："有下列情形之一的，诉讼时效中断，从中断、有关程序终结时起，诉讼时效期间重新计算：（一）权利人向义务人提出履行请求；（二）义务人同意履行义务；（三）权利人提起诉讼或者申请仲裁；（四）与提起诉讼或者申请仲裁具有同等效力的其他情形。"

时效期间中断，即诉讼时效的重新开始（Neubeginn der Verjährung），是指在法定事由发生时，此前已计算的时效期间全归于无效，待中断事由消灭后时效期间重新起算。〔2〕请注意，发生中止的原因属于与当事人无关或无法控制的客观情况，而发生中断的原因系当事人的行为，亦即取决于当事人的意思。

9. 不适用诉讼时效的请求权

《民法典》第196条规定："下列请求权不适用诉讼时效的规定：（一）请求停止侵害、排除妨碍、消除危险；（二）不动产物权和登记的动产物权的权利人请求返还财产；（三）请求支付抚养费、赡养费或者扶养费；（四）依法不适用诉讼时效的其他请求权。"

---

〔1〕［德］本德·吕特斯、阿斯特丽德·施塔德勒：《德国民法总论》，于馨淼、张姝译，法律出版社2017年版，第82页。

〔2〕王泽鉴：《民法总则》，北京大学出版社2009年版，第425页。

(1)停止侵害、排除妨碍、消除危险请求权。这三种请求权,属于物权请求权。物权请求权旨在保护物权的完整性,依其性质不应适用诉讼时效,否则将使物权受到的妨碍无法除去,致物权沦为有名无实之权利。同理,知识产权受到侵害时,产生的停止侵害、排除妨碍、消除危险请求权,亦不适用诉讼时效。[1]

(2)返还财产请求权(原物返还请求权)。原物返还请求权,属于物权请求权,不适用诉讼时效。

(3)请求支付抚养费、赡养费或者扶养费的请求权。这类请求权,关乎权利人的生存利益,法律有特别保护的必要。基于此类请求权的权利人和义务人之间存在的夫妻、父母、子女等身份关系,若适用诉讼时效,将迫使权利人以起诉或书面请求等方式主张权利以中断时效,有碍人伦亲情。[2]

(4)依法不适用诉讼时效的其他请求权。例如,履行出资义务请求权不适用诉讼时效。最高人民法院《关于适用〈中华人民共和国公司法〉若干问题的规定(三)》第19条第1款规定:"公司股东未履行或者未全面履行出资义务或者抽逃出资,公司或者其他股东请求其向公司全面履行出资义务或者返还出资,被告股东以诉讼时效为由进行抗辩的,人民法院不予支持。"第2款规定:"公司债权人的债权未过诉讼时效期间,其依照本规定第十三条第二款、第十四条第二款的规定请求未履行或者未全面履行出资义务或者抽逃出资的股东承担赔偿责任,被告股东以出资义务或者返还出资义务超过诉讼时效期间为由进行抗辩的,人民法院不予支持。"

10. 诉讼时效规定的强制性

《民法典》第197条第1款规定:"诉讼时效的期间、计算方法以及中止、中断的事由由法律规定,当事人约定无效。"第2款规定:"当事人对诉讼时效利益的预先放弃无效。"

诉讼时效规定系强制性规定,不能通过约定改变或预先放弃诉讼时效利益。当事人不能通过约定延长或缩短诉讼时效,也不能预先放弃时效利益。[3]

11. 仲裁时效

《民法典》第198条规定:"法律对仲裁时效有规定的,依照其规定;没有规定的,适用诉讼时效的规定。"《仲裁法》第74条规定:"法律对仲裁时效有规定的,适用该规定。法律对仲裁时效没有规定的,适用诉讼时效的规定。"

---

[1] 李宇:《民法总则要义:规范释论与判解集注》,法律出版社2017年版,第949页。

[2] 李宇:《民法总则要义:规范释论与判解集注》,法律出版社2017年版,第950页。

[3] 王泽鉴:《民法总则》,北京大学出版社2009年版,第410页。

请求权的主张，可以通过诉讼或仲裁的方式进行。诉讼时效为实体法制度，其适用不限于诉讼程序。对于仲裁，仲裁时效在特别法上有规定，但在未设规定的情形下，法律有必要明确诉讼时效的可适用性，以免在实务适用中望文生义，误认为诉讼时效专属于诉讼之制度。[1]

二、除斥期间

《民法典》第199条规定："法律规定或者当事人约定的撤销权、解除权等权利的存续期间，除法律另有规定外，自权利人知道或者应当知道权利产生之日起计算，不适用有关诉讼时效中止、中断和延长的规定。存续期间届满，撤销权、解除权等权利消灭。"

除斥期间通常针对形成权，为不可变期间。形成权，不适用诉讼时效。除斥期间，自权利人知道或者应当知道权利产生之日起计算，不适用有关诉讼时效中止、中断和延长的规定。存续期间届满，形成权消灭。[2]

| 扩展阅读 |

案例1：一场葡萄酒拍卖会正在举行。一个不熟悉当地习俗的人A来到拍卖现场，突然看到自己的朋友，便举手向他的朋友致意。A根本不知道，在葡萄酒拍卖会上，举手意味着发出购买葡萄酒的要约。拍卖者据此将一桶葡萄酒敲定给A，也就是接受了A的要约。请问法律行为是否成立？

解析：站在拍卖师的立场上，A举手即意味着发出要约，拍卖师落槌时，法律行为已经成立。

案例2：A周末可能要参加朋友的舞会，但是否受邀还未确定。A在周三去服装店买了一件昂贵晚礼服，当时对售货员表示，她参见舞会时才需要这件衣服。售货员对此没有细问，只是将衣服打包并收取了价款。请问，当A最终没有被邀请参加舞会时，她可以主张买卖合同失效吗？

解析：对于条件，售货员并未表示同意。买卖合同并未附解除条件。

案例3：游客A在云南旅游，对玉石市场的"赌石"交易非常感兴趣，遂以"赌石"的方式从玉石商B处购买"开眼"原石一块，价格20万元。原石切开后，发现是次料，最多价值2000元。A可以反悔吗？

解析：赌石交易的结果，具有风险性，不构成显示公平。A无权撤销交易。

---

〔1〕 李宇：《民法总则要义：规范释论与判解集注》，法律出版社2017年版，第958页。

〔2〕 王泽鉴：《民法总则》，北京大学出版社2009年版，第411-412页。

推荐阅读

(一)参阅论文

1. 王文胜:《〈民法典〉第133条(民事法律行为的定义)评注》,载《法治研究》2022年第1期。
2. 叶名怡:《〈民法典〉第157条(法律行为无效之法律后果)评注》,载《法学家》2022年第1期。
3. 王利明:《论民法典代理制度中的授权行为》,载《甘肃政法大学学报》2020年第5期。
4. 杨巍:《〈民法典〉第188条第2款第1、2句(诉讼时效起算)评注》,载《法学家》2022年第5期。
5. 朱晓喆:《〈民法典〉第一百九十九条(除斥期间)评注》,载《法治研究》2022年第5期。

(二)参阅书目

1. [德]汉斯·布洛克斯、沃尔夫·迪特里希·瓦尔克:《德国民法总论》,张艳译,中国人民大学出版社2019年版。
2. [德]本德·吕特斯、阿斯特丽德·施塔德勒:《德国民法总论》,于馨淼、张姝译,法律出版社2017年版。
3. 朱庆育:《民法总论》(第2版),北京大学出版社2016年版。
4. 王泽鉴:《民法总则》,北京大学出版社2022年版。
5. 魏振瀛:《民法》(第8版),北京大学出版社2021年版。

第四章　物权法律制度

本章概览

本章主要介绍物权法律制度的基本原理、所有权制度、用益物权制度、担保物权制度。本章第一节重点阐述物权的概念，围绕《民法典》的相关条文，深入介绍物权的效力、物权请求权、物权变动等内容。本章第二节介绍所有权制度，包括国家所有权和集体所有权、私人所有权，业主的建筑物区分所有权，相邻关系，共有等内容。本章第三节介绍用益物权制度，包括土地承包经营权、宅基地使用权、建设用地使用权、地役权、居住权等内容。本章第四节介绍担保物权制度，包括担保物权的基本原理、抵押权、质权（动产质权与权利质权）、留置权等内容。

第一节　物权法律制度概述

一、物权法的含义与性质

凡以人对物之支配关系为内容之法规范，均可称为"物权法"，此之谓广义之物权法或实质意义之物权法。[1] 据此而言，《民法典》物权编属物权法，《民法典》其他各编的部分规范亦涉及人对物之支配关系，例如夫妻法定财产制下之共有、继承人对于遗产之共同共有等。除此之外，《农村土地承包法》《土地管理法》《城市房地产管理法》《矿产资源法》《森林法》《水法》《海域使用管理法》等亦或多或少涉及人对物之支配关系，均与物权法有关。

物权法系民法之一部分，性质与民法相同，属私法、普通法、实体法。唯相较于民法的其他部分，物权法亦具有其特性。其一，物权法的财产法属性。民法兼具身

---

〔1〕 王泽鉴：《民法物权》，北京大学出版社 2010 年版，第 30-31 页。

份法与财产法,前者调整身份秩序,后者调整财产秩序。物权法以规范人对物之支配关系为内容,性质上自属于财产法。[1] 其二,物权法的强行法属性。民法兼具任意法与强行法之性质,物权法因其所规定之物权具有对世效力,涉及第三人之利益,并构成一国政治、社会、经济结构之基础,为求内容之统一,确保物权之享有与交易之安全,巩固共同体之基础结构,其规定多具强行性质,非当事人能够任意变更,故原则上应属强行法之范畴,此与债法尊重当事人之意思,以契约自由为原则,故较具任意法之性质者,大异其趣。[2] 其三,物权法的固有法属性。相较于债法,物权法的固有法特色较为明显。[3] 在跨国交往日益密切的情况下,各国债法特别是合同法呈现出趋同的特征。物权法往往因国家、民族、历史传统和国民性的差异而有所不同,此为物权法的固有法属性。这一属性,是物权法区别于债法的另一个显著特征,并与各国的债法尤其是其中的合同法几乎大同小异形成鲜明对照。其四,物权法的程序法支撑。物权法以人对物之支配关系所生之权利义务为调整对象,属于实体法无疑。不过,依法律行为的不动产物权变动,原则上以登记为生效要件;动产抵押权等动产担保物权,往往以登记为对抗要件。因此,物权制度的运行,尚需程序法属性的登记法为支撑。

二、物权法之价值取向

近代民法以契约自由(私法自治)、过失责任(自己责任)及所有权绝对(私有财产制)为最高指导原则。上述原则与物权法关系最为密切则应属所有权绝对原则,即私有财产之绝对承认与尊重。我国基本经济制度系社会主义公有制,但在私法领域亦强调对公共财产和私有财产平等保护,并注重促进物之效用。

(一)平等保护原则

《民法典》第 206 条第 1 款规定:“国家坚持和完善公有制为主体、多种所有制经济共同发展,按劳分配为主体、多种分配方式并存,社会主义市场经济体制等社会主义基本经济制度。”第 2 款规定:“国家巩固和发展公有制经济,鼓励、支持和引导非公有制经济的发展。”第 3 款规定:“国家实行社会主义市场经济,保障一切市场主体的平等法律地位和发展权利。”

《民法典》第 207 条规定:“国家、集体、私人的物权和其他权利人的物权受法律平等保护,任何组织或者个人不得侵犯。”

---

〔1〕 刘家安:《物权法论》,中国政法大学出版社 2015 年版,第 3 页。

〔2〕 王泽鉴:《民法物权》,北京大学出版社 2010 年版,第 32、34 页。

〔3〕 谢在全:《民法物权论》,中国政法大学出版社 2011 年版,第 6-7 页。

（二）注重发挥物的效用

《民法典》物权编在着重确认和强调财产的归属关系的同时，也注重财产的利用，注重发挥物的效用。《民法典》第205条规定："本编调整因物的归属和利用产生的民事关系。"《民法典》物权编中包含了大量以发挥物的效用为目的的规范，如《民法典》第290条、第291条、第292条、第301条、第305条等。

三、物权的概念

《民法典》总则编第114条第2款（原《物权法》第2条第3款）直接规定了物权的定义："物权是权利人依法对特定的物享有直接支配和排他的权利，包括所有权、用益物权和担保物权。"

物权的本质应当是人对物的支配性，是人与物的关系，物权法调整的亦是人与物之间的关系，并不直接调整人与人之间的关系，而是通过物间接地调整人与人之间的关系，如物上请求权。原则上，物权本身不能产生针对特定人的请求权，但第三人妨害物权或扣留标的物不予返还时，物权人对第三人享有物上请求权，其构成上，既不要求有特定债之关系的存在，也不要求过错，实为物权支配性、排他性或绝对性之反映。〔1〕

四、物权的客体

（一）物权客体特定原则

物权客体特定原则（Spezialitätsprinzip），是指物权的客体应当是单一物（Einzelsache）。该原则，是物权的对物直接支配性的逻辑衍生物。唯有客体特定、独立，才能被支配，才构成单一物。〔2〕

独立，是指此物可以与彼物划分而独立存在。独立性的判断，既取决于物理特性，也取决于社会经济观念。例如，延绵不绝的土地，在法律上可以划为多宗（古称为"丘"）土地。同时，单一物应为具体的现存之物。尚未产生的物或集合物不属于单一物。尚未产生的物，例如明年出产之苹果，尚在生产中之飞机、船舶。集合物，由多个独立的单一物聚合而成，并非法律意义上的"物"，而只是"物"的集合。例如图书馆，须由数个独立之物集合而成，其本身不能作为物权之标的，所有权仅得存在于各个独立之物之上。

---

〔1〕 刘家安：《物权法论》，中国政法大学出版社2015年版，第27-29页。

〔2〕 谢在全：《民法物权论》，中国政法大学出版社2011年版，第12页。

（二）有体物

物权之客体，原则上为“有体物”（körperlicher Gegenstand）。有体物，一般是指除人之身体外，依社会经济观念得以为人力所能支配，具有特定性和独立性的有形之物。换言之，“有体”是指一个客体在感官上是可感知的、在空间上是有限度的、在事实上是可控制的。唯有如此，才能在形体上对其进行支配，对于无体财产或抽象的权利，难以在形体上支配之。[1] 请注意，此处的“有体物”之“体”，并不限于固体，尚包括液体、气体在内。《民法典》第 115 条第 1 句规定：“物包括不动产和动产。”由以上条款可知，我国民法亦将物权的客体限定为有体物。

（三）动产与不动产

有体物，包括不动产和动产两类。

动产，即可移动之物，是指不动产以外的有体物，其并非定着于土地，而可以移动，例如汽车、手机等。

不动产，即不可移动之物，主要是指土地以及土地之上的定着物，包括建筑物和构筑物。不动产的空间位置不可能改变。

建筑物，一般是指定着于土地上或地面下，具有顶盖、梁柱或墙壁，可供人居住或其他目的使用的构成物，例如房屋。构筑物，是指一般不直接在里面进行生产和生活活动的建筑物，例如水塔、烟囱、围墙等。广义之建筑物，亦包括构筑物在内。除建筑物、构筑物外，我国法律通常将“树木”作为定着物。

五、物权的效力

基于物权的直接支配性和排他性，物权产生了排他效力、优先效力和追及效力以及物上请求权（物权请求权）。

（一）排他效力

排他效力，是指在同一标的物上，不能同时成立两个以上内容互不兼容的物权。第一，同一物上不得同时成立两个所有权。第二，同一物上不得同时成立两个内容冲突之用益物权，例如两个建设用地使用权；但是可以成立内容不冲突的两个用益物权，例如土地承包经营权与地役权。第三，同一物上得成立数个抵押权，不过抵押权具有先后顺位。第四，不同种类的物权可以同时存在于同一物上。

[1] 刘家安：《物权法论》，中国政法大学出版社 2015 年版，第 12-13 页。

(二)优先效力

1. 物权相对于债权的优先性

有学者认为,其一,所有权优先于债权。例如,“一物数卖”之下的“所有权优先于债权”。又如,在债务人破产的情况下,所有权人得取回破产人占有的物,此为“取回权”。不过,“受债务拘束之所有权人”,自然不得以“物权优于债权为由”主张其不受债务约束。其二,用益物权优先于债权。通常来说,不动产用益物权优先于基于债之关系的使用权。例如,建设用地使用权人可向土地的使用借贷人(无偿使用人)请求返还。其三,担保物权优先于一般债权。若债务人之物上设定了担保物权,则担保物权人可以就该物优先于其他债务人受偿。在破产程序中,担保物权人仍得就该物行使优先受偿权,此为“别除权”。[1]

2. 物权相互之间的效力

有学者认为,其一,不兼容物权相互之间的效力。于同一标的物不容许有数个同一内容的物权并存于其上,先发生者具有优先性。这也是物权排他效力的体现。其二,可兼容物权相互之间的优先效力,可分三种情况:在所有权与其他物权之间,其他物权得在一定范围内支配其物,当然具有优先于所有权的效力;数个担保物权并存于同一标的物之上时,成立在先的,顺位在前,有优先于后成立物权的效力;用益物权与担保物权并存时,成立在先者,具有优先效力。[2]

(三)追及效力

按照有关学者观点,追及效力,是指物权成立后,其标的物无论辗转落于何人之手,物权人均得追及物之所在,而直接支配其物的效力。依上述学理,不动产所有人设定抵押权后,得将该不动产让与他人,但其抵押权不因此而受影响,抵押权人于其债权届期未获满足时,可以追及该不动产,请求法院拍卖该抵押物。[3]

六、物上请求权

(一)概念

“物上请求权”(dingliche Ansprüche),或称为“物权请求权”“物的请求权”,包括基于所有权或其他物权所生的物权请求权和占有人的物上请求权。物权请求权是指物权人于其物权被妨害或有被妨害的危险时,可请求恢复物权圆满状态或防止妨害的权利。占有人的物上请求权是指占有人于其对物的占有被侵占(或侵夺)

〔1〕 王泽鉴:《民法物权》,北京大学出版社 2010 年版,第 48 页。

〔2〕 王泽鉴:《民法物权》,北京大学出版社 2010 年版,第 49 页。

〔3〕 王泽鉴:《民法物权》,北京大学出版社 2010 年版,第 50 页。

或受其他妨害,或有被妨害之虞时,可请求恢复占有的状态或排除对占有的妨害,抑或防止发生妨害的权利。[1]

(二)物权请求权的种类

《民法典》关于"物权请求权"的规定,位于物权编第三章"物权的保护"中,为第235条至第236条。

1. 原物返还请求权

《民法典》第235条规定:"无权占有不动产或者动产的,权利人可以请求返还原物。"

此为"原物返还请求权",即他人无权占有不动产或动产,物权人可以请求该他人返还原物。须注意的是,"无权占有"中的"无权"是何意。若对物权人享有债权且基于该债权得占有该物,此时则非属无权占有。

2. 保全请求权

《民法典》第236条规定:"妨害物权或者可能妨害物权的,权利人可以请求排除妨害或者消除危险。"

此为"保全请求权",包括"排除妨害请求权"和"消除危险请求权"(妨害防止请求权)。排除妨害请求权,是指物权人可以请求妨害人停止对物权的妨害。例如,房屋屋顶被邻地的倾倒树木所覆盖或者房屋大门被该倾倒的树木所堵塞,房屋所有权人可以请求移除该树木以排除妨害。消除危险请求权,是指物有受到妨害之虞时,物权人可以请求潜在的妨害人消除发生妨害的危险。例如,邻地的树木有倾倒的可能性,对房屋造成危险,房屋所有权人可以请求加固该树木以消除危险。

(三)物权请求权的性质

1. 物权实现的辅助性权利

请求权(Anspruch),可以基于债权(债之关系)产生,亦可基于物权等绝对权而产生。物权请求权,虽然是请求权,但却是由物权所派生,是物权实现的辅助性权利。与侵权损害赔偿请求权不同,物权请求权仅须具有客观的违法性即可,至于无权占有人或妨害人是否存在过错,不影响物上请求权的成立。[2]

2. 不得单独让与

由于物权请求权是由物权所派生的辅助性权利,因此不能与物权分离而单独存在,故物权请求权不是独立请求权,不能成为单独让与之客体。将物权让与的,

---

[1] 王泽鉴:《民法物权》,北京大学出版社2010年版,第50页。
[2] 谢在全:《民法物权论》,中国政法大学出版社2011年版,第28-30页。

其效力自应包含物权请求权在内,受让人取得物权后,自可基于物权而行使物权请求权。

七、物权的保护

在《民法典》物权编第三章“物权的保护”中,除第235条、第236条关于“物权请求权”的规定外,尚包括第233条至第234条、第237条至第239条等物权保护的其他规定。

(一)私法保护

《民法典》第233条规定:“物权受到侵害的,权利人可以通过和解、调解、仲裁、诉讼等途径解决。”

(二)物权确认请求权

《民法典》第234条规定:“因物权的归属、内容发生争议的,利害关系人可以请求确认权利。”此条款属于程序法条款,为“确权之诉”。物权确认请求权,实质上是一种为明确人己之界限,实现“定分止争”的确权制度,是物权请求权得以发生的前提,从而也不得适用诉讼时效制度。

(三)侵权损害赔偿请求权与不当得利返还请求权

《民法典》第237条规定:“造成不动产或者动产毁损的,权利人可以依法请求修理、重作、更换或者恢复原状。”《民法典》第238条规定:“侵害物权,造成权利人损害的,权利人可以依法请求损害赔偿,也可以依法请求承担其他民事责任。”

第237条、第238条规定之“修理、重作、更换或者恢复原状”以及“损害赔偿”,属于侵权损害赔偿请求权,其性质为债权请求权,适用诉讼时效。第238条规定之“承担其他民事责任”,包括不当得利返还请求权,其性质亦为债权请求权,适用诉讼时效。例如,在无权占有他人之物期间,无权占有人所取得之用益(物权人无法享用该用益,故有损失),构成不当得利。

八、物权法定

《民法典》第116条规定:“物权的种类和内容,由法律规定。”

在立法过程中,全国人大常委会法制工作委员会、最高人民法院将“法律”理解为狭义法律,即全国人大及其常委制定的法律。

不过,亦有学者主张,《民法典》第116条中的“法律”应该与《民法典》第10条民法法源范围保持一致,包括广义的法律以及习惯。此种理解亦符合欧陆国家关于物权类型封闭原则的本意:只限制私法自治,不限制法源类型。

九、物权变动

(一)概述

物权变动,是指物权的发生、变更和消灭。

物权的发生,是指物权与特定主体结合,可以分为原始取得与继受取得。原始取得,是指非依据他人既存的权利而取得物权,例如无主物先占、时效取得。继受取得,是指就他人的权利而取得物权,又可以分为移转取得与创设取得。所谓移转取得,是指就他人的物权依其原状而取得,例如基于买卖、赠与或继承而取得物权。所谓创设取得,是指于他人的物权上设定用益物权或担保物权。[1]

物权的变更,主要是指客体变更和内容变更。客体变更,是指标的物在量上有所增减,如所有权的客体因附合、混合而增加,抵押权的客体因部分毁损而减少。内容变更,是指物权的内容有所改变,例如用益物权期限的增减、抵押权顺位的升降、特殊动产抵押权因登记而获得对抗效力。[2]

有学者认为,物权的消灭,是指物权与其主体分离,就物权人方面而言,是物权的丧失,可以分为绝对丧失和相对丧失。绝对丧失,是指物权本身的消灭,例如房屋焚毁时,所有权与居住权的消灭。通常所说的物权的消灭,是指物权绝对丧失。相对丧失,是指物权离开其原主体,而与另一主体相结合,如房屋所有权的转移。[3] 此实际上是物权的继受取得。

(二)物权变动的原因

1. 依人的行为发生的物权变动

事实行为,是指行为人不需要表现其一定的心理状态,仅须有此行为,即发生一定法律效果的行为,如无主物先占、遗失物的拾得。

法律行为,是指行为人欲发生一定法律效果,而将其意思表示于外部的行为,法律即依其意思使之发生一定的法律效果,如所有权移转、抵押权的设定等。

2. 依人的行为以外的事实发生的物权变动

人之行为以外的事实,如死亡、天然孳息的分离、鱼塘溃坝导致鱼群混合等。

事实行为与人之行为以外的事实所引起的物权变动,均系直接基于法律规定。

(三)依法律行为发生的物权变动

实践中,最常见的物权变动,是依据法律行为而发生之物权变动。物权如何依

---

[1] 谢在全:《民法物权论》,中国政法大学出版社 2011 年版,第 44 页。

[2] 刘家安:《物权法论》,中国政法大学出版社 2015 年版,第 53-54 页。

[3] 王泽鉴:《民法物权》,北京大学出版社 2010 年版,第 56 页。

法律行为而发生变动，系立法政策上的重大问题，古今各国对此问题均有不同安排。

1. 形式主义之物权变动模式

《民法典》第 208 条规定："不动产物权的设立、变更、转让和消灭，应当依照法律规定登记。动产物权的设立和转让，应当依照法律规定交付。"《民法典》第 209 条第 1 款规定："不动产物权的设立、变更、转让和消灭，经依法登记，发生效力；未经登记，不发生效力，但是法律另有规定的除外。"第 2 款规定："依法属于国家所有的自然资源，所有权可以不登记。"《民法典》第 215 条规定："当事人之间订立有关设立、变更、转让和消灭不动产物权的合同，除法律另有规定或者当事人另有约定外，自合同成立时生效；未办理物权登记的，不影响合同效力。"《民法典》第 224 条规定："动产物权的设立和转让，自交付时发生效力，但是法律另有规定的除外。"

从上述规范来看，《民法典》采取"形式要件主义"（公示要件主义）的物权变动模式，单纯的内心意愿尚不足以使物权发生变动，动产物权变动原则以交付为要件，不动产物权变动原则上以登记为要件。为何要选择"形式要件主义"？此为"公示原则"的要求：物权具有绝对排他的效力，其得丧变更须有明显的、由外部可以辨认的表征，才可表明其法律关系，减少交易成本，避免第三人遭受损害，保护交易安全。[1] 此种可以由外部辨认的表征，即为物权变动的公示方法。对于不动产物权变动，公示方法为登记；对于动产物权变动，公示方法为交付。

须注意的是，《民法典》第 215 条系区分原则的体现。《民法典》第 215 条强调合同效力不受物权登记的影响，亦即将"合同效力"与"物权变动"区分开，使后者不影响前者，此即中国法上的区分原则。

2. 不动产物权变动

《民法典》物权编第二章"物权的设立、变更、转让和消灭"分为第一节"不动产登记"、第二节"动产交付"和第三节"其他规定"，分别规定了不动产物权变动的一般规则、动产物权变动的一般规则以及非依法律行为发生的物权变动。以下先阐述不动产物权变动规则。

（1）概述

《民法典》第 209 条第 1 款规定："不动产物权的设立、变更、转让和消灭，经依法登记，发生效力；未经登记，不发生效力，但是法律另有规定的除外。"第 2 款规定："依法属于国家所有的自然资源，所有权可以不登记。"

---

〔1〕 刘家安：《物权法论》，中国政法大学出版社 2015 年版，第 57 页。

不动产物权变动，经登记始生效力，此为公示原则的体现。[1] 第1款但书是指《民法典》第335条、第374条等有关土地承包经营权、地役权的物权变动采取登记对抗主义。属于国家所有的土地、矿藏、海域等自然资源，其所有权无须登记。

（2）不动产登记制度及其运行

《民法典》第210条第1款规定："不动产登记，由不动产所在地的登记机构办理。"第2款规定："国家对不动产实行统一登记制度。统一登记的范围、登记机构和登记办法，由法律、行政法规规定。"

不动产登记，实行属地管辖、统一登记，改变了过去依单位行政级别分级登记的做法。我国的不动产登记机构，一般为各地不动产登记中心，隶属自然资源局管理。目前，我国关于不动产登记制度的具体法律规范为《不动产登记暂行条例》和《不动产登记暂行条例实施细则》。在上述两部行政法规、部门规章颁布后，关于不动产登记的地方性法规即应废止。

（3）不动产登记的效力

《民法典》第214条规定："不动产物权的设立、变更、转让和消灭，依照法律规定应当登记的，自记载于不动产登记簿时发生效力。"

物权变动效力的发生时点，为"记载于不动产登记簿时"，而非"提交登记申请时"。登记机关应当按照提交登记申请的顺序，依次办理，故提交登记申请在先的，经审查应当先记载入登记簿。

《民法典》第216条规定："不动产登记簿是物权归属和内容的根据。不动产登记簿由登记机构管理。"《民法典》第217条规定："不动产权属证书是权利人享有该不动产物权的证明。不动产权属证书记载的事项，应当与不动产登记簿一致；记载不一致的，除有证据证明不动产登记簿确有错误外，以不动产登记簿为准。"

"不动产权属证书"是不动产登记机构依据"不动产登记簿"的记载向权利人颁布的权属证明，两者有冲突时，应当以不动产登记簿的记载为准，除非不动产登记簿确有错误。法律所称不动产登记的效力，均是指不动产登记簿的效力，而非不动产权属证书的效力。此点需要特别注意。

不动产登记是物权公示原则的制度要求。[2] 在学理上，不动产登记具有"权利推定力"和"登记公信力"两种效力，后者又通常被称为"公信原则"。不动产登记簿的"权利推定力"或"权利推定效力"，是指不动产物权经登记者，推定登记权利人对该不动产享有权利，也即，在诉讼中，登记权利人仅援引登记即可，无须就自己享

[1] 刘家安：《物权法论》，中国政法大学出版社2015年版，第58页。
[2] 谢在全：《民法物权论》，中国政法大学出版社2011年版，第65页。

有物权承担举证责任，而相对方欲推翻不动产登记簿的权利推定力，须举证。不动产登记簿的“登记公信力”或“公信原则”，是指因信赖不动产登记的善意第三人，已依法律行为完成物权变动登记的，其变动的效力，不因原登记物权之不实而受影响。

(4)更正登记、异议登记

《民法典》第218条规定：“权利人、利害关系人可以申请查询、复制不动产登记资料，登记机构应当提供。”《民法典》第219条规定：“利害关系人不得公开、非法使用权利人的不动产登记资料。”《民法典》第220条第1款规定：“权利人、利害关系人认为不动产登记簿记载的事项错误的，可以申请更正登记。不动产登记簿记载的权利人书面同意更正或者有证据证明登记确有错误的，登记机构应当予以更正。”第2款规定：“不动产登记簿记载的权利人不同意更正的，利害关系人可以申请异议登记。登记机构予以异议登记，申请人自异议登记之日起十五日内不提起诉讼的，异议登记失效。异议登记不当，造成权利人损害的，权利人可以向申请人请求损害赔偿。”

不动产登记虽然是物权公示原则的制度体现，但出于隐私和个人信息保护的立法目的，只有“权利人”或“利害关系人”可以查询。“利害关系人”包括真实权利人、交易相对人等。

不动产登记错误，权利人或利害关系人，可以申请“更正登记”。申请更正登记后，经过登记权利人的书面同意，登记机关应当更正登记。有证据证明确有错误的，登记机关亦应当更正。不过，在现实中，如果登记权利人不同意更正，登记机关往往并不会更正，而会告知申请人通过诉讼解决。[1]

申请更正登记后，如果登记权利人不同意更正，为防止登记权利人在此期间处分不动产，利害关系人可以申请“异议登记”。不过，异议登记后，申请人应当在15日内起诉，否则异议登记即失效。异议登记不当，构成对权利人所有权处分权能的不当干涉，造成权利人损害的，申请人应当承担损害赔偿责任。

(5)预告登记

《民法典》第221条第1款规定：“当事人签订买卖房屋的协议或者签订其他不动产物权的协议，为保障将来实现物权，按照约定可以向登记机构申请预告登记。预告登记后，未经预告登记的权利人同意，处分该不动产的，不发生物权效力。”第2款规定：“预告登记后，债权消灭或者自能够进行不动产登记之日起九十日内未申

---

〔1〕 刘家安：《物权法论》，中国政法大学出版社2015年版，第60-61页。

请登记的,预告登记失效。”

以取得物权为内容的债权请求权,可以由预告登记保全。此处需要注意,得由预告登记保全之债权请求权,须以取得物权为内容。[1] 例如,买卖合同、抵押合同可以申请预告登记,而租赁合同则不得申请预告登记。

经过预告登记保全的债权请求权,仍然是债权请求权,但该债权请求权之效力得以加强。预告登记构成了对物权的一种负担,应当经物权人同意,始得登记。依《民法典》第221条第1款第2句“预告登记后,未经预告登记的权利人同意,处分该不动产的,不发生物权效力”,此系采取绝对无效说。

(6)登记错误的损害赔偿责任

《民法典》第222条第1款规定:“当事人提供虚假材料申请登记,造成他人损害的,应当承担赔偿责任。”第2款规定:“因登记错误,造成他人损害的,登记机构应当承担赔偿责任。登记机构赔偿后,可以向造成登记错误的人追偿。”

登记错误,既可能是当事人提供虚假的权属证书等证明材料欺骗登记机构造成的,也可能是登记机构的工作人员故意或疏忽大意造成的。当事人和登记机构工作人员恶意串通,也可能造成登记错误。

请注意,依据本条第2款,无论登记机构是否具有过错,只要给他人造成损害,即须承担赔偿责任。如此规定,是尽可能保护登记错误的受害人。登记机构承担赔偿责任后,可以向造成登记错误的人追偿。造成登记错误的人,即可能是当事人,也可能是登记机构工作人员。

3. 动产物权变动

《民法典》物权编第二章“物权的设立、变更、转让和消灭”第二节“动产交付”,为关于动产物权变动的一般规则。

(1)概述

《民法典》第224条规定:“动产物权的设立和转让,自交付时发生效力,但是法律另有规定的除外。”我国《民法典》对动产物权变动采取“交付主义”(Traditionsprinzip),原则上须交付后才发生物权变动之效果。此系公示原则在动产物权变动领域的体现。

我国学者通常认为,动产占有/交付具有“权利推定力”,即占有人于占有物上行使权利,推定其依法有此权利。之所以存在此种推定,是因为在现实生活中,占有人一般都是基于本权占有,无权占有只是例外,因此权利推定效力,是法律就一

---

[1] 刘家安:《物权法论》,中国政法大学出版社2015年版,第62页。

般情形而为的推定。

(2)交付的类型

《民法典》第224条所称之“交付”,是指“现实交付”,转让人将其对物事实上的管领力转移给了受让人,即“从手到手”。与现实交付相对的,是观念交付。观念交付包括简易交付、返还请求权让与、占有改定,《民法典》第226条至第228条分别规定之。

第一,简易交付。《民法典》第226条规定:“动产物权设立和转让前,权利人已经占有该动产的,物权自民事法律行为生效时发生效力。”简易交付,是指转让动产时,受让人此前已因其他原因而占有动产的,仅须转让人与受让人达成让与合意,动产之所有权即转移。简易交付主要是出于交易便捷的考量。

第二,返还请求权让与。《民法典》第227条规定:“动产物权设立和转让前,第三人占有该动产的,负有交付义务的人可以通过转让请求第三人返还原物的权利代替交付。”返还请求权让与,又称“指示交付”,是指转让动产物权,如动产由第三人占有,让与人得以将对第三人之返还请求权让予受让人,以代替交付。指示交付亦是出于交易便捷的考量。

第三,占有改定。《民法典》第228条规定:“动产物权转让时,当事人又约定由出让人继续占有该动产的,物权自该约定生效时发生效力。”占有改定,是指让与动产物权,而让与人仍继续占有动产者,让与人与受让人间得订立契约,使受让人因此取得间接占有,以代交付。占有改定之存在,亦为方便交易。[1] 此处的“约定”,是指让与人与受让人订立的足以使受让人因此取得间接占有之契约,例如租赁、保管等。

4. 特殊动产的物权变动

《民法典》第225条规定:“船舶、航空器和机动车等的物权的设立、变更、转让和消灭,未经登记,不得对抗善意第三人。”

《民法典》第225条没有规定特殊动产物权变动何时生效,那么应当依据《民法典》第224条来判断,即采取“交付生效主义”,而《民法典》第225条仅是在“交付生效主义”的基础上,增加了“登记对抗要件”而已。因此,特殊动产的物权变动模式为“交付生效+登记对抗”。依据《民法典》第225条的规定,特殊动产交付后,所有权发生变动,但“未经登记,不得对抗善意第三人”。

(四)非依法律行为发生的物权变动规则

《民法典》物权编第二章“物权的设立、变更、转让和消灭”第三节“其他规定”,

---

〔1〕 王泽鉴:《民法物权》,北京大学出版社2010年版,第98页。

为非依法律行为发生的物权变动规则。

1. 因公权力导致的物权变动

《民法典》第 229 条规定:“因人民法院、仲裁机构的法律文书或者人民政府的征收决定等,导致物权设立、变更、转让或者消灭的,自法律文书或者征收决定等生效时发生效力。”

此处的“法律文书”是指分家析产等案件中的“形成判决”以及强制执行中的裁定。“给付判决”和“确认判决”并不导致物权变动,不属于此处的法律文书。对于因生效的征收决定导致的物权变动,要结合《民法典》第 243 条与本条进行体系解释。征收决定生效后,政府须根据征收补偿协议向被征收人支付合理补偿,之后才发生物权变动。

2. 因继承导致的物权变动

《民法典》第 230 条规定:“因继承取得物权的,自继承开始时发生效力。”

继承分为法定继承和遗嘱继承两类。因继承取得财产,无论是法定继承还是遗嘱继承,仅限于《民法典》继承编规定享有继承权的人。《民法典》第 1121 条第 1 款规定:“继承从被继承人死亡时开始。”

3. 因事实行为导致的物权变动

《民法典》第 231 条规定:“因合法建造、拆除房屋等事实行为设立或者消灭物权的,自事实行为成就时发生效力。”例如,因合法建造房屋,取得房屋所有权。房屋被拆除,房屋所有权消灭。

4. 其他非依法律行为导致的动产物权变动

在物权法上,动产物权非依法律行为而发生变动者,其因由除继承、强制执行和法院判决外,还有先占、取得时效、遗失物取得、埋藏物发现、添附(附合、混合、加工)等导致的物权变动。[1] 这些物权变动具有特殊性,故在“所有权的特别取得规则”中讨论。

第二节 所 有 权

一、概述

《民法典》物权编第二分编“所有权”,包括第四章“一般规定”,第五章“国家所

[1] 王泽鉴:《民法物权》,北京大学出版社 2010 年版,第 102 页。

有权和集体所有权、私人所有权”，第六章“业主的建筑物区分所有权”，第七章“相邻关系”，第八章“共有”，第九章“所有权取得的特别规定”。

二、一般规定

《民法典》物权编第四章“一般规定”系关于所有权的普遍规定。

（一）所有权之定义

《民法典》第 240 条规定：“所有权人对自己的不动产或者动产，依法享有占有、使用、收益和处分的权利。”

此处为对所有权的定义，但此处的“占有、使用、收益、处分”的所有权四种权能仅仅为例示性列举。

（二）所有权与他物权之关系

《民法典》第 241 条规定：“所有权人有权在自己的不动产或者动产上设立用益物权和担保物权。用益物权人、担保物权人行使权利，不得损害所有权人的权益。”

该条系对所有权与他物权关系的规定。“他物权”是指在他人享有所有权之物上设定的物权。此种物权构成了对所有权的限制，因此也被称为“限制物权”或“定限物权”。

该条列举了用益物权和担保物权两类，但实际上限制物权并不限于此两种。理论上认为还有“取得权”，即取得特定物权的权利。常见的取得权，包括受预告登记保护之以取得物权为目的的债权请求权、优先购买权。

《民法典》第 221 条第 1 款规定：“当事人签订买卖房屋的协议或者签订其他不动产物权的协议，为保障将来实现物权，按照约定可以向登记机构申请预告登记。预告登记后，未经预告登记的权利人同意，处分该不动产的，不发生物权效力。”《民法典》第 305 条规定：“按份共有人可以转让其享有的共有的不动产或者动产份额。其他共有人在同等条件下享有优先购买的权利。”

（三）征收征用

《民法典》第 243 条第 1 款规定：“为了公共利益的需要，依照法律规定的权限和程序可以征收集体所有的土地和组织、个人的房屋以及其他不动产。”第 2 款规定：“征收集体所有的土地，应当依法及时足额支付土地补偿费、安置补助费以及农村村民住宅、其他地上附着物和青苗等的补偿费用，并安排被征地农民的社会保障费用，保障被征地农民的生活，维护被征地农民的合法权益。”第 3 款规定：“征收组织、个人的房屋以及其他不动产，应当依法给予征收补偿，维护被征收人的合法权益；征收个人住宅的，还应当保障被征收人的居住条件。”第 4 款规定：“任何组织或者个人不得贪污、挪用、私分、截留、拖欠征收补偿费等费用。”

《民法典》第244条规定：“国家对耕地实行特殊保护，严格限制农用地转为建设用地，控制建设用地总量。不得违反法律规定的权限和程序征收集体所有的土地。”

《民法典》第245条规定：“因抢险救灾、疫情防控等紧急需要，依照法律规定的权限和程序可以征用组织、个人的不动产或者动产。被征用的不动产或者动产使用后，应当返还被征用人。组织、个人的不动产或者动产被征用或者征用后毁损、灭失的，应当给予补偿。”

依据第243条，征收的对象系集体所有的土地和组织、个人的房屋及其他不动产，以公共利益需要为前提。依据第245条，征用的对象系组织、个人的不动产或动产，以抢险救灾、疫情防控等紧急需要为前提。

关于“公共利益”的范围，可以参见《国有土地上房屋征收与补偿条例》第8条。《国有土地上房屋征收与补偿条例》第8条规定：“为了保障国家安全、促进国民经济和社会发展等公共利益的需要，有下列情形之一，确需征收房屋的，由市、县级人民政府作出房屋征收决定：（一）国防和外交的需要；（二）由政府组织实施的能源、交通、水利等基础设施建设的需要；（三）由政府组织实施的科技、教育、文化、卫生、体育、环境和资源保护、防灾减灾、文物保护、社会福利、市政公用等公共事业的需要；（四）由政府组织实施的保障性安居工程建设的需要；（五）由政府依照城乡规划法有关规定组织实施的对危房集中、基础设施落后等地段进行旧城区改建的需要；（六）法律、行政法规规定的其他公共利益的需要。”

三、建筑物区分所有权

《民法典》物权编第六章系关于“业主的建筑物区分所有权”之规定，除此之外，关于建筑物区分所有权的重要规定，尚有最高人民法院《关于审理建筑物区分所有权纠纷案件适用法律若干问题的解释》（以下简称《区分所有权解释》）。

（一）建筑物区分所有权的概念

《民法典》第271条规定：“业主对建筑物内的住宅、经营性用房等专有部分享有所有权，对专有部分以外的共有部分享有共有和共同管理的权利。”建筑物区分所有权，是指权利人（业主）对一栋建筑物中自己专有部分的单独所有权、共有部分的共有权以及因共有关系而产生的管理权的结合。[1]

---

〔1〕 刘家安：《物权法论》，中国政法大学出版社2015年版，第128-129页。

需注意,《区分所有权解释》第 1 条对“业主”之概念进行了扩张解释。该条第 1 款规定:“依法登记取得或者依据民法典第二百二十九条至第二百三十一条规定取得建筑物专有部分所有权的人,应当认定为民法典第二编第六章所称的业主。”该条第 2 款规定:“基于与建设单位之间的商品房买卖民事法律行为,已经合法占有建筑物专有部分,但尚未依法办理所有权登记的人,可以认定为民法典第二编第六章所称的业主。”

(二)专有部分的单独所有权

《民法典》第 272 条规定:“业主对其建筑物专有部分享有占有、使用、收益和处分的权利。业主行使权利不得危及建筑物的安全,不得损害其他业主的合法权益。”

专有部分,是指在一栋建筑物内区分出的独立的住宅或者经营性用房等单元。该单元须具备构造上的独立性与使用上的独立性。《区分所有权解释》第 2 条第 1 款规定:“建筑区划内符合下列条件的房屋,以及车位、摊位等特定空间,应当认定为民法典第二编第六章所称的专有部分:(一)具有构造上的独立性,能够明确区分;(二)具有利用上的独立性,可以排他使用;(三)能够登记成为特定业主所有权的客体。”第 2 款规定:“规划上专属于特定房屋,且建设单位销售时已经根据规划列入该特定房屋买卖合同中的露台等,应当认定为前款所称的专有部分的组成部分。”第 3 款规定:“本条第一款所称房屋,包括整栋建筑物。”

业主就专有部分行使权利,不得危及建筑物的安全,也不得损害其他业主的合法权益。业主行使专有部分权利损害其他业主合法权益,常见的现象包括装修时毁损承重墙或共有排水设施、擅自将住宅改为商业用途等。

《民法典》第 279 条规定:“业主不得违反法律、法规以及管理规约,将住宅改变为经营性用房。业主将住宅改变为经营性用房的,除遵守法律、法规以及管理规约外,应当经有利害关系的业主一致同意。”

关于“有利害关系的业主的同意”,《区分所有权解释》第 10 条、第 11 条有详细规定。《区分所有权解释》第 10 条第 1 款规定:“业主将住宅改变为经营性用房,未依据民法典第二百七十九条的规定经有利害关系的业主一致同意,有利害关系的业主请求排除妨害、消除危险、恢复原状或者赔偿损失的,人民法院应予支持。”第 2 款规定:“将住宅改变为经营性用房的业主以多数有利害关系的业主同意其行为进行抗辩的,人民法院不予支持。”《区分所有权解释》第 11 条规定:“业主将住宅改变为经营性用房,本栋建筑物内的其他业主,应当认定为民法典第二百七十九条所称‘有利害关系的业主’。建筑区划内,本栋建筑物之外的业主,主张与自己有利害关系的，应证明其房屋价值、生活质量受到或者可能受到不利影响。”

(三)共有部分的共有权

《民法典》第273条第1款规定：“业主对建筑物专有部分以外的共有部分，享有权利，承担义务；不得以放弃权利为由不履行义务。”第2款规定：“业主转让建筑物内的住宅、经营性用房，其对共有部分享有的共有和共同管理的权利一并转让。”

共有部分，是指区分所有的建筑物及其附属物的共同部分，即专有部分以外的建筑物的其他部分。[1]

通常来说，业主的共有部分包括：

1. 建筑物的业主共同使用部分

《区分所有权解释》第3条第1款规定：“除法律、行政法规规定的共有部分外，建筑区划内的以下部分，也应当认定为民法典第二编第六章所称的共有部分：(一)建筑物的基础、承重结构、外墙、屋顶等基本结构部分，通道、楼梯、大堂等公共通行部分，消防、公共照明等附属设施、设备，避难层、设备层或者设备间等结构部分；……”

上述内容，既包括全体业主共同使用部分，即建筑物的基础、承重结构、外墙、屋顶等基本结构部分，通道、楼梯、大堂等公共通行部分，消防、公共照明等附属设施、设备，避难层、设备层或者设备间等结构部分，又包括部分业主共有的部分，如相邻专有部分之间的隔墙，仅供部分业主共同使用的楼梯、走廊、电梯等。

2. 其他既不属于业主专有部分也不属于市政公用部分或者其他权利人所有的场所及设施等

《民法典》第274条第3句规定：“建筑区划内的其他公共场所、公用设施和物业服务用房，属于业主共有。”《区分所有权解释》第3条第1款规定：“除法律、行政法规规定的共有部分外，建筑区划内的以下部分，也应当认定为民法典第二编第六章所称的共有部分：……(二)其他不属于业主专有部分，也不属于市政公用部分或者其他权利人所有的场所及设施等。”例如，物业服务用房、保安亭等即属于业主共有。

3. 建筑区划内的土地、绿地、道路

《民法典》第274条第1句规定：“建筑区划内的道路，属于业主共有，但是属于城镇公共道路的除外。”《民法典》第274条第2句规定：“建筑区划内的绿地，属于业主共有，但是属于城镇公共绿地或者明示属于个人的除外。”《区分所有权解释》第3条第2款规定：“建筑区划内的土地，依法由业主共同享有建设用地使用权，但

---

[1] 谢在全：《民法物权论》，中国政法大学出版社2011年版，第235-236页。

属于业主专有的整栋建筑物的规划占地或者城镇公共道路、绿地占地除外。”

4. 占用业主共有的道路或者其他场地用于停放汽车的车位

《民法典》第 275 条第 2 款规定：“占用业主共有的道路或者其他场地用于停放汽车的车位，属于业主共有。”《区分所有权解释》第 6 条规定：“建筑区划内在规划用于停放汽车的车位之外，占用业主共有道路或者其他场地增设的车位，应当认定为民法典第二百七十五条第二款所称的车位。”

实践中，引发争议的往往是上述车位以外的其他车位、车库的归属和利用。就归属而言，《民法典》第 275 条第 1 款规定：“建筑区划内，规划用于停放汽车的车位、车库的归属，由当事人通过出售、附赠或者出租等方式约定。”据此，此类车位、车库并不直接服务于专有部分，不属于共有部分，在符合《区分所有权解释》第 2 条第 1 款规定之专有部分要件的情况下，属于专有部分，开发商可以单独处分之。

就利用而言，《民法典》第 276 条规定：“建筑区划内，规划用于停放汽车的车位、车库应当首先满足业主的需要。”换言之，此类车位、车库虽然为专有部分，但毕竟处于建筑区划内，故应先满足业主的需要。《区分所有权解释》第 5 条对此有详细规定。《区分所有权解释》第 5 条第 1 款规定：“建设单位按照配置比例将车位、车库，以出售、附赠或者出租等方式处分给业主的，应当认定其行为符合民法典第二百七十六条有关‘应当首先满足业主的需要’的规定。”第 2 款规定：“前款所称配置比例是指规划确定的建筑区划内规划用于停放汽车的车位、车库与房屋套数的比例。”

5. 建筑物及其附属设施的维修资金

《民法典》第 281 条第 1 款规定：“建筑物及其附属设施的维修资金，属于业主共有。经业主共同决定，可以用于电梯、屋顶、外墙、无障碍设施等共有部分的维修、更新和改造。建筑物及其附属设施的维修资金的筹集、使用情况应当定期公布。”第 2 款规定：“紧急情况下需要维修建筑物及其附属设施的，业主大会或者业主委员会可以依法申请使用建筑物及其附属设施的维修资金。”在实践中，此类维修资金，一般由政府住建部门托管，也可以由业主共管。

6. 共有部分收益

共有部分的收益，归业主共有。《民法典》第 282 条规定：“建设单位、物业服务企业或者其他管理人等利用业主的共有部分产生的收入，在扣除合理成本之后，属于业主共有。”

（四）业主的管理权

1. 设立业主大会选举业主委员会

《民法典》第 277 条第 1 款规定：“业主可以设立业主大会，选举业主委员会。

业主大会、业主委员会成立的具体条件和程序,依照法律、法规的规定。”第 2 款规定:“地方人民政府有关部门、居民委员会应当对设立业主大会和选举业主委员会给予指导和协助。”

业主大会属于《民法典》第四章规定之“非法人组织”,具有权利能力、行为能力(缔约能力)和诉讼行为能力。

2. 决定区分建筑物的相关事项

《民法典》第 278 条第 1 款规定:“下列事项由业主共同决定:(一)制定和修改业主大会议事规则;(二)制定和修改管理规约;(三)选举业主委员会或者更换业主委员会成员;(四)选聘和解聘物业服务企业或者其他管理人;(五)使用建筑物及其附属设施的维修资金;(六)筹集建筑物及其附属设施的维修资金;(七)改建、重建建筑物及其附属设施;(八)改变共有部分的用途或者利用共有部分从事经营活动;(九)有关共有和共同管理权利的其他重大事项。”第 2 款规定:“业主共同决定事项,应当由专有部分面积占比三分之二以上的业主且人数占比三分之二以上的业主参与表决。决定前款第六项至第八项规定的事项,应当经参与表决专有部分面积四分之三以上的业主且参与表决人数四分之三以上的业主同意。决定前款其他事项,应当经参与表决专有部分面积过半数的业主且参与表决人数过半数的业主同意。”《民法典》第 283 条规定:“建筑物及其附属设施的费用分摊、收益分配等事项,有约定的,按照约定;没有约定或者约定不明确的,按照业主专有部分面积所占比例确定。”

《民法典》第 280 条第 1 款规定:“业主大会或者业主委员会的决定,对业主具有法律约束力。”第 2 款规定:“业主大会或者业主委员会作出的决定侵害业主合法权益的,受侵害的业主可以请求人民法院予以撤销。”

《民法典》第 286 条第 1 款规定:“业主应当遵守法律、法规以及管理规约,相关行为应当符合节约资源、保护生态环境的要求。对于物业服务企业或者其他管理人执行政府依法实施的应急处置措施和其他管理措施,业主应当依法予以配合。”第 2 款规定:“业主大会或者业主委员会,对任意弃置垃圾、排放污染物或者噪声、违反规定饲养动物、违章搭建、侵占通道、拒付物业费等损害他人合法权益的行为,有权依照法律、法规以及管理规约,请求行为人停止侵害、排除妨碍、消除危险、恢复原状、赔偿损失。”第 3 款规定:“业主或者其他行为人拒不履行相关义务的,有关当事人可以向有关行政主管部门报告或者投诉,有关行政主管部门应当依法处理。”

3. 业主知情权

《民法典》第 281 条第 1 款第 3 句规定:“建筑物及其附属设施的维修资金的筹

集、使用情况应当定期公布。”《民法典》第 285 条第 1 款规定：“物业服务企业或者其他管理人根据业主的委托，依照本法第三编有关物业服务合同的规定管理建筑区划内的建筑物及其附属设施，接受业主的监督，并及时答复业主对物业服务情况提出的询问。”

4. 聘用、监督物业服务企业

业主可以聘用、监督物业服务企业管理其建筑物及其附属设施，此系“业主的管理权”的重要体现。《民法典》第 284 条第 1 款规定：“业主可以自行管理建筑物及其附属设施，也可以委托物业服务企业或者其他管理人管理。”第 2 款规定：“对建设单位聘请的物业服务企业或者其他管理人，业主有权依法更换。”《民法典》第 285 条第 1 款规定：“物业服务企业或者其他管理人根据业主的委托，依照本法第三编有关物业服务合同的规定管理建筑区划内的建筑物及其附属设施，接受业主的监督，并及时答复业主对物业服务情况提出的询问。”第 2 款规定：“物业服务企业或者其他管理人应当执行政府依法实施的应急处置措施和其他管理措施，积极配合开展相关工作。”

《物业管理条例》对此有专门规定，该条例第 34 条第 1 款规定：“业主委员会应当与业主大会选聘的物业服务企业订立书面的物业服务合同。”物业服务合同，是《民法典》合同编中的典型合同，《民法典》合同编第二十四章对物业服务合同设有专章规定。

四、相邻关系

《民法典》物权编第七章规定了“相邻关系”（第 288 条至第 296 条）。

（一）相邻关系的概念

相邻关系，是指相邻近的不动产所有人或利用人之间，一方所有人或利用人的支配力与他方所有人或利用人的排他力相互冲突时，为调和其冲突以谋求共同利益，而由法律直接规定的权利义务关系。[1] 《民法典》第 288 条规定：“不动产的相邻权利人应当按照有利生产、方便生活、团结互助、公平合理的原则，正确处理相邻关系。”《民法典》第 289 条规定：“法律、法规对处理相邻关系有规定的，依照其规定；法律、法规没有规定的，可以按照当地习惯。”

对相邻关系的讨论，须以邻人之干扰、容忍应当在合理的限度内为原则，超出该合理限度，即应取得对方之允许，否则即构成侵权。此种允许，可以基于债之关

〔1〕 刘家安：《物权法论》，中国政法大学出版社 2015 年版，第 113-114 页。

系，亦可通过设定地役权来实现。地役权，是指以他人的土地供自己的方便和利益之用的权利。

（二）相邻关系的类型

1. 用水、排水

《民法典》第290条第1款规定："不动产权利人应当为相邻权利人用水、排水提供必要的便利。"第2款规定："对自然流水的利用，应当在不动产的相邻权利人之间合理分配。对自然流水的排放，应当尊重自然流向。"

2. 通行

《民法典》第291条规定："不动产权利人对相邻权利人因通行等必须利用其土地的，应当提供必要的便利。"

3. 营造

《民法典》第292条规定："不动产权利人因建造、修缮建筑物以及铺设电线、电缆、水管、暖气和燃气管线等必须利用相邻土地、建筑物的，该土地、建筑物的权利人应当提供必要的便利。"

4. 通风、采光、日照

《民法典》第293条规定："建造建筑物，不得违反国家有关工程建设标准，不得妨碍相邻建筑物的通风、采光和日照。"

5. 固体废物弃置、有害物质排放

《民法典》第294条规定："不动产权利人不得违反国家规定弃置固体废物，排放大气污染物、水污染物、土壤污染物、噪声、光辐射、电磁辐射等有害物质。"

（三）不侵害义务及损害赔偿义务

《民法典》第295条规定："不动产权利人挖掘土地、建造建筑物、铺设管线以及安装设备等，不得危及相邻不动产的安全。"《民法典》第296条规定："不动产权利人因用水、排水、通行、铺设管线等利用相邻不动产的，应当尽量避免对相邻的不动产权利人造成损害。"

五、共有

《民法典》物权编第八章规定了"共有"（第297条至第310条）。

（一）共有的概念

共有，是指两个或两个以上的法律主体就同一财产共同享有所有权的法律状态。《民法典》第297条第1句规定："不动产或者动产可以由两个以上组织、个人共有。"《民法典》第310条规定："两个以上组织、个人共同享有用益物权、担保物权的，参照适用本章的有关规定。”对他物权的共有，理论上称为“准共有”。

（二）共有的类型

《民法典》第297条第2句规定：“共有包括按份共有和共同共有。”

在单纯的合伙合同中，依据《民法典》第969条，合伙人的出资、因合伙事务依法取得的收益和其他财产，属于合伙财产，由全体合伙人共同共有。成立合伙企业后，供合伙活动使用的物之所有权可以让与合伙企业，此时合伙企业单独享有该所有权，而未成立共有。

1. 按份共有

（1）按份共有的概念

《民法典》第298条规定：“按份共有人对共有的不动产或者动产按照其份额享有所有权。”《民法典》第308条规定：“共有人对共有的不动产或者动产没有约定为按份共有或者共同共有，或者约定不明确的，除共有人具有家庭关系等外，视为按份共有。”《民法典》第309条规定：“按份共有人对共有的不动产或者动产享有的份额，没有约定或者约定不明确的，按照出资额确定；不能确定出资额的，视为等额享有。”

（2）按份共有物的管理、处分、重大修缮、费用负担

《民法典》第300条规定：“共有人按照约定管理共有的不动产或者动产；没有约定或者约定不明确的，各共有人都有管理的权利和义务。”《民法典》第301条规定：“处分共有的不动产或者动产以及对共有的不动产或者动产作重大修缮、变更性质或者用途的，应当经占份额三分之二以上的按份共有人或者全体共同共有人同意，但是共有人之间另有约定的除外。”此处的“重大修缮”，非指保存行为，而是改良行为。就保存行为，任一共有人得单独为之。

《民法典》第302条规定：“共有人对共有物的管理费用以及其他负担，有约定的，按照其约定；没有约定或者约定不明确的，按份共有人按照其份额负担，共同共有人共同负担。”《民法典》第307条规定：“因共有的不动产或者动产产生的债权债务，在对外关系上，共有人享有连带债权、承担连带债务，但是法律另有规定或者第三人知道共有人不具有连带债权债务关系的除外；在共有人内部关系上，除共有人另有约定外，按份共有人按照份额享有债权、承担债务，共同共有人共同享有债权、承担债务。偿还债务超过自己应当承担份额的按份共有人，有权向其他共有人追偿。”常见的“连带债务”，例如共有物致害导致的损害赔偿义务、共有物修缮费用支付义务等。常见的“连带债权”，例如因共有物被侵害而取得的损害赔偿请求权、因共有物出租而取得的租金债权等。

(3)按份共有物的分割

《民法典》第303条规定:“共有人约定不得分割共有的不动产或者动产,以维持共有关系的,应当按照约定,但是共有人有重大理由需要分割的,可以请求分割;没有约定或者约定不明确的,按份共有人可以随时请求分割,共同共有人在共有的基础丧失或者有重大理由需要分割时可以请求分割。因分割造成其他共有人损害的,应当给予赔偿。”《民法典》第304条第1款规定:“共有人可以协商确定分割方式。达不成协议,共有的不动产或者动产可以分割且不会因分割减损价值的,应当对实物予以分割;难以分割或者因分割会减损价值的,应当对折价或者拍卖、变卖取得的价款予以分割。”第2款规定:“共有人分割所得的不动产或者动产有瑕疵的,其他共有人应当分担损失。”

(4)份额转让

按份共有的共有人,可以转让份额,但其他共有人享有同等条件下的优先购买权。此处的优先购买权具有形成权属性,同等条件下优先购买权人行使优先购买权,即在优先购买权人与份额转让人之间形成买卖合同。[1] 同时,此种优先购买权系具有物权属性之取得权,优先购买权人之请求权优先于同等条件下之其他买受人的请求权;即便份额转让人与其他买受人之间已经发生物权变动,该物权变动亦不得对抗优先购买权人,换言之,该物权变动对优先购买权人相对无效,优先购买权人可以继续主张请求权。

《民法典》第305条规定:“按份共有人可以转让其享有的共有的不动产或者动产份额。其他共有人在同等条件下享有优先购买的权利。”《民法典》第306条第1款规定:“按份共有人转让其享有的共有的不动产或者动产份额的,应当将转让条件及时通知其他共有人。其他共有人应当在合理期限内行使优先购买权。”第2款规定:“两个以上其他共有人主张行使优先购买权的,协商确定各自的购买比例;协商不成的,按照转让时各自的共有份额比例行使优先购买权。”

2. 共同共有

(1)共同共有的概念

《民法典》第299条规定:“共同共有人对共有的不动产或者动产共同享有所有权。”《民法典》第308条规定:“共有人对共有的不动产或者动产没有约定为按份共有或者共同共有,或者约定不明确的,除共有人具有家庭关系等外,视为按份共有。”共同共有的成立,以共同关系存在为前提,例如夫妻共有财产、家庭共同财产、

---

[1] 王泽鉴:《民法物权》,北京大学出版社2010年版,第221-223页。

遗产分割前的共有。[1]

(2)共同共有物的管理、处分、重大修缮、费用负担

《民法典》第300条规定:“共有人按照约定管理共有的不动产或者动产;没有约定或者约定不明确的,各共有人都有管理的权利和义务。”《民法典》第301条规定:“处分共有的不动产或者动产以及对共有的不动产或者动产作重大修缮、变更性质或者用途的,应当经占份额三分之二以上的按份共有人或者全体共同共有人同意,但是共有人之间另有约定的除外。”此处的“重大修缮”,非指保存行为,而是改良行为。就保存行为,任一共有人得单独为之。

《民法典》第302条规定:“共有人对共有物的管理费用以及其他负担,有约定的,按照其约定;没有约定或者约定不明确的,按份共有人按照其份额负担,共同共有人共同负担。”《民法典》第307条规定:“因共有的不动产或者动产产生的债权债务,在对外关系上,共有人享有连带债权、承担连带债务,但是法律另有规定或者第三人知道共有人不具有连带债权债务关系的除外;在共有人内部关系上,除共有人另有约定外,按份共有人按照份额享有债权、承担债务,共同共有人共同享有债权、承担债务。偿还债务超过自己应当承担份额的按份共有人,有权向其他共有人追偿。”常见的“连带债务”,例如共有物致害导致的损害赔偿义务、共有物修缮费用支付义务等。常见的“连带债权”,例如因共有物被侵害而取得的损害赔偿请求权、因共有物出租而取得的租金债权等。

(3)共同共有物的分割

《民法典》第303条规定:“共有人约定不得分割共有的不动产或者动产,以维持共有关系的,应当按照约定,但是共有人有重大理由需要分割的,可以请求分割;没有约定或者约定不明确的,按份共有人可以随时请求分割,共同共有人在共有的基础丧失或者有重大理由需要分割时可以请求分割。因分割造成其他共有人损害的,应当给予赔偿。”《民法典》第304条第1款规定:“共有人可以协商确定分割方式。达不成协议,共有的不动产或者动产可以分割且不会因分割减损价值的,应当对实物予以分割;难以分割或者因分割会减损价值的,应当对折价或者拍卖、变卖取得的价款予以分割。”第2款规定:“共有人分割所得的不动产或者动产有瑕疵的,其他共有人应当分担损失。”需要注意的是,共同共有物在分割时才会产生份额,此与按份共有物不同。[2]

---

[1] 刘家安:《物权法论》,中国政法大学出版社2015年版,第125-127页。

[2] 王泽鉴:《民法物权》,北京大学出版社2010年版,第214-215页。

六、所有权的特别取得规则

(一)善意取得

《民法典》第311条第1款规定:“无处分权人将不动产或者动产转让给受让人的,所有权人有权追回;除法律另有规定外,符合下列情形的,受让人取得该不动产或者动产的所有权:(一)受让人受让该不动产或者动产时是善意;(二)以合理的价格转让;(三)转让的不动产或者动产依照法律规定应当登记的已经登记,不需要登记的已经交付给受让人。”第2款规定:“受让人依据前款规定取得不动产或者动产的所有权的,原所有权人有权向无处分权人请求损害赔偿。”第3款规定:“当事人善意取得其他物权的,参照适用前两款规定。”

1. 所有权追及效力的限制:善意取得制度

所有权属于物权,具有追及效力,故原则上所有权人发现其物时,得向受让人主张原物返还请求权,除非受让人善意取得该物之所有权。罗马法上并无善意取得制度,而是绝对地保护所有权,所有权人无论如何均可从受让人手中取回其物。〔1〕日耳曼法上采取与罗马法不同的态度,而实行“以手护手”原则,即任意将自己的动产交付给他人者,仅能向该他人请求返还,若该他人将动产让与第三人,则只可对该他人请求损害赔偿,而不得向第三人请求返还其动产的所有权。〔2〕可以认为,“以手护手”反映了这样的价值观,即真实权利人自愿将其物交由他人占有,由此引发的风险也应该由其承担。进入近代后,为保护交易安全,善意取得制度便从“以手护手”原则上发展起来。

2. 善意取得的构成要件

第一,受让人为善意,即受让人受让不动产或者动产时,不知道转让人无处分权,且无重大过失的,应当认定受让人为善意。

第二,受让人以合理价格受让。合理的价格,应当根据转让标的物的性质、数量以及付款方式等具体情况,参考转让时交易地市场价格以及交易习惯等因素综合认定。

第三,应当登记的已经登记,不需要登记的已经交付。对于不动产,已经变更登记。对于动产,已经完成现实交付、简易交付、返还请求权让与。

第四,负担行为不存在无效或可撤销事由,也即,转让合同被认定无效或被撤

---

〔1〕 王泽鉴:《民法物权》,北京大学出版社2010年版,第108页。

〔2〕 谢在全:《民法物权论》,中国政法大学出版社2011年版,第107-108页。

销,受让人不能善意取得。[1]

3. 遗失物与善意取得

《民法典》第312条规定:“所有权人或者其他权利人有权追回遗失物。该遗失物通过转让被他人占有的,权利人有权向无处分权人请求损害赔偿,或者自知道或者应当知道受让人之日起二年内向受让人请求返还原物;但是,受让人通过拍卖或者向具有经营资格的经营者购得该遗失物的,权利人请求返还原物时应当支付受让人所付的费用。权利人向受让人支付所付费用后,有权向无处分权人追偿。”

第一,遗失物(盗赃物)原则上不适用善意取得,权利人可以向受让人主张返还。第二,权利人向受让人主张返还的,应当在自知道或者应当知道受让人之日起二年内向受让人请求。届满两年,则受让人善意取得遗失物(盗赃物)之所有权。第三,权利人向受让人主张返还的,如果受让人是通过拍卖或向具有经营资格的经营者购得该物的,权利人行使原物返还请求权时,应当向受让人支付其所付的费用。该笔费用,权利人可以向无处分权人追偿。第四,权利人也可以不向受让人主张返还,而直接向无处分权人请求损害赔偿。此属于侵权损害赔偿请求权。

4. 善意取得的法律效果

(1)受让人取得物之所有权

依据《民法典》第311条第3款规定:“当事人善意取得其他物权的,参照适用前两款规定。”受让人可以善意取得其他物权,例如善意取得动产质权、动产抵押权、不动产抵押权等。

(2)善意取得动产所有权,物上负担原则上消灭

《民法典》第313条规定:“善意受让人取得动产后,该动产上的原有权利消灭。但是,善意受让人在受让时知道或者应当知道该权利的除外。”

(3)原所有权人可以向让与人主张之权利

原所有权人可依具体情况向让与人主张违约损害赔偿请求权、侵权损害赔偿请求权、不当得利返还请求权(就交易价款)。[2]

(二)其他

1. 遗失物、漂流物、埋藏物、隐藏物

《民法典》第314条规定:“拾得遗失物,应当返还权利人。拾得人应当及时通知权利人领取,或者送交公安等有关部门。”《民法典》第315条规定:“有关部门收到遗失物,知道权利人的,应当及时通知其领取;不知道的,应当及时发布招领公

---

〔1〕 刘家安:《物权法论》,中国政法大学出版社2015年版,第103-108页。

〔2〕 刘家安:《物权法论》,中国政法大学出版社2015年版,第110-111页。

告。"《民法典》第316条规定:"拾得人在遗失物送交有关部门前,有关部门在遗失物被领取前,应当妥善保管遗失物。因故意或者重大过失致使遗失物毁损、灭失的,应当承担民事责任。"《民法典》第317条第1款规定:"权利人领取遗失物时,应当向拾得人或者有关部门支付保管遗失物等支出的必要费用。"第2款规定:"权利人悬赏寻找遗失物的,领取遗失物时应当按照承诺履行义务。"第3款规定:"拾得人侵占遗失物的,无权请求保管遗失物等支出的费用,也无权请求权利人按照承诺履行义务。"《民法典》第318条规定:"遗失物自发布招领公告之日起一年内无人认领的,归国家所有。"《民法典》第319条规定:"拾得漂流物、发现埋藏物或者隐藏物的,参照适用拾得遗失物的有关规定。法律另有规定的,依照其规定。"

遗失物拾得人有妥善保管义务,但仅就故意、重大过失负责,此与无偿保管相当。[1] 遗失物拾得人对权利人享有必要费用返还请求权,并可请求权利人依悬赏广告履行义务。遗失物拾得人如侵占遗失物,则丧失必要费用返还请求权以及请求权利人依悬赏广告履行义务的权利。招领公告发布之日起一年无人认领,归国家所有。部分国家的民法规定,此时应当发还拾得人,并由拾得人原始取得物之所有权。拾得漂流物、发现埋藏物或者隐藏物的,参照适用拾得遗失物的有关规定。法律另有规定的,依照其规定。

2. 取得从物

《民法典》第320条规定:"主物转让的,从物随主物转让,但是当事人另有约定的除外。"

3. 取得孳息

《民法典》第321条第1款规定:"天然孳息,由所有权人取得;既有所有权人又有用益物权人的,由用益物权人取得。当事人另有约定的,按照约定。"第2款规定:"法定孳息,当事人有约定的,按照约定取得;没有约定或者约定不明确的,按照交易习惯取得。"

4. 添附

《民法典》第322条规定:"因加工、附合、混合而产生的物的归属,有约定的,按照约定;没有约定或者约定不明确的,依照法律规定;法律没有规定的,按照充分发挥物的效用以及保护无过错当事人的原则确定。因一方当事人的过错或者确定物的归属造成另一方当事人损害的,应当给予赔偿或补偿。"

---

[1] 王泽鉴:《民法物权》,北京大学出版社2010年版,第194页。

第三节　用益物权

一、概述

（一）概念与种类

用益物权，是指用益物权人对他人所有的不动产或动产，依法享有占有、使用和收益的权利。[1]《民法典》第 323 条规定："用益物权人对他人所有的不动产或者动产，依法享有占有、使用和收益的权利。"《民法典》第 326 条规定："用益物权人行使权利，应当遵守法律有关保护和合理开发利用资源、保护生态环境的规定。所有权人不得干涉用益物权人行使权利。"

从《民法典》物权编第三分编的规定来看，用益物权包括土地承包经营权（《民法典》物权编第十一章），建设用地使用权（《民法典》物权编第十二章），宅基地使用权（《民法典》物权编第十三章），居住权（《民法典》物权编第十四章），地役权（《民法典》物权编第十五章），海域使用权（《民法典》第 328 条），探矿权、采矿权、取水权、养殖权、捕捞权（《民法典》第 329 条）。

（二）被征收、征用时对用益物权人的补偿

《民法典》第 327 条规定："因不动产或者动产被征收、征用致使用益物权消灭或者影响用益物权行使的，用益物权人有权依据本法第二百四十三条、第二百四十五条的规定获得相应补偿。"

二、土地承包经营权

（一）概述

土地承包经营权，是指为耕作、养殖或畜牧等农业目的，对集体经济组织或国家所有的农用土地享有占有、使用、收益的权利。《民法典》第 330 条第 1 款规定："农村集体经济组织实行家庭承包经营为基础、统分结合的双层经营体制。"第 2 款规定："农民集体所有和国家所有由农民集体使用的耕地、林地、草地以及其他用于农业的土地，依法实行土地承包经营制度。"《民法典》第 331 条规定："土地承包经营权人依法对其承包经营的耕地、林地、草地等享有占有、使用和收益的权利，有权从事种植业、林业、畜牧业等农业生产。"

---

〔1〕 刘家安：《物权法论》，中国政法大学出版社 2015 年版，第 134-135 页。

目前,关于土地承包经营权的法律主要包括《民法典》物权编第十一章和《农村土地承包法》,《土地管理法》中亦包含大量关于土地承包经营权的规定。除此之外,最高人民法院还发布了《关于审理涉及农村土地承包纠纷案件适用法律问题的解释》。

(二)家庭承包的土地承包经营权

1. 性质

家庭承包的土地承包经营权具有生活保障性质,只能由本集体经济组织的成员享有,并无偿取得。需要注意的是,土地承包经营权的主体为"农户",而非农民个人。《民法典》第 336 条第 1 款规定:"承包期内发包人不得调整承包地。"第 2 款规定:"因自然灾害严重毁损承包地等特殊情形,需要适当调整承包的耕地和草地的,应当依照农村土地承包的法律规定办理。"在承包期内,不调整承包地,即便农户内部人口发生增减亦是如此。此为"增人不增地,减人不减地"政策。

2. 期限

《民法典》第 332 条第 1 款规定:"耕地的承包期为三十年。草地的承包期为三十年至五十年。林地的承包期为三十年至七十年。"第 2 款规定:"前款规定的承包期限届满,由土地承包经营权人依照农村土地承包的法律规定继续承包。"请注意,土地承包经营权实行"长久不变"的政策。目前,国家政策已经明确,二轮承包期满,按原期限继续延包(三轮延包)。《农村土地承包法》第 21 条第 2 款规定:"前款规定的耕地承包期届满后再延长三十年,草地、林地承包期届满后依照前款规定相应延长。"

3. 流转权能

《民法典》第 334 条规定:"土地承包经营权人依照法律规定,有权将土地承包经营权互换、转让。未经依法批准,不得将承包地用于非农建设。"

互换和转让属于物权性流转方式,由于家庭承包的土地承包经营权具有生活保障属性,《农村土地承包法》第 33 条、第 34 条对其设置了较为严格的限制条件:对于互换,仅限于同一集体经济组织的土地;对于转让,受让方为本集体经济组织的其他农户,并且经过发包方的同意。

4. 土地经营权的设立

《民法典》第 339 条规定:"土地承包经营权人可以自主决定依法采取出租、入股或者其他方式向他人流转土地经营权。"《民法典》第 340 条规定:"土地经营权人有权在合同约定的期限内占有农村土地,自主开展农业生产经营并取得收益。"《民法典》第 341 条规定:"流转期限为五年以上的土地经营权,自流转合同生效时设立。当事人可以向登记机构申请土地经营权登记;未经登记,不得对抗善意第三人。”

依据2018年修正的《农村土地承包法》,家庭承包的土地承包经营权的权利人,可以在土地承包经营权上设立次级用益物权——土地经营权。具体可以参见《农村土地承包法》第36条至第47条。土地经营权是纯粹经济性权利,不具有生活保障属性,取得主体不限于集体经济组织成员。土地经营权可以自由转让,可以成为担保物权的客体(《农村土地承包法》第47条)。

5. 丧失

《民法典》第337条规定:“承包期内发包人不得收回承包地。法律另有规定的,依照其规定。”依据《农村土地承包法》及相关政策,家庭土地承包经营权具有生活保障属性,因此在农户全家迁入设区的市,获得非农业户口时,应当将承包的耕地和草地退回。

《民法典》第338条规定:“承包地被征收的,土地承包经营权人有权依据本法第二百四十三条的规定获得相应补偿。”

(三)其他方式承包的土地经营权

《民法典》第342条规定:“通过招标、拍卖、公开协商等方式承包农村土地,经依法登记取得权属证书的,可以依法采取出租、入股、抵押或者其他方式流转土地经营权。”

《农村土地承包法》第三章(第48条至第56条),对其进行了详细规定。第一,在性质上,通过其他方式获得的土地经营权,不具有生活保障属性,因此其取得主体不限于本集体经济组织成员。不过,本集体经济组织成员享有同等条件下的优先承包权(《农村土地承包法》第51条)。第二,在客体上,通过其他方式获得的土地经营权的客体是“不宜采取家庭承包方式的荒山、荒沟、荒丘、荒滩等农村土地”(《农村土地承包法》第48条)。第三,取得方式为“招标、拍卖、公开协商等方式”,实行有偿取得。第四,由于此种权利具有纯粹经济属性,故可以自由出租、入股、抵押(《农村土地承包法》第53条)。第五,承包人死亡,其应得的承包收益,依照继承法的规定继承;在承包期内,其继承人可以继续承包(《农村土地承包法》第54条)。

(四)土地承包经营权与土地经营权的变动

1. 土地承包经营权的变动

《民法典》第333条第1款规定:“土地承包经营权自土地承包经营权合同生效时设立。”第2款规定:“登记机构应当向土地承包经营权人发放土地承包经营权证、林权证等证书,并登记造册,确认土地承包经营权。”《民法典》第335条规定:

"土地承包经营权互换、转让的,当事人可以向登记机构申请登记;未经登记,不得对抗善意第三人。"

土地承包经营权的设立,合同生效时,即发生物权变动的效力。土地承包经营权的互换、转让,合同生效时,即发生物权变动的效力,非经登记,不得对抗善意第三人。[1] 之所以如此,在于土地承包经营权存在于农村熟人社会,处分权亦受限制,一旦发生物权变动,通常熟人皆知,故不采用登记生效主义亦不会对交易安全造成太大损害。

2. 土地经营权的变动

《民法典》第 339 条规定:"土地承包经营权人可以自主决定依法采取出租、入股或者其他方式向他人流转土地经营权。"《民法典》第 341 条规定:"流转期限为五年以上的土地经营权,自流转合同生效时设立。当事人可以向登记机构申请土地经营权登记;未经登记,不得对抗善意第三人。"《民法典》第 342 条规定:"通过招标、拍卖、公开协商等方式承包农村土地,经依法登记取得权属证书的,可以依法采取出租、入股、抵押或者其他方式流转土地经营权。"

三、宅基地使用权

(一)概述

宅基地使用权,是指农村村民依法享有的,在集体所有的土地上建造、保有住宅及附属设施的权利。《民法典》第 362 条规定:"宅基地使用权人依法对集体所有的土地享有占有和使用的权利,有权依法利用该土地建造住宅及其附属设施。"

(二)宅基地使用权的性质与权能

《民法典》第 363 条规定:"宅基地使用权的取得、行使和转让,适用土地管理的法律和国家有关规定。"《民法典》第 364 条规定:"宅基地因自然灾害等原因灭失的,宅基地使用权消灭。对失去宅基地的村民,应当依法重新分配宅基地。"《民法典》第 365 条规定:"已经登记的宅基地使用权转让或者消灭的,应当及时办理变更登记或者注销登记。"

1. 宅基地使用权的性质

宅基地使用权具有生活保障属性,因此只能由集体经济组织成员取得,取得方式为无偿。请注意,宅基地使用权的主体为"农户",而非农民个人。虽然《土地管理法》第 62 条第 1 款明确规定"一户一宅"原则,但实践中"一户多宅"现象很常见,

---

[1] 刘家安:《物权法论》,中国政法大学出版社 2015 年版,第 140-141 页。

通常系因继承房屋而取得宅基地使用权。

2. 宅基地使用权的期限

从现有法律规定来看,宅基地使用权无期限。

3. 宅基地使用权的权能

从目前的法律政策来看,宅基地使用权不具转让权能,亦不能成为抵押权的客体。

不过,非集体经济组织成员亦可因继承房屋而取得宅基地使用权,只要房屋存在,其可以继续享有宅基地使用权。但是,对于房屋,只能维护,不能拆除重建。

(三)宅基地使用权的变动

《民法典》第 363 条规定:"宅基地使用权的取得、行使和转让,适用土地管理的法律和国家有关规定。"《民法典》第 364 条规定:"宅基地因自然灾害等原因灭失的,宅基地使用权消灭。对失去宅基地的村民,应当依法重新分配宅基地。"《民法典》第 365 条规定:"已经登记的宅基地使用权转让或者消灭的,应当及时办理变更登记或者注销登记。"

由于宅基地使用权的初始登记(确权颁证)工作尚未完成,故其物权变动模式尚未定型。结合《民法典》第 365 条的规定,如果未来宅基地使用权及地上房屋仍然只能在集体经济组织成员内部转让,那么选取的物权变动模式可能与土地承包经营权相同,即设立采取合意主义,互换或转让采取对抗主义。

四、建设用地使用权

(一)概述

建设用地使用权,是指在国家或集体所有的土地及其上下建造建筑物、构筑物及其附属设施并以保有其所有权为目的而占有、使用土地并获得收益的用益物权。[1]

《民法典》第 344 条规定:"建设用地使用权人依法对国家所有的土地享有占有、使用和收益的权利,有权利用该土地建造建筑物、构筑物及其附属设施。"《民法典》第 345 条规定:"建设用地使用权可以在土地的地表、地上或者地下分别设立。"《民法典》第 346 条规定:"设立建设用地使用权,应当符合节约资源、保护生态环境的要求,遵守法律、行政法规关于土地用途的规定,不得损害已经设立的用益物权。"《民法典》第 361 条规定:"集体所有的土地作为建设用地的,应当依照土地管

〔1〕 刘家安:《物权法论》,中国政法大学出版社 2015 年版,第 143 页。

理的法律规定办理。”

除了《民法典》物权编第十二章对建设用地使用权作出规定,《土地管理法》《城市房地产管理法》《城镇国有土地使用权出让和转让暂行条例》对建设用地使用权亦有规定。

(二)建设用地使用权的取得

《民法典》第 347 条第 1 款规定:“设立建设用地使用权,可以采取出让或者划拨等方式。”第 2 款规定:“工业、商业、旅游、娱乐和商品住宅等经营性用地以及同一土地有两个以上意向用地者的,应当采取招标、拍卖等公开竞价的方式出让。”第 3 款规定:“严格限制以划拨方式设立建设用地使用权。”

建设用地使用权的取得,分为出让和划拨两种形式。不同的取得形式,构成了建设用地使用权的两种亚类型。

(三)通过出让取得的建设用地使用权

1. 性质

通过出让取得的建设用地使用权,是通过订立有偿的建设用地使用权出让合同,将国家所有的土地在一定年限内交由建设用地使用权人使用。因此,此类建设用地使用权是纯粹经济性的权利,具有期限性,以缴纳土地出让金为对价。

2. 权能及义务

《民法典》第 350 条规定:“建设用地使用权人应当合理利用土地,不得改变土地用途;需要改变土地用途的,应当依法经有关行政主管部门批准。”《民法典》第 351 条规定:“建设用地使用权人应当依照法律规定以及合同约定支付出让金等费用。”《民法典》第 352 条规定:“建设用地使用权人建造的建筑物、构筑物及其附属设施的所有权属于建设用地使用权人,但是有相反证据证明的除外。”

《民法典》第 353 条规定:“建设用地使用权人有权将建设用地使用权转让、互换、出资、赠与或者抵押,但是法律另有规定的除外。”《民法典》第 354 条规定:“建设用地使用权转让、互换、出资、赠与或者抵押的,当事人应当采用书面形式订立相应的合同。使用期限由当事人约定,但是不得超过建设用地使用权的剩余期限。”由于建设用地使用权为纯粹经济性权利,故得自由处分,可以转让、互换、出资、赠与、抵押,不过,不得超过建设用地使用权之剩余期限。

3. “房地一并处分”原则

《民法典》第 356 条规定:“建设用地使用权转让、互换、出资或者赠与的,附着于该土地上的建筑物、构筑物及其附属设施一并处分。”《民法典》第 357 条规定:“建筑物、构筑物及其附属设施转让、互换、出资或者赠与的,该建筑物、构筑物及其附属设施占用范围内的建设用地使用权一并处分。”

请注意“房地一并处分”原则之“处分”亦包含抵押，此原则亦适用于集体建设用地使用权。《民法典》第 397 条第 1 款规定：“以建筑物抵押的，该建筑物占用范围内的建设用地使用权一并抵押。以建设用地使用权抵押的，该土地上的建筑物一并抵押。”第 2 款规定：“抵押人未依据前款规定一并抵押的，未抵押的财产视为一并抵押。”《民法典》第 398 条规定：“乡镇、村企业的建设用地使用权不得单独抵押。以乡镇、村企业的厂房等建筑物抵押的，其占用范围内的建设用地使用权一并抵押。”《民法典》第 417 条规定：“建设用地使用权抵押后，该土地上新增的建筑物不属于抵押财产。该建设用地使用权实现抵押权时，应当将该土地上新增的建筑物与建设用地使用权一并处分。但是，新增建筑物所得的价款，抵押权人无权优先受偿。”

4. 期限

出让取得的建设用地使用权，具有期限。期限届满，建设用地使用权自然消失。[1]《城镇国有土地使用权出让和转让暂行条例》第 12 条规定：“土地使用权出让最高年限按下列用途确定：（一）居住用地七十年；（二）工业用地五十年；（三）教育、科技、文化、卫生、体育用地五十年；（四）商业、旅游、娱乐用地四十年；（五）综合或者其他用地五十年。”

对于期限届满，《民法典》第 359 条有规定。《民法典》第 359 条第 1 款规定：“住宅建设用地使用权期限届满的，自动续期。续期费用的缴纳或者减免，依照法律、行政法规的规定办理。”第 2 款规定：“非住宅建设用地使用权期限届满后的续期，依照法律规定办理。该土地上的房屋以及其他不动产的归属，有约定的，按照约定；没有约定或者约定不明确的，依照法律、行政法规的规定办理。”请注意，对于住宅建设用地使用权，《民法典》第 359 条第 1 款规定“自动续期”，即无须依照《城市房地产管理法》第 22 条之规定申请续期并重新签订土地使用权出让合同。不过，住宅建设用地使用权自动续期后，续期费用的缴纳或者减免，《民法典》并未规定。

5. 提前收回

《民法典》第 358 条规定：“建设用地使用权期限届满前，因公共利益需要提前收回该土地的，应当依据本法第二百四十三条的规定对该土地上的房屋以及其他不动产给予补偿，并退还相应的出让金。”此种提前收回，实际上是对建设用地使用

---

〔1〕 刘家安：《物权法论》，中国政法大学出版社 2015 年版，第 145-146 页。

权的征收。

(四)通过划拨取得的建设用地使用权

《民法典》第347条提及了通过划拨方式取得建设用地使用权,但是并未对其进行详细规定。此类建设用地使用权,主要由《土地管理法》和《城市房地产管理法》调整。

通过划拨方式取得的建设用地使用权,属于公益性质,一般情况下为无偿取得,且无期限。此类建设用地使用权的处分权能受到限制,须向国家补交土地使用权价款或土地收益。

(五)集体建设用地使用权

《民法典》第361条规定:"集体所有的土地作为建设用地的,应当依照土地管理的法律规定办理。"集体建设用地使用权主要由《土地管理法》调整。依据《土地管理法》第59条至第61条,集体建设用地,可以用于乡镇企业、乡(镇)村公共设施、公益事业、农村村民住宅。集体建设用地用于农村村民住宅,即前述之"宅基地";用于乡(镇)村公共设施、公益事业,为"集体公益性建设用地";用于乡镇企业,为"乡镇企业用地"。

(六)建设用地使用权的变动

《民法典》第348条第1款规定:"通过招标、拍卖、协议等出让方式设立建设用地使用权的,当事人应当采用书面形式订立建设用地使用权出让合同。"第2款规定:"建设用地使用权出让合同一般包括下列条款:(一)当事人的名称和住所;(二)土地界址、面积等;(三)建筑物、构筑物及其附属设施占用的空间;(四)土地用途、规划条件;(五)建设用地使用期限;(六)出让金等费用及其支付方式;(七)解决争议的方法。"《民法典》第349条规定:"设立建设用地使用权的,应当向登记机构申请建设用地使用权登记。建设用地使用权自登记时设立。登记机构应当向建设用地使用权人发放权属证书。"《民法典》第355条规定:"建设用地使用权转让、互换、出资或者赠与的,应当向登记机构申请变更登记。"《民法典》第360条规定:"建设用地使用权消灭的,出让人应当及时办理注销登记。登记机构应当收回权属证书。"

建设用地使用权变动,采取登记生效主义。此属于"债权合意"+"物权合意"+"登记生效"。在承认分离原则之后,"物权合意"通常包含在登记行为中,当然此"物权合意"亦可与"债权合意"共处于一份合同书中。

五、居住权

《民法典》物权编第十四章新设"居住权"。

《民法典》第 366 条规定:“居住权人有权按照合同约定,对他人的住宅享有占有、使用的用益物权,以满足生活居住的需要。”本条系对居住权的定义。居住权系为“满足生活居住的需要”而存在,不包括经营性利用。

居住权期限,可以为确定期限,亦可为不确定期限。不确定期限,例如甲终身享有居住权。居住权设立,以无偿为原则,但也可约定有偿设立。居住权设立,采取登记生效主义。居住权期限届满或者居住权人死亡,居住权即消灭。居住权,不得转让、继承,表明其“人役权”的属性,即只能为特定人的利益而存在。设定居住权之住宅,原则上亦不得出租,此与其“满足生活居住的需要”的目的相匹配。居住权期限届满或居住权人死亡时,居住权消灭,并应当办理注销登记。

六、地役权

(一)概述

地役权,是指依合同的约定而以他人土地供自己土地的方便和利益之用的权利。[1]《民法典》第 372 条第 1 款规定:“地役权人有权按照合同约定,利用他人的不动产,以提高自己的不动产的效益。”第 2 款规定:“前款所称他人的不动产为供役地,自己的不动产为需役地。”请注意,我国《民法典》第 372 条规定之“供役地”和“需役地”均为“不动产”,因此,我国之“地役权”实际上为“不动产役权”。[2] 地役权既可以无偿取得,也可以有偿取得,此取决于地役权合同的约定。

(二)地役权之权能

《民法典》第 375 条规定:“供役地权利人应当按照合同约定,允许地役权人利用其不动产,不得妨害地役权人行使权利。”《民法典》第 376 条规定:“地役权人应当按照合同约定的利用目的和方法利用供役地,尽量减少对供役地权利人物权的限制。”《民法典》第 377 条规定:“地役权期限由当事人约定;但是,不得超过土地承包经营权、建设用地使用权等用益物权的剩余期限。”

地役权之权能或内容,取决于地役权合同之约定。一般而言,地役权可以分为“积极地役权”和“消极地役权”两类。[3] 积极地役权,是指需役地的权利人可以直接使用供役地,供役地权利人须承担容忍义务。例如,通行地役权、取水地役权等。消极地役权,是指供役地的权利人须承担不作为义务之地役权。例如,采光地役权、远眺地役权等。

---

〔1〕 刘家安:《物权法论》,中国政法大学出版社 2015 年版,第 150 页。

〔2〕 王泽鉴:《民法物权》,北京大学出版社 2010 年版,第 321-324 页。

〔3〕 刘家安:《物权法论》,中国政法大学出版社 2015 年版,第 153 页。

（三）地役权与其他用益物权的关系

《民法典》第 378 条规定："土地所有权人享有地役权或者负担地役权的，设立土地承包经营权、宅基地使用权等用益物权时，该用益物权人继续享有或者负担已经设立的地役权。"《民法典》第 379 条规定："土地上已经设立土地承包经营权、建设用地使用权、宅基地使用权等用益物权的，未经用益物权人同意，土地所有权人不得设立地役权。"

土地所有权人享有或负担地役权，设立在后的用益物权的权利人亦享有或负担地役权。土地上已经存在用益物权，土地所有权人设立地役权，须经用益物权人同意。

（四）地役权的从属性

《民法典》第 380 条规定："地役权不得单独转让。土地承包经营权、建设用地使用权等转让的，地役权一并转让，但是合同另有约定的除外。"《民法典》第 381 条规定："地役权不得单独抵押。土地经营权、建设用地使用权等抵押的，在实现抵押权时，地役权一并转让。"

地役权的成立必须是需役地与供役地同时存在，因此在法律属性上地役权与其他物权不同。地役权虽然是一种独立的权利，并非需役地所有权或者使用权的扩张，但它仍然应当与供役地所有权或使用权共命运，这就是地役权的从属性。[1]

（五）地役权的不可分性

《民法典》第 382 条规定："需役地以及需役地上的土地承包经营权、建设用地使用权等部分转让时，转让部分涉及地役权的，受让人同时享有地役权。"《民法典》第 383 条规定："供役地以及供役地上的土地承包经营权、建设用地使用权等部分转让时，转让部分涉及地役权的，地役权对受让人具有约束力。"

地役权的不可分性，是指地役权为不可分的权利，即地役权不得被分割为两个以上的权利，也不得使其一部分消灭：在需役地分割时，分割后的两个地块仍然享受地役权。[2] 不过，如果需役地分割后，地役权行使只关涉需役地某一部分之利益，则地役权仅就需役地的该部分存在。在供役地分割时，分割后的两个地块仍然负担地役权。不过，如果供役地分割后，地役权行使只涉及供役地某一部分，则地役权仅仅就供役地的该部分存在。

---

〔1〕 王泽鉴：《民法物权》，北京大学出版社 2010 年版，第 329-330 页。

〔2〕 刘家安：《物权法论》，中国政法大学出版社 2015 年版，第 151-152 页。

第四节 担保物权

一、概述

(一)概念

担保物权,是指债权人以确保债务的清偿为目的,而对债务人或第三人之物权或其他权利享有的优先受偿的权利。[1]《民法典》第386条规定:“担保物权人在债务人不履行到期债务或者发生当事人约定的实现担保物权的情形,依法享有就担保财产优先受偿的权利,但是法律另有规定的除外。”此处的“担保财产”,即作为优先受偿对象的物权或其他权利。对于担保物权,《民法典》第四编设“担保物权”分编,分为第十六章“一般规定”、第十七章“抵押权”、第十八章“质权”、第十九章“留置权”。关于担保制度的主要司法解释,即最高人民法院《关于适用〈中华人民共和国民法典〉有关担保制度的解释》(以下简称《民法典担保制度解释》)于2021年1月1日开始施行。

(二)担保物权的特征与属性

1. 担保物权是对物权或其他权利的交换价值的支配

在债务无法清偿或担保物权人与物上担保人约定的其他情形出现时,担保物权人可以直接申请法院处分该物权或其他权利,而无须取得物上担保人的同意。

2. 担保物权以确保债务的清偿为目的

我国之所以将此种限制物权称为“担保物权”,是因为该权利设定之目的,在于确保债务的清偿,故担保物权相对于该债权具有“从属性”:在主合同无效或被撤销的情况下,担保合同亦无效。[2]

《民法典》第388条第1款规定:“设立担保物权,应当依照本法和其他法律的规定订立担保合同。担保合同包括抵押合同、质押合同和其他具有担保功能的合同。担保合同是主债权债务合同的从合同。主债权债务合同无效的,担保合同无效,但是法律另有规定的除外。”第2款规定:“担保合同被确认无效后,债务人、担保人、债权人有过错的,应当根据其过错各自承担相应的民事责任。”

另外,保证债权相对于主债权,也具有从属性。《民法典》第682条第1款第2

---

〔1〕 王泽鉴:《民法物权》,北京大学出版社2010年版,第366-367页。

〔2〕 谢在全:《民法物权论》,中国政法大学出版社2011年版,第608-610页。

句规定:“主债权债务合同无效的,保证合同无效,但是法律另有规定的除外”,进一步排除了保证领域的独立担保。

3. 担保物权以有体物或权利为客体

第一,担保物权的客体原则上为有体物。例如,动产质权、动产抵押权、房屋抵押权、建设用地使用权抵押权。第二,在法律有特别规定时,担保物权的客体亦可为权利。例如权利质权中的债权质权、知识产权质权。[1]

4. 担保财产(担保物权的优先受偿对象)可以由债务人或第三人提供

债务人、第三人均可以成为物上担保人。第三人为物上担保人时,具有特殊规则,其法理与保证相同。《民法典》第 391 条规定:“第三人提供担保,未经其书面同意,债权人允许债务人转移全部或者部分债务的,担保人不再承担相应的担保责任。”

二、抵押权

(一)概述

抵押权,是自罗马法以来各国民法上非常重要的担保物权,被称为“担保之王”。《民法典》物权编第十七章规定“抵押权”,其中,第一节为“一般抵押权”,第二节为“最高额抵押权”。

关于抵押权的定义,《民法典》第 394 条有明确规定。《民法典》第 394 条第 1 款规定:“为担保债务的履行,债务人或者第三人不转移财产的占有,将该财产抵押给债权人的,债务人不履行到期债务或者发生当事人约定的实现抵押权的情形,债权人有权就该财产优先受偿。”第 2 款规定:“前款规定的债务人或者第三人为抵押人,债权人为抵押权人,提供担保的财产为抵押财产。”此处需要注意,“不转移财产的占有”,是抵押权的典型特征,此与质权、留置权不同,后两者以转移占有为必要。正是因为抵押权的设定不必转移占有,故对于抵押人来讲,抵押财产的经济效用能够得到进一步发挥。

(二)抵押财产

1. 可以抵押的财产与不得抵押的财产

《民法典》第 395 条第 1 款规定:“债务人或者第三人有权处分的下列财产可以抵押:(一)建筑物和其他土地附着物;(二)建设用地使用权;(三)海域使用权;(四)生产设备、原材料、半成品、产品;(五)正在建造的建筑物、船舶、航空器;

---

[1] 刘家安:《物权法论》,中国政法大学出版社 2015 年版,第 158 页。

(六)交通运输工具;(七)法律、行政法规未禁止抵押的其他财产。”第2款规定:“抵押人可以将前款所列财产一并抵押。”

可以抵押的财产,应当是纯粹经济性的财产,既包括不动产,也包括动产,且法律、行政法规未禁止抵押。

《民法典》第399条规定:“下列财产不得抵押:(一)土地所有权;(二)宅基地、自留地、自留山等集体所有土地的使用权,但是法律规定可以抵押的除外;(三)学校、幼儿园、医疗机构等为公益目的成立的非营利法人的教育设施、医疗卫生设施和其他公益设施;(四)所有权、使用权不明或者有争议的财产;(五)依法被查封、扣押、监管的财产;(六)法律、行政法规规定不得抵押的其他财产。”

不可抵押的财产,主要是指不可流通的财产,包括土地所有权,生活保障型的不动产权利,公益性设施,权属存在争议的财产,被采取强制措施的财产,法律、行政法规禁止抵押的财产。

2. 抵押财产与房地关系

《民法典》第397条第1款规定:“以建筑物抵押的,该建筑物占用范围内的建设用地使用权一并抵押。以建设用地使用权抵押的,该土地上的建筑物一并抵押。”第2款规定:“抵押人未依据前款规定一并抵押的,未抵押的财产视为一并抵押。”《民法典》第417条规定:“建设用地使用权抵押后,该土地上新增的建筑物不属于抵押财产。该建设用地使用权实现抵押权时,应当将该土地上新增的建筑物与建设用地使用权一并处分。但是,新增建筑物所得的价款,抵押权人无权优先受偿。”

依上述两条,建设用地使用权及其上现存之房屋,应当一并抵押。未一并抵押的,视为一并抵押。不过,建设用地使用权抵押后该土地上新增的建筑物,不属于抵押财产。但是,该建筑物与建设用地使用权应当一并处分,只是抵押权人无权就新增建筑物所得价款优先受偿。

《民法典》第398条规定:“乡镇、村企业的建设用地使用权不得单独抵押。以乡镇、村企业的厂房等建筑物抵押的,其占用范围内的建设用地使用权一并抵押。”《民法典》第418条规定:“以集体所有土地的使用权依法抵押的,实现抵押权后,未经法定程序,不得改变土地所有权的性质和土地用途。”

依据上述两条,乡镇、村企业的建设用地使用权不得单独抵押,只能在其上现存房屋抵押时,随之一并抵押。不过,在《土地管理法》设置“集体经营性建设用地使用权”后,已经将乡镇、村企业建设用地使用权囊括在内,而集体经营性建设用地使用权系可以抵押的纯粹经济性权利,此点需要注意。

3. 抵押财产与租赁关系

《民法典》第405条规定:“抵押权设立前,抵押财产已经出租并转移占有的,原租赁关系不受该抵押权的影响。"租赁关系发生在抵押权设定之前且在抵押权设立之前承租人已经占有抵押物,抵押权实现时,仍然适用"买卖不破租赁"规则,物之买受人仍然承受该租赁关系,成为租赁关系中的出租人。

抵押权设定在租赁关系发生之前或者抵押权设定在承租人占有抵押物之前,抵押权实现时,若租赁关系对抵押权的实现造成了负面影响,则抵押权人得除去该租赁关系,不适用"买卖不破租赁"规则,物之买受人无须承受该租赁关系。

4. 抵押财产的处分

《民法典》第 406 条第 1 款规定:"抵押期间,抵押人可以转让抵押财产。当事人另有约定的,按照其约定。抵押财产转让的,抵押权不受影响。"第 2 款规定:"抵押人转让抵押财产的,应当及时通知抵押权人。抵押权人能够证明抵押财产转让可能损害抵押权的,可以请求抵押人将转让所得的价款向抵押权人提前清偿债务或者提存。转让的价款超过债权数额的部分归抵押人所有,不足部分由债务人清偿。"

依《民法典》第 406 条第 1 款,抵押人原则上可以转让抵押财产。"当事人另有约定的,按照其约定",此种约定的效力,仅具有相对效力(债权效力),而不具有绝对效力(物权效力)。《民法典》第 406 条第 1 款第 3 句"抵押财产转让的,抵押权不受影响",系指在抵押物转让后,抵押权原则上仍然存在,但也存在例外。依《民法典》第 406 条第 2 款第 2 句,"抵押权人能够证明抵押财产转让可能损害抵押权的,可以请求抵押人将转让所得的价款向抵押权人提前清偿债务或者提存"。

5. 禁止流抵押

《民法典》第 401 条规定:"抵押权人在债务履行期限届满前,与抵押人约定债务人不履行到期债务时抵押财产归债权人所有的,只能依法就抵押财产优先受偿。"

此属于"禁止流抵押"规则,该规则不仅适用于抵押权,还适用于质权以及其他的担保物权。为何在债务履行期届满前,抵押权人与抵押人不得作出上述约定呢?原因在于防止抵押权人利用抵押人处于紧迫情势,逼迫其达成不公平的协议。[1]例如,在抵押财产的价值远高于债权数额时,债权人可能利用债务人迫切需要借款的紧迫情势,要求其同意在债务不履行时实行此种不公平的折价。

6. 抵押财产的价值减少

《民法典》第 408 条规定:"抵押人的行为足以使抵押财产价值减少的,抵押权

[1] 谢在全:《民法物权论》,中国政法大学出版社 2011 年版,第 783-785 页。

人有权请求抵押人停止其行为；抵押财产价值减少的，抵押权人有权请求恢复抵押财产的价值，或者提供与减少的价值相应的担保。抵押人不恢复抵押财产的价值，也不提供担保的，抵押权人有权请求债务人提前清偿债务。"

在抵押财产价值减少时，抵押权人之利益即受到不利影响，此时法律赋予抵押权人以"抵押财产价值减少防止请求权""恢复抵押财产价值请求权""增加担保请求权"，此类请求权合称为"抵押权的保全权"。[1]

(三)抵押合同、抵押权设定与转让

《民法典》第 400 条第 1 款规定："设立抵押权，当事人应当采用书面形式订立抵押合同。"第 2 款规定："抵押合同一般包括下列条款：(一)被担保债权的种类和数额；(二)债务人履行债务的期限；(三)抵押财产的名称、数量等情况；(四)担保的范围。"《民法典》第 402 条规定："以本法第三百九十五条第一款第一项至第三项规定的财产或者第五项规定的正在建造的建筑物抵押的，应当办理抵押登记。抵押权自登记时设立。"《民法典》第 403 条规定："以动产抵押的，抵押权自抵押合同生效时设立；未经登记，不得对抗善意第三人。"《民法典》第 407 条规定："抵押权不得与债权分离而单独转让或者作为其他债权的担保。债权转让的，担保该债权的抵押权一并转让，但是法律另有规定或者当事人另有约定的除外。"

第一，应当区分抵押合同与抵押权设立。抵押权是否设立，不影响抵押合同的效力。第二，对于不动产以及权利抵押，抵押权设立采取登记生效主义；对于动产浮动抵押、动产抵押，抵押权设立采取登记对抗主义。

(四)抵押权的处分从属性

《民法典》第 407 条规定："抵押权不得与债权分离而单独转让或者作为其他债权的担保。债权转让的，担保该债权的抵押权一并转让，但是法律另有规定或者当事人另有约定的除外。"

抵押权对债权具有从属性(系债权之从权利)，故不得单独转让，必须随债权一并转让。对此，《民法典》第 547 条第 1 款规定："债权人转让债权的，受让人取得与债权有关的从权利，但是该从权利专属于债权人自身的除外。"

(五)抵押权的放弃与抵押权的顺位

《民法典》第 409 条第 1 款规定："抵押权人可以放弃抵押权或者抵押权的顺位。抵押权人与抵押人可以协议变更抵押权顺位以及被担保的债权数额等内容。但是，抵押权的变更未经其他抵押权人书面同意的，不得对其他抵押权人产生不利

〔1〕 王泽鉴：《民法物权》，北京大学出版社 2010 年版，第 375-376 页。

影响。”第 2 款规定:“债务人以自己的财产设定抵押,抵押权人放弃该抵押权、抵押权顺位或者变更抵押权的,其他担保人在抵押权人丧失优先受偿权益的范围内免除担保责任,但是其他担保人承诺仍然提供担保的除外。”

《民法典》第 414 条第 1 款规定:“同一财产向两个以上债权人抵押的,拍卖、变卖抵押财产所得的价款依照下列规定清偿:(一)抵押权已经登记的,按照登记的时间先后确定清偿顺序;(二)抵押权已经登记的先于未登记的受偿;(三)抵押权未登记的,按照债权比例清偿。”第 2 款规定:“其他可以登记的担保物权,清偿顺序参照适用前款规定。”

抵押人就抵押财产设定抵押权后,可以在同一抵押物上为他人再设定抵押权。抵押人可以以一物为他人设立多个抵押权,而不必考虑抵押物的价值与其所担保的数个债权总额。[1] 多个抵押权担保的总债权额超过抵押物价值的问题,由抵押权顺位规则解决。在顺位规则下,顺位优先的抵押权人可以在其被担保的债权数额内优先于后顺位抵押权人受偿,因此,顺位先后对债权实现影响甚巨,故可谓抵押权人对其顺位享有“顺位权”。

(六)抵押权与质权的清偿顺序、其他可登记担保物权的清偿顺序

《民法典》第 414 条第 1 款规定:“同一财产向两个以上债权人抵押的,拍卖、变卖抵押财产所得的价款依照下列规定清偿:(一)抵押权已经登记的,按照登记的时间先后确定清偿顺序;(二)抵押权已经登记的先于未登记的受偿;(三)抵押权未登记的,按照债权比例清偿。”第 2 款规定:“其他可以登记的担保物权,清偿顺序参照适用前款规定。”《民法典》第 415 条规定:“同一财产既设立抵押权又设立质权的,拍卖、变卖该财产所得的价款按照登记、交付的时间先后确定清偿顺序。”

1. 抵押权与质权的清偿顺序

无论抵押权设立采取登记生效主义(不动产抵押权)抑或登记对抗主义(动产浮动抵押权、动产抵押权),其与质权的清偿顺序,依据《民法典》第 415 条,均按照登记、交付时间的先后确定。

2. 其他可登记担保物权的清偿顺序

依据《民法典》第 414 条第 2 款,“其他可以登记的担保物权”可以参照适用该条第 1 款的规定。此处的“其他可以登记的担保物权”,主要有两类:其一,《民法典》物权编第十八章第二节之可登记的权利质权;其二,对于所有权保留、让与担保,在所有权可以登记的情况下,亦可类推适用第 414 条第 2 款。

---

〔1〕 刘家安:《物权法论》,中国政法大学出版社 2015 年版,第 172-173 页。

（七）抵押权的实现

1. 折价、拍卖、变卖

《民法典》第 410 条第 1 款规定："债务人不履行到期债务或者发生当事人约定的实现抵押权的情形，抵押权人可以与抵押人协议以抵押财产折价或者以拍卖、变卖该抵押财产所得的价款优先受偿。协议损害其他债权人利益的，其他债权人可以请求人民法院撤销该协议。"第 2 款规定："抵押权人与抵押人未就抵押权实现方式达成协议的，抵押权人可以请求人民法院拍卖、变卖抵押财产。"第 3 款规定："抵押财产折价或者变卖的，应当参照市场价格。"《民法典》第 413 条规定："抵押财产折价或者拍卖、变卖后，其价款超过债权数额的部分归抵押人所有，不足部分由债务人清偿。"

依据《民法典》第 410 条第 1 款，"债务人不履行到期债务或者发生当事人约定的实现抵押权的情形"，抵押权人可以实现抵押权。不过，在一般抵押权的情形下，抵押权实现主要发生在"债务人不履行到期债务"时。

第一，折价方式。折价是抵押权人和抵押人达成代物清偿协议，将抵押财产的所有权转移给抵押权人，以实现债权。

第二，拍卖、变卖方式。抵押权人与抵押人不能就抵押权实现方式达成协议，可以请求法院拍卖抵押财产。拍卖采取竞价的形式，对抵押权人、抵押人以及其他利益相关者较为公平。变卖，则是以一般的买卖形式出卖抵押物，以其变价清偿债务的方式。

第三，抵押权实现后，抵押物价款超过债权数额的部分归抵押人所有，不足部分由债务人清偿。

2. 抵押权的行使期间

《民法典》第 419 条规定："抵押权人应当在主债权诉讼时效期间行使抵押权；未行使的，人民法院不予保护。"

抵押权为物权，原本不适用诉讼时效制度，亦不适用除斥期间。虽然抵押权人并不占有抵押物，但抵押权的存在毕竟会使物的利用处于不稳定的状态，在一定程度上也会给标的物的利用和流通造成阻碍。为敦促抵押权人行使权利，使物的利用尽快趋于安全稳定，故设此规定。

（八）抵押权的消灭

《民法典》第 393 条规定："有下列情形之一的，担保物权消灭：（一）主债权消灭；（二）担保物权实现；（三）债权人放弃担保物权；（四）法律规定担保物权消灭的其他情形。"

抵押权消灭的原因包括:第一,担保的债权消灭。第二,抵押物灭失。第三,抵押权人放弃抵押权。第四,抵押权实现。第五,抵押权与所有权归于一人,原则上因混同而消灭。抵押权因各种原因消灭后,抵押人得请求抵押权人注销登记,抵押权人相应地负有注销登记之义务。

(九)特殊抵押权与特殊抵押规则

1. 动产抵押权中的“正常买受人规则”

《民法典》第403条规定:“以动产抵押的,抵押权自抵押合同生效时设立;未经登记,不得对抗善意第三人。”《民法典》第404条规定:“以动产抵押的,不得对抗正常经营活动中已经支付合理价款并取得抵押财产的买受人。”

“正常买受人规则”的立法目的在于:抵押人为债权人设定动产抵押权之后,其正常经营活动不受到影响,也就是说,抵押人依然可以处分作为抵押物的动产,运用这些动产从事生产经营活动。为保护买受人,立法者设置了“正常买受人规则”,只要买受人符合《民法典》第404条的“正常买受人”构成要件,即可排除抵押权的干扰。

2. 动产浮动抵押权

《民法典》第396条规定:“企业、个体工商户、农业生产经营者可以将现有的以及将有的生产设备、原材料、半成品、产品抵押,债务人不履行到期债务或者发生当事人约定的实现抵押权的情形,债权人有权就抵押财产确定时的动产优先受偿。”《民法典》第403条规定:“以动产抵押的,抵押权自抵押合同生效时设立;未经登记,不得对抗善意第三人。”《民法典》第404条规定:“以动产抵押的,不得对抗正常经营活动中已经支付合理价款并取得抵押财产的买受人。”《民法典》第411条规定:“依据本法第三百九十六条规定设定抵押的,抵押财产自下列情形之一发生时确定:(一)债务履行期限届满,债权未实现;(二)抵押人被宣告破产或者解散;(三)当事人约定的实现抵押权的情形;(四)严重影响债权实现的其他情形。”

上述规定为动产浮动抵押权。需要注意的有以下几点:其一,动产浮动抵押权的发起主体限于“企业、个体工商户、农业生产经营者”。其二,动产浮动抵押权的客体为“现有的以及将有的生产设备、原材料、半成品、产品”,在一定程度上突破了物权客体特定原则。其三,动产浮动抵押权的设立采取登记对抗主义,该登记机构具有商事登记(工商登记)性质,因此属于“人的编成主义登记”。[1] 其四,《民法典》第411条规定了抵押财产的确定,抵押财产的确定是实现抵押权的前提条件。

---

[1] 刘家安:《物权法论》,中国政法大学出版社2015年版,第177-178页。

3."超级优先权"规则:价款抵押权

《民法典》第416条规定:"动产抵押担保的主债权是抵押物的价款,标的物交付后十日内办理抵押登记的,该抵押权人优先于抵押物买受人的其他担保物权人受偿,但是留置权人除外。"

该条为《民法典》新增条款,系关于价款抵押权的超级优先顺位的规定。该条主要适用范围为赊购,抵押权人为买卖合同中的出卖人,担保出卖人的"价款请求权"。本条之构成要件包括以下三点:其一,抵押权的标的物为买卖标的物;其二,应当在标的物交付后十日内办理抵押登记;其三,优先于"抵押物买受人的其他担保物权人",例如动产浮动抵押权人、动产抵押权人、动产质权人,但留置权人除外。本条之法律效果为,价款抵押权人优先于"抵押物买受人的其他担保物权人"受偿,即便动产浮动抵押权、动产抵押权的登记时间早于价款抵押权登记时间,即便动产质权的交付时间早于价款抵押权登记时间。留置权人除外。

4. 最高额抵押权

《民法典》物权编第十七章第二节规定了"最高额抵押权"。《民法典》第420条第1款规定:"为担保债务的履行,债务人或者第三人对一定期间内将要连续发生的债权提供担保财产的,债务人不履行到期债务或者发生当事人约定的实现抵押权的情形,抵押权人有权在最高债权额限度内就该担保财产优先受偿。"第2款规定:"最高额抵押权设立前已经存在的债权,经当事人同意,可以转入最高额抵押担保的债权范围。"《民法典》第421条规定:"最高额抵押担保的债权确定前,部分债权转让的,最高额抵押权不得转让,但是当事人另有约定的除外。"《民法典》第422条规定:"最高额抵押担保的债权确定前,抵押权人与抵押人可以通过协议变更债权确定的期间、债权范围以及最高债权额。但是,变更的内容不得对其他抵押权人产生不利影响。"《民法典》第423条规定:"有下列情形之一的,抵押权人的债权确定:(一)约定的债权确定期间届满;(二)没有约定债权确定期间或者约定不明确,抵押权人或者抵押人自最高额抵押权设立之日起满二年后请求确定债权;(三)新的债权不可能发生;(四)抵押权人知道或者应当知道抵押财产被查封、扣押;(五)债务人、抵押人被宣告破产或者解散;(六)法律规定债权确定的其他情形。"《民法典》第424条规定:"最高额抵押权除适用本节规定外,适用本章第一节一般抵押权的规定。"

上述规定为最高额抵押权。需要注意以下几点:其一,最高额抵押权是"一定期间内将要连续发生的债权"的担保物权,原则上设定时间早于债权。这在一定程度上突破了抵押权对债权的从属性。[1] 其二,在最高额抵押权设立后,只有债权的最高额度,但具体债权数额尚未确定。其三,债权确定前,依据《民法典》第 421 条,部分债权转让的,最高额抵押权并不随之转让,但当事人另有约定的除外。其四,债权确定前,抵押权人和抵押人可以变更最高额抵押权的内容,但不得对其他抵押权人产生不利影响。例如,提高最高额抵押权的最高债权额,须经其他债权人的同意始生效力。其五,在法律适用上,依据《民法典》第 424 条,除适用本节规定外,适用抵押权的一般规定。

三、质权

《民法典》物权编第十八章规定了"质权",该章分为第一节"动产质权"与第二节"权利质权"。

(一)动产质权

1. 动产质权的概念

《民法典》第 425 条第 1 款规定:"为担保债务的履行,债务人或者第三人将其动产出质给债权人占有的,债务人不履行到期债务或者发生当事人约定的实现质权的情形,债权人有权就该动产优先受偿。"第 2 款规定:"前款规定的债务人或者第三人为出质人,债权人为质权人,交付的动产为质押财产。"

此处的动产质权以动产为客体,其实质是对动产所有权的限制。动产质权的设立,以债权人占有动产为构成要件,须实际进行占有转移,以占有改定方式不能设立动产质权。[2] 原因在于,"债权人占有动产"旨在由质权人完全控制质押财产,而占有改定并不能产生此种效果。

2. 动产质权的质押财产

(1)可质押的财产与不可质押的财产

《民法典》第 426 条规定:"法律、行政法规禁止转让的动产不得出质。"法律对质押财产并未进行列举,但凡法律、行政法规未禁止转让的动产,均可出质。

(2)禁止流质押

《民法典》第 428 条规定:"质权人在债务履行期限届满前,与出质人约定债务人不履行到期债务时质押财产归债权人所有的,只能依法就质押财产优先受偿。"其法理可参见本书"禁止流抵押"。

---

[1] 王泽鉴:《民法物权》,北京大学出版社 2010 年版,第 388-389 页。

[2] 谢在全:《民法物权论》,中国政法大学出版社 2011 年版,第 968-969 页。

(3)质权人的保管义务与损害赔偿责任

《民法典》第431条规定："质权人在质权存续期间，未经出质人同意，擅自使用、处分质押财产，造成出质人损害的，应当承担赔偿责任。"《民法典》第432条第1款规定："质权人负有妥善保管质押财产的义务；因保管不善致使质押财产毁损、灭失的，应当承担赔偿责任。"第2款规定："质权人的行为可能使质押财产毁损、灭失的，出质人可以请求质权人将质押财产提存，或者请求提前清偿债务并返还质押财产。"

质权人占有质押财产，但并不享有使用利益，同时，质权人对质押财产负妥善保管义务。[1] 此种妥善保管义务，是指善良管理人之义务，质权人存在一般过失(无须重大过失)即违背此种义务。质权人损害质押财产，出质人可以主张违约损害赔偿责任(违反质权合同的损害赔偿)或侵权损害赔偿责任。

(4)质押财产价值减少

《民法典》第433条规定："因不可归责于质权人的事由可能使质押财产毁损或者价值明显减少，足以危害质权人权利的，质权人有权请求出质人提供相应的担保；出质人不提供的，质权人可以拍卖、变卖质押财产，并与出质人协议将拍卖、变卖所得的价款提前清偿债务或者提存。"

质押财产的价值有减少的危险时，即使不可归责于出质人，质权人也可以请求出质人增加担保。此点与抵押财产的价值减少不同，若抵押财产价值减少不可归责于抵押人，则抵押权人仅可在抵押人因此所受利益之限度内，请求提供担保。出质人不提供担保，则质权人可以拍卖、变卖质押财产，并与出质人协议将所得价款提前清偿债务或提存。

3. 动产质押合同、动产交付与动产质权设立

《民法典》第427条第1款规定："设立质权，当事人应当采用书面形式订立质押合同。"第2款规定："质押合同一般包括下列条款：(一)被担保债权的种类和数额；(二)债务人履行债务的期限；(三)质押财产的名称、数量等情况；(四)担保的范围；(五)质押财产交付的时间、方式。"《民法典》第429条规定："质权自出质人交付质押财产时设立。"

请注意区分质权合同和质权设立。动产质权设立，以交付为生效要件。请注意，此处的"交付"不包括占有改定。

---

[1] 谢在全：《民法物权论》，中国政法大学出版社2011年版，第1037-1040页。

4. 动产质权的处分从属性

关于质权的从属性,《民法典》未设专门规定。依法理,质权是债权的从权利,对债权具有从属性,故不得单独转让,必须随债权一并转让。[1] 对此,《民法典》第547条第1款规定:“债权人转让债权的,受让人取得与债权有关的从权利,但是该从权利专属于债权人自身的除外。”

除此之外,债权人亦得将质权与其所担保的债权,一并设定为权利质权,作为其他债权的担保。债权人抛弃债权时,质权即消灭,不过债权人得单独抛弃质权(《民法典》第435条)而保留债权。

需要注意的是,依据《民法典》第547条第2款“受让人取得从权利不因该从权利未办理转移登记手续或者未转移占有而受到影响”,在债权转让时,无论质押财产是否转移占有,质权均随债权而转让。

5. 动产质权的放弃

《民法典》第435条规定:“质权人可以放弃质权。债务人以自己的财产出质,质权人放弃该质权的,其他担保人在质权人丧失优先受偿权益的范围内免除担保责任,但是其他担保人承诺仍然提供担保的除外。”其法理可以参见《民法典》第409条第2款。

6. 动产质权的实现

《民法典》第436条第1款规定:“债务人履行债务或者出质人提前清偿所担保的债权的,质权人应当返还质押财产。”第2款规定:“债务人不履行到期债务或者发生当事人约定的实现质权的情形,质权人可以与出质人协议以质押财产折价,也可以就拍卖、变卖质押财产所得的价款优先受偿。”第3款规定:“质押财产折价或者变卖的,应当参照市场价格。”

《民法典》第437条第1款规定:“出质人可以请求质权人在债务履行期限届满后及时行使质权;质权人不行使的,出质人可以请求人民法院拍卖、变卖质押财产。”第2款规定:“出质人请求质权人及时行使质权,因质权人怠于行使权利造成出质人损害的,由质权人承担赔偿责任。”

《民法典》第438条规定:“质押财产折价或者拍卖、变卖后,其价款超过债权数额的部分归出质人所有,不足部分由债务人清偿。”

需注意,债务人履行债务或者出质人提前清偿所担保的债权的,质权人应当返还质押财产。同时,债务履行期限届满后,出质人可以请求质权人行使质权。质权

---

[1] 刘家安:《物权法论》,中国政法大学出版社2015年版,第179页。

人不行使的,出质人可以请求人民法院拍卖、变卖质押财产,此时应当适用《民事诉讼法》第十五章“特别程序”第 207 条、第 208 条以及《民事诉讼法司法解释》第十七章“特别程序”第 359 条至第 372 条“实现担保物权”的相关规定。质权人怠于行使权利的,须承担损害赔偿责任。此种损害赔偿责任,可为违约责任(违反质押合同),亦可为侵权责任。

7. 动产质权的消灭

《民法典》第 393 条规定:“有下列情形之一的,担保物权消灭:(一)主债权消灭;(二)担保物权实现;(三)债权人放弃担保物权;(四)法律规定担保物权消灭的其他情形。”

动产质权消灭之原因包括:第一,担保的债权消灭。第二,质权人返还质物。动产质权的设立,以转移占有为要件,且质权人不得以占有改定的方法设立质权,否则将不生设定之效力。因此,如质权人将质物返还出质人时,质权也当然归于消灭。第三,质权人丧失对质物的占有。丧失占有,即丧失对物事实上的管领力。实务中,质权人虽然已经丧失占有,但如能依物权请求权或占有返还请求权重新占有时,质权仍然不消灭。第四,质物灭失且无代位物。[1] 第五,质权与所有权人归于一人,原则上因混同而消灭。第六,动产质权实现。

8. 最高额质权

《民法典》第 439 条第 1 款规定:“出质人与质权人可以协议设立最高额质权。”第 2 款规定:“最高额质权除适用本节有关规定外,参照适用本编第十七章第二节的有关规定。”最高额质权适用关于质权的一般规定,并参照适用最高额抵押权的规定。

(二)权利质权

权利质权,是指以可让与的财产权利为客体的质权。《民法典》物权编第十八章第二节规定了“权利质权”。可以出质的权利包括:其一,汇票、本票、支票;其二,债券、存款单;其三,仓单、提单;其四,可以转让的基金份额、股权;其五,可以转让的注册商标专用权、专利权、著作权等知识产权中的财产权;其六,现有的以及将有的应收账款;其七,法律、行政法规规定可以出质的其他财产权利。

四、留置权

《民法典》物权编第十九章规定了“留置权”。

---

[1] 王泽鉴:《民法物权》,北京大学出版社 2010 年版,第 398-399 页。

（一）概述

留置权，是指债务人不履行到期债务时，债权人可以留置已经合法占有的债务人的动产，并有权将该动产折价或以拍卖、变卖该动产的价款优先受偿的权利。[1]《民法典》第447条第1款规定："债务人不履行到期债务，债权人可以留置已经合法占有的债务人的动产，并有权就该动产优先受偿。"第2款规定："前款规定的债权人为留置权人，占有的动产为留置财产。"

留置权是一种法定担保物权，此与动产质权不同，后者为意定担保物权。[2]依据上述规定，留置权的客体为"债务人的动产"且债权人"已经合法占有"。非法占有债务人之动产，不得留置。

（二）留置财产

1. 债权与留置的动产属于同一法律关系

《民法典》第448条规定："债权人留置的动产，应当与债权属于同一法律关系，但是企业之间留置的除外。"

"同一法律关系"，是指留置权人对债务人之债权与债务人享有的动产返还请求权属于同一个法律关系，例如保管合同、运输合同等。不过，此处的"同一法律关系"并不局限于合同关系，理论上称之为"牵连关系"[3]。例如，债权因该动产而产生，宠物狗将人咬伤，足球砸破玻璃，损害赔偿请求权与宠物狗、足球即具有牵连关系。商事留置权，不以"同一法律关系"存在为必要，但仍以企业经营中产生的债权为限。例如，商人甲在某一合同关系中可以留置基于另一合同关系而占有的商人乙的财产。

2. 依法律规定或当事人约定不得留置的动产

《民法典》第449条规定："法律规定或者当事人约定不得留置的动产，不得留置。"留置行为违背公序良俗，亦不得成立留置权。法律之所以允许当事人通过约定排除留置权的适用，其根本原因在于：法律设置留置权的目的系基于公平的观念而保护债权人的利益，并未涉及公共利益或第三人的利益，因此当事人的意思自治不应受到限制。

3. 留置财产的价值

《民法典》第450条规定："留置财产为可分物的，留置财产的价值应当相当于债务的金额。"

---

[1] 刘家安：《物权法论》，中国政法大学出版社2015年版，第185-188页。

[2] 谢在全：《民法物权论》，中国政法大学出版社2011年版，第1060页。

[3] 谢在全：《民法物权论》，中国政法大学出版社2011年版，第1066-1070页。

4. 留置权人的保管义务

《民法典》第 451 条规定:“留置权人负有妥善保管留置财产的义务;因保管不善致使留置财产毁损、灭失的,应当承担赔偿责任。”

(三)留置权的实现

《民法典》第 453 条第 1 款规定:“留置权人与债务人应当约定留置财产后的债务履行期限;没有约定或者约定不明确的,留置权人应当给债务人六十日以上履行债务的期限,但是鲜活易腐等不易保管的动产除外。债务人逾期未履行的,留置权人可以与债务人协议以留置财产折价,也可以就拍卖、变卖留置财产所得的价款优先受偿。”第 2 款规定:“留置财产折价或者变卖的,应当参照市场价格。”留置财产后,双方应当约定债务履行期限。未约定或约定不明确的,至少为 60 日,但鲜活易腐财产除外。

《民法典》第 454 条规定:“债务人可以请求留置权人在债务履行期限届满后行使留置权;留置权人不行使的,债务人可以请求人民法院拍卖、变卖留置财产。”《民法典》第 455 条规定:“留置财产折价或者拍卖、变卖后,其价款超过债权数额的部分归债务人所有,不足部分由债务人清偿。”留置权实现后,留置财产的价款超过债权数额的部分归债务人所有,不足部分由债务人清偿。

(四)留置权与动产质权、抵押权的关系

《民法典》第 456 条规定:“同一动产上已经设立抵押权或者质权,该动产又被留置的,留置权人优先受偿。”

留置权一律优先于抵押权或质权,无论成立先后顺序。之所以如此,理由包括:第一,留置权是法定担保物权,其优先效力应当尤其突出;[1]第二,如果允许抵押权、质权优先于留置权,则可能影响承揽人、承运人、保管人、仓储人的业务积极性,并可能促使他们设立动产抵押权、质权,从而导致留置权的功能弱化;第三,留置物中一般都凝结了留置权人的劳动价值,该劳动价值对抵押权人、质权人之利益有积极作用(例如,修理确保了物的价值),故赋予留置权人以更优先之地位。

(五)留置权的消灭

《民法典》第 457 条规定:“留置权人对留置财产丧失占有或者留置权人接受债务人另行提供担保的,留置权消灭。”

上述条款之“丧失占有”应当目的性限缩为“依自己的意思而丧失占有”。在留置权人自愿将标的物返还债务人时,即丧失其留置权。如果留置权人的占有被侵

---

〔1〕 谢在全:《民法物权论》,中国政法大学出版社 2011 年版,第 1090-1091 页。

夺,但如能依物权请求权或占有物返还请求权重新占有时,留置权仍然不消灭。于此情形,留置权人可以主张《民法典》第 235 条之原物返还请求权、《民法典》第 462 条之占有物返还请求权。

| 扩展阅读 |

案例 1:甲于 9 月 1 日将其临街店面出售给乙,并于 9 月 2 日将店面交予乙实际使用。甲乙双方约定,待乙 10 月 1 日付清全部价款后,即办理所有权转移登记。甲的邻居丙得知此事,为扩大自己的营业店面,高价向甲购买该店面,甲丙于 9 月 10 日签订买卖合同,并于 9 月 20 日办理所有权转移登记。请问,甲与丙之间的买卖合同是否有效？乙得向甲主张何种权利？丙能否向乙请求返还其房屋？

解析:甲、丙之间的买卖合同有效。乙可向甲主张违约损害赔偿。丙是房屋所有权人,可请求乙返还房屋。

案例 2:A 拥有一辆载重卡车,价值 50 万元。A 急需用钱,向银行贷款 30 万元,并将该车抵押给银行,且办理了抵押权登记。一日发生交通事故,卡车毁损,A 将卡车送到修理厂修理,产生修理费 2 万元。由于 A 无法按时支付修理费,也无法按期偿还银行贷款,修理厂拒绝返还卡车,银行要求拍卖卡车。请问修理厂和银行对卡车拥有何种权利,谁的权利优先？

解析:银行对卡车拥有抵押权,修理厂对卡车拥有留置权,均可主张优先受偿的权利。修理厂的留置权优先于银行的抵押权。

推荐阅读

(一)参阅论文

1. 孙宪忠:《我国物权立法贯彻科学性原则的问题研究——兼顾一段立法历史的回忆》,载《政法论坛》2024 年第 1 期。
2. 郝丽燕:《〈民法典〉第 447—452 条(一般留置权的成立要件与效力)评注》,载《南大法学》2023 年第 2 期。
3. 李克武、田艳蓉:《〈民法典〉动产买卖价款抵押权超级优先效力析论》,载《江汉论坛》2022 年第 2 期。
4. 季金华:《买卖不破租赁原则限制适用的条件分析》,载《政法论丛》2016 年第 4 期。
5. 房绍坤:《论民法典中的居住权》,载《现代法学》2020 年第 2 期。

(二)参阅书目

1. 谢在全:《民法物权论》,中国政法大学出版社 2011 年版。
2. 刘家安:《物权法论》,中国政法大学出版社 2015 年版。
3. 王泽鉴:《民法物权》,北京大学出版社 2010 年版。

第五章　合同法律制度

本章概览

本章主要介绍合同法律制度。合同是市场交易的重要法律制度,也是法律行为制度的具体化。本章第一节重点阐述合同的概念、合同法的基本原则,以及合同的分类。本章第二节介绍合同的订立,包括合同成立的一般要件、合同的形式、要约与承诺等内容。本章第三节介绍合同的效力。本章第四节介绍合同的履行,包括合同履行的基本原则、履行主体与履行受领人、履行的内容、履行的方法、双务合同的抗辩权等内容。本章第五节介绍合同的担保与保全,主要包括债权人的撤销权与代位权、保证、定金等内容。本章第六节介绍合同的变更、转让与终止,重点阐述债权让与,债务承担,合同解除、抵销等内容。本章第七节介绍违约责任,包括违约责任的承担、违约损害赔偿、违约金与定金罚则等内容。

第一节　合同法律制度概述

一、合同的概念

(一)“合同”的语义

《民法典》第三编“合同”第一分编“通则”第一章“一般规定”的第463条规定:“本编调整因合同产生的民事关系。”此处的“合同”,当然是指私法上的合同,不包括行政协议(行政合同)或国际条约。

1. 狭义合同与广义合同

依据民法理论,合同有狭义和广义之分。狭义的合同,仅指债权合同,如买卖合同、租赁合同等。广义的合同,是指以发生民法上效果为目的的一切合意,包括以发生债权债务为目的的债权合同、以发生物权变动为目的的物权合同(所有权转让、抵押权设定)、以物权以外权利的变动为目的的准物权合同(债权转让)、以发生身份关系的变动为目的的身份合同(婚约、协议监护、意定监护、收养协议)等。[1]

2.《民法典》第464条的法定定义

《民法典》第464条第1款规定:“合同是民事主体之间设立、变更、终止民事法律关系的协议。”第2款规定:“婚姻、收养、监护等有关身份关系的协议,适用有关该身份关系的法律规定;没有规定的,可以根据其性质参照适用本编规定。”

依据学理解释,《民法典》第464条第1款中的“协议”,指的就是“合意”,即当事人意思表示一致。《民法典》第119条“依法成立的合同,对当事人具有法律约束力”,位于债权定义(第118条)、侵权行为(第120条)、无因管理(第121条)、不当得利(第122条)之间,从体系解释来看,该条之“合同”亦指“债权债务关系”。

依《民法典》第464条第2款规定,“婚姻、收养、监护等有关身份关系的协议”并非合同,应适用有关该身份关系的法律规定,没有规定的,可以根据其性质参照适用合同编规定。

(二)合同关系的相对性

合同关系是存在于特定当事人之间的权利义务关系,原则上仅在合同当事人之间发生效力,并不及于第三人,此即“合同的相对性”原则,它实际上是“债的相对性”在合同领域的体现。[2]《民法典》中直接体现合同相对性的条款为第465条与第593条。《民法典》第465条第1款规定:“依法成立的合同,受法律保护。”第2款规定:“依法成立的合同,仅对当事人具有法律约束力,但是法律另有规定的除外。”《民法典》第593条规定:“当事人一方因第三人的原因造成违约的,应当依法向对方承担违约责任。当事人一方和第三人之间的纠纷,依照法律规定或者按照约定处理。”

二、合同法律制度的基本原则

(一)概述

合同法律制度的基本原则,体现合同法律制度背后的主要价值或者目标,是民事主体从事民事活动和裁判者进行裁判活动应当遵循的基本原则。[3]《民法典》合同编不再专门规定合同法的基本原则,而直接适用《民法典》第4—8条。

---

[1] 史尚宽:《债法总论》,1954年自版发行,第7页。

[2] 韩世远:《合同法总论》(第4版),法律出版社2018年版,第13页。

[3] 韩世远:《合同法总论》(第4版),法律出版社2018年版,第42页。

（二）合同神圣和合同严守原则

《民法典》第119条规定："依法成立的合同，对当事人具有法律约束力。"《民法典》第136条第2款规定："行为人非依法律规定或者未经对方同意，不得擅自变更或者解除民事法律行为。"《民法典》第465条第1款规定："依法成立的合同，受法律保护。"第2款规定："依法成立的合同，仅对当事人具有法律约束力，但是法律另有规定的除外。"

1. 合同神圣与合同严守的意义

合同神圣（sanctity of contract），即合同是严肃的事情，应该认真对待，不能视为儿戏。合同神圣的直接原因，在于经济活动的需要，在于维护信用体系的需要。

合同严守（pacta sunt servanda），即言而有信，言出必行，要严格按照合同的约定办事。一个有效的合同，除非有法定的撤销或解除的事由，或者由合同当事人约定变更或解除，原则上不允许擅自变更或解除。合同严守，是合同神圣的当然结论，也是维护合同神圣性的必要手段。[1]

2. 合同神圣与合同严守在《民法典》中的体现

第一，依法成立的合同，对当事人具有法律约束力。在当事人不遵守合同时，便会引起法律上的反映，基于当事人的请求，法院会介入。《民法典》上确保合同法律约束力的制度，主要是强制履行（《民法典》第577条、第579条至第580条）和损害赔偿（《民法典》第577条、第583条至第584条）。

第二，《民法典》对合同的变更与解除，有严格的限定，不允许轻易变更或解除。例如，《民法典》第563条规定了一般法定解除权的发生要件，仅在符合这些条件的情形下，才可以由当事人解除合同。又如，《民法典》第585条第2款，对于违约金的调整，在条件上设有限制，并非约定的违约金与实际损失存在差额即当然由法院或仲裁机构增额或减额裁量权的行使。

三、合同的分类

（一）典型合同与非典型合同

以法律是否设有规范并赋予一个特定的名称为标准，将合同区分为典型合同与非典型合同。[2]

典型合同，亦称为有名合同（a nominate contract），是指法律设有规范，并赋予

---

〔1〕 韩世远：《合同法总论》（第4版），法律出版社2018年版，第58页。

〔2〕 韩世远：《合同法总论》（第4版），法律出版社2018年版，第70-71页。

一定名称的合同。《民法典》第三编“合同”第二分编“典型合同”,在原《合同法》规定的15种典型合同的基础上,增加了4种有名合同,分别是“保证合同”(第十三章)、“保理合同”(第十六章)、“物业服务合同”(第二十四章)、“合伙合同”(第二十七章),同时将原《合同法》第二十三章规定的“居间合同”改称“中介合同”(第二十六章)。

非典型合同,亦称为无名合同(an innominate contract),是指法律尚未特别规定,亦未赋予一定名称的合同。在非典型合同产生以后,经过一定的发展阶段,具有成熟性和典型性时,合同立法应适时规范,使之成为典型合同。例如,在《民法典》颁布之前,保理合同(factoring)属于非典型合同,此种合同经过《民法典》第三编第二分编第十六章予以规范,即转化为典型合同。

(二)双务合同与单务合同

以双方当事人是否负有相互依存之债务,可以将合同区分为双务合同与单务合同。“相互依存”,是指作出的给付相互之间具有依存关系、相互性、牵连性,或对待给付关系,两者的重要性相当。债务是否具有相互依存关系,并非客观地加以确定,而是在当事人的主观上加以决定。因此,双方负担的义务之间是否具有牵连性,取决于法律行为的内容所展现出来的动机,这可能需要对法律行为进行解释。

单务合同,又称为一方负担合同,是指仅一方当事人负担给付义务的合同。例如,赠与合同、保证合同、无偿保管合同、自然人之间的借款合同。

双务合同,或称“完全双务合同”,是指双方当事人负有相互依存之债务的合同,或者说双方互负居于给付与对待给付关系之义务的合同。[1] 例如,买卖合同、租赁合同、承揽合同、有偿保管合同、有偿委托合同。

(三)有偿合同与无偿合同

有偿合同,是指双方当事人在从合同的缔结到债务的履行整个过程中,均作出互相具有对价性质的付出(并不限于财产的给付,也包含劳务、事务等)的合同。有偿合同,是一方享有合同规定的权益,须向对方偿付相应的代价的合同。买卖、互易、租赁、承揽等合同都是有偿合同。

无偿合同,是指只有一方当事人作出给付,或虽为双方作出给付但双方的给付之间不具有对价意义的合同。例如,赠与合同、借贷合同。

(四)诺成合同与要物合同

以合同除意思表示外是否需要其他现实成分作为成立要件,可以将合同分为

---

〔1〕 韩世远:《合同法总论》(第4版),法律出版社2018年版,第75-76页。

诺成合同与要物合同。[1]

诺成合同,是指仅依当事人的意思表示一致即可成立的合同。在我国合同法中,大多数的合同属诺成合同,包括买卖合同、赠与合同、租赁合同等。

要物合同,又称"实践合同"或"践成合同",是指除当事人双方意思表示一致外,尚须交付标的物或完成其他现实给付才能成立的合同。例如,保管合同、自然人之间的价款合同、定金合同。

(五)要式合同与不要式合同

以合同的成立,法律或当事人是否要求一定的形式为标准,可以将合同分为要式合同与不要式合同。

要式合同,是指必须依据法律规定的或当事人约定的形式而成立的合同。对于一些重要的交易,法律常常要求当事人必须采取特定的形式订立合同。例如,融资租赁合同、建设工程合同等。

不要式合同,是指对于其成立,法律或当事人没有要求采取特定形式的合同。合同究竟采取什么形式,取决于当事人的自由意思。当事人可以采取口头形式、书面形式或其他形式。

第二节　合同的订立

一、概念界定及法律意义

合同的订立是一个动态概念,合同的成立是一个静态概念。合同订立,是指两个或两个以上的当事人为意思表示、达成合意最终成立合同的过程。合同成立,则是指经由上述订立过程而形成合同的结果,它不是一个动态过程,而是一个静态状态或者一个时间流的横断面。如果把合同比作一个有机体,合同的订立是描述该有机体的孕育过程,合同的成立则是指代该有机体的诞生。[2]

《民法典》第465条第1款规定:"依法成立的合同,受法律保护。"第2款规定:"依法成立的合同,仅对当事人具有法律约束力,但是法律另有规定的除外。"此处的"法律约束力",即为"合同约束力",指除当事人同意或有解除原因外,不容一方任意反悔请求解约,无故撤销。合同成立,当事人要受其约束,无论其合同是否已

---

〔1〕 王泽鉴:《债法原理》(第2版),北京大学出版社2013年版,第148-149页。

〔2〕 韩世远:《合同法总论》(第4版),法律出版社2018年版,第100-101页。

经生效。

二、合同成立的一般要件

(一)当事人

《民法典》第 143 条规定:“具备下列条件的民事法律行为有效:(一)行为人具有相应的民事行为能力;(二)意思表示真实;(三)不违反法律、行政法规的强制性规定,不违背公序良俗。”《民法典》第 161 条第 1 款规定:“民事主体可以通过代理人实施民事法律行为。”

从《民法典》第 143 条“民事法律行为的有效要件”、《民法典》第 144 条“无民事行为能力人实施法律行为”、《民法典》第 145 条“限制民事行为能力人实施法律行为”处于总则编第六章“民事法律行为”第三节“民事法律行为的效力”来看,行为能力属于法律行为的有效性要件范畴。因此,“民事行为能力”属于合同的有效性要件,而非合同成立要件。[1]

换言之,对于合同成立,仅要求存在当事人(民事主体、民事权利能力)即可,不要求当事人具备完全民事行为能力。请注意区分缔约主体与合同当事人。依据《民法典》第 163 条第 1 款规定,代理人不仅是指意定代理人(委托代理人),还包括法定代理人。

(二)对主要条款达成合意

合意,即合同当事人双方相互作出的意思表示达成一致。《民法典》第 134 条第 1 款规定:“民事法律行为可以基于双方或者多方的意思表示一致成立,也可以基于单方的意思表示成立。”

1.“合意”的判断依据

《民法典》第 142 条第 1 款规定:“有相对人的意思表示的解释,应当按照所使用的词句,结合相关条款、行为的性质和目的、习惯以及诚信原则,确定意思表示的含义。”

大陆法系民法理论区分“内心的意思”与“表示之意义”,当前主流理论认为,所谓合意,系经由解释所确定的“表示内容的一致”,而非指“内心意思之一致”。[2] 合意是否成立,与表意人的内心效果意思没有关系,最终是根据表示行为的客观的意义加以判断。

---

〔1〕[德]迪尔克·罗歇尔德斯:《德国债法总论》(第 7 版),沈小军、张金海译,中国人民大学出版社 2014 年版,第 138、141-142 页。

〔2〕王泽鉴:《债法原理》(第 2 版),北京大学出版社 2013 年版,第 201 页。

2."合意"的范围

原则上,对于合同的必要之点达成合意,合同就可以成立;非必要之点,如经过当事人特别表示,亦须达成合意,才能成立合同。[1]

哪些是必要之点?最高人民法院《关于适用〈中华人民共和国民法典〉合同编通则若干问题的解释》(以下简称《民法典合同编解释》)第3条第1款规定:"当事人对合同是否成立存在争议,人民法院能够确定当事人姓名或者名称、标的和数量的,一般应当认定合同成立。但是,法律另有规定或者当事人另有约定的除外。"依据上述司法解释,如果当事人就非必要之点已明确要求须达成合意,合同始为成立,则当然要尊重当事人的意思,非必要之点未达成合意,合同不成立。如果当事人未对必要之点强调须经合意,那么只要必要之点已经合意,按照"鼓励交易"之精神,就可推定合同成立。

对于非必要之点,可以通过补充协议、按照交易习惯确定(《民法典》第510条),适用任意性规定(《民法典》第511条),通过合同解释(《民法典》第466条)确定。

需要特别注意的是,上述规定是针对一般合同成立必须具备的条款。对其理解不能机械化,不应认为在我国法律上任何合同的成立,只要具备上述三项类型,即为成就;而应理解为,它们只是成立合同必要但不一定充分的条件。例如,对于买卖合同,如未约定价款,在买卖标的物是没有市场价格的特定物的情况下,只能认定合同不成立。

三、合同的形式

《民法典》第135条规定:"民事法律行为可以采用书面形式、口头形式或者其他形式;法律、行政法规规定或者当事人约定采用特定形式的,应当采用特定形式。"

《民法典》第469条规定:"当事人订立合同,可以采用书面形式、口头形式或者其他形式。""书面形式是合同书、信件、电报、电传、传真等可以有形地表现所载内容的形式。""以电子数据交换、电子邮件等方式能够有形地表现所载内容,并可以随时调取查用的数据电文,视为书面形式。"

(一)书面形式

第一,合同书。合同书,是指记载有当事人合意的合同内容并被签名盖章的文书。合同书须由文字凭据构成,且要求该文字凭据符合以下特点:其一,须有由文

---

[1] 王泽鉴:《债法原理》(第2版),北京大学出版社2013年版,第22-23、200页。

字表现的凭据,可以是手写的、打印的或印刷的;其二,文字凭据载有合同权利义务,至少载有足以构成合同的最低限度的权利义务内容;其三,有当事人或其代理人的签名或盖章,或有其他能够证明文字凭据真实性的标记,如按手印。《民法典》第 490 条第 1 款第 1 句规定:“当事人采用合同书形式订立合同的,自当事人均签名、盖章或者按指印时合同成立。”

第二,信件。如果当事人的缔约过程,是通过书信往来的方式进行的,当事人就合同的主要内容达成了合意,即使没有将其合意书写在合同书上,只要法律或者当事人对于合同形式没有特别要求,就可认定合同成立,且由于该合同的主要内容可以从书写于纸面的文字反映出来,该合同仍然属于书面合同。〔1〕

第三,数据电文。依据《电子签名法》第 2 条第 2 款规定:“本法所称数据电文,是指以电子、光学、磁或者类似手段生成、发送、接收或者储存的信息。”常见的数据电文,包括电报、电传、传真、电子数据交换、电子邮件等。

(二)口头形式

口头形式,是指当事人只以语言为意思表示订立合同,而不用文字表达合意内容的合同形式。这种口头协议,既可面谈作出,也可通过电话交谈或者“微信”语音等作出。

合同采取口头形式,也可以形成文字凭证。例如,在商店购物,付款时可以向工作人员索要付款凭证及要求开具发票。这类文字材料可以证明合同成立,但本身并非合同成立的要件。

(三)其他形式

《民法典》第 140 条规定:“行为人可以明示或者默示作出意思表示。”“沉默只有在有法律规定、当事人约定或者符合当事人之间的交易习惯时,才可以视为意思表示。”例如,在自动售货机购买饮料,顾客投入货币,买卖合同即成立。

四、要约与承诺

要约与承诺是订立合同的主要方式。《民法典》第 471 条规定:“当事人订立合同,可以采取要约、承诺方式或者其他方式。”

(一)要约

1. 要约的概念

要约,是希望和他人订立合同的意思表示。《民法典》第 472 条规定:“要约是

---

〔1〕 韩世远:《合同法总论》(第 4 版),法律出版社 2018 年版,第 112 页。

希望与他人订立合同的意思表示,该意思表示应当符合下列条件:(一)内容具体确定;(二)表明经受要约人承诺,要约人即受该意思表示约束。”

2. 要约的构成要件

第一,要约人须为特定人。

第二,要约人具有受约束的意思。受约束的意思,即表明经受要约人承诺,要约人即受该意思表示约束。

第三,内容的确定性。要约内容的确定性,是指一旦要约被对方接受,即可形成合同,产生具有执行力的合同义务。因此,要约应具备足以使合同成立的主要条件,[1]或者具备成立合同的最低限度的内容。作为合同最低限度的内容,应当依据合同类型具体把握,买卖、租赁、承揽、委托等合同,各有差异。例如,对于买卖合同,除具备《民法典合同编解释》第3条第1款提到的当事人姓名或者名称、标的、数量之外,还应当包括价格。

第四,向相对人发出。要约须向相对人发出。要约的相对人包括特定的人和不特定的人。依据相对人的不同,可以分为特定要约与公众要约,后者如商品柜台中的标价商品、自动售货机、市内公共交通运输等。

3. 要约与要约邀请的区别

要约,既可以采取口头形式,也可以采取书面形式。

要约邀请,是希望他人向自己发出要约的表示。要约邀请,并非法律行为,本身不具有法律意义。《民法典》第473条第1款规定:“要约邀请是希望他人向自己发出要约的表示。拍卖公告、招标公告、招股说明书、债券募集办法、基金招募说明书、商业广告和宣传、寄送的价目表等为要约邀请。”某一个行为是要约,还是要约邀请,本身是一个解释问题。判断一个行为是要约还是要约邀请,应当依据客观标准,也就是理性人标准。

4. 要约的生效时间

《民法典》第137条第1款规定:“以对话方式作出的意思表示,相对人知道其内容时生效。”第2款规定:“以非对话方式作出的意思表示,到达相对人时生效。以非对话方式作出的采用数据电文形式的意思表示,相对人指定特定系统接收数据电文的,该数据电文进入该特定系统时生效;未指定特定系统的,相对人知道或者应当知道该数据电文进入其系统时生效。当事人对采用数据电文形式的意思表示的生效时间另有约定的,按照其约定。”《民法典》第139条规定:“以公告方式作

---

[1] 王洪亮:《债法总论》,北京大学出版社2016年版,第48页。

出的意思表示,公告发布时生效。"

5. 要约的存续期间

要约人生效后,要约人处于一种不安定的状态中,故相对人何时可为承诺,自然应当有时间上的限制。

第一,确定有承诺期限的场合。《民法典》第 481 条第 1 款规定:"承诺应当在要约确定的期限内到达要约人。"据此,要约定有承诺期限的,承诺应当在要约确定的期限内到达要约人。承诺期限届满,受要约人未作出承诺的,要约失效(《民法典》第 478 条第 3 项)。

第二,未定有承诺期限的场合。《民法典》第 481 条第 2 款(原《合同法》第 23 条第 2 款)规定:"要约没有确定承诺期限的,承诺应当依照下列规定到达:(一)要约以对话方式作出的,应当即时作出承诺;(二)要约以非对话方式作出的,承诺应当在合理期限内到达。"

6. 要约的撤回

要约的撤回,是指要约人在要约发生法律效力之前,使要约不发生法律效力的行为。《民法典》第 141 条规定:"行为人可以撤回意思表示。撤回意思表示的通知应当在意思表示到达相对人前或者与意思表示同时到达相对人。"《民法典》第 475 条规定:"要约可以撤回。要约的撤回适用总则编第一百四十一条的规定。"

7. 要约的撤销

要约的撤销,是指要约在生效之后,要约人欲使其丧失法律效力的意思表示。《民法典》第 477 条规定:"撤销要约的意思表示以对话方式作出的,该意思表示的内容应当在受要约人作出承诺之前为受要约人所知道;撤销要约的意思表示以非对话方式作出的,应当在受要约人作出承诺之前到达受要约人。"

要约的撤销存在限制。《民法典》第 476 条规定:"要约可以撤销,但是有下列情形之一的除外:(一)要约人以确定承诺期限或者其他形式明示要约不可撤销;(二)受要约人有理由认为要约是不可撤销的,并已经为履行合同做了合理准备工作。"

8. 要约的失效

《民法典》第 478 条规定:"有下列情形之一的,要约失效:(一)要约被拒绝;(二)要约被依法撤销;(三)承诺期限届满,受要约人未作出承诺;(四)受要约人对要约的内容作出实质性变更。"

要约的失效,亦称为要约的消灭,即要约丧失其法律效力。对要约人而言,要约的失效是解除要约人必须依对方的承诺而成立合同的义务;对受要约人而言,要约的失效是终止其享有承诺的能力。

(二)承诺

1. 承诺的概念

承诺,是受要约人同意要约的意思表示。《民法典》第479条规定:“承诺是受要约人同意要约的意思表示。”需要注意的是,《民法典》第480条规定:“承诺应当以通知的方式作出;但是,根据交易习惯或者要约表明可以通过行为作出承诺的除外。”

2. 承诺的构成要件

第一,由受要约人作出。

第二,向要约人作出。向要约人的代理人作出,视为向要约人作出。要约人死亡后,要约并非当然失效,在一定条件下,如合同的履行不具有特定人身性质,受要约人仍可向要约人的继承人作出承诺。

第三,与要约的内容一致。承诺是受要约人愿意按照要约的全部内容与要约人订立合同的意思表示,它应当是无保留的,不应对要约加入任何新的因素,此为“镜像原则”。[1]《民法典》第488条规定:“承诺的内容应当与要约的内容一致。受要约人对要约的内容作出实质性变更的,为新要约。有关合同标的、数量、质量、价款或者报酬、履行期限、履行地点和方式、违约责任和解决争议方法等的变更,是对要约内容的实质性变更。”如果受要约人在答复中对要约的内容作出实质性变更,则不构成承诺,而是视为对原要约的拒绝,是一项“新要约”或“反要约”。

不过,严格的镜像原则过于严苛,不能完全符合交易实践的需要。《民法典》第489条(原《合同法》第31条)规定:“承诺对要约的内容作出非实质性变更的,除要约人及时表示反对或者要约表明承诺不得对要约的内容作出任何变更外,该承诺有效,合同的内容以承诺的内容为准。”如果是非实质性变更,则承诺有效,合同以承诺内容为准。

第四,在承诺期限内到达要约人。《民法典》第481条规定:“承诺应当在要约确定的期限内到达要约人。”“要约没有确定承诺期限的,承诺应当依照下列规定到达:(一)要约以对话方式作出的,应当即时作出承诺;(二)要约以非对话方式作出的,承诺应当在合理期限内到达。”我国明确采取了“到达主义”。不过,承诺的作出并非毫无效力,《民法典》第477条便排除了要约的撤销。

3. 承诺的生效时间

《民法典》第137条第1款规定:“以对话方式作出的意思表示,相对人知道其

---

[1] 韩世远:《合同法总论》(第4版),法律出版社2018年版,第140页。

内容时生效。”第 2 款规定:“以非对话方式作出的意思表示,到达相对人时生效。以非对话方式作出的采用数据电文形式的意思表示,相对人指定特定系统接收数据电文的,该数据电文进入该特定系统时生效;未指定特定系统的,相对人知道或者应当知道该数据电文进入其系统时生效。当事人对采用数据电文形式的意思表示的生效时间另有约定的,按照其约定。”

《民法典》第 484 条规定:“以通知方式作出的承诺,生效的时间适用本法第一百三十七条的规定。”“承诺不需要通知的,根据交易习惯或者要约的要求作出承诺的行为时生效。”例如,按照要约的内容实际送货,或者对与要约同时送来的物品付款等,上述行为作出时,承诺生效。

4. 承诺的撤回

承诺的撤回,是承诺人阻止承诺发生法律效力的一种意思表示。承诺只能撤回,不能撤销。《民法典》第 141 条规定:“行为人可以撤回意思表示。撤回意思表示的通知应当在意思表示到达相对人前或者与意思表示同时到达相对人。”《民法典》第 485 条规定:“承诺可以撤回。承诺的撤回适用本法第一百四十一条的规定。”

五、合同成立的时间与地点

(一)合同成立的时间

《民法典》第 483 条规定:“承诺生效时合同成立,但是法律另有规定或者当事人另有约定的除外。”

不过,对于不同形式,合同成立的时间可能有所差异。《民法典》第 490 条第 1 款第 1 句规定:“当事人采用合同书形式订立合同的,自当事人均签名、盖章或者按指印时合同成立。”《民法典》第 491 条第 1 款规定:“当事人采用信件、数据电文等形式订立合同要求签订确认书的,签订确认书时合同成立。”第 2 款规定:“当事人一方通过互联网等信息网络发布的商品或者服务信息符合要约条件的,对方选择该商品或者服务并提交订单成功时合同成立,但是当事人另有约定的除外。”

欠缺书面形式的履行补正。《民法典》第 490 条第 1 款第 2 句规定:“在签名、盖章或者按指印之前,当事人一方已经履行主要义务,对方接受时,该合同成立。”第 2 款规定:“法律、行政法规规定或者当事人约定合同应当采用书面形式订立,当事人未采用书面形式但是一方已经履行主要义务,对方接受时,该合同成立。”

(二)合同成立的地点

合同成立的地点,对于诉讼管辖以及在国际私法上的法律适用具有重要意义。

《民法典》第 492 条第 1 款规定:“承诺生效的地点为合同成立的地点。”

不过,对于不同形式,合同成立的地点可能有所差异。《民法典》第 492 条第 2 款规定:“采用数据电文形式订立合同的,收件人的主营业地为合同成立的地点;没有主营业地的,其住所地为合同成立的地点。当事人另有约定的,按照其约定。”《民法典》第 493 条规定:“当事人采用合同书形式订立合同的,最后签名、盖章或者按指印的地点为合同成立的地点,但是当事人另有约定的除外。”

第三节 合同的效力

一、合同成立与合同生效的关系

(一)同时发生

《民法典》第 502 条第 1 款规定:“依法成立的合同,自成立时生效。”原则上,合同成立与合同生效,同时发生。此为一般性规则。对于效力待定的合同,其虽然已经成立,但效力发生与否,尚不确定。在追认权人追认后,合同始确定发生其效力。不过,合同效力是回溯自合同成立时起发生,因而,仍不妨归入同时发生的范畴。[1]

(二)异时发生

有时候,合同虽然成立,但并不立即生效。

第一,需要办理批准、登记手续的合同。《民法典》第 502 条第 2 款第 1 句规定:“依照法律、行政法规的规定,合同应当办理批准等手续的,依照其规定。”《民法典》第 502 条第 3 款规定:“依照法律、行政法规的规定,合同的变更、转让、解除等情形应当办理批准等手续的,适用前款规定。”

第二,附生效条件(停止条件)的合同。《民法典》第 158 条第 1 句、第 2 句规定:“民事法律行为可以附条件,但是根据其性质不得附条件的除外。附生效条件的民事法律行为,自条件成就时生效。”

第三,附生效期限(始期)的合同。《民法典》第 160 条第 1 句、第 2 句规定:“民事法律行为可以附期限,但是根据其性质不得附期限的除外。附生效期限的民事法律行为,自期限届至时生效。”

---

〔1〕 韩世远:《合同法总论》(第 4 版),法律出版社 2018 年版,第 193 页。

二、《民法典》关于合同效力的规定概述

《民法典》关于合同效力的规定，主要规定在合同编第三章“合同的效力”（7 个条文），以及总则编第六章“民事法律行为”第三节“民事法律行为的效力”（15 个条文）、第四节“民事法律行为的附条件和附期限”（3 个条文），第七章“代理”第二节“委托代理”中。

之所以如此，是因为民法典编纂采用“提起公因式”的方法，将普遍适用于全部民事法律行为的规则提取出来放在了《民法典》总则编的法律行为部分。从上述情况来看，《民法典》关于合同效力的规定，其实主要存在于总则编法律行为部分，合同编的相关规定仅仅是对总则编规定的补充。《民法典》第 508 条规定：“本编对合同的效力没有规定的，适用本法第一编第六章的有关规定。”

第四节　合同的履行

一、概述

（一）债或合同的履行或清偿的定义

债（合同）的“履行”或“清偿”，是指债务人或第三人提出作为合同（债务）内容的给付，并因此使合同（债权）目的达到而归于消灭。履行，强调债务内容的实现过程和行为；清偿，强调债之关系消灭这个结果的发生。

（二）债或合同履行的原则

1. 全面履行原则

全面履行原则，针对履行的内容，即要求当事人严格按照合同的约定履行合同。根据合同的内容，当事人的履行必须于正确的时间、在正确的地点并以正确的方式方法提交。履行未符合上述原则，背离合同内容，即构成不完全履行。[1]

《民法典》第 509 条第 1 款规定：“当事人应当按照约定全面履行自己的义务。”依据全面履行原则，债权人原则行可以拒绝提前履行与部分履行。

《民法典》第 530 条第 1 款规定：“债权人可以拒绝债务人提前履行债务，但是提前履行不损害债权人利益的除外。”第 2 款规定：“债务人提前履行债务给债权人增加的费用，由债务人负担。”例如，债务人不按约定，提前交付生鲜食材，显然会损

---

〔1〕 韩世远：《合同法总论》（第 4 版），法律出版社 2018 年版，第 328-329 页。

害债权人的利益。即便是不损害债权人利益的干货,提前履行也可能产生额外的仓储费用等,此类费用应由债务人承担。

《民法典》第531条第1款规定:"债权人可以拒绝债务人部分履行债务,但是部分履行不损害债权人利益的除外。"第2款规定:"债务人部分履行债务给债权人增加的费用,由债务人负担。"例如,债务人分批次以现金还款,可能会增加债权人的金融费用,此费用亦应当由债务人负担。

2. 诚信履行原则

诚信履行原则,针对履行的内容和方式,是指债务人履行债务,应当遵守诚信,促成履行利益的实现,顾及对方的信赖与固有利益。债之关系中的附随义务(从给付义务、保护义务),可以从诚信原则中推演出来。[1]

《民法典》第509条第2款规定:"当事人应当遵循诚实信用原则,根据合同的性质、目的和交易习惯履行通知、协助、保密等义务。"另需注意,《民法典》第509条第3款规定:"当事人在履行合同过程中,应当避免浪费资源、污染环境和破坏生态。"此为本次民法典编纂新增条款,意在贯彻《民法典》第9条之"绿色原则"。所谓"绿色原则",与诚信无关,可视为公序良俗原则的具体化。

3. 同时履行原则

同时履行原则,针对履行顺序,即只要双方的履行能够同时提供,当事人便应同时履行,除非情况有别。[2] 也就是说,双务合同原则上应当同时履行,除非当事人约定了履行的先后顺序。同时履行原则源自"一手交钱,一手交货"的朴素观念,亦构成了同时履行抗辩权的前提条件。

《民法典》第525条规定:"当事人互负债务,没有先后履行顺序的,应当同时履行。一方在对方履行之前有权拒绝其履行请求。一方在对方履行债务不符合约定时,有权拒绝其相应的履行请求。"在当事人约定了先后履行顺序的场合,即应当按约定顺序履行。不过,在双方债务均已到期且未履行,原则上亦得转化为同时履行,除非双方债务的履行顺序依当事人的意思或者事理等是固定的。[3]

二、履行主体

(一)债务人

债务人负有履行其债务的义务,同时也具有履行债务的权限。债务人可以本

---

[1] 王洪亮:《债法总论》,北京大学出版社2016年版,第85页。

[2] 韩世远:《合同法总论》(第4版),法律出版社2018年版,第330页。

[3] 韩世远:《合同法总论》(第4版),法律出版社2018年版,第330页。

人亲自履行债务，也可以使用履行辅助人履行债务。是否得使用履行辅助人，依当事人的意思或者事理（事物的本质）而定。

债务人可以使用履行辅助人履行债务。履行辅助人，是指受债务人委派，以债务人的名义履行债务人之债务的人。例如，债务人的雇员、代理人属于履行辅助人。换言之，对于债权人而言，履行辅助人是债务人的“自己人”或“内部人”。

（二）第三人履行

第三人履行，是指第三人有意识地清偿他人（债务人）的债务。通常来说，第三人履行，通常都是因为该第三人对债务人负有以自己的名义履行其债务的义务，即该第三人为履行承担人。不过，在第三人非为履行承担人时，其亦有可能有意识地履行他人债务，[1]如出于道义为亲戚偿还欠款等。

《民法典》新增第524条对“第三人代为履行”作出了规定。《民法典》第524条第1款规定：“债务人不履行债务，第三人对履行该债务具有合法利益的，第三人有权向债权人代为履行；但是，根据债务性质、按照当事人约定或者依照法律规定只能由债务人履行的除外。”第2款规定：“债权人接受第三人履行后，其对债务人的债权转让给第三人，但是债务人和第三人另有约定的除外。”

三、履行受领人

履行人须向谁履行，即向谁提出给付才可构成合同有效的履行进而可使债务人免责，是问题的所在。可以有效地受领履行的人，称履行受领人。[2] 通常情况下，给付须向债权人提交，向第三人给付无法产生上述免责效果。

（一）债权人

履行受领人，原则上为债权人。但是，基于特别事由，债权人的受领权限可能受到限制。此时，债务人仍然向该债权人履行的，不发生清偿的效果，并可构成不当得利。

例如，债权被扣押。《民法典》第535条规定：“因债务人怠于行使其债权或者与该债权有关的从权利，影响债权人的到期债权实现的，债权人可以向人民法院请求以自己的名义代位行使债务人对相对人的权利，但是该权利专属于债务人自身的除外。”“代位权的行使范围以债权人的到期债权为限。债权人行使代位权的必要费用，由债务人负担。”“相对人对债务人的抗辩，可以向债权人主张。”

---

[1] 韩世远：《合同法总论》（第4版），法律出版社2018年版，第332页。
[2] 韩世远：《合同法总论》（第4版），法律出版社2018年版，第333页。

又如,债权人申请破产。《企业破产法》第 17 条规定:"人民法院受理破产申请后,债务人的债务人或者财产持有人应当向管理人清偿债务或者交付财产。""债务人的债务人或者财产持有人故意违反前款规定向债务人清偿债务或者交付财产,使债权人受到损失的,不免除其清偿债务或者交付财产的义务。"

再如,债权被质押。在债权被质押的场合,自债务人收到质押通知时起,便不能再向债权人履行,否则其履行不能对抗质权人。[1]

(二)债权人以外的受领人

除债权人外,拥有履行受领权限的人还包括债权人的代理人、债权收取的受托人、债权质权人、破产管理人、债权人代位权的行使人等。在不真正利益第三人合同中,第三人虽未取得债权,但具有受领权限。此类受领权人的受领权限,或是基于债权人的意思表示,或是基于法律的直接规定。

四、履行的内容

确定合同的内容,是合同履行的基本前提。如何确定合同的内容,即合同解释问题:第一,查询当事人的约定,具体方式包括查看合同文本、询问证人等。第二,合同漏洞填补。在当事人就某些问题没有达成合意时,存在合同漏洞。合同漏洞的调补,有的可纳入当事人意思的范畴(如补充协议、整体解释补充),有的则与当事人的意思无关(如交易习惯补充、法律的任意性规范补充)。第三,法定义务对合同的修正。法律可能作出一些规定,使某些权利义务构成合同的内容,这类合同内容并非出自约定(当事人的意思),而是出自法定。

五、履行的方法

(一)履行地点

履行地点、清偿地或给付地,是指合同义务的履行地。不在履行地点履行,即不符合债务本旨,不发生清偿的效力,可能构成违约。除此之外,履行地点对诉讼管辖具有重要意义。

(二)合同履行地点的确定

第一,依据合同确定履行地点。合同的履行地点通常会在合同中作出约定,或可从合同中确定。例如,外卖送餐。合同生效后,当事人就履行地点没有约定或者约定不明确的,可以协议补充;不能达成补充协议的,按照合同有关条款确定。例

[1] 韩世远:《合同法总论》(第 4 版),法律出版社 2018 年版,第 335 页。

如，按照债之性质，房屋装修自然应当在房屋所在地履行。

第二，依据交易习惯确定履行地点。在当事人既没有约定又没有达成补充协议的情况下，如果有相关的交易习惯，则可以依交易习惯确定合同债务的履行地点。《民法典》第510条规定："合同生效后，当事人就质量、价款或者报酬、履行地点等内容没有约定或者约定不明确的，可以协议补充；不能达成补充协议的，按照合同相关条款或者交易习惯确定。"

第三，由法律规定的履行地点。《民法典》第511条规定："当事人就有关合同内容约定不明确，依据前条规定仍不能确定的，适用下列规定……（三）履行地点不明确，给付货币的，在接受货币一方所在地履行；交付不动产的，在不动产所在地履行；其他标的，在履行义务一方所在地履行……"

六、履行期限

（一）履行期限的含义

履行期限、履行期或给付期，是应当给付的时间点。在约定的履行期限是一段期间时，"到期"应当理解为该履行期间届满的时间点。在约定的履行期限是一个时间点，"到期"就是指届至该时间点。[1]

（二）履行期限的确定

第一，依据合同确定履行期限。合同的履行期限通常会在合同中作出约定，或可从合同中确定。合同生效后，当事人就履行地点没有约定或者约定不明确的，可以协议补充；不能达成补充协议的，按照合同相关条款确定。例如，订购尚未收获的苹果，履行期限为收获季节。

第二，依据交易习惯确定履行期限。在当事人既没有约定又没有达成补充协议的情况下，如果有相关的交易习惯，则可以依交易习惯确定合同债务的履行期限。例如，先吃饭，后付款；先付款，后看电影。《民法典》第510条规定："合同生效后，当事人就质量、价款或者报酬、履行地点等内容没有约定或者约定不明确的，可以协议补充；不能达成补充协议的，按照合同相关条款或者交易习惯确定。"

第三，由法律规定履行期限。《民法典》第511条第4项规定："当事人就有关合同内容约定不明确，依据前条规定仍不能确定的，适用下列规定……（四）履行期限不明确的，债务人可以随时履行，债权人也可以随时请求履行，但是应当给对方必要的准备时间。"

---

〔1〕 王洪亮：《债法总论》，北京大学出版社2016年版，第108-109页。

七、履行顺序与履行费用

履行顺序的确定,先看当事人的约定,如果有约定,则依约定。如果没有约定,则按照法律规定或交易习惯确定。如果仍然不能确定,则以同时履行为原则。

履行费用,是指履行债务所必要的开支,如包装费、运送费等。履行费用,可以分为固有的履行费用和增加的履行费用。固有的履行费用,是指一般情形下履行债务所必要的费用。基于当事人约定或基于法律明确规定,可以确定固有履行费用的负担。在约定或规定不明确时,依据《民法典》第 510 条规定,双方当事人可以协议补充,不能达成补充协议的,按照合同相关条款或交易习惯确定。仍不能确定的,依据《民法典》第 511 条第 6 项,由履行义务的一方负担。《民法典》第 511 条第 6 项规定:"履行费用负担不明确的,由履行义务一方负担;因债权人原因增加的履行费用,由债权人负担。"

增加的履行费用,是指固有的履行费用之外,由于特别的事由而增加的履行费用,特别的事由可分为因债权人方面的事由和因债务人方面的事由。对于增加的履行费用,除非当事人另有约定,否则应由引起费用增加的一方负担。[1]《民法典》第 511 条第 6 项后段规定:"因债权人原因增加的履行费用,由债权人负担。"《民法典》第 530 条第 2 款规定:"债务人提前履行债务给债权人增加的费用,由债务人负担。"《民法典》第 531 条第 2 款规定:"债务人部分履行债务给债权人增加的费用,由债务人负担。"

八、双务合同的履行抗辩权

(一)概述

双务合同基于双方债务关系的牵连性,可以发生双务合同履行中的抗辩权。双务合同履行中的抗辩权,是在符合法定条件时,当事人一方对抗对方当事人的履行请求权,暂时拒绝履行自己债务的权利。

《民法典》第 525 条规定同时履行抗辩权、先履行抗辩权、不安抗辩权三种。合同履行中的抗辩权属于延期抗辩权或一时的抗辩权。合同履行抗辩权的行使,是权利的正当行使,不是违约。

---

〔1〕 王洪亮:《债法总论》,北京大学出版社 2016 年版,第 110 页。

（二）同时履行抗辩权

1. 同时履行抗辩权的含义、法理基础与功能

《民法典》第525条规定："当事人互负债务，没有先后履行顺序的，应当同时履行。一方在对方履行之前有权拒绝其履行请求。一方在对方履行债务不符合约定时，有权拒绝其相应的履行请求。"

同时履行抗辩权，是指双务合同的一方当事人，在对方当事人未为对待给付以前，可拒绝履行自己债务的权利。同时履行抗辩权的存在基础，在于双务合同中对待给付义务之间的牵连性。同时履行抗辩权具有双重功能：确保自己债权的实现；迫使对方履行合同。[1]

2. 同时履行抗辩权的成立要件

第一，因同一双务合同互负债务。原则上，互负债务具有对待给付关系，应限于双方的主给付义务，不及于从给付义务及保护义务。

第二，对方债务及自己的债务均已到期。如果一方的债务尚未到期，则该方可以以此为由拒绝履行，无须另行主张同时履行抗辩权。因此，同时履行抗辩权的发生，原则上要求双方的债务均已经到期。

第三，对方未履行债务或履行债务不符合约定。对方未履行债务，包括拒绝履行、不能履行、迟延履行。履行债务不符合约定，即不完全履行，包括部分履行、瑕疵履行（权利瑕疵或物的瑕疵）等。需要注意的是，此处的不履行或履行不符合约定，并不过问是否发生违约责任，即使是不可抗力导致的，也符合本要件。[2]

3. 同时履行抗辩权的法效果

依据《民法典》第525条规定，对方未履行债务，"一方在对方履行之前有权拒绝其履行请求"；对于不完全履行债务，一方"有权拒绝其相应的履行请求"。需要注意的是，对于不完全履行，只有权拒绝"相应的"的履行要求，此系诚信原则的要求，即一方拒绝履行的债务，应当与对方的不完全履行的程度相当。

4. 同时履行抗辩权的效力

第一，同时履行抗辩权的行使效力。同时履行抗辩权只有在当事人主张拒绝履行时才可产生效力。在被告不主张同时履行抗辩权时，法院不得依职权审究，而应当判令被告履行。[3]

---

〔1〕 王洪亮：《债法总论》，北京大学出版社2016年版，第117页。

〔2〕 韩世远：《合同法总论》（第4版），法律出版社2018年版，第393页。

〔3〕 [德]迪尔克·罗歇尔德斯：《德国债法总论》（第7版），沈小军、张金海译，中国人民大学出版社2014年版，第125页。

第二，同时履行抗辩权的存在效力。附同时履行抗辩权的债权，不得以之为主动债权，主张抵销。有同时履行抗辩权的债务人不陷入履行迟延。只要抗辩权存在，其本身即可排除履行延迟，无须当事人主张。

第三，对方如欲解除合同，须提供自己的履行证明。

（三）先履行抗辩权

《民法典》第526条规定："当事人互负债务，有先后履行顺序，应当先履行债务一方未履行的，后履行一方有权拒绝其履行请求。先履行一方履行债务不符合约定的，后履行一方有权拒绝其相应的履行请求。"

（四）不安抗辩权

1. 不安抗辩权的含义

《民法典》第527条第1款规定："应当先履行债务的当事人，有证据证明对方有下列情形之一的，可以中止履行：（一）经营状况严重恶化；（二）转移财产、抽逃资金，以逃避债务；（三）丧失商业信誉；（四）有丧失或者可能丧失履行债务能力的其他情形。"第2款规定："当事人没有确切证据中止履行的，应当承担违约责任。"

不安抗辩权，是指双务合同中后履行一方当事人有丧失或可能丧失履行债务能力的情形，先履行一方当事人在后履行方提供适当担保或者恢复履行能力之前，可以拒绝后履行方请求的权利。不安抗辩权，亦属于一时的抗辩权，是间接保障债权的手段。

2. 不安抗辩权的成立要件

第一，双方当事人因同一双务合同而互负债务。

第二，后履行方有丧失或可能丧失履行债务能力的情形。需要注意的是，此种情形无须在订立合同之后才存在。如果此种情形在合同订立之前存在，而在合同订立后先履行方才意识到，则此时先履行方具有选择权，可主张基于欺诈或重大误解等事由而行使撤销权，或主张不安抗辩权，主张合同撤销自不存在主张不安抗辩权的问题，而主张不安抗辩权则可视为对撤销权之放弃。当然，此种情形在合同订立前并为先履行方所明知，先履行方仍自甘风险订立合同的，应依据私法自治原则认定合同有效且不得主张不安抗辩权。[1]

第三，不安事由危及对方债权的实现。只有在不安事由的出现使对方债权的实现受到威胁时才能发生不安抗辩权。如果后履行方已经为先履行方的债权附加了担保，其债权实现已经有相当的保障，此时就发生不安抗辩权。

---

〔1〕 王洪亮：《债法总论》，北京大学出版社2016年版，第128-129页。

3. 不安抗辩权的行使

(1)中止履行的含义

“中止履行”与“拒绝履行”的区别在于,后者必须以请求为前提,前者则无此前提,即使相对人未主动请求履行,也可以中止自己的履行。[1]

(2)中止履行的范围

中止履行,不仅仅是指不向对方提出给付,也包括履行准备行为。换言之,负担交货义务的先履行方,不仅可以不交货,也可以暂停生产,以防止损失产生。

(3)中止履行的终点

对方提供担保或恢复履行能力,且此等事由的通知到达先履行方时,先履行方应当恢复履行。《民法典》第 528 条规定:“当事人依据前条规定中止履行的,应当及时通知对方。对方提供适当担保的,应当恢复履行。中止履行后,对方在合理期限内未恢复履行能力且未提供适当担保的,视为以自己的行为表明不履行合同主要义务,中止履行的一方可以解除合同并可以请求对方承担违约责任。”

(4)不安抗辩权的行使程序

依据《民法典》第 528 条第 1 句,先履行方中止履行后,应当及时通知对方。此属于《民法典》第 509 条第 2 款规定之“附随义务”。

4. 不安抗辩权人的附随义务

第一,通知义务。违反通知义务,给对方造成损害的,应当承担违约责任。

第二,举证义务。为防止不安抗辩权被滥用,法律要求先履行方获得后履行方丧失或可能丧失履行能力的证据。依据《民法典》第 527 条第 2 款,当事人没有证据中止履行的,应当承担违约责任。

5. 不安抗辩权的效力

第一,先履行一方在后履行方未提出对待给付或担保之前,可以中止或拒绝自己的给付。

第二,中止履行后,后履行方在合理期限内未恢复履行能力且未提供适当担保的,“视为以自己的行为表明不履行合同主要义务”,此属于《民法典》第 563 条第 1 款第 2 项规定的“先期违约”,先履行方可以解除合同。

第三,后履行方恢复履行能力或提供适当担保,不安抗辩权消灭,先履行方应当恢复履行,否则即构成违约。

---

[1] 韩世远:《合同法总论》(第 4 版),法律出版社 2018 年版,第 421 页。

九、履行的受领与拒绝

(一)受领的含义

受领,是指债权人接受债务的给付。受领可以分为事实上的受领和法律上的受领。事实上的受领,是指债权人接受债务人履行的事实行为或事实状态。法律上的受领,是指债权人认可债务人所提供的履行符合要求,因而可以发生清偿的法律后果,使债务人的债务归于消灭。事实上的受领,只有转化为法律上的受领,才能达到受领所要追求的目的。[1]

(二)拒绝受领权

拒绝受领权,是指债务人提交的给付不符合要求,债权人可以拒绝受领的权利。

拒绝受领权的行使,应当以明示的意思表示进行。这主要是因为,债权人拒绝受领,对债务人事关重大,债权人只有明确向债务人表明拒绝接受,才可以拒绝受领。通常来说,拒绝受领权应当以债务人提供的履行不符合要求达到相当程度为前提,而非稍有不合即可行使拒绝受领权。例如,《民法典》第 610 条规定:"因标的物不符合质量要求,致使不能实现合同目的的,买受人可以拒绝接受标的物或者解除合同。买受人拒绝接受标的物或者解除合同的,标的物毁损、灭失的风险由出卖人承担。"

债权人无正当理由拒绝受领,构成债权人受领迟延,依据《民法典》第 570 条第 1 款第 1 项,债务人可以将标的物提存。为防止债务人长期处于不稳定的利益状态,拒绝受领权应当在一定期限内行使,否则事实上的受领便被视为法律上的受领。依据《民法典》第 620 条、第 621 条,买受人应当在约定期间内检验或及时检验(未约定检验期间),对于数量、质量不符合约定的,并应当在检验期限内或合理期限内通知出卖人,买受人怠于通知的,视为数量或质量符合约定。

(三)拒绝受领权的效力

第一,当债权人行使拒绝受领权时,债务人即处于违约状态。此处需要注意,拒绝受领权行使,不导致合同解除的后果,债务人可以再次提供给付。

第二,债权人行使拒绝受领权,不发生债权人受领迟延。

第三,买受人行使拒绝受领权,标的物的毁损灭失的风险由出卖人负担。在标的物未退回之前,出卖人负担保管义务,其注意义务的程度与保管自己的物品一样。

---

[1] 韩世远:《债权人拒绝受领权探析》,载《人民法院报》2004 年 2 月 20 日,第 3 版。

第五节　合同的担保与保全

一、债的保全与担保概述

《民法典》合同编第五章“合同的保全”为本次民法典编纂所新增，将《合同法》第四章“合同的履行”中关于债权人代位权、债权人撤销权的3个条文（第73—75条）扩充为8个条文（第535—542条）。

（一）债权的保全概述

一般债权人，即不享有物的担保或人的担保（债权的特别担保）等保障的债权人，能否实现其债权，最终取决于债务人是否具有充足的财产。因此，债务人的财产便成了债权的一般担保，称为“责任财产”。[1]

债务人责任财产的减少对一般债权人有直接的利害关系。如果债务人的责任财产不充分，还允许其自由地利用或处分其财产，则必然会对一般债权人产生莫大的损害。由此，在特定情况下，法律特别允许一般债权人干涉债务人对其财产的处分自由。这就是所谓的“责任财产保全”，又称为“债权的保全”。责任财产的保全，具体包括债权人代位权与债权人撤销权。《民法典》第535—542条规定了债权人代位权与债权人撤销权。

（二）债权的担保概述

债务人的责任财产终属有限，而负担的可能债权颇多，即便存在责任财产保全制度，也无法充分保障所有债权的实现。基于此，在责任财产保全制度外，法律还提供债权的担保制度，以扩大责任财产的范围或赋予特定债权相对其他债权以优先地位。债权的担保，包括人的担保和物的担保两类。

人的担保，即保证，包括一般保证和连带保证两类。在人的担保下，债务的责任财产不仅局限于债务人的责任财产，还包括了保证人的责任财产。随着责任财产范围的扩大，债务清偿的概率得以提升。不过，保证人的责任财产有限，债权亦存在无法得到清偿的风险。

物的担保，即担保物权，主要包括抵押权、质权、留置权。在物的担保下，债权人可以就标的物优先受偿，从而相对一般债权获得了优越地位。用以担保的标的物，可以是债务人的财产，亦可能是第三人的财产。除了人的担保和物的担保，定

---

〔1〕　韩世远：《合同法总论》（第4版），法律出版社2018年版，第432页。

金制度亦具有担保功能。

《民法典》合同编第八章“违约责任”中第586—588条系关于“定金”的规定，第十三章“保证合同”，系关于保证的规定。《民法典》物权编第四分编“担保物权”系关于抵押权、质权、留置权的规定。

二、债权人代位权

（一）债权人代位权的概念与性质

债权人代位权，是指债权人为了保全自己的债权，以自己的名义行使债务人对次债务人的权利。

关于债权人代位权之性质，应予注意以下两点：其一，债权人代位权属于债权的对外效力，是债权的从权利。此处需要注意，虽然债权人代位权是债权人的固有权利，但债务人对其权利并未丧失。其二，债权人代位权属于实体法上的权利，而非程序法上的权利。

（二）债权人代位权的要件

《民法典》第535条第1款规定：“因债务人怠于行使其债权或者与该债权有关的从权利，影响债权人的到期债权实现的，债权人可以向人民法院请求以自己的名义代位行使债务人对相对人的权利，但是该权利专属于债务人自身的除外。”第2款规定：“代位权的行使范围以债权人的到期债权为限。债权人行使代位权的必要费用，由债务人负担。”第3款规定：“相对人对债务人的抗辩，可以向债权人主张。”

1. 债权人对债务人拥有合法的债权

不合法的“债权”，本身不受法律保护，自然亦无代位权。合法的债权，包括“金钱债权”（不特定债权）与“非金钱债权”（特定债权）。《民法典》第535条并未限定债权人的债权种类，自然包括上述金钱债权与非金钱债权。

2. 债务人怠于行使其“权利”

（1）何谓“怠于”？

依据学者通说，怠于行使权利，是指“应行使”且“能行使”而“不行使”权利。应行使，是指不及时行使，权利将有消灭或丧失之虞，如请求权恐将怠于诉讼时效。能行使，是指非不能行使，如债务人破产时，其权利应由破产管理人行使，债务人不能行使其债权，债权人亦不得代为行使。[1]

---

〔1〕 史尚宽：《债法总论》，1954年自版发行，第447页；郑玉波：《民法债编总论》（第15版），台北，三民书局1996年版，第314页。

(2)债权人代位权的客体

债权人代位权作为责任财产保全制度的组成部分,其目的在于维护债务人的责任财产。因此,可以构成债务人责任财产的权利,原则上均属于债权人代位权的客体。

3. 债权保全的必要性

必要性,是指债权人的债权,有不能依债的内容获得满足的危险,[1]因而有代为行使债务人的权利以便实现债权的必要。欠缺必要性,则属于债权人对债务人自由的不当干涉。《民法典》第 535 条将行使债权人代位权的必要性表述为"影响债权人的到期债权实现的"。

4. 债务人已经陷入延迟

债权人代位权的行使,原则上以债务人陷入延迟为前提条件。对于尚未生效的债权(如附停止条件的债权),或债权生效后但债务人尚未陷入延迟,债务人即使无资力,在履行之前也有使责任财产获得充实的可能,因此通常不会对债权人造成损害。[2]

(三)债权人代位权的行使

1. 代位权的行使方法

《民法典》第 535 条第 1 款规定:"因债务人怠于行使其债权或者与该债权有关的从权利,影响债权人的到期债权实现的,债权人可以向人民法院请求以自己的名义代位行使债务人对相对人的权利,但是该权利专属于债务人自身的除外。"

债权人系"以自己的名义"行使权利,因为债权人代位权是债权人对于债务人权利的"管理权",不同于以债务人名义所为之代理行为。以诉讼的方式行使代位权,可以防止债权人滥用代位权,防止发生不必要的纠纷。

2. 代位权的行使界限

一般来说,代位权行使的行为,以保全债权人债权为必要,包括实行行为与保存行为两类。可以代位作出的行为包括实行行为、保存行为以及处分行为中从债务人财产的整体关系判断对其有益的处分行为。

《民法典》第 535 条第 2 款第 1 句规定:"代位权的行使范围以债权人的到期债权为限。"金钱债权具有可分性,债权人仅得对次债务人主张其对债务人的债权数额以及代位权诉讼的诉讼费。代位行使的债权属于特定债权的,如给付特定不可分物,由于其债权不能分割主张,只能一次主张,此时就不应当再设数额的限制,而应允许代位债权人就整个债权代位行使。

---

[1] 王洪亮:《债法总论》(第 2 版),北京大学出版社 2025 年版。

[2] 韩世远:《合同法总论》(第 4 版),法律出版社 2018 年版,第 440 页。

（四）代位权行使的效果

债权人行使代位权后，对于被代位行使的权利，债务人的处分权便能因此而受到限制。债权人提起代位权诉讼，债权人债权与债务人债权的诉讼时效均中断。

《民法典》第 537 条规定："人民法院认定代位权成立的，由债务人的相对人向债权人履行义务，债权人接受履行后，债权人与债务人、债务人与相对人之间相应的权利义务终止。债务人对相对人的债权或者与该债权有关的从权利被采取保全、执行措施，或者债务人破产的，依照相关法律的规定处理。"从前述规定来看，凡具有第 537 条第 2 句规定之情形，即不适用第 537 条第 1 句。例如，如果债务人对相对人的债权或有关从权利已经被采取执行措施，包括前述之协助执行措施、转付命令，就应适用有关强制执行的法律，故不适用第 537 条第 1 句。又如，债务人如果已经破产，就不可为个别清偿，应适用《企业破产法》，故不适用第 537 条第 1 句。

《民法典》第 535 条第 2 款第 2 句规定："债权人行使代位权的必要费用，由债务人负担。"如果上述必要费用构成共益费用，则此种费用偿还请求权在债务人的总财产上具有优先受偿权。

三、债权人撤销权

（一）债权人撤销权的概念与性质

债权人撤销权，是指债权人对于债务人所为的危害债权的行为，可请求法院予以撤销以维持债务人责任财产的权利。在性质上，我国通说认为，债权人撤销权兼具形成权与请求权的性质，是撤销诈害行为、请求归还脱逸财产的权利。

（二）债权人撤销权的要件

《民法典》第 538 条规定："债务人以放弃其债权、放弃债权担保、无偿转让财产等方式无偿处分财产权益，或者恶意延长其到期债权的履行期限，影响债权人的债权实现的，债权人可以请求人民法院撤销债务人的行为。"《民法典》第 539 条规定："债务人以明显不合理的低价转让财产、以明显不合理的高价受让他人财产或者为他人的债务提供担保，影响债权人的债权实现，债务人的相对人知道或者应当知道该情形的，债权人可以请求人民法院撤销债务人的行为。"《民法典》第 540 条规定："撤销权的行使范围以债权人的债权为限。债权人行使撤销权的必要费用，由债务人负担。"

1. 债权人方面的要件

（1）被保全债权的类型

在债权人撤销权的场合，被保全的债权以金钱债权（不特定债权）为限，此与债权人代位权不同。在债权人代位权的场合,被保全的债权不仅包括金钱债权,还包括非金钱债权。需要注意的是,此处的“金钱债权”,不仅是指现在的金钱债权,还包括由非金钱债权转化而来的金钱之债(如损害赔偿之债)。

(2)被保全债权的成立时期

债权原则上应当在诈害行为成立前为必要。原因在于,诈害行为很难说对成立在后的债权的“债权人造成损害”,或者“影响债权人的债权实现”(《民法典》第538条、第539条)。对于某个债权而言,其责任财产应当是指债权成立时的债务人财产,债权成立前已经被债务人处分的财产,当然不应该纳入责任财产的范围。[1]

2.债务人方面的要件

(1)客观要件:诈害行为

诈害行为,是指债务人所为的对债权人造成损害的行为。首先须有债务人的行为。《民法典》第538条规定的诈害行为,“放弃其债权、放弃债权担保、无偿转让财产等方式无偿处分财产权益,或者恶意延长其到期债权的履行期限”。其中,“无偿处分财产权益”系兜底性规定。《民法典》第539条规定的诈害行为,“以明显不合理的低价转让财产、以明显不合理的高价受让他人财产或者为他人的债务提供担保”。

(2)主观要件:诈害意思

《民法典》第539条并未对债务人的主观方面提出要求,《民法典》第538条仅对“恶意延长其到期债权的履行期限”提出了主观要求。学理上认为,债务人应当具有诈害意思。诈害意思的判断时间点为债务人实施行为时。对于债务人恶意的证明,应当实行推定规则。债权人只要证明客观上存在诈害行为,就推定债务人具有诈害意思。[2]

3.受益人、受让人方面的要件

此处的“受益人”系针对无偿行为,“受让人”系针对有偿行为。对于无偿行为,《民法典》第538条并未规定受益人方面的要件。对于有偿行为,《民法典》第539条要求“相对人知道或者应当知道”:“债务人以明显不合理的低价转让财产、以明显不合理的高价受让他人财产或者为他人的债务提供担保,影响债权人的债权实现。”此处的“知道或者应当知道”,是指相对人知道债务人的行为有害于债权人,并不要求相对人自己有损害债权人的故意,也不要求相对人与债务人构成恶意串通。

---

[1] 王洪亮:《债法总论》,北京大学出版社2016年版,第149页。

[2] 韩世远:《合同法总论》(第4版),法律出版社2018年版,第467-468页。

(三)债权人撤销权的行使

1. 撤销权的行使方法

其一,以自己的名义行使;其二,以诉讼的方式行使。

撤销权诉讼,或为形成之诉与给付之诉的结合,或为单纯的形成之诉。撤销权诉讼的原告,为债权人。撤销权诉讼的被告,为债务人,以受益人或相对人为第三人。

2. 撤销权的行使界限

《民法典》第540条第1句规定:"撤销权的行使范围以债权人的债权为限。"不过,对于诈害行为涉及的标的物为不可分物(如房屋、珠宝)时,仅限于债权数额行使撤销权并不可能,此时在解释上应当认为债权人可以超出债权数额主张撤销。

3. 撤销权的行使期限

《民法典》第541条规定:"撤销权自债权人知道或者应当知道撤销事由之日起一年内行使。自债务人的行为发生之日起五年内没有行使撤销权的,该撤销权消灭。"

(四)债权人撤销权行使的效果

《民法典》第542条规定:"债务人影响债权人的债权实现的行为被撤销的,自始没有法律约束力。"《民法典》第155条规定:"无效的或者被撤销的民事法律行为自始没有法律约束力。"《民法典》第157条第1句规定:"民事法律行为无效、被撤销或者确定不发生效力后,行为人因该行为取得的财产,应当予以返还;不能返还或者没有必要返还的,应当折价补偿。"

债务人的行为被撤销,自始失去法律约束力:尚未依该行为为给付的,无须给付。已经依该行为给付的,受领人负有恢复原状的义务,在存在给付物的物权复归于给付人的情况下,产生具有物权效力的财产返还;在物权已不复存在或发生善意取得的情况下,发生作价返还的效果。[1]

《民法典》第540条第2句规定:"债权人行使撤销权的必要费用,由债务人负担。"如果上述必要费用构成共益费用,则此种费用偿还请求权在债务人的总财产上具有优先受偿权。

四、保证

(一)保证的定义与功能

保证,是债权人与第三人约定,当债务人不履行其债务时,该第三人按照约定

---

[1] 韩世远:《合同法总论》(第4版),法律出版社2018年版,第472页。

履行债务或者承担责任的担保方式。此处的“第三人”为保证人,此处的“债权人”既是主债的债权人,又是保证合同中的债权人。保证的功能,是扩大债务的责任财产范围,使之不局限于债务人的责任财产,更扩及保证人的责任财产。《民法典》合同编第十三章为“保证合同”,是有名合同的一种。

(二)保证的基本分类

保证可以分为一般保证和连带责任保证。一般保证,是指当事人在保证合同中约定,债务人不能履行债务时,由保证人承担保证责任的保证。连带责任保证,是指当事人在保证合同中约定保证人与债务人对债务承担连带责任的保证。

对保证种类没有约定或约定不明确时,究竟为一般保证,抑或连带保证?《民法典》第 686 条第 2 款规定:“当事人在保证合同中对保证方式没有约定或者约定不明确的,按照一般保证承担保证责任。”

一般保证人和连带责任保证人享有债务人的抗辩权(《民法典》第 701 条第 1 句),两者的区别在于连带责任保证人不享有先诉抗辩权(《民法典》第 688 条第 2 款),一般保证人享有先诉抗辩权(《民法典》第 687 条第 2 款)。所谓先诉抗辩权,依据《民法典》第 687 条第 2 款,是指“一般保证的保证人在主合同纠纷未经审判或者仲裁,并就债务人财产依法强制执行仍不能履行债务前,有权拒绝向债权人可承担保证责任”。

五、定金

(一)定金的定义与功能

定金,是指合同当事人为了确保合同的履行,依据法律规定或者当事人双方的约定,由当事人一方在合同订立时,或者订立后、履行前,按合同标的额的一定比例,预先给付对方当事人的金钱或者其他代替物。定金是通过一方当事人向对方当事人交付一定数量的金钱或者其他代替物,履行与否与该特定数额的金钱或者其他代替物的得失挂钩,使当事人心理产生压力,从而积极而适当地履行债务,以发挥担保作用。《民法典》合同编第八章“违约责任”第 586 条、第 587 条、第 588 条均对“定金”进行了规定。

(二)定金的种类

订约定金,是指以定金作为订立本约的担保。

成约定金,是指作为合同成立或生效要件的定金,因定金的交付,合同才成立或生效。

违约定金,是指交付定金的当事人若不履行债务,接受定金的当事人可以没收定金。《民法典》第587条规定："债务人履行债务的，定金应当抵作价款或者收回。给付定金的一方不履行债务或者履行债务不符合约定，致使不能实现合同目的的，无权请求返还定金；收受定金的一方不履行债务或者履行债务不符合约定，致使不能实现合同目的的，应当双倍返还定金。"

解约定金，是指以定金为保留合同解除权的代价，即交付定金的当事人可以抛弃定金以解除合同，而接受定金的当事人也可以通过双倍返还定金来解除合同。

第六节 合同的变更、转让与终止

一、概述

债的变更，包括主体变更和内容变更两方面。

债的主体变更，是指债之关系中的主体发生变化，包括债权转让、债务承担、债权债务概括转移（合同权利义务概括转移）。债的内容变更，是指债之关系主体之间的权利义务发生变化。对于债的内容变更，除法律另有规定或者一方当事人享有形成权，原则上须由债权人与债务人以合意为之。

《民法典》合同编第六章规定"合同的变更与转让"，此处的"合同的变更"专指合同内容的变更，"合同的转让"则是指合同主体的变更，包括债权转让、债务承担、合同权利义务的概括转移。[1]

二、债的内容变更（合同的变更）

（一）债的内容变更（合同的变更）的含义

债的内容变更或合同的变更，是指不改变债或合同的主体而仅改变合同内容的情形，它是债之关系或合同成立以后，尚未履行或尚未完全履行以前，基于法律规定、法院或仲裁机构的裁判行为或者当事人的法律行为等，使债或合同内容发生变化的现象。

（二）债的变更（合同的变更）的类型

1. 法定变更

法律规定的情形出现时，债之关系或合同的内容当然地发生变更。例如，债务不能履行且债务人不具有免责事由，原债务变更为损害赔偿债务。

---

〔1〕 韩世远：《合同法总论》（第4版），法律出版社2018年版，第583页。

2. 裁判变更

裁判变更，是指基于裁判命令（法院判决、仲裁机构的裁决）使债之关系或合同的内容发生变更。例如，《民法典》第 533 条规定："合同成立后，合同的基础条件发生了当事人在订立合同时无法预见的、不属于商业风险的重大变化，继续履行合同对于当事人一方明显不公平的，受不利影响的当事人可以与对方重新协商；在合理期限内协商不成的，当事人可以请求人民法院或者仲裁机构变更或者解除合同。""人民法院或者仲裁机构应当结合案件的实际情况，根据公平原则变更或者解除合同。"

3. 依法律行为或其他行为变更

（1）依单方行为变更

原则上，依据《民法典》第 136 条第 2 款规定："行为人非依法律规定或者未经对方同意，不得擅自变更或者解除民事法律行为。"例外情形下单方变更主要有两类：

第一，法律规定或者当事人约定，一方享有合同变更权（形成权），可以依自己的意思变更合同的内容，且不必承担法律责任或者其他不利后果。例如，享有《民法典》第 515 条、第 516 条规定之选择权，使选择之债变成单纯之债。

第二，虽然法律不支持单方变更合同内容，但如果一方当事人执意变更，法律亦不否定其效果，只是令该当事人负担法律责任或者其他不利后果。《民法典》第 777 条规定："定作人中途变更承揽工作的要求，造成承揽人损失的，应当赔偿损失。"《民法典》第 821 条规定："承运人擅自降低服务标准的，应当根据旅客的请求退票或者减收票款；提高服务标准的，不得加收票款。"

（2）依双方行为变更

依双方行为（合同）变更，即协议变更，是指由债之关系的当事人达成新的协议变更合同。《民法典》第 543 条规定："当事人协商一致，可以变更合同。"此即为协议变更。《民法典》合同编第六章均指协议变更和转让。

（三）债的变更（合同的变更）的要件

第一，存在有效的债之关系（合同关系）。

第二，债之关系（合同关系）的内容发生变更。内容变更包括所涉标的物、履行条件、价款、所附条件或期限、担保或其他内容的变更。债（合同）的变更，应使变更后的债之关系（合同关系）与原债之关系（合同关系）保持同一性，如不具有此种同一性，则不属于债的变更，而属于债的更新。[1]

---

〔1〕 韩世远：《合同法总论》（第 4 版），法律出版社 2018 年版，第 590 页。

第三，债(合同)的变更本身的有效性。协议变更属于另外一个新合同，应符合《民法典》合同编有关合同成立及生效的规定，否则当然不能够发生变更合同的效果。需要注意的是，《民法典》第502条第3款规定："依照法律、行政法规的规定，合同的变更、转让、解除等情形应当办理批准等手续的，适用前款规定。"

第四，变更具有明确性。《民法典》第544条规定："当事人对合同变更的内容约定不明确的，推定为未变更。"上述规定明确排除了对变更合同约定不明确之处依《民法典》第510条、第511条处理的可能性。在合同纠纷中，双方对合同是否变更有争议的，按照"谁主张，谁举证"的原则，由主张合同关系变更的一方当事人对引起合同关系变动的事实承担举证责任。

(四)债(合同)的变更的效力

第一，债(合同)的变更的效力仅向将来发生。债(合同)的变更原则上仅对债务(合同)未履行的部分发生效力，对已履行的部分没有溯及力，但法律另有规定或者当事人另有约定的除外。

第二，债(合同)的变更对抗辩、履行、担保的影响。债(合同)的变更以原债之关系(合同关系)的存在为前提，债(合同)的同一性不变。债(合同)的变更使债之关系(合同关系)内容发生变化，成为债务履行的新的根据。

第三，债(合同)的变更与损害赔偿。债(合同)的变更仅向将来发生效力，对于变更之前发生的债务不履行(违约)，债务人应当承担相应的债务不履行责任(违约责任)。

三、债权让与

(一)债权让与概述

债权让与，是指不改变债权的内容而将它移转于他人的合同。债权让与，是在保持债的同一性的前提下，以移转该债权为目的的让与人与受让人之间的诺成合同、不要式合同，具有处分行为的性质。让与人又可称为原债权人，受让人又可称为新债权人。《民法典》第545条以下之"债权转让"，即此处之"债权让与"。

债权让与是诺成、不要式合同。债权让与合同仅依当事人的意思表示即可发生效力。债权让与合同一旦成立生效，债权即转移于受让人，债权让与合同的成立、履行及其法律效力同时发生。需要注意的是，债务人并非债权让与合同的当事人，债权让与无须债务人同意，但债权让与对债务人发生效力，须通知债务人。[1]

---

[1] 王洪亮：《债法总论》，北京大学出版社2016年版，第459、461页。

《民法典》第 546 条第 1 款规定:“债权人转让债权,未通知债务人的,该转让对债务人不发生效力。”

（二）债权让与性及其限制

《民法典》第 545 条第 1 款规定:“债权人可以将债权的全部或者部分转让给第三人,但是有下列情形之一的除外:（一）根据债权性质不得转让;（二）按照当事人约定不得转让;（三）依照法律规定不得转让。”第 2 款规定:“当事人约定非金钱债权不得转让的,不得对抗善意第三人。当事人约定金钱债权不得转让的,不得对抗第三人。”

1. 让与性与让与自由原则

依据《民法典》第 545 条,债权原则上是可以自由让与的,具有让与性或可处分性,此为债权让与自由原则。

2. 让与性的限制

第一,因债权性质不得让与的债权。例如,对画家享有的为自己画像的债权,对某人享有的请求做家庭教师的债权。又如,承租人所享有的债权,雇主所享有的债权。

第二,按照当事人约定不得让与的债权。当事人可以通过特别约定禁止债权让与。禁止让与的约定,可以在债权发生时,也可在债权发生后,但须在债权让与之前为之。《民法典》新增第 545 条第 2 款规定:“当事人约定非金钱债权不得转让的,不得对抗善意第三人。当事人约定金钱债权不得转让的,不得对抗第三人。”

第三,法律规定不得让与的债权。此类不得让与的债权,由法律明确规定。

（三）债权让与的对内效力

原则上,出让人与受让人达成债权让与合意,债权即发生移转。

《民法典》第 547 条第 1 款规定:“债权人转让债权的,受让人取得与债权有关的从权利,但是该从权利专属于债权人自身的除外。”从权利,是指担保（物的担保、人的担保、金钱担保）以及其他从属权利（债权人之代位权与撤销权）。但是,当事人不欲特定从权利随之移转的,须于合同中写明。

交付债权证明文件,是指交付债务人出具的借据、票据、合同书、账簿等。告知必要情形,是指告知主张债权所必要的一切情形,如履行期、履行地、债务人住所、担保方式、债务人可能主张的抗辩等。

《民法典》第 546 条第 1 款规定:“债权人转让债权,未通知债务人的,该转让对债务人不发生效力。”让与通知,是准法律行为,属于观念通知。只有通知债务人,才能对其发生效力。不过,在依次让与中,中间环节的通知可以省略。[1]

让与通知前,债权让与对债务人未生效。债务人对原债权人所作的清偿或其他免责行为,或原债权人对债务人为免除或抵销的,均为有效。让与通知后,债权让与对债务人生效,自此以后,债务人应当向新债权人履行。

四、债务承担

(一)债务承担的含义

债务承担,是指不改变债务的同一性而依合同将债务转移的现象,原债务人因而免负债务,仅承担人(新债务人)作为债务人,属于债务人的替换人。

上述定义,实际上就是免责的债务承担,这也是原本意义上的债务承担。《民法典》第551条、第553条、第554条规定之债务承担,亦为免责的债务承担。与此不同,在并存的债务承担、重叠的债务承担、添加的债务承担或债务加入的场合,并不发生债务的转移,而是承担人与原债务人一起承担债务。《民法典》新增的第552条为"并存的债务承担":"第三人与债务人约定加入债务并通知债权人,或者第三人向债权人表示愿意加入债务,债权人未在合理期限内明确拒绝的,债权人可以请求第三人在其愿意承担的债务范围内和债务人承担连带债务。"

(二)免责的债务承担

1. 构成要件

第一,债务的可移转性。作为债务承担对象的债务,须是由债务人以外的第三人也可以实现的债务。这一点,对于并存的债务承担、履行承担,均属相同。原则上,债务都具有可移转性,但也存在例外。例如,依债务的性质不许转移,著名画家承担绘制肖像的义务;又如,依当事人的反对意思而不许债务转移;再如,依据法律规定不许转移。

第二,债务承担合同的存在。债务承担合同,是不要式合同、诺成合同,但须经过债权人的同意。对此,《民法典》第551条第1款有明确规定:"债务人将债务的全部或者部分转移给第三人的,应当经债权人同意。"《民法典》新增第551条第2款规定:"债务人或者第三人可以催告债权人在合理期限内予以同意,债权人未作表示的,视为不同意。"

2. 法效果

承担人成为债务人,原债务人免于债务。从债务的转移,由于债务的转移并未

---

[1] 韩世远:《合同法总论》(第4版),法律出版社2018年版,第615页。

改变其同一性,因而从债务原则上亦随同移转。《民法典》第 554 条规定:“债务人转移债务的,新债务人应当承担与主债务有关的从债务,但是该从债务专属于原债务人自身的除外。”从债务是指自主债务派生出来的与主债务密切相关的其他债务,如利息。有的从债务其专属于债务人本身的,这些从债务不随主债务的转移而转移,如从给付义务。利息债务或违约金债务具有独立性,如无另有约定,通常一同转移。

《民法典》第 553 条规定:“债务人转移债务的,新债务人可以主张原债务人对债权人的抗辩;原债务人对债权人享有债权的,新债务人不得向债权人主张抵销。”新债务人可以主张原债务人可以对债权人主张的诉讼上的抗辩和抗辩权。

(三)并存的债务承担

并存的债务承担,在性质上是新债务的负担行为,此点与免责的债务承担不同。对此,《民法典》新增第 552 条规定:“第三人与债务人约定加入债务并通知债权人,或者第三人向债权人表示愿意加入债务,债权人未在合理期限内明确拒绝的,债权人可以请求第三人在其愿意承担的债务范围内和债务人承担连带债务。”

1. 构成要件

并存的债务承担同样以债务的可移转性和债务承担合同的存在为必要条件。其一,债务的可转移性。其二,债务承担合同的存在。尽管债权人没有参与,但此类合同仍然有效。

2. 法效果

承担人成为新债务人,但原债务人仍然不免责。新债务人可以主张原债务人可以对债权人主张的诉讼上的抗辩和抗辩权,但不能以原债务人对债权人之债权向债权人主张抵销。

五、合同权利义务的概括转移

(一)合同权利义务的概括转移的含义

合同权利义务的概括转移,是指合同当事人一方的权利义务一并转移给第三人,由该第三人成为合同当事人的现象,又称为合同地位的移转。

合同权利义务的概括转移,分为意定概括转移(《民法典》第 555 条)和法定概括转移(《民法典》第 67 条)。合同权利义务的概括转移,不同意单个的债权让与或债务承担(狭义之债的主体变更),而是广义之债的主体变更。

(二)合同承受

通过合同将合同权利义务一并转让,为合同承受。

1. 构成要件

第一，合同地位的可让与性。原则上，合同地位是可让与的，除非基于合同的性质、当事人的约定、法律的规定不得让与。《民法典》第555条规定：“当事人一方经对方同意，可以将自己在合同中的权利和义务一并转让给第三人。”上述条款原则上承认了合同地位的可让与性，只需对方同意即可。

第二，让与合同的存在。出让人、受让人、合同相对人达成三方协议，该合同有效。在出让人与受让人签订协议时，只有合同相对人同意，该合同才生效。

2. 法效果

合同地位由出让人转移给受让人，由受让人享受、承担合同中的全部权利义务（包括各类形成权），出让人从合同关系中解脱出来。《民法典》第556条规定：“合同的权利和义务一并转让的，适用债权转让、债务转移的有关规定。”据此，合同地位转让涉及债权让与和债务承担的，分别适用债权让与和债务承担的规则。

（三）法定的概括转移

法定的合同权利义务概括转移，可以参照合同承受的法律效果。

1. 当事人（法人或非法人组织）的合并与分立

《民法典》第67条规定：“法人合并的，其权利和义务由合并后的法人享有和承担。”“法人分立的，其权利和义务由分立后的法人享有连带债权，承担连带债务，但是债权人和债务人另有约定的除外。”《民法典》第108条规定：“非法人组织除适用本章规定外，参照适用本编第三章第一节的有关规定。”

2. 土地使用权出让合同的法定概括转移

《城市房地产管理法》第42条规定：“房地产转让时，土地使用权出让合同载明的权利、义务随之转移。”

3. 买卖不破租赁

《民法典》第725条规定：“租赁物在承租人按照租赁合同占有期限内发生所有权变动的，不影响租赁合同的效力。”若所有权发生变动，租赁合同概括转移至新所有权人。

六、合同解除

《民法典》合同编第七章“合同的权利义务终止”，规定了债权债务终止的各类原因及相应的法效果。除合同解除外，《民法典》合同编第七章的规定实际上相当于大陆法系债法总论中的“债之关系消灭”，因此该章的大部分规定实系债法总则规范，不仅适用于合同领域，还适用于其他意定之债和法定之债的消灭。《民法典》

第557条第1款规定："有下列情形之一的，债权债务终止：(一)债务已经履行；(二)债务相互抵销；(三)债务人依法将标的物提存；(四)债权人免除债务；(五)债权债务同归于一人；(六)法律规定或者当事人约定终止的其他情形。"第2款规定："合同解除的，该合同的权利义务关系终止。"

(一)合同解除的概念

合同解除，是指合同成立后，因一方或双方当事人的意思表示，使合同关系终止，未履行的部分不必继续履行，既已履行的部分依具体情形进行清算的制度。合同解除，是合同特有的终止原因。[1]

(二)合同解除的分类

1. 依单方意思解除

依单方意思解除，是指一方当事人行使解除权，以解除合同。依据该解除权的来源，可以分为法定解除和合意解除。法定解除，是指一方当事人行使法定解除权，使合同解除。法定解除权，源自法律明确规定，《民法典》合同编通则中的规定主要是指第563条。

《民法典》第563条第1款规定："有下列情形之一的，当事人可以解除合同：(一)因不可抗力致使不能实现合同目的；(二)在履行期限届满前，当事人一方明确表示或者以自己的行为表明不履行主要债务；(三)当事人一方迟延履行主要债务，经催告后在合理期限内仍未履行；(四)当事人一方迟延履行债务或者有其他违约行为致使不能实现合同目的；(五)法律规定的其他情形。"第2款规定："以持续履行的债务为内容的不定期合同，当事人可以随时解除合同，但是应当在合理期限之前通知对方。"

2. 合意解除

合意解除，又称"协议解除"，是指当事人双方通过协商同意将合同解除的行为。对于协议解除，《民法典》第562条第1款规定："当事人协商一致，可以解除合同。"

(三)合同解除之一般构成要件

第一，合同解除须具备解除事由。对于法定解除，《民法典》第563条第1款规定了"一般法定解除事由"。

第二，合同解除必须有解除行为。解除行为，系基于当事人之意思表示，或为双方行为(合意解除)，或为单方行为(解除权行使)。

---

[1] 韩世远：《合同法总论》(第4版)，法律出版社2018年版，第644页。

第三,合同解除的结果是使合同关系终止。《民法典》第 557 条第 2 款规定:“合同解除的,该合同的权利义务关系终止。”

(四)解除权的发生

1. 约定解除权的发生

《民法典》第 562 条第 2 款规定:“当事人可以约定一方解除合同的事由。解除合同的事由发生时,解除权人可以解除合同。”约定解除权,可以在订立合同时约定,也可以嗣后另行订立合同约定。约定解除权可以保留给一方当事人,也可以保留给双方当事人。

2. 法定解除权的发生

《民法典》第 563 条第 1 款规定了一般法定解除事由。

(1)不可抗力致使不能实现合同目的

此为《民法典》第 563 条第 1 款第 1 项之规定。此处需要注意,单纯的不可抗力尚不足以发生解除事由,而是必然导致合同目的无法实现的后果,才发生法定解除事由。在发生不可抗力仅导致合同不完全给付或迟延给付的情况下,并不发生合同解除事由,除非不完全给付或迟延给付导致合同目的无法实现。

(2)因先期拒绝给付而发生的解除权

依据《民法典》第 563 条第 1 款第 2 项“在履行期限届满之前,当事人一方明确表示或者以自己的行为表明不履行主要债务”的规定,当事人可以解除合同。

(3)因迟延给付发生的解除权

第一,须经催告的解除。依据《民法典》第 563 条第 1 款第 3 项“当事人一方迟延履行主要债务,经催告后在合理期限内仍未履行”的规定,当事人可以解除合同。

第二,无催告的即时解除。依据《民法典》第 563 条第 1 款第 4 项前段“当事人一方迟延履行债务……致使不能实现合同目的”的规定,当事人可以解除合同。

(4)其他违约行为致使合同目的不能实现

依据《民法典》第 563 条第 1 款第 4 项后段“有其他违约行为致使不能实现合同目的”的规定,当事人可以解除合同。此大类的要点在于“不能实现合同目的”。

第一,非因不可抗力造成的给付不能。此处的给付不能,应当是指确定的、继续的不能,一时不能则导致给付迟延。给付不能,包括“法律上的不能”与“事实上的不能”。部分给付陷入给付不能,如导致整个合同目的无法实现,则可以解除整个合同。

第二,因不完全给付发生的解除权。在不完全给付的情况下,如果事后完全给付尚属可能,那么可以作为给付迟延处理。在不完全给付的情况下,如果事后完全给付不可能或无意义，那么按给付不能处理。在给付可分的情况下，当事人可以解除部分合同；在给付不可分并造成整个合同目的不能实现的情况下，当事人可以解除整个合同。〔1〕

(5)不安抗辩权场合的催告解除权

《民法典》第528条规定："当事人依据前条规定中止履行的，应当及时通知对方。对方提供适当担保的，应当恢复履行。中止履行后，对方在合理期限内未恢复履行能力且未提供适当担保的，视为以自己的行为表明不履行主要债务，中止履行的一方可以解除合同并可以请求对方承担违约责任。"

(五)解除权的行使

《民法典》第565条第1款规定："当事人一方依法主张解除合同的，应当通知对方。合同自通知到达对方时解除；通知载明债务人在一定期限内不履行债务则合同自动解除，债务人在该期限内未履行债务的，合同自通知载明的期限届满时解除。对方对解除合同有异议的，任何一方当事人均可以请求人民法院或者仲裁机构确认解除行为的效力。"第2款规定："当事人一方未通知对方，直接以提起诉讼或者申请仲裁的方式依法主张解除合同，人民法院或者仲裁机构确认该主张的，合同自起诉状副本或者仲裁申请书副本送达对方时解除。"

1. 合同解除的意思表示

合同解除权为形成权。合同解除的意思表示为意思通知。合同解除权为形成权，故合同解除的意思表示不得撤销，〔2〕以保护相对人的信赖，防止法律关系过于复杂。

依据《民法典》第565条第1款第2句前段，自通知到达对方时，合同解除。《民法典》第565条第1款第2句后段规定："通知载明债务人在一定期限内不履行债务则合同自动解除，债务人在该期限内未履行债务的，合同自通知载明的期限届满时解除。"《民法典》第565条第2款规定："当事人一方未通知对方，直接以提起诉讼或者申请仲裁的方式依法主张解除合同，人民法院或者仲裁机构确认该主张的，合同自起诉状副本或者仲裁申请书副本送达对方时解除。"

2. 对解除的异议

对方对合同解除有异议，可以请法院或仲裁机构确认解除的效力，此为"确认之诉"。《民法典》第565条第1款第3句规定："对方对解除合同有异议的，任何一

---

〔1〕［德］迪尔克·罗歇尔德斯：《德国债法总论》(第7版)，沈小军、张金海译，中国人民大学出版社2014年版，第249页。

〔2〕韩世远：《合同法总论》(第4版)，法律出版社2018年版，第665-666页。

方当事人均可以请求人民法院或者仲裁机构确认解除行为的效力。”

（六）合同解除的效果

1. 未履行的债务:终止履行

《民法典》第 566 条第 1 款前段规定:“合同解除后,尚未履行的,终止履行。”此处的“终止履行”,应理解为债务免除。

2. 已履行的债务:恢复原状、采取其他补救措施

《民法典》第 566 条第 1 款后段规定:“已经履行的,根据履行情况和合同性质,当事人可以请求恢复原状或者采取其他补救措施,并有权请求赔偿损失。”

“恢复原状”,是指实物形态的恢复原状。“采取其他补救措施”,是指价值形态的恢复原状。能返还原物的,自然应当返还原物;不能返还原物的,则应当返还同种类物或进行价值补偿。

3. 担保人的债务

主合同解除后,担保合同仍然有效。其原因在于,债的同一性不变。《民法典》第 559 条规定:“债权债务终止时,债权的从权利同时消灭,但是法律另有规定或者当事人另有约定的除外。”《民法典》第 566 条第 3 款规定:“主合同解除后,担保人对债务人应当承担的民事责任仍应当承担担保责任,但是担保合同另有约定的除外。”

4. 同时履行抗辩权

《民法典》第 525 条关于双务合同同时履行抗辩权的规定,可以适用于合同解除后的次给付请求权。这是因为,合同解除并不改变“债的同一性”,合同解除后,双方亦处于双务合同中,只是给付义务的方向发生了变化,从原给付义务转变为次给付义务。

5. 结算条款和清理条款的效力

《民法典》第 567 条规定:“合同的权利义务终止,不影响合同中结算和清理条款的效力。”“结算条款”,是指有关现金结算和非现金结算方式方法的合同条款。“清理条款”,是指有关彻底整理或处理的主体、范围、方法等事项的合同条款。

（七）解除权的消灭或限制

解除权的存在使对方当事人的利益处于不安定的状态,故应当限制在一定期间内。《民法典》第 564 条第 1 款规定:“法律规定或者当事人约定解除权行使期限,期限届满当事人不行使的,该权利消灭。”第 2 款规定:“法律没有规定或者当事人没有约定解除权行使期限,自解除权人知道或者应当知道解除事由之日起一年内不行使,或者经对方催告后在合理期限内不行使的,该权利消灭。”

1. 行使期限届满未行使

在法律规定或当事人约定解除权行使期间的情况下，无待催告，期限经过，解除权就绝对消灭。此种期间属于除斥期间，不适用时效中止、中断和延长的规定。

2. 经过催告在合理期限内未行使

法律没有规定或者当事人没有约定解除权行使期限，经对方催告后在合理期限内未行使的，解除权绝对消灭。

3. 自解除权人知道或者应当知道解除事由之日起一年内不行使

法院可以不待相对人主张，依职权加以审查，相对人对此须负举证责任。

4. 其他解除权消灭事由

解除权的抛弃，可以明示，也可以默示（作为）。若解除权人要求对方继续履行合同，应视为以自己的行为抛弃解除权，解除权消灭。解除权人行使解除权前，违约方依债之本旨提出给付且解除权人受领的，解除权消灭。需要注意的是，解除权消灭并不影响债权人请求继续履行或损害赔偿的权利。[1]

七、抵销

抵销，是指两人互负债务，依一方意思表示或双方的合意，使彼此债务全部或者部分地归于消灭。抵销，可以分为法定抵销和合意抵销两种。狭义的抵销，仅指法定抵销。[2]

法定抵销，又称为"法律上的抵销"，是符合法律规定的构成要件时，依一方当事人的意思表示而使当事人互负的到期债务归于消灭。我国《民法典》第568条规定的抵销，即为法定抵销。抵销之后，两人互负的债务按照抵销数额而消灭。

对于合意抵销，《民法典》第569条设有规定："当事人互负债务，标的物种类、品质不相同的，经协商一致，也可以抵销。"抵销合同的成立，原则上要两人互负债务，不过债务的种类、品质是否相同，是否已届清偿期，均得合意抵销。抵销合同的效力于当事人意思一致时发生，如非特别约定，原则上没有溯及力。

八、提存

提存，是指将金钱、有价证券及其他财产寄存于提存部门，再由他人自提存部门领取该财产，进而达到特定目的的制度。作为提存的财产称为"提存物"，向提存

---

〔1〕［德］迪尔克·罗歇尔德斯：《德国债法总论》（第7版），沈小军、张金海译，中国人民大学出版社2014年版，第252页。

〔2〕韩世远：《合同法总论》（第4版），法律出版社2018年版，第695页。

部门寄存提存物的人称为“提存人”，应当从提存部门领取提存物的人称为“被提存人”。《民法典》第570条至第574条对清偿提存设有规定。

《民法典》第571条第2款规定：“提存成立的，视为债务人在其提存范围内已经交付标的物。”此时，债务已清偿。

九、免除

《民法典》第575条规定：“债权人免除债务人部分或者全部债务的，债权债务部分或者全部终止，但是债务人在合理期限内拒绝的除外。”免除，是指债权人抛弃债权而对债务人为一方意思表示而发生债务消灭效力的单方行为。[1]

免除发生债务绝对消灭的效力，由于免除也使债权消灭，债权的从权利，包括保证债权、担保物权等，也随之一同消灭。但保证债权、担保物权等的免除，不影响主债务的继续存在。

十、混同

《民法典》第576条规定：“债权和债务同归于一人的，债权债务终止，但是损害第三人利益的除外。”混同，是指债权与债务同归于一人的现象。债务人继承债权人的遗产、债权人公司与债务人公司合并、债务人自债权人受让债权等，均可导致混同发生。

依据《民法典》第576条，混同导致债权债务消灭。债权的从权利，包括保证债权、担保物权等，也随之一同消灭。

第七节　违约责任

一、概述

“违约行为”或“违约”，仅适用于合同领域。在《民法典》中，“违约行为”是指“不履行合同义务或者履行合同义务不符合约定”（《民法典》第577条）。

违约责任，又称“违反合同的民事责任”，是指合同当事人不履行合同义务或者履行合同义务不符合约定时，因构成违约行为而依法产生的法律责任。简言之，违约责任是违约行为的法律后果。

---

〔1〕 王洪亮：《债法总论》，北京大学出版社2016年版，第190页。

我国学者在讨论“违约责任”时，通常会讨论“归责原则”问题，即债务人承担违约损害赔偿责任时，是否需要主观上的过错。《民法典》第577条规定：“当事人一方不履行合同义务或者履行合同义务不符合约定的，应当承担继续履行、采取补救措施或者赔偿损失等违约责任。”此条款并未出现对当事人“过错”的要求。主流意见认为，我国的违约损害赔偿义务为严格责任或无过错责任，即只要当事人不履行合同义务或履行合同义务不符约定，又无正当理由或法定免责事由，对于由此造成的损害，即须承担损害赔偿义务。

二、违约责任的承担

（一）债的相对性原则及债务人为通常事变负责

《民法典》第593条规定：“当事人一方因第三人的原因造成违约的，应当依法向对方承担违约责任。当事人一方和第三人之间的纠纷，依照法律规定或者按照约定处理。”本条的第一个意旨，在于强调合同的相对性原则。第三人原因造成违约的，如第三人延迟交货造成一方当事人迟延履行的，依据《民法典》第593条，应当由当事人承担违约责任，该当事人承担违约责任后，可以向第三人追偿。

（二）实际履行

“实际履行”，又称“强制实际履行”“依约履行”，《民法典》第577条称为“继续履行”。之所以称为“实际履行”，是因为该责任的内容是继续履行本来的债务内容，作出本应作为的给付，使受约方尽可能地取得约定标的。在对方处于违约的状态下，守约方仍然享有履行请求权，只是此时的履行请求权所针对的已非原给付义务，而是次给付义务。我国《民法典》第577条将“继续履行”、“采取补救措施”和“赔偿损失”并列，采取的是“债权人选择主义”。

实际履行的构成要件：其一，存在违约行为。此处的违约行为，包括延迟履行、不完全履行以及先期违约中的拒绝履行。如果债权人延迟构成违约，那么也属于此处的违约行为。其二，违约方能够继续履行合同。违约方处于履行不能的状态，则不能再请求其实际履行。此时，只能主张损害赔偿。其三，守约方请求继续履行合同。实际履行以守约方的请求为前提，如果守约方不请求违约方继续履行，而是选择解除合同，则不能成立实际履行责任。需要注意的是，实际履行与合同解除目的相悖，是不可兼得的救济方法，主张实际履行就不能主张解除合同，主张解除合同就不能请求强制履行。

（三）退货与减价

《民法典》第582条规定了“退货”和“减少价款或者报酬”两种补救措施。

“退货”实际上是债权人行使拒绝受领权,其本身并不导致合同的解除。只有债权人依《民法典》第563条第1款第4项“其他违约行为致使不能实现合同目的”的规定行使法定解除权或依据合同行使约定解除权,才能从合同中解放。

减价不属于强制履行或特定救济的范畴。债权人的减价权,本质上是一种形成权,即通过行使该权利,减少合同中约定的价款或报酬。[1]

(四)损害赔偿

1. 损害赔偿的概念与方法

损害赔偿,《民法典》合同编称为“赔偿损失”,是指当事人一方不履行合同义务或者履行合同义务不符合约定时赔偿债权人所受损失的责任。

损害的填补,可以通过“恢复原状”和“金钱支付”两种方法获得实现。所谓恢复原状,并非将以前的状态照样再现,而只是恢复到与以前有同一价值的状态。例如,毁损物件的,应当修补或给付同种同质的物品。此种方法的优点在于极符合损害赔偿的目的,缺点在于有不少情形不能恢复原状或者恢复困难。我国《民法典》第179条将“恢复原状”与“赔偿损失”并列作为民事责任的承担方式,可见,我国立法采取的是“金钱赔偿主义”。

2. 损害赔偿的构成要件

第一,违约行为。债务人存在违约行为,即指债务人不履行合同义务或履行合同义务不符合约定,且无正当理由或免责事由。

第二,损害。即任何非自愿的物质或非物质损失。自愿的财产牺牲产生的费用,不是损害。是否存在损害的确定依据为差额说,即现在的利益状态与损害事件可能不存在时的利益状态进行比较,如果得出的是负的差额,就存在损害。[2]

第三,因果关系。因果关系可以分为责任构成因果关系和责任范围因果关系。责任构成因果关系,又称为事实因果关系,即行为构成了损害事实的必要条件。责任范围因果关系,是指行为与损害赔偿范围之间的因果关系。责任范围因果关系的判断,主要是为了解决责任的“定量”问题,即责任人在多大程度上承担责任,这并非单纯的事实认知,而是包含了价值判断因素。

3. 损害赔偿的范围

违约造成的损失,可能像多米诺骨牌一样持续发展下去,损失可能持续扩大。因此,对于损害赔偿的范围必须予以限制。

---

[1] 韩世远:《合同法总论》(第4版),法律出版社2018年版,第848-852页。

[2] 王洪亮:《债法总论》,北京大学出版社2016年版,第280-281页。

(1)违约损害赔偿的基本限定规则

基本限定规则,是指对所有违约损害赔偿案件均可适用的规则。《民法典》第584条规定:“当事人一方不履行合同义务或者履行合同义务不符合约定,造成对方损失的,损失赔偿额应当相当于因违约所造成的损失,包括合同履行后可以获得的利益;但是,不得超过违约一方订立合同时预见到或者应当预见到的因违约可能造成的损失。”

《民法典》第584条但书“不得超过违约一方订立合同时预见到或者应当预见到的因违约可能造成的损失”,此属于可预见性规则的明确规定。判断可预见的标准,是客观的,即以一个抽象“理性人”的标准来判断,确定该类损害是否属于可预见的范围。此种判断,是一个法律问题而非事实问题,其中涉及法律价值判断,最终是要确定归责与否及责任的公平分摊。对此,法律只能提供抽象规则或指引,需要法官针对具体个案,运用裁量权进行判断。

(2)违约损害赔偿的特别限定规则

特别限定规则,是指仅对个别违约损害赔偿案件可适用的规则。

第一,与有过失规则。与有过失,也称“过失相抵”,是指赔偿权利人就损害的发生有过失时,裁判者可以减轻赔偿金额或者免除赔偿责任。《民法典》第592条第2款规定:“当事人一方违约造成对方损失,对方对损失的发生有过错的,可以减少相应的损失赔偿额。”

第二,减轻损失规则。减轻损失,是指一方当事人违约后,对方应当采取适当措施防止损失的扩大,没有采取适当措施导致损失扩大的,不得就扩大的损失要求赔偿。此类适当措施,包括停止生产、进行替代安排等。《民法典》第591条规定:“当事人一方违约后,对方应当采取适当措施防止损失的扩大;没有采取适当措施致使损失扩大的,不得就扩大的损失请求赔偿。”“当事人因防止损失扩大而支出的合理费用,由违约方承担。”

第三,损益相抵规则。损益相抵,又称“损益同销”,是指赔偿权利人基于损害发生的同一赔偿原因获得利益时,应将所受利益从所受损害中扣除以确定损害赔偿范围的规则。[1]

(五)违约金与定金

1. 违约金

违约金,是由当事人约定或法律规定的、在一方当事人不履行或不完全履行合

---

〔1〕 韩世远:《合同法总论》(第4版),法律出版社2018年版,第814页。

同时向另一方当事人支付的一笔金钱或其他给付。违约金通过违约金合同约定，违约金合同为诺成合同，违约金合同成立即生效，违约方须于违约时支付。《民法典》第585第1款规定："当事人可以约定一方违约时应当根据违约情况向对方支付一定数额的违约金，也可以约定因违约产生的损失赔偿额的计算方法。"

《民法典》第585条第2款规定："约定的违约金低于造成的损失的，人民法院或者仲裁机构可以根据当事人的请求予以增加；约定的违约金过分高于造成的损失的，人民法院或者仲裁机构可以根据当事人的请求予以适当减少。"违约金数额的调整，是为了防止在极端情况下，使违约金条款成为一方压榨另一方的工具，有违公平。当事人可以通过诉讼或仲裁请求调整违约金，亦可通过反诉或抗辩的方式主张。

2. 定金

《民法典》第586条第1款规定："当事人可以约定一方向对方给付定金作为债权的担保。定金合同自实际交付定金时成立。"第2款规定："定金的数额由当事人约定；但是，不得超过主合同标的额的百分之二十，超过部分不产生定金的效力。实际交付的定金数额多于或者少于约定数额的，视为变更约定的定金数额。"定金合同为要物合同。定金的最高数额为主合同标的额的20%。

《民法典》第587条规定："债务人履行债务的，定金应当抵作价款或者收回。给付定金的一方不履行债务或者履行债务不符合约定，致使不能实现合同目的的，无权请求返还定金；收受定金的一方不履行债务或者履行债务不符合约定，致使不能实现合同目的的，应当双倍返还定金。"

需要注意的是，定金罚则适用的前提为"致使不能实现合同目的"，故并非一方不履行债务或者履行债务不符合约定就一定能适用定金罚则。

《民法典》第588条第1款规定："当事人既约定违约金，又约定定金的，一方违约时，对方可以选择适用违约金或者定金条款。"第2款规定："定金不足以弥补一方违约造成的损失的，对方可以请求赔偿超过定金数额的损失。"针对同一类损害，"赔偿性定金"与"赔偿性违约金"只能二择一。赔偿性定金不足以弥补损害的，当事人尚可主张损害赔偿请求权。

| 扩展阅读 |

案例1：2019年12月，A租赁门面房经营饭馆。2020年2月，由于发生新冠疫情，政府要求饭馆停业，A入不敷出，无力支付租金。房东B坚持A按照租赁合同约定租金。A 可否拒绝支付或要求减少租金？如果租赁合同是在 2020 年 12 月签订的,A 可否拒绝支付或要求减少租金？

解析:2019 年 12 月签订合同时,不能预见疫情的发生,A 可依据情事变更请求减少租金。如果合同是 2020 年 12 月签订的,则 A 在订立合同时已经可以预见管控措施,不构成情事变更。

案例 2:A 向 B 采购水泥 10 吨,双方在谈妥价格、交付时间、交付方式后,约定一周之后签订书面买卖合同。几天之后,A 在市场上发现了价格更便宜的水泥,虽然 B 多次催促 A 签订书面合同,但 A 总是以各种理由拖延。B 看出 A 可能要变卦,遂直接让司机将 10 吨水泥运抵 A 的工地。A 工地的建筑工人使用该批水泥修建房屋。请问 B 可以要求 A 按照双方谈妥的价格付款吗？

解析:虽然合同采用约定的书面形式,但 B 已经履行合同约定的主要义务且 A 已经接受,合同已经成立生效。B 有权请求 A 按照谈妥的价格付款。

推荐阅读

(一)参阅论文

1. 韩世远:《民法典合同编一般规定与合同订立的立法问题》,载《法学杂志》2019 年第 3 期。
2. 崔建远:《民事合同与商事合同之辨》,载《政法论坛》2022 年第 1 期。
3. 王利明:《民法分则合同编立法研究》,载《中国法学》2017 年第 2 期。

(二)参阅书目

1. 王泽鉴:《债法原理》,北京大学出版社 2022 年版。
2. 王洪亮:《债法总论》(第 2 版),北京大学出版社 2025 年版。
3. 韩世远:《合同法总论》(第 4 版),法律出版社 2018 年版。
4. [德]迪尔克·罗歇尔德斯:《德国债法总论》(第 7 版),沈小军、张金海译,中国人民大学出版社 2014 年版。
5. 崔建远:《合同解释论》,中国人民大学出版社 2020 年版。

第三编

商事法律制度

公司是最重要的市场主体，是最典型的企业法人。公司法是调整公司在设立、运营、变更、解散等活动中所形成的各类法律关系的规范体系，是保障市场经济健康运行的基础性法律。公司法规定了公司的类型、组织结构、股东的权利义务、公司治理以及合并、分立、财务管理等各方面的内容，并规定了违反公司法所应承担的法律责任，旨在保护股东、债权人、员工等利益相关者的合法权益，同时肩负着促进经济发展、维护市场经济秩序、推动生产力发展的重要使命。

证券是用以表彰特定民事权利的凭证，是一种重要的投融资工具，证券法是调整证券在发行、交易、信息披露等活动中所形成的各种法律关系的规范体系的总称，是确保证券市场健康稳定运行的基本法律规范。证券法规定了证券的类型、发行条件、交易规则、信息披露规则等各方面的内容，并规定了证券市场监管、投资者保护以及违反证券法所产生的法律责任，旨在规范证券市场、保护投资者利益以及提升市场透明度，最终为市场主体提供高效、便捷的融资渠道，为投资者提供公平、公正、公开的投资环境。

公司法和证券法是商事法律体系的核心构成部分，对于保障我国社会主义市场经济的高质量发展、增强国家综合实力、实现中华民族伟大复兴均具有极为重要的现实意义。学习公司法和证券法，一方面要充分认识公司和证券在当前市场经济环境下扮演的重要角色，进而认识公司法和证券法的立法目的与关键功能；另一方面要熟练掌握公司法和证券法规定的各项具体制度规则，并结合对典型案例的研究分析，不断强化学习效果。

第六章　公司法律制度

本章概览

公司是社会财富的主要创造者，是迄今为止最为广泛高效的经济组织形式，被视为“人类的成就”。在各种公司形态中占主导地位的股份有限公司更被视为近代以来最重要的商业创新。股份有限公司集合资源、分散风险，它跨越血缘、地缘，凝结起个体生命的能量，开启了人类经济生活乃至现代文明的新篇章。〔1〕

公司是一种经济组织，本质上是股东之间合作的形式、媒介。公司法涉及的法律关系大致上可分为四类。第一，公司与它的成员即股东之间的关系，主要内容是股东对公司享有的权利、承担的义务。第二，股东之间的法律关系，包括股东们在组建公司过程中的权利义务，公司成立之后的控制权、决策权、收益权如何在股东之间进行分配，以及如果股东之间产生纠纷将通过什么制度和程序来解决。第三，公司、股东与董事、监事、高级管理人员之间的权利义务关系。这类法律关系本质上是企业家与职业经理人的合作与博弈。从宏观层面来看，是董事会、监事会、高级管理人员的权力配置与相互制约；从微观层面来看，是董事、监事、高级管理人员义务与职责的落实。第四，公司、股东与债务人之间的关系。公司作为独立的法律主体，有权以自己的名义对外开展交易，也要独立承担法律责任。有限责任制度将公司的法律责任与股东的投资风险进行隔离，但有限责任制度存在被滥用的可能。债权人在什么情况下可以突破股东的有限责任制度直接向股东追索，是这类法律关系要解决的核心问题。这四类法律关系中，股东与公司的关系、股东之间的关系、股东与公司经营管理人员的关系属于公司组织体的内部关系，公司、股东与债权人之间的关系属于外部关系。

在这一章，我们将探讨什么是公司，公司有哪些法律特征和类型，思考公司为什么是现代企业制度的典型代表。我们也要深入研究公司有哪些基本法律制度，

---

〔1〕 任学安：《公司的力量》，山西教育出版社 2011 年版，第 2 页。

这些制度将如何影响人们的投资活动和市场交易,以及我们怎样才能用好公司这个经济工具。

第一节 公司法基本理论

公司制度的两大基石在于“有限责任”和“法人”。组建公司时,股东以其出资额为限对公司债务承担责任。公司成立后就成为一个在法律上与股东相互独立的主体。公司的出现适应了人们在经济活动中的两个基本取向:追求利润和规避风险。

一、公司的概念

公司是世界性的经济组织形式,但各国对公司概念的理解和表述略有区别。在汉语中,“公司”一词意为“共同管理”。依照我国公司法的规定,公司是指依照我国《公司法》在中华人民共和国境内设立的、由股东出资组成的、从事营利性经营活动的企业法人。

公司以聚集多数人的资本和股东享受有限责任的优势,极大地降低投资风险,激发人们创业的热情,又通过专业化集中管理来提高经营管理水平,保证经营决策的效力和理性,推动社会经济繁荣发展。

二、公司的法律特征

(一)营利性

公司是以营利为目的的经营性组织,因此营利性就是公司的本质特征之一。公司的营利性有两层含义:一是设立公司的目的是获取利润且将利润分配给它的成员即股东。任何投资者设立公司的目的都是获取利润。公司存在的主要目的就是实现投资者的投资回报。二是公司应连续不断地从事经营活动且具有确定的经营范围。公司作为商主体必须以商为业。这是公司与那些偶尔从事营利性活动的民事主体的重要区别。

(二)社团性

社团法人是以人的组合作为法人成立基础的私法人,所以又称为法人型人合组织。[1] 公司的社团性,通俗来说就是联合性,是指公司作为社团法人应为人的

〔1〕 王利明主编:《民法》(上册)(第8版),中国人民大学出版社2020年版,第81页。

组合，其股东和股权具有多元性。简言之，公司必须具备两个或两个以上的股东。虽然传统的合伙企业也是多数人合作的产物，但合伙企业不具有独立的人格导致企业对外交易成本陡增，且全体合伙人承担连带责任的责任形式和共同经营的治理模式难以容纳人数众多的投资人，公司制度应运而生。当然，公司的社团性在现代公司法中被逐渐突破。不少国家承认一人公司的合法性。我国公司法也允许设立一人有限责任公司，但一人公司毕竟是公司的特殊形态，公司仍以社团性为常态。

（三）法人性

在现代社会，进行各类社会活动的主体，除了自然人，还有以团体名义开展活动的各类组织，其中最重要的就是法人。法人是具有民事权利能力和民事行为能力，依法独立享有民事权利和承担民事义务的组织。法人不是真的人，而是法律技术的产物。公司是法人的典型形态，法人性是公司的重要法律特征。尽管公司看不见摸不着，不是天然的生命体，但在法律上，它和自然人一样是独立的民事主体。公司以自己的名义开展交易，拥有独立的财产，并能独立承担民事责任。这使公司与个人独资企业、合伙企业等传统企业组织形式区分开来。此外，我们不能把公司等同于股东个人。尽管公司是股东设立的，也难免受股东的控制，但公司和股东是不同的主体，有各自独立的意志和财产。

公司具有独立的主体资格，不会像合伙那样因为成员的退出而导致解散。换言之，股东的变动对公司的存续没有影响。从理论上来讲，公司可以永久存续。当然，永久存续只是法律上的概念，至今未有千年不败的公司。

公司享有法人资格应当具备以下条件：一是依法设立，二是有独立的财产，三是能够独立承担民事责任，四是有自己的名称、组织机构和场所。

三、公司的分类

（一）法定分类

1. 无限公司、有限公司、股份公司和两合公司

这是按照公司及公司股东对公司债务所负责任形式的不同所作的分类，也是大陆法系国家的公司法对公司所作的最基本的法律分类。

无限公司，亦称无限责任公司，是指由两个以上的股东组成的，股东对公司债务负无限连带责任的公司。

有限公司，亦称有限责任公司，是指由一定人数以下的股东组成，每个股东以其认缴的出资额为限对公司承担责任，公司以其全部资产对其债务承担责任的企

业法人。

股份公司,亦称股份有限公司,是指注册资本由等额股份构成,并通过发行股票筹集资本,股东以其所认购的股份为限对公司承担责任,公司以其全部资产对公司债务承担责任的企业法人。

两合公司,是指一人以上的无限责任股东与一人以上的有限责任股东所组成的公司。其中,无限责任股东对公司债务承担无限连带责任,有限责任股东对公司债务仅以出资额为限承担责任。

在上述公司类型中,被普遍采用的是有限责任公司和股份有限公司。我国《公司法》第 2 条规定:"本法所称公司,是指依照本法在中华人民共和国境内设立的有限责任公司和股份有限公司。"

2. 封闭式公司和开放式公司

这是英美法系国家公司法对公司所作的基本分类。

封闭式公司,亦称少数人公司、不上市公司、私公司,是指资本全部由设立该公司的股东享有,不能对外发行股份,股东的股权不能在股票市场上自由流通的公司。

开放式公司,又称多数人公司、上市公司、公公司,是指可以公开招股,股票可以在股票市场公开交易的公司。此类公司类似于大陆法系国家股份有限公司中的上市公司。

(二)学理分类

1. 人合公司、资合公司、人资两合公司

以公司的信用基础作为标准,可将公司分为:人合公司、资合公司、人资两合公司。

人合公司,即以股东个人条件包括股东个人的信用、声誉、地位作为公司对外活动的基础。无限责任公司就是典型的人合公司。在多数情形下,人合公司的资本所有与企业的经营往往合二为一。

资合公司,以公司资本和资产条件作为公司对外活动的基础。这种公司的营业活动以公司的资产为基础,使第三人相信其有足够的资力从而产生交易的信心,股份有限公司就是典型代表。这类公司通常实行企业所有权与经营权相分离。

人资两合公司,即公司的信用基础兼具股东个人信用及公司资本和资产信用,以两合公司作为典型代表。

有限责任公司比较难以归类。从股东责任形式来分析,它属于资合公司应无疑义。但实践中,相当多的有限责任公司股东人数较少、公司规模较小,在管理方面与合伙企业非常相似,因而又具有人合的特质。

2. 总公司与分公司

公司依组织管辖系统即是否具有从属关系可划分总公司和分公司。

总公司,又称为本公司,是指在组织上统辖其系统内所有分公司的具有法人资格的公司。总公司有权对分公司实行统一管理、协调指导和监督检查,有权支配分公司的营业活动和资金的调度。

根据《公司法》第 13 条第 2 款的规定,公司可以设立分公司。分公司不具有法人资格,其民事责任由公司承担。总公司和分公司虽然听起来像是两个公司,实质上是一个公司。分公司是总公司的有机组成部分,受总公司指挥和管理。分公司可以以自己的名义从事经营,也具有诉讼主体资格,但不能独立承担其法律责任由总公司承担。

3. 母公司与子公司

依公司之间的控制或从属关系,可将公司分为母公司与子公司。

母公司,亦称控股公司,是指拥有另一家公司一定比例以上的股份或通过协议方式能够对另一公司的经营实行实际控制的公司。

子公司是被其他公司参与资本并受其他公司控制或指挥的公司。

母子公司之间虽有控制与从属关系,也有密切的经济联系,但两者在法律上都是独立的法人。根据《公司法》第 13 条第 1 款的规定,子公司具有法人资格,依法独立承担民事责任。

四、公司的基本制度

尽管各国对公司的定义有所不同,但各国公司制度的本质特征却都在于“法人”和“有限责任”。公司具有独立人格和股东承担有限责任是公司制度的两大基石。公司法围绕这两个基本制度来构建它的体系。

公司作为最典型的法人,具有独立的人格,一方面体现在它能够独立承担民事责任,另一方面则表现在公司必须独立于股东之外。公司能够具有独立的法人人格,一是因为它具备了团体人格独立的四大要素,即独立名称、独立财产、独立意思和独立责任;二是因为公司与股东人格的分离,这种分离的基础就是有限责任制度。

法律上关于有限责任与无限责任的区分是用来表示投资者对所投资的企业承担责任的形式。有限责任即有限清偿责任,是指投资者仅以自己投入企业的资本为限对企业债务承担清偿责任。无限责任即无限清偿责任,是指投资人对企业债务不以其投入的资本为限,当企业资不抵债时,投资者除以原投入的资本承担债务外,还要以自己的其他财产继续承担清偿责任。自古以来,欠债还钱都是天经地义的。而有限责任则创造了一种新的规则,那就是在某种情况下,欠债可以不还。[1]

有限责任制度的核心就是在公司与股东之间划了一条明显的界限,股东只是单纯的投资者,它无须对公司的债务承担除了出资额之外的责任。其理论基础是公司的人格与股东的人格发生分离:一个人无须对另一个人的行为负责。当我们在法律上承认公司具有独立人格就必然引申出股东只对公司债务承担有限责任的结论,而股东承担有限责任又进一步巩固公司具有独立人格的法律假设。

巴特勒教授曾经说过,公司是现代社会最伟大的社会发明,蒸汽机和电也无法与其媲美。如果没有有限责任,那么蒸汽机和电的重要性也会大打折扣。[2] 有限责任制度是伟大的制度创新,它的意义十分突出。首先,有限责任制度将投资风险控制在可预见的范围,使投资者不会因为投资失败而损及身家财产,极大地激发了人们投资创业的热情;其次,股东对公司债务承担有限责任,而不是像合伙企业一样承担无限连带责任,因此当股东不参与公司经营管理时也无须过分担心其他股东经营失误的风险和损失,从而降低了股东之间的监控成本;最后,在有限责任制度的带动下,投资旺盛,公司的数量增加,市场交易自然更加繁荣。

五、法人人格否认制度

当然,股东享有有限责任的基本前提是公司具有独立人格,但公司具备独立人格并非与生俱来,也非一劳永逸。公司作为组织体也必须符合团体人格独立的四大要素,即独立名称、独立财产、独立意志和独立责任。这四大要素中,独立名称是形式要件,独立财产、独立意志是实质要件,独立责任是结果。公司实际上不享有独立财产或独立意志时,则可能丧失独立人格,进而无法独立承担责任。换言之,股东需要对公司债务承担无限连带责任。这便是法人人格否认制度。

所谓公司的法人人格否认,又被形象地称为“揭开公司面纱”,是指对于已具有独立法人人格的公司,在具体的法律关系中由于股东不正当的目的而滥用法人人格并对债权人利益或社会公共利益造成了损害,法院可以基于公平正义的理念否认该法人的独立人格,并责令其股东直接对公司的债务承担责任的一种法律制度。它并非对公司法人人格的彻底否定或永久性剥夺,只是在特定法律关系中适用。离开了特定法律关系,公司仍然具有独立人格。它也仅针对滥用法人人格的特定股东和因此受损害的特定债权人,因此它的效力是对人的,而不是对世的。

---

〔1〕 任学安:《公司的力量》,山西教育出版社 2011 年版,第 33 页。

〔2〕 朱羿锟:《商法学——原理 · 图解 · 实例》(第 4 版),北京大学出版社 2014 年版,第 83 页。

法人人格否认制度具有严格的适用条件:(1)主张法人人格否认的应当是受到损害的公司债权人,合同之债抑或侵权之债的债权人均可。(2)股东存在滥用公司法人独立地位和股东有限责任的行为。需要注意的是,公司人格否认一般仅适用影响了公司决策的积极股东,消极股东则不被要求对公司债务承担连带责任。换言之,该制度多数适用于公司的控股股东。(3)公司债权人的债权因为股东滥用法人人格和股东有限责任的行为受到严重损害。

股东与公司人格混同是适用法人人格否认制度最主要的情形。认定公司人格与股东人格是否存在混同,最根本的判断标准是公司是否具有独立意思和独立财产,最主要的表现是公司的财产与股东的财产是否混同且无法区分。财产混同的常见情形有:(1)股东无偿使用公司资金或者财产,不作财务记载的;(2)股东用公司的资金偿还股东的债务,或者将公司的资金供关联公司无偿使用,不作财务记载的;(3)公司账簿与股东账簿不分,致使公司财产与股东财产无法区分的;(4)股东自身收益与公司营利不加区分致使双方利益不清的;(5)公司的财产记载于股东名下,由股东占有、使用的;(6)人格混同的其他情形。

在独立意志受限方面,如果公司控制股东对公司过度支配与控制,操纵公司的决策过程,使公司完全丧失独立性,沦为控制股东的工具或躯壳,严重损害公司债权人利益,也应当否认公司的法人人格,由滥用控制权的股东对公司债务承担连带责任。实践中常见的情形包括:(1)需要由股东会、董事会进行集体决策的事项未召开任何会议,直接由控股股东下达指示;(2)母公司对子公司实施了过度控制,母公司完全操纵了子公司的决策过程,使被操纵的子公司丧失了独立性,成了母公司的工具;(3)母子公司或者子公司之间进行交易,收益归一方,损失却由另一方承担的;(4)过度支配与控制的其他情形。

法人人格否认制度是对公司独立人格和股东有限责任制度的修正和完善,其主要功能是对股东滥用有限责任的一种矫正,从而使公司的独立人格和股东的有限责任制度不背离它的立法初衷。

公司人格独立与公司法人人格否认是一对矛盾共同体。这一对关系不仅包含我国建立现代企业制度的目标追求,也蕴含我们对债权人利益保护以及交易秩序维护的价值判断。在司法实践中,一定要谨慎把握两者的平衡,一方面要认识到法人制度的基础性地位,不能随意适用法人人格否认制度;另一方面也要守住公司法保护债权人利益的底线,防范股东滥用法人人格独立和有限责任制度的庇护。

| 扩展阅读 |

2017 年 8 月 7 日，碧桂园公司向凯利公司转账 3.2 亿元，次日凯利公司向其股东张某某转账 2951.8384 万元。张某某辩称是凯利公司向其还款，但未提交其向凯利公司支付《借款协议》约定的 2000 万元借款的银行转账凭证，未能形成证据链证明张某某与凯利公司之间存在真实有效的借款关系。碧桂园公司起诉主张否认凯利公司的法人人格，要求张某某对凯利公司的 3.2 亿元借款承担连带清偿责任。最高人民法院作为本案二审法院，在本案中认定“凯利公司该单笔转账行为尚不足以证明凯利公司和张某某构成人格混同”，从而纠正了一审法院依据《公司法》第 20 条第 3 款“判令张某某对本案中凯利公司的全部债务承担连带责任”的不当认定。但是，“死罪可免，活罪难逃”。转移财产毕竟有损债权人利益，因为公司的全部财产是债权人的一般性担保。因此，最高人民法院根据“举重以明轻”的原则，参照了最高人民法院《关于适用〈中华人民共和国公司法〉若干问题的规定(三)》第 14 条关于股东抽逃出资情况下的责任形态的规定，直接将张某某认定为公司债务的承担主体，判定张某某应对凯利公司的 3.2 亿元及其违约金债务不能清偿的部分在 2951.8384 万元及其利息范围内承担补充赔偿责任。[1]

案件评析：认定公司与股东人格混同，需要综合多方面因素判断公司是否具有独立意志、公司与股东的财产是否混同且无法区分、是否存在其他混同情形等。公司股东仅存在单笔转移公司资金的行为，虽不符合财务合规要求，但尚不足以否认公司独立人格的，不应依据《公司法》第 23 条第 1 款判决公司股东对公司的债务承担连带责任。但是，该行为客观上转移并减少了公司资产，降低了公司的偿债能力。根据“举重以明轻”的原则，参照最高人民法院《关于适用〈中华人民共和国公司法〉若干问题的规定(三)》第 14 条关于股东抽逃出资情况下的责任形态之规定，可判决公司股东对公司债务不能清偿的部分在其转移资金的金额及相应利息范围内承担补充赔偿责任。

公司人格否认是对股东最为严厉的“惩处”，其结果是股东要对公司债务承担无限连带责任。诚然，也因为公司人格否认制度的“威力”，司法审判实践对适用公司人格否认慎之又慎，毕竟法人人格独立和股东有限责任是公司法的两大基石，法人人格否认制度是例外。但是，公司的控股股东也不要存有侥幸心理，必须充分尊重公司的法人财产权。否则，即使法人人格否认制度未能为债权人追回财产，也有

---

[1] 案件来源：碧桂园公司与凯利公司、张某某等确认合同效力纠纷案，载《最高人民法院公报》2021 年第 2 期。

其他制度围追堵截。规范的财务会计制度才是股东身家免受追索的最有力保障。

第二节　股份有限公司

股份有限公司的诞生是人类发展史上的重大事件,是现代经济体制的重要组成部分。股权分散的股份有限公司的出现高效聚拢社会的闲散资金,满足了重工业和大型工程建设的需要。

一、股份有限公司的概念

股份有限公司作为生产社会化的产物,被视为现代公司制度的典型,也是法律关系、法律结构最为复杂的一种公司类型。

根据我国《公司法》对股份有限公司的界定,股份有限公司是指其全部资本分为等额股份,股东以其认购的股份为限对公司承担有限责任,公司以其全部资产为限对公司债务承担责任的公司。这一概念包括两个因素:其一,股份有限公司的资本划分为等额股份;其二,股东承担的是有限责任。

二、股份有限公司的特征

与有限责任公司相比,股份有限公司具有如下法律特征:

1. 典型的资合性。股份有限公司是最典型的资合公司,其资本构成单位——股票是资本市场上的主角。股份有限公司的信用基础在于其公司资本和资产,这不仅是公司进行经营的基本条件,也是公司承担债务的基本担保。股份有限公司的股东之间主要以财产为连接物,彼此间一般不存在特殊的信任关系。因为股份具有流动性,股东处于不断变化之中,股东基本不参与公司的经营管理。股份有限公司在募集资本和股东分布的广泛性、股份的流通性和转让的自由性等方面,都体现了更为充分和彻底的资合性。可以说,股份有限公司是最彻底、最典型的资合公司。

2. 资本证券化。资本证券化是股份有限公司的重要特征。股份有限公司全部资本分为等额股份,股份是公司资本的基本单位。股份不仅是股东出资的计算单位,而且是股东行使表决权、分配股利的计算标准。股份作为股东法律地位的表现形式,每股所包含的权利义务一律平等。作为股份有限公司资本基本单位的股份,是通过股票这种有价证券形式来表示的。资本分为等额股份其实并不是股份有限公司特有的,但采取股票的方式来表现却是它独有的。

3. 股份发行和转让的公开性、自由性。为适应大额资金的需求,股份有限公司通常以发行股票的方式向社会公众公开筹集资本,这种融资方式使股份有限公司的股东分散、广泛且人数众多。为提高股票对投资者的吸引力,股票必须能够自由地、低成本交易以便投资者能随时将投资变现。股份有限公司的股票除可以在一般交易场所转让交易外,还可以申请在证券交易所挂牌上市交易,股份有限公司也由此成为上市公司。股份有限公司的股票的公开性和自由流通,促进了公司资本的证券化运行,也促进了证券市场的形成和发展。

4. 信息公开程度较高。由于股份有限公司股份发行的公开性及股份转让的自由性,股份有限公司的经营状况不仅要向股东公开,还必须向社会公开,这样才能使公众全面了解公司的经营状况,从而作出正确的投资决策以及最大限度方便公众股东监督控股股东、董事、高级管理人员的经营管理行为。因此,信息公开原则是证券法最重要的基本原则,也是上市公司最重要的行为准则。

5. 管理更加严格、规范。由于涉及公众投资者,且公众投资者很难参与公司的经营管理,股份有限公司需要更加严格、规范的管理制度来平衡控股股东与中小股东之间的利益,防范控股股东利用对公司的控制权侵犯公司与中小股东的利益。例如,公司法对股份有限公司组织机构的完整性要求更高,股东会、董事会、监事会都是必设机构,并无例外。对于组织机构的产生、运作以及股东权利义务的调节,公司法允许股东利用公司章程实施意思自治的事项较少。

三、股份有限公司的优点与不足

(一)股份有限公司的优点

股份有限公司作为生产社会化的产物,被誉为现代公司制度的典型代表,同时也是法律关系、法律结构最为复杂的公司类型。对于大型企业而言,股份有限公司这一企业形态具有无可比拟的优势。

1. 利于集资。股份有限公司具有强大的融资功能,这不仅仅因为它可以向社会公众公开发行股票,而且由于股票金额一般较小,可以广泛吸收社会的小额闲散资金。

2. 分散风险。由于股票每股金额较小,投资门槛低,股份有限公司大量的股东所拥有的股份只占公司总资本很少一部分,而股东又只以其拥有的股份金额对公司承担有限责任,从而有利于分散投资者的风险。

3. 公众性强。股份有限公司具有最广泛的公众性,可以公开向社会募集资金,实行公示主义的管理模式。任何人都可以通过购买股票而成为公司的股东,不受身份和其他条件的限制。

4. 股份转让便捷。由于股份有限公司的股票可以自由转让，当股东资金紧缺或对公司的发展前景信心不足时，就可以随时在证券市场上抛售股票回收投资，解决了公司需要资本稳定与股东追求随时变现投资的矛盾。

5. 管理科学。股份有限公司迎合所有权与经营权相分离的生产方式。在股份有限公司中，生产和经营管理活动由以董事和经理为中心组建的专业管理机构负责，众多的股东只是作为"资本的单纯所有者"，不实际参与公司的经营管理，在购买股票后通过收取股利或转让股票赚取差价的方式来实现投资目的。这种专业化、职业化的管理模式有利于最大限度提高公司的管理水平和盈利能力，实现股东利益最大化。

（二）股份有限公司的不足

当然，对中小型企业而言，作为现代企业典型代表的股份公司并非首选。

1. 设立程序、运行机制复杂。采取募集设立的股份有限公司设立程序复杂。由于具有公众性，公司法对股份有限公司的治理要求更为严格。股份有限公司的管理机关庞大复杂，受到诸多约束和限制，相比其他类型的公司来说，运行效率低，灵活性不足。

2. 容易被少数股东操纵、控制和垄断公司。股份有限公司的股份数量庞大，股东人数众多，股权分散，绝大多数股东并不参与公司的经营管理，因此只要掌握一定比例的股份就能操纵控制公司，股份有限公司很容易被少数大股东利用。在股份有限公司中，中小股东制衡大股东的能力更弱，大股东损害中小股东利益的现象较为普遍。

3. 股东流动性大，不易控制掌握。由于股份转让自由、便捷，股份有限公司的股东变动频繁，难以掌握。股东对公司往往缺乏归属感和责任感，只要公司经营稍有不佳，股东就抛售股票转移风险，这样会使本来可能扭亏为盈的公司因股票被大量抛售、股价暴跌而一蹶不振。

4. 股票的自由流通使股票交易市场易成为不法者的投机场所。股票的自由流通一方面催生了证券市场，活跃了经济；另一方面助长某些不法投机者在证券市场上通过操纵市场、内幕交易等非法行为牟取暴利。

四、股份的概念和特征

股份是构成股份有限公司资本的成分，是构成其资本最小的均等的计量单位。《公司法》第 142 条规定，公司的资本划分为股份。公司的全部股份，根据公司章程的规定择一采用面额股或者无面额股。采用面额股的,每一股的金额相等。股票是公司签发的证明股东所持股份的凭证。

股份具有以下法律特征:

第一,不可分性。股份是公司资本构成的最小单位,具有不可分性。股东可以认购一股,也可以认购数股,无论单独持有还是与他人共同共有,都不能再对一股股份进行分割。

第二,平等性。股份是对公司资本的等额划分,具有金额的等额性。这是股份有限公司的固有要求,有其技术上的意义。究其原因,“股份整齐划一,便于计算和记账,有利于表决权的行使,降低治理成本,亦便于股份上市交易、公司分配股利和剩余财产分配,提高效率”〔1〕。股份又是股权的基础,具有权利上的平等性。股份是股东法律地位的表现形式,每一股所包含的权利义务一律平等。股东权利义务的大小则取决于拥有的股份数额。

第三,证券性。股份以股票为载体。股票为有价证券,可自由转让。占有股票即表明股东权的存在,转让股票即为转让股份或股东权。

五、股份的转让

(一)转让的一般规则

股份有限公司的股份可以依法自由转让,这是股份转让的一般规则。这种转让自由在股份上市交易时体现得最充分。我国《公司法》第157条规定,股份有限公司的股东持有的股份可以向其他股东转让,也可以向股东以外的人转让;公司章程对股份转让有限制的,其转让按照公司章程的规定进行。原则上,股份有限公司的股份可以自由流通,这是因为股份有限公司的资合性十分突出,股东之间并非依靠人身信任关系来维系,股东对外转让股份不会破坏股东关系,一般来说对公司和其他股东都没有不利影响。当然,实践中也不排除有些小型的股份有限公司股东之间也存在一定的人身信任关系,因此《公司法》也允许股份有限公司通过公司章程来限制股份的自由流通。

(二)股份转让的特殊限制

当然,基于公司经营稳定性及中小股东等相关利益主体保护,特定主体所持有的股份转让要受到一定限制:一是发起人持有的本公司股份,自公司成立之日起1年内不得转让。公司公开发行股份前已发行的股份,自公司股票在证券交易所上

---

〔1〕 朱羿锟:《商法学——原理·图解·实例》(第4版),北京大学出版社2014年版,第129页。

市交易之日起 1 年内不得转让。二是公司董事、监事、高级管理人员在就任时确定的任职期间每年转让的股份不得超过其所持有本公司股份总数的 25%,所持本公司股份自公司股票上市交易之日起 1 年内不得转让。上述人员离职后半年内,不得转让其所持有的本公司股份。三是公司章程还可以对公司董事、监事、高级管理人员转让其所持有的本公司股份作出其他限制性规定。

| 扩展阅读 |

人类历史上第一家股份制公司是荷兰东印度公司。16 世纪,敢于冒险的荷兰商人为了突破生意中的地理限制,在东南亚地区纷纷设立贸易据点,作为东西方货物流通的中转站。到了 1602 年,为了与同在东南亚地区的葡萄牙商人竞争,他们决定采取"抱团模式",将所有荷兰人的贸易据点联合起来,于是"荷兰东印度公司"便正式诞生了。这是人类经济史上第一家股份有限公司,也是第一家真正意义上的跨国公司。

公司成立以后,进入了疯狂扩张阶段。很快,他们发现,贸易的资金回笼和盈利收入都是有时间差的,但一旦缺乏足够的本钱,生意又很难做大。

1600 年 12 月 31 日,身负英国皇家授予的对东印度 15 年的贸易专利特许权,"伦敦商人在东印度贸易的公司"组建船队出海。依靠众多的投资人,英国东印度公司第一次远航筹措的资金就高达 72,000 英镑。当时这是一笔大钱,购买力相当于今天的 3500 万美元。

面对英国东印度公司的咄咄气势,素有"海上马车夫"之称的荷兰人感到了威胁。英国东印度公司强大的资金实力迫使荷兰人想到了一个方法:向社会公众融资。与英国东印度公司只在特定人群中募集资金不同的是,荷兰东印度公司面向所有市民公开发行股票。他们建议荷兰政府在 1602 年年底成立了阿姆斯特丹股票交易所,并且借用政府公信力发行了人类历史上的第一只股票。它实际上是世界上第一家上市公司。自此,荷兰东印度公司显示出惊人的融资能力。仅阿姆斯特丹,股票的认购者就多达 1143 人,持股者有商人、水手、技工,还有市长的女仆。通过这种融资方式,荷兰东印度公司成功在 1 个月内募集多达 640 万荷兰盾的资金。荷兰东印度公司的资金远远超过了它的英国对手。最高时,它的投资总额是英国东印度公司的 10 倍。[1]

---

〔1〕 相关数据参见任学安:《公司的力量》,山西教育出版社 2011 年版,第 36 页。

作为荷兰东印度公司的原始投资者,当他们觉得钱赚得差不多了,想拿回他们的本钱时就可以在股票交易所卖出所持有的股票,从此脱身。而其他投资者也可以购买股票加入游戏。这就是资本证券化。现代公司正是这样诞生的。

荷兰东印度公司还同时成立了董事会,开设了股东大会制度,并通过条文的形式将经营权和收益权正式分离,这正式标志着荷兰东印度公司进入股份制公司的轨道,成为人类历史上第一个"吃螃蟹"的企业。

在这种融资经营模式的助力下,荷兰东印度公司如鱼得水,所向披靡。到了17世纪中期,鼎盛的荷兰东印度公司在全球拥有15,000个分支机构,有超过150艘商船、40艘战舰、5万名员工和1万名私人武装。[1] 它们的贸易总额占据了当时全球贸易总额的一半。公司这种新型的经济工具让荷兰贸易业迸发前所未有的活力。

荷兰东印度公司开创了股票融资的模式,为企业规模化发展和资金集中使用提供了非常重要的支持,让资本的力量在经济发展中得到充分发挥。"在大航海带来的时代剧变中,人类数千年来建立在亲友、乡邻关系基础上的传统商业组织,已无法提供足够的人力和资金。商业合作必须跨越血缘和地缘,超越人格和亲情。"[2]可以说,股份有限公司的真正意义在于跨越熟人合作模式,使陌生人之间的联合变为可能。

第三节 有限责任公司

有限责任公司是最晚出现的公司类型。有限责任公司集合了无限公司(或合伙企业)和股份有限公司的优点,是非常适合于中小型企业的公司类型。

一、有限责任公司的概念

有限责任公司,亦称有限公司,是指依公司法设立,由不超过一定人数的股东出资组成,每个股东以其所认缴的出资额为限对公司承担责任,公司以其全部资产对公司债务承担责任的企业法人。

从1892年德国首创有限责任公司至今不过100余年的时间。德国创设有限责任公司并非凭空想象,而是基于对当时经济条件、市场需求的考量。股份有限公司以其人数众多、融资能力强、股份可以自由流动等优势成为最具有吸引力的企业形

---

〔1〕 苏文菁:《海洋与人类文明的生产》,社会科学文献出版社2016年版,第486页。

〔2〕 任学安:《公司的力量》,山西教育出版社2011年版,第11页。

式,但也有企业凝聚力差、股东投机性强、易受金融市场影响等缺陷。如何将人合公司的凝聚功能与资合公司的集资功能完美结合起来成为当时的新课题。于是,股东人数有限、股东均负有限责任、股票不上市交易和业务相对保密的公司形式被设计出来了,这就是有限责任公司。

二、有限责任公司的法律特征

有限责任公司产生时间较晚,是无限公司(或合伙企业)与股份有限公司两者优点的集合。有限责任公司除了具备公司的基本特征外,还具有以下突出的法律特征:

1. 股东人数有最高限制。与其他各类公司不同的是,其他各类公司一般都只有最低人数限制,而有限责任公司却有最高限制。实践中,其他公司形式尤其是对股东人身信任关系无特殊要求的股份有限公司,其股东人数可以成千上万。我国《公司法》第 42 条规定,有限责任公司由 1 个以上 50 个以下股东出资设立。限制股东人数实际上就是控制公司的规模,保证公司的封闭特性。有限责任公司被创制出来主要是为了适应中小型企业的设立和经营。

2. 兼具人合性和资合性,但人合性往往更为突出。目前,普遍一致的看法:有限责任公司的性质介于无限公司(或合伙企业)与股份有限公司之间,兼具人合和资合的双重属性。资金的联合和股东间的信任是有限责任公司不可或缺的信用基础。但事实上,有限责任公司更倾向于人合性。实践中,有限责任公司的股东人数较少,股东之间具有人身信任关系,大部分股东参与公司的经营管理,体现了较为明显的人合性。当然,资合性或人合性何者更为突出仍然因企业而异,不可一概而论。

3. 具有封闭性。(1)资本募集的非公开性。由于股东人数有最高限制,有限责任公司不可能像股份有限公司那样通过向社会公开发行股票的方式募集资本。有限责任公司只能采用发起设立方式,其出资只能由法定数额内的发起人即全体股东认购,不得采取公开发行股票的方式向社会公众募集资本。(2)股权转让受限制。有限责任公司较为注重维护股东之间的信任关系,所以其股东转让股权通常受到严格限制。这与无限公司和合伙企业不能自由转让投资份额非常相似。依照我国《公司法》第 84 条的规定,有限责任公司的股东之间可以相互转让其全部或者部分股权。股东向股东以外的人转让股权的,应当将股权转让的数量、价格、支付方式和期限等事项书面通知其他股东,其他股东在同等条件下有优先购买权。股东自接到书面通知之日起 30 日内未答复的,视为放弃优先购买权。两个以上股东行使优先购买权的,协商确定各自的购买比例;协商不成的,按照转让时各自的出资比例行使优先购买权。公司章程对股权转让另有规定的,从其规定。(3)公司经营和财务状况不需要向社会公开。由于有限责任公司不能公开向社会募集股份,不涉及公众投资者,公司的经营状况和年度财务会计报告等重要信息不需要向社会公开,这与强调信息公开的股份有限公司截然不同。

4. 公司设立程序简单。相比股份有限公司可以采取复杂的募集设立方式,有限责任公司不能向社会公开发行股票,只能采用发起设立的方式。由于有限责任公司不涉及公众投资者,公司设立行为对交易秩序和社会公共利益影响较小,政府干预相对较少,设立条件较为宽松,设立程序简单、快捷、高效。

5. 股东更多参与公司的经营管理。在公司治理方面,相比股份有限公司,有限责任公司的所有权与经营权高度集中,与合伙企业颇为相似。由于有限责任公司的股东数量少、规模较小,公司的生存、发展与股东个人利益休戚相关,股东往往希望直接参与公司事务的管理与公司业务的执行。在有限责任公司中,公司股东往往担任公司的董事、监事、经理或雇员。他们的所有者身份与管理者身份高度统一。虽然公司的决策权往往掌握在控股股东手里,但其他股东也一样参与公司的经营管理,对公司也有一定的影响力。这与股份有限公司的中小股东基本不参与公司的经营管理有很大的区别。

三、有限责任公司的优点和不足

(一)有限责任公司的优点

1. 兼具人合性和资合性的特征,集合合伙企业与股份有限公司的优势。换言之,有限责任公司的股东既能享受有限责任的保护,又不必放弃对公司的经营管理权,可谓为中小型企业量身定制的企业组织形式。有限责任公司是建立在股东出资和股东个人信用双重信用基础上的公司形态,既有人的信用,又有资本的联合,既重视公司资本的确定与充实,又能兼顾股东相互信任关系维持,关注股东本身的财产状况、商业信誉、经营能力等个人条件,势必强化股东对公司的使命感和责任感,使公司对外具有较高的信用评级。

2. 与合伙企业、无限公司不同,有限责任公司的股东依然能享受有限责任的保护,这对投资人具有较大的吸引力。这就避免了无限责任公司股东或合伙企业的合伙人必须以个人财产为公司债务承担无限连带责任的压力,极大地降低和减轻股东的投资风险,使股东没有后顾之忧。

3. 封闭式的经营模式可使公司免受证券市场的负面影响,有利于维持公司的稳定发展。有限责任公司不像股份有限公司一样采用“开放式”的经营模式,其不能向社会公众发行股票筹集资金，而且公司经营、财务状况亦无须向社会公开，股份不能上市自由流通，有利于保持公司经营策略和计划的稳定性，使公司的业务经营不会遭受来自股票市场暴涨暴跌的冲击，有利于促进公司的长期稳定和发展。同时，公司无须公开经营信息，也有利于公司维护公司的商业秘密。

4. 公司治理模式具有充分的灵活性和可选择性。有限责任公司由于股东人数较少，且股东往往直接出任公司的董事、经理来管理公司，使公司的所有权与经营权高度集中，因而在股东权利义务与组织机构设置、运作方面，各国公司法大多给予公司充分的意思自治空间。比如，在有限责任公司中，股东之间的关系更多依靠股东合作协议、公司章程来调节，而不是由公司法进行强制规定。在公司治理方面，规模较小或者股东人数较少的有限责任公司，可以不设监事会，设一名监事，行使监事的职权；经全体股东一致同意，也可以不设监事。

（二）有限责任公司的不足

1. 股东人数的最高限制和经营的非公开性阻碍了企业的扩张。有限责任公司既不能向社会公开募集股份又不允许股东自由转让股权无疑限制了公司的融资能力，也加大了股东投资变现的风险，最终影响企业规模的扩大。有限责任公司一般难以成长为大型企业，仅仅适用于中小型企业。从某种意义上说，有限责任公司不符合社会化生产对公司的要求。

2. 有限责任公司的股东滥用公司法人格的可能性更大，对债权人利益的保护程度较低。因为有限责任公司的治理机制具有较大的弹性，管理规范性有所欠缺，加上缺乏公众投资者和证券市场的监督，股东常常过度控制公司，利用公司不当向股东个人输送利益，逃避债务，使公司和债权人的利益受到损害。

四、有限责任公司与股份有限公司具体制度设计的区别

有限责任公司与股份有限公司在股东人数、设立方式、股权形式、股权转让、机构设置等方面存在区别，具体内容如表 6-1 所示。

表 6-1　有限责任公司与股份有限公司的区别

区别	有限责任公司	股份有限公司
股东人数	1 人以上 50 人以下	股东人数无上限
设立方式	发起设立	发起设立或募集设立
股权形式	股权形式是出资，以出资证明书作为载体	股权形式是股份，以股票为载体

续表

区别	有限责任公司	股份有限公司
股权转让	以协议方式为主,向股东以外的第三人转让股权需要通知其他股东,其他股东有优先购买权	既可以协议转让也可以通过公开的证券市场自由转让,其他股东也无优先购买权
机构设置	可以不设股东会(主要针对一人公司)、董事会、监事会	应当设置股东会、董事会、监事会

五、有限责任公司的股权转让

(一)概念

有限责任公司的股权转让,亦称出资转让,是指有限责任公司的股东依法律或公司章程的规定将自己的股权(出资)转让给他人的行为。

股权转让具有以下法律特征:第一,股权转让本质上是一种买卖行为,交易的标的是公司的股权;第二,股权转让不改变公司的独立人格,其结果是变更公司的股东;第三,股权转让是一种要式行为。股权转让除了转让股东和受让人达成一致意思表示外,还需要征求其他股东的意见,以及履行变更公司章程、股东名册、工商登记等一系列程序。

(二)股东之间转让股权

《公司法》第 84 条第 1 款就股东内部转让股权作出了规定:有限责任公司的股东之间可以相互转让其全部或者部分股权。尽管公司法对股权内部转让不加限制,但并不禁止股东通过公司章程对股权内部转让另行约定。股权内部转让虽然不会破坏公司的人合性,但会改变股东之间的持股比例和力量对比,是关乎股东控制权变更的重要事项,因此股东经常会利用股东合作协议、公司章程对股权的内部流转加以限制,以此确保自己对公司的控制权。

(三)股东对外转让股权

股权对外转让相比股权内部转让更为复杂,需要考量的因素更多。对于转让股东,公司法需要确保他们可以通过转让股权回收投资,保障股权的财产价值;对于其他股东,公司法需要尊重股东选择合作伙伴的意愿,维系公司的人合性;对于股权受让人,公司法不能破坏合同自由原则;对于公司,公司法又需要确保股权的自由流通来实现资源的优化配置,促进公司的生存与发展。最后,公司法采取以下规则来解决各方的正当诉求和利益冲突:第一,尊重意思自治。公司章程可以就股权转让事项作不同于公司法的规定。第二,在公司章程没有另外规定的情况下,一方面,要求股东对外转让股权之前必须书面通知其他股东;另一方面,赋予其他股东同等条件下的优先购买权。[1]

| 扩展阅读 |

杨某某等人原为山东鸿源水产有限公司(以下简称鸿源水产公司)的职工,也是鸿源水产公司的股东,合计持有公司7.425%的股权。鸿源水产公司曾与所有股东书面约定"入股职工因调离本公司,被辞退、除名、自由离职、退休、死亡或公司与其解除劳动关系的,其股权通过计算确定价格后由公司回购"。杨某某、江某某、丛某甲、丛某乙四人退休后,鸿源水产公司对其股权进行了回购,并通过减少注册资本和变更股东姓名、出资额和持股比例的公司章程修正案。随后,鸿源水产公司发布减资公告,公告期满后在工商行政管理部门办理了上述变更登记手续。杨某某等人以鸿源水产公司自2004年成立至今从未召开股东会、股东权利无法实现为由,请求鸿源水产公司以合理价格(2376万元)收购杨某某等股东的股权。鸿源水产公司认为杨某某等人早已丧失股东资格,无权提起诉讼,要求驳回起诉。该案经威海市中级人民法院一审,山东省高级人民法院二审,最高人民法院再审,均判定公司与股东约定的回购条款有效,杨某某等人已丧失股东资格,驳回起诉。[2]

案件评析:有限责任公司具有明显的人合性,即股东之间具有人身信任关系,且很多股东通过担任公司的董事、监事、经理来参与公司的经营管理。由于有限责任公司的股东多为熟人,往往需要针对公司、股东的特殊情况和具体需求对股东之间的权利义务作一些灵活处理,而公司法往往无法对公司治理中的所有事项面面俱到,此时就需要借助公司章程。公司法也充分尊重股东之间通过章程约定的方式来实现意思自治。实践中,只要章程的约定没有违反法律的禁止性规定,对股东权利义务的处理公平合理,法院就会认可章程条款的效力。

不少有限责任公司的章程都会规定股东不在公司工作就要由公司回购股权。

---

[1] 《公司法》第84条规定,有限责任公司的股东之间可以相互转让其全部或者部分股权。股东向股东以外的人转让股权的,应当将股权转让的数量、价格、支付方式和期限等事项书面通知其他股东,其他股东在同等条件下有优先购买权。股东自接到书面通知之日起30日内未答复的,视为放弃优先购买权。两个以上股东行使优先购买权的,协商确定各自的购买比例;协商不成的,按照转让时各自的出资比例行使优先购买权。公司章程对股权转让另有规定的,从其规定。

[2] 案件来源:杨某某、鸿源水产公司请求公司收购股份纠纷案,最高人民法院(2015)民申字第2819号民事裁定书。

这种条款的初衷是维系有限责任公司的人合性,确保股东能最大限度参与公司的经营管理,具有必要性和合理性。当然,回购条款要发生法律效力还必须符合以下两个条件:第一,回购条款是股东的真实意思表示。换言之,股东要么参与公司章程的制定、通过,要么加入公司时了解公司章程的内容并同意接受公司章程的约束;第二,股权作为一种财产权能给股东带来经济利益,剥夺股东的股权必须给予相应的补偿。与其他财产相比,股权尤其是有限责任公司的股权很难有客观、精准的价格标准,关于股权回购的价格需要事先约定或事后进行充分协商,否则将损害股东的合法利益,进而影响股权回购的法律效力。

第四节　公司解散和清算

一、公司解散的概念和法律特征

公司虽然具有永久存续的能力,但实际上千年不败的公司极为罕见。公司是法律技术的产物,但也与自然人一样“有生有死”。公司由股东创设,也可能由于股东的意愿而消灭。当股东不想继续经营公司时就可以运用公司解散制度来实现退出市场的目的。公司解散是指已经成立的公司,基于一定事由的发生,致使公司法人人格发生消灭的行为和程序。

在我国,公司解散具有以下法律特征:(1)公司解散的目的是要永久性消灭公司的法人人格和经营资格;(2)股东会或有关国家机关作出公司解散决定后,公司的法人人格并未立即终止,而是持续到公司清算完毕并注销登记后才归于消灭;(3)公司一旦解散就会进入清算程序。

二、公司解散的原因

(一)自愿解散

自愿解散是基于公司自己决定而解散公司的情形,主要包括两种情形:

1. 公司章程规定的营业期限届满或者公司章程规定的其他解散事由出现。当然,在这种情况下,如果股东们愿意继续经营公司也可以通过修改公司章程而使公司存续。

2. 股东会决议解散。需要注意的是,解散公司属于公司的重大事项,有限责任公司须经持有2/3以上表决权的股东通过,股份有限公司须经出席股东会会议的股东所持表决权的2/3以上通过。

(二)法定解散

法定解散是指基于法律规定的解散事由出现而解散公司的情形。在我国,当两个或两个以上的公司合并时,不管是吸收合并还是新设合并,至少会有一个公司被解散。当一个公司发生新设分立行为时也会导致分立前的公司被解散。

(三)行政命令解散

行政命令解散是指因公司违法而被主管机关撤销、吊销营业执照或责令关闭的情形。我国有权命令解散的主管机关除了公司登记机构,还有其他行政机关以及行使行政权力的事业单位,如中国证监会。

(四)司法解散

公司解散请求权是指当公司陷入僵局时,股东享有请求解散公司的权利。所谓公司僵局,是指公司在存续运行中由于股东、董事之间矛盾激化而处于僵持状况,导致股东会、董事会等公司机关不能按照法定程序作出决策,从而使公司陷入无法正常运转甚至瘫痪的状况。根据《公司法》第 231 条的规定,公司经营管理发生严重困难,继续存续会使股东利益受到重大损失,通过其他途径不能解决的,持有公司 10%以上表决权的股东,可以请求人民法院解散公司。公司解散请求权是公司治理机制失灵的解锁方案,是保护中小股东利益的特别手段,但由于解散公司的结果有较大负面影响,只有在穷尽其他救济措施仍无法解决股东之间的矛盾时才能适用。

实践中,出现以下情形即可认定出现公司僵局:[1](1)公司持续两年以上无法召开股东会,公司经营管理发生严重困难的;(2)股东表决时无法达到法定或者公司章程规定的比例,持续两年以上不能作出有效的股东会决议,公司经营管理发生严重困难的;(3)公司董事长期冲突,且无法通过股东会解决,公司经营管理发生严重困难的;(4)经营管理发生其他严重困难,公司继续存续会使股东利益受到重大损失的情形。

(五)破产解散

公司不能清偿到期债务,被依法宣告破产并对全部财产强制清算和分配,最后终止公司的法人人格。破产也是公司法人人格终止的原因之一。公司破产的条件、程序等适用《企业破产法》的规定。

这里要注意破产清算程序与一般清算程序之间的衔接。依《公司法》第 237 条第 1 款规定,清算组在清理公司财产、编制资产负债表和财产清单后,发现公司财产

---

[1] 参照最高人民法院《关于适用〈中华人民共和国公司法〉若干问题的规定(二)》第 1 条的规定。

不足清偿债务的，应当依法向人民法院申请破产清算，人民法院受理破产申请后，清算组应当将清算事务移交给人民法院指定的破产管理人。换言之，如果清算组在清算过程中发现公司财产不足清偿债务时，不可自行依债权比例清偿，而应依法向人民法院申请破产清算，即转入破产清算程序。

三、清算

（一）清算的概念

清算是指公司解散或被宣告破产后，依照一定程序了结公司事务，收回债权、清偿债务并且对股东分配剩余财产，最终消灭公司法人人格的行为和程序。公司解散是公司清算的法定原因，也是公司清算的前置程序，而公司清算是在公司解散后处理其未了结事务，消灭其法人人格的法定程序。

（二）清算的法律意义

清算是公司终止的必经程序。未经清算的公司不得注销。这是出于以下考虑：

1. 保护全体股东。由于股东人数众多，随着所有权与经营权分离，并非所有股东都参与公司的经营管理，往往是控股股东、董事、经理实际掌握公司的控制权。为防止控股股东、董事、经理在公司终止前私自处分公司财产或不当分配公司财产，损害其他股东的合法权益，有必要以法定的、规范的程序对公司财产进行公平清算和分配，以保护股东的剩余财产分配请求权。

2. 保护债权人。公司股东以其出资额为限对公司承担有限责任。公司的债务是由公司的全部财产进行清偿，因而公司的财产是公司债权人利益的基本保障。如果公司未经清算而终止，股东可能没有缴纳全部出资，公司的财产可能被股东转移、侵占，则债权人的债权无法实现。此外，若公司的债权人人数众多而公司又资不抵债，则更需要严格的清算程序来保障债权人的平等受偿权。

3. 保护公司的职工等利害关系人。公司的终止不仅影响股东和债权人，还会影响其他利害关系人，尤其是公司的职工。一旦公司终止，职工与公司的劳动合同也随之终止。从本质上来讲，职工也是公司的债权人，且比一般的债权人更为弱势，必须通过法定清算程序分配公司财产、清偿债务，确保职工的工资、经济补偿金、福利待遇不受侵害。

在进入清算程序后，尽管公司的法人人格并未消灭，但公司的权利能力和行为能力都将发生重大的变化。一方面，清算期间，公司仍然具有法人人格，但业务活动范围受到限制。在清算期间，公司不得从事积极经营活动，应局限于公司尚未了结的事务，包括清偿债务、催收债权以及处理公司内部事务。另一方面，清算期间，公司的代表机构不再是董事会而是清算组织。董事会应当从清算组织成立之日起将公司的财产、印章、财务资料等一并交由清算组织接管。清算组织负责处理公司未了结事务，并代表公司进行诉讼。

（三）清算组的组成

清算组就是负责清算中公司清算事务的组织。清算组成员的选任方式因公司和清算类型而有所不同。

1. 自行清算

自行清算的法律依据为《公司法》第 232 条。根据该条的规定，董事为公司清算义务人，应当在解散事由出现之日起 15 日内组成清算组进行清算。清算组由董事组成，但是公司章程另有规定或者股东会决议另选他人的除外。

2. 指定清算

如果公司具备了解散原因而逾期不成立清算组进行清算或者成立清算组后不清算的，利害关系人可以申请人民法院指定有关人员组成清算组进行清算。人民法院应当受理该申请，并及时组织清算组进行清算。这便是指定清算。

（四）清算人的职权

清算组在清算期间行使下列职权：（1）清理公司财产，分别编制资产负债表和财产清单；（2）通知、公告债权人；（3）处理与清算有关的公司未了结的业务；（4）清缴所欠税款以及清算过程中产生的税款；（5）清理债权、债务；（6）分配公司清偿债务后的剩余财产；（7）代表公司参与民事诉讼活动。

（五）清算程序

公司应自解散事由出现之日起 15 日内应组成清算组。清算组应当自成立之日起 10 日内通知债权人，并于 60 日内在报纸上或者国家企业信用信息公示系统公告。债权人应当自接到通知之日起 30 日内，未接到通知的自公告之日起 45 日内，向清算组申报其债权。

债权人申报债权，应当说明债权的有关事项，并提供证明材料。清算组应当对债权进行登记。在申报债权期间，清算组不得对债权人进行清偿。

清算组在清理公司财产、编制资产负债表和财产清单后，应当制订清算方案，并报股东会或者人民法院确认。

公司财产未经法定程序清算前，不得分配给股东。公司财产在分别支付清算费用、职工的工资、社会保险费用和法定补偿金，缴纳所欠税款，清偿公司债务后的剩余财产，有限责任公司按照股东的出资比例分配，股份有限公司按照股东持有的股份比例分配。

清算组在清理公司财产、编制资产负债表和财产清单后，发现公司财产不足清偿债务的，应当依法向人民法院申请破产清算。人民法院受理破产申请后，清算组应当将清算事务移交给人民法院指定的破产管理人。

需要注意的是，在全体股东承诺公司未产生债务或已清偿全部债务的情形下可以不经清算程序而直接注销公司。如果股东承诺不实，应当对注销登记前的债务承担连带责任。[1]

(六)清算责任

按照《公司法》的规定，清算责任主要体现为民事赔偿责任，对清算义务人和清算人有所不同。

1. 清算义务人的清算责任

清算义务人是指有义务推动组建清算组、协助清算人进行清算的主体。通俗地说，就是公司解散清算的启动人。[2] 根据《公司法》第 232 条的规定，清算义务人未及时履行清算义务，给公司或者债权人造成损失的，应当承担赔偿责任。

2. 清算人的清算责任

清算人(也称为清算组成员)是具体承担清算职责、开展清算工作的人。公司的清算人原则上由董事组成，但允许章程和股东会决议另行确定清算人。在强制清算程序中，法院也可以任命律师事务所、会计师事务所等社会中介机构作为清算人。清算人履行清算职责，对公司负有忠实义务和勤勉义务。清算人怠于履行清算职责，给公司造成损失的，应当承担赔偿责任。清算人在履行清算职责过程中因故意或者重大过失给债权人造成损失的，应当承担赔偿责任。

扩展阅读

常熟市凯莱实业有限公司(以下简称凯莱公司)成立于 2002 年 1 月，注册资本为 218 万元。林某某与戴某某系该公司股东，各占 50% 的股份，戴某某任公司法定代表人及执行董事，林某某任公司总经理兼公司监事。凯莱公司成立后主要从事鞋类专业市场的出租业务。《公司章程》第 19 条规定，股东会的决议须经代表 1/2

---

[1] 《公司法》第 240 条规定："公司在存续期间未产生债务，或者已清偿全部债务的，经全体股东承诺，可以按照规定通过简易程序注销公司登记。通过简易程序注销公司登记，应当通过国家企业信用信息公示系统予以公告，公告期限不少于二十日。公告期限届满后，未有异议的，公司可以在二十日内向公司登记机关申请注销公司登记。公司通过简易程序注销公司登记，股东对本条第一款规定的内容承诺不实的，应当对注销登记前的债务承担连带责任。"

[2] 李建伟主编：《公司法评注》，法律出版社 2024 年版，第 922 页。

以上表决权的股东通过(二审庭审中,各方当事人一致确认此处的“1/2 以上”不包括本数),但当公司增加或减少注册资本、合并、解散、变更公司形式、修改公司章程作出决议时,必须经代表 2/3 以上表决权的股东通过。第 20 条规定,股东会会议由股东按照出资比例行使表决权。第 21 条规定,股东会每年召开 4 次定期会议,代表 1/4 以上表决权的股东可以提议召开临时股东会。

2004 年 7 月 12 日,凯莱公司公章、财务专用章、合同专用章,鞋都分公司公章、合同专用章,运动鞋广场公章、合同专用章,由戴某某从林某某手中收回。

2004 年 12 月 2 日及 2005 年 8 月 12 日,林某某与戴某某达成内部协议,约定:戴某某继续负责公司管理工作,林某某作为公司监事监督和协助戴某某工作;公司日常开支费用凭双方签字认可后每月报支一次,重大节日开支费应经双方协商确定;涉及公司的重大决策、内部管理方式的调整,由双方商议后实施。

2005 年 10 月 6 日,林某某与戴某某就公司结账、财务等事宜进行磋商。双方一致同意规范公司财务制度,开设专门账户,账号交林某某,密码由戴某某保存,同时聘请张某成、顾某华、沈某、陈某明四人担任公司中间人。次日,林某某与戴某某共同书写凭据一份,写明 2004 年 9 月至 2005 年 8 月凯莱公司的财务分配已经双方确认,分配款已到各自账户。

2006 年起,林某某与戴某某两人之间的矛盾逐渐显现,具体表现为:(1)2006 年 3 月 19 日,双方发生争执,林某某在争执中被打伤。(2)2006 年 5 月 9 日,林某某提议并通知召开股东会。由于戴某某认为林某某没有召集会议的权利,故会议未能召开。2006 年 5 月 16 日,戴某某告知林某某同意其关于召开临时股东会的提议,并通知林某某于 2006 年 6 月 1 日参加股东会。在该次股东会上,林某某向公司和戴某某提交了书面意见,要求了解公司的财务经营状况。2006 年 6 月 11 日,凯莱公司与戴某某通知林某某以监事身份于 2006 年 6 月 16 日至凯莱公司参加会议。林某某回复称,在 2006 年 6 月 1 日的股东会议上,其提议解散公司并已表决通过,故 2006 年 6 月 16 日的会议无任何意义,不予参加。(3)2006 年 6 月 6 日、8 月 8 日、9 月 16 日、10 月 10 日、10 月 17 日,林某某委托律师向凯莱公司和戴某某发函称,因股东权益受到严重侵害,林某某作为享有公司股东会 1/2 表决权的股东,已按公司章程规定的程序表决并通过了解散凯莱公司的决议,要求戴某某提供凯莱公司的财务账册等资料,并对凯莱公司进行清算。2006 年 6 月 17 日、9 月 7 日、10 月 13 日,戴某某回函称,林某某作出的股东会决议没有合法依据,戴某某不同意解散公司,并要求林某某交出公司财务资料。2006 年 11 月 15 日、11 月 25 日,林某某再次向凯莱公司和戴某某发函,要求凯莱公司和戴某某提供公司财务账册等供其查阅、分配公司收入、解散公司。

2006年11月28日,林某某向原审法院提起本案诉讼。此后,林某某再次委托律师向凯莱公司和戴某某发函,要求查阅2005年8月至2006年12月的公司财务资料并对公司收入进行分配。凯莱公司回函称,林某某应向凯莱公司提交书面查阅申请并说明查账目的,公司收入未能分配的原因是股东间对成本支出尚未形成共识。林某某委托律师复函称:凯莱公司从未向林某某提供过任何财务资料,凯莱公司称林某某质疑成本支出的合理性缺乏依据;林某某再次提出查阅公司财务会计资料。

随后,林某某向法院提起诉讼,要求解散公司。一审法院认为:根据2005年《公司法》第183条之规定,公司解散应当具备三个必要条件:一是公司经营管理发生严重困难,二是公司继续存续会使股东利益受到重大损失,三是通过其他途径不能解决。本案中,虽然两股东陷入僵局,但凯莱公司目前经营状况良好,不存在公司经营管理发生严重困难的情形。如果仅仅因为股东之间存在矛盾而导致公司从业人员失去工作、几百名经营户无法继续经营,既不符合2005年《公司法》第183条的立法本意,也不利于维护任何一方股东的权益。股东之间的僵局可以通过多种途径来破解。《公司法》在维护股东权利方面制定了明确而具体的规定,若林某某认为其股东权利受损,则可依法进行救济。此外,林某某可以要求戴某某或凯莱公司收购林某某股份,通过以合理的价格转让股份,既能打破僵局救济股东权利,又能保持公司的存续。同时,服装城管委会作为管理部门,其出面协调两股东的矛盾,也是林某某救济股东权利的有效途径之一。综上所述,林某某关于解散凯莱公司的请求依据不足,不予支持。

林某某不服一审法院的判决,提起上诉。二审法院予以改判。〔1〕二审法院认为,凯莱公司符合司法解散的条件,理由如下:

1. 凯莱公司的经营管理已发生严重困难。公司的正常经营管理建立在其权力机构(股东会)、执行机构(董事会或执行董事)及监督机构(监事会或监事)有效运行的基础上,判断一个公司的经营管理是否出现严重困难,应从上述组织机构的运行现状入手,加以综合分析。

(1)凯莱公司已持续4年未召开股东会,亦未形成有效的股东会决议,股东会机制已经失灵。2004年7月12日,凯莱公司及其分公司的相关印章从林某某处转至戴某某处保管时,两人之间的矛盾即已初显,但尚可通过签订《股东内部协议》《会议纪要》、聘请中间人等途径进行调和,以保证凯莱公司的正常运转。但是,从

〔1〕 案件来源:林某某与凯莱公司公司解散纠纷案,江苏省高级人民法院(2010)苏商终字第0043号民事判决书。

2006年开始，两人的矛盾激化，从互相发出召开会议的通知，到林某某要求重新选举执行董事甚至要求解散公司，矛盾不断升级，并进一步影响到凯莱公司内部机制的运作。2006年6月1日之后，凯莱公司再未召开过股东会。凯莱公司持续未召开股东会、无法形成有效股东会决议的时间至起诉时已长达4年，凯莱公司不能也不再通过股东会决议的方式管理公司，形成了股东僵局，股东会机制已经失灵。[1]

(2)凯莱公司执行董事管理公司的行为已不再体现权力机构的意志。根据公司章程，凯莱公司不设董事会，仅设执行董事一名，由股东戴某某担任。由于出现股东僵局，凯莱公司股东会不能形成有效决议，无法行使章程规定的决定公司经营方针与投资计划、审议批准执行董事的报告等相关职权。同时，执行董事戴某某正是互有矛盾的两名股东之一。在此情况下，凯莱公司的执行机构即执行董事戴某某管理公司的行为，已不再依据股东会的决议，无法贯彻权力机构的意志，相反，体现的正是对立股东中一方的个人意志。可见，凯莱公司股东会机制的失灵已进一步影响到执行机构的运作。

(3)凯莱公司的监督机构无法正常行使监督职权。根据公司章程，凯莱公司不设监事会，仅设监事一名，由林某某担任，但是林某某并不能正常行使监事职权。林某某关于查询财务资料的要求一再遭到拒绝。根据《公司法》第54条第1项的规定，监事会、不设监事会的公司的监事有行使"检查公司财务"的职权，且对于监事的该项监督职权，《公司法》并未设置限制条件，但执行董事戴某某却以林某某未提交书面查阅申请、未说明查账目的等理由不予配合，监事林某某无法有效地对执行董事戴某某的行为进行监督及纠正。可见，由于林某某与戴某某之间的矛盾，凯莱公司的监督机构实际上已无法发挥监督的作用。

(4)公司本身是否处于营利状况并非判断公司经营管理是否发生严重困难的必要条件。根据2005年《公司法》第183条以及最高人民法院《关于适用〈中华人民共和国公司法〉若干问题的规定(二)》第1条的相关规定，"公司经营管理发生严重困难"主要是指管理方面存有严重内部障碍，如股东会机制失灵、无法就公司的经营管理进行决策等，不应理解为资金缺乏、亏损严重等经营性困难。本案中，在凯莱公司的内部机制已无法正常运行、无法对公司的经营作出决策的情况下，即使尚未处于亏损状况也不能改变该公司的经营管理已陷入困境的局面。

---

[1] 最高人民法院《关于适用〈中华人民共和国公司法〉若干问题的规定(二)》第1条第1款的规定，"公司持续两年以上无法召开股东会或者股东大会"以及"股东表决时无法达到法定或者公司章程规定的比例，持续两年以上不能做出有效的股东会或者股东大会决议"这两种具体情形，均属于判断公司是否出现股东僵局的重要参考因素。

综上所述,凯莱公司作为一个法律拟制的法人机构,其权力机构、执行机构、监督机构均无法正常运行,凯莱公司的经营管理已发生严重困难。

2. 凯莱公司继续存续会使股东林某某的利益受到重大损失。作为股东而言,投资设立公司的最终目的是获得收益。股东通过参与公司决策、行使股东权利来争取利益的最大化、保证收益的及时获取。公司的经营管理如果出现严重困难,则有可能影响公司的正常运转以及股东权利实现通道的畅通,进而对股东的利益构成严重损害。本案中,凯莱公司的内部运作机制早已失灵。林某某虽为持有凯莱公司50%股份的股东及监事,但其股东权、监事权长期处于被剥夺的状态。由于凯莱公司长期不召开股东会,林某某并不能通过行使表决权来参与公司决策,亦不能有效地行使监督权。林某某投资设立凯莱公司的目的无法实现,其合法权益遭到损害,如果这样的局面继续存续,林某某的合法权益就将进一步遭受重大损失。

3. 凯莱公司的僵局通过其他途径长期无法解决。将调解等其他救济途径设置为司法解散公司的前置程序是因为司法解散将导致公司主体资格的消灭,且具有不可恢复性,处理不当可能导致社会资源浪费。但是,立法对此所抱的谨慎态度并不等同于前置程序可以久拖不决。本案中,林某某在提起公司解散诉讼之前,已通过其他途径试图化解与戴某某之间的矛盾,如聘请中间人进行调和、要求查阅财务账册等,双方的沟通还涉及凯莱公司内部制度的修改、重新选举执行董事与监事、收购股权等。进入诉讼程序之后,服装城管委会作为管理部门曾组织各方当事人调解,并提出了对凯莱公司进行审计、修改章程、聘请职业经理人进行管理等建议性方案,对此,各方当事人仍未能达成一致意见,无法打破公司僵局,符合通过司法程序解散公司的条件。

4. 林某某持有凯莱公司50%的股份,符合《公司法》关于提起公司解散诉讼的股东须持有公司10%以上股份的条件。

案件评析:

1. 精准把握司法强制解散制度的适用条件。《公司法》第231条所谓的"经营管理发生严重困难"该如何界定是该制度的难点。实践中,很多投资人以为,只要公司还在正常经营甚至还有盈利就不构成"经营管理发生严重困难"。实际上,司法强制解散制度并非为解决公司经营亏损而生。公司制度的良性循环建立在股东能顺畅行使股东权利且公司机关能正常履行职责的基础上。一旦公司的决策机制失灵,股东就无法通过公司法设计的治理机制去解决矛盾。哪怕此时公司仍能盈利,但无法保障股东参与经营管理的基本权利,也会像本案一样导致股东无法获取分红。如果让公司继续存续,就会对股东的利益造成严重损害,甚至使公司沦为部分股东侵害其他股东合法权益的工具。因此，股东会能否依法依章召开并形成有效决议，董事会、监事会能否正常履行职责才是司法强制解散制度的重要判断因素。当然，我们也要客观认识到司法强制解散制度给公司、全体股东、职工、客户、社会带来的负面影响，在穷尽一切救济之后方可适用。

2. 高度关注股权结构设计的合理性。凯莱公司陷入公司僵局的根源在于公司两个股东平均分配股权并按持股比例分配决策权的股权结构设计。均等化的股权结构导致公司的控制权归属不稳定。本案中，凯莱公司仅有戴某某与林某某两名股东，两人各占50%的股份，拥有对等的表决权。同时，凯莱公司章程规定"股东会的决议须经代表1/2以上表决权的股东通过"，且各方当事人一致认可该"1/2以上"不包括本数。因此，凯莱公司只有在两位股东意见一致的情况下才能作出有效的股东会决议。凯莱公司的持股比例与议事规则实质上赋予了股东一票否决权。只要两位股东的意见存有分歧、互不配合，就无法形成有效表决，进而影响公司的运作，严重的话就会使公司陷入僵局。可见，股东持股比例、议事方式与表决程序的制度设计一旦不科学就会使公司更易陷入僵局。僵局一旦形成，难以打破，最后只能司法强制解散公司。因此，公司在设立时就必须做好股权顶层设计，从源头上防范公司僵局。

推荐阅读

(一)参阅论文

1. 刘俊海：《论〈公司法〉的法典化：由碎片化走向体系化的思考》，载《法律科学(西北政法大学学报)》2024年第1期。

2. 李建伟：《市场主体强制退出法律机制考察：问题、经验与方案》，载《行政法学研究》2025年第2期。

3. 蒋大兴：《公司登记改革与营商环境促进——六个可能的要点问题》，载《当代法学》2025年第1期。

4. 蒋大兴：《公司法修订草案中的关键缺失》，载《中国法律评论》2022年第5期。

5. 赵万一、张才华、李建伟等：《公司法修订的理论应对与实践挑战(笔谈)》，载《西北工业大学学报(社会科学版)》2024年第2期。

(二)参阅书目

1. 任学安：《公司的力量》，山西教育出版社2011年版。

2. 覃有土主编：《商法学》(第4版)，高等教育出版社2018年版。

3. 王毓莹：《新公司法二十四讲》，法律出版社2024年版。

4. 李建伟主编:《公司法评注》,法律出版社2024年版。
5. 李建伟:《公司法学》(第6版),中国人民大学出版社2024年版。
6. 朱慈蕴:《公司法理论、实践与改革》,当代中国出版社2024年版。
7. 刘俊海:《新公司法的制度创新》,中国法制出版社2024年版。

第七章　证券法律制度

本章概览

本章致力于全面地分析与证券市场有关的各种法律制度和操作机制。从证券的基础概念到股票和公司债券的深度解析,这一章都将帮助您全方位地理解证券市场和证券法律制度的复杂性和多样性。本章内容包括以下三个主要小节。

第一节是证券法律制度概述。首先是对证券的定义和种类分析,从证券的基础的概念出发,并解析不同种类的证券(如股票、债券、期权等)。其次还介绍了证券市场的主体,关于对证券市场上的各种参与者如投资者、券商、交易所等的详细介绍,并解释它们在证券市场中的角色和责任。再次分析了证券发行、上市与交易制度,深入研究证券的发行、上市和交易流程,了解证券上市的法律规定,以及涉及证券交易的法律要点。最后是对违规行为和惩罚制度的介绍,探讨在证券市场中可能面临的各种非法行为,如内幕交易、价格操纵等,以及相应的法律责任和惩罚。

第二节是股票的发行、上市与交易。本节首先介绍了股票的概念与种类,按照不同的标准,将股票分为五个方面,主要包括公开发行的股票与非公开发行的股票;国家股、法人股、非法人组织股和个人股;普通股票与优先股票;A 股、B 股、H 股和红筹股以及其他股票分类。其次是对股票发行的条件和股票发行的程序的分析。关于股票发行的条件,分为上市与非上市公司股份有限公司进行介绍。关于股票发行的程序部分,详细从企划、审批到实施的各个步骤展开,包括如何设立新股发行程序和上市公司特有的新股发行流程。股票的上市也从条件和程序出发进行介绍。股票上市的条件分为主板和中小企业板,创业板和科创板的股票进行介绍。在股票上市程序中,详细说明从申请到实际上市所需完成的所有步骤以及相关法律文件。关于股票交易,详细介绍了交易时间及竞价方式、交易金额和涨跌幅限制、风险警示、停牌与复牌制度以及终止上市。

第三节是公司债券的发行与交易,从基础概念、分类、发行到交易都有详细的分析。第一部分主要介绍了公司债券的概念以及分类。公司债券的分类根据不同的特点和运作方式，主要有普通公司债券和特别公司债券、记名公司债券和无记名公司债券、公开发行和非公开发行的公司债券以及有担保公司债券和无担保公司等。第二部分介绍了公司债券的发行，主要介绍了公司债券发行的条件和程序，其发行程序包含公司决议、信用评级、申请发行文件的提交、依法注册或向中国证券业协会备案、募集方说明书的发布与债券发行等步骤。第三部分是公司债券的交易，着重介绍了公司债券交易的方式和一般交易规则，交易规则着重描述了交易时间和交易要求，以及交易费用、最小交易单位等。

第一节 证券法律制度概述

一、证券概述

（一）证券的概念

证券是一种用来表示不同类型财产所有权或债权的凭证或证书的总称。如果证券上载有特定的财产或权益信息，那么持有该证券的主体可依据上面所列信息获得相应的权益。证券是商品经济和信用经济发展的产物，可看作一种信用凭证或金融工具。国家公债是最早形式的证券。目前，最常见的证券是指为筹措中长期资金而向社会公众发行的，由公众购买并具备一定收益权的投资凭证。

（二）证券的分类

学理上证券有多维度的分类：（1）依证券上是否记载面值，证券可分为有面值证券和无面值证券。（2）依持券人的姓名是否记载在证券上，证券可分为记名证券和不记名证券。（3）依发行人发行证券时是否向证券购买者提供担保，证券可分为担保证券和无担保证券。（4）依持券人享有权利的性质为标准，证券分为股票、债券、新股认购权利证书、投资基金证券及其他衍生金融工具等。

根据我国《证券法》第 2 条的规定：“在中华人民共和国境内，股票、公司债券、存托凭证和国务院依法认定的其他证券的发行和交易，适用本法；本法未规定的，适用《中华人民共和国公司法》和其他法律、行政法规的规定。政府债券、证券投资基金份额的上市交易，适用本法；其他法律、行政法规另有规定的，适用其规定。资产支持证券、资产管理产品发行、交易的管理办法，由国务院依照本法的原则规定。在中华人民共和国境外的证券发行和交易活动，扰乱中华人民共和国境内市场秩序，损害境内投资者合法权益的，依照本法有关规定处理并追究法律责任。”

1. 股票

股票是股份有限公司发行的有价证券,用以证明股东按其持有的股份享有特定权益的书面凭证。它是股权的体现,持有人可以凭借股票证明自己是公司的股东,并行使股东的权利,或通过股票交易获取收益。股票的形式和记载内容在法律上有明确规定。我国《公司法》第 149 条第 1 款规定:“股票采用纸面形式或者国务院证券监督管理机构规定的其他形式。”传统上,股票通常采用纸面形式,包括实物券式股票和簿记券式股票。根据《股票发行与交易管理暂行条例》第 53 条规定,发行人可以发行簿记券式股票,也可以发行实物券式股票。这一规定表明股票可以实物券式形式由股东实际持有,也可以簿记券式形式由证监会指定机构保管。无论以何种形式发行,都必须遵守法律规定,包括载明公司名称、公司成立日期、股票种类、票面金额、代表的股份数量和股票的编号等信息。随着证券市场的发展,证券无纸化逐渐兴起,股票也开始以电子数据的形式在证券登记结算机构的系统中发行和交易。这一发展趋势使股票交易更加高效和便捷。

2. 债券

债券可以解释为公司的一项长期债务,通常包括有担保的债务和无担保的债务。债券一般具有面值,又称为基本价值或面额,这一数值被记录在债券证明书上。根据世界银行组织发布的 2017 年《国际债务统计报告》,债券是一种由公共部门担保并公开承诺,或者由私人部门发行的债务融资工具,其持续时间通常为一年或更长。债券通常向持有者提供无条件的固定货币收入或者按照合同规定的可变货币收入。各类债券的共同内涵在于,发行主体与投资者之间约定在特定期限内偿还本金和支付利息的有价证券。一般而言,债券实质上是一种资金借贷的凭证,代表着发行人为融资需求而向投资者发行,按照约定条件支付资金的债权债务凭证。债券是一种有价证券,使发行人与债券投资者之间建立了法律关系,使投资者能够获得相对确定和稳定的回报。

3. 存托凭证

存托凭证又被称为存券收据或存股证,是指在国内证券市场上流通的有价证券,代表着境外发行的可转让证券。2023 年 2 月 17 日,中国证监会修订了《存托凭证发行与交易管理办法(试行)》,其中第 2 条第 1 款明确了存托凭证的定义:“本办法所称存托凭证是指由存托人签发、以境外证券为基础在中国境内发行、代表境外基础证券权益的证券。”存托凭证的主要用途是克服证券交易的跨境限制,是通常用作跨境上市的一种常见方式。具体操作方式为,境外公司首先将部分已发行并上市的证券托管在当地的托管银行,然后由国内的存券银行发行存托凭证,在国内证券市场上市交易,使用国内货币结算,以供国内投资者买卖。存托凭证的本质可以理解为存托人与投资者之间的无名合同,合同的主要内容规定了存托人拥有基础证券(外国公司股票)的所有权,而投资者则拥有存托凭证的所有权,并通过持有存托凭证获得存托人所持股票的全部或部分权益。使用存托凭证可以有效克服跨境法律冲突和外汇管制的问题,但相应的操作成本较高。常见的存托凭证包括美国存托凭证、欧洲存托凭证以及中国存托凭证等。

4. 证券投资基金份额

证券投资基金份额是一种特殊类型的证券,早期《证券法》并未将其明确列为证券的一种。然而,在2004年《证券投资基金法》正式生效后,2005年修订后的《证券法》第2条第2款明确规定:"政府债券、证券投资基金份额的上市交易适用本法;其他法律、行政法规另有规定的,适用其规定。"这一规定将证券投资基金份额纳入证券法的监管范围,成为一种被监管的证券类型。证券投资基金份额通常以基金券的形式存在,代表了投资者在基金中的权益。证券投资基金通过公开发行基金份额来募集投资者的资金,然后由基金管理人进行管理,由基金托管人负责托管基金资产。这种基金形式旨在以一种集合投资的方式,将投资者的分散资金集合起来,由专业的基金管理人以证券投资的方式进行有效的投资,以分散风险并实现规模效益。持有证券投资基金份额的投资者根据其份额大小享有相应的权益,这种基金的最显著特点包括分散投资、共担风险以及由专业基金管理人进行投资决策。证券投资基金的集合投资方式有助于降低风险,提供了分散投资的机会,同时也让普通投资者能够享受到专业投资管理的好处。

5. 资产支持证券

资产支持证券是一种金融工具,由金融机构作为发起人发起,将信贷资产信托给特定的受托机构,并由这些受托机构发行。这些证券的收益源自信贷资产所产生的现金流。资产支持证券是一种资产证券化的形式,它将原本不流动的信贷资产转化为可以在市场上交易的证券。中国人民银行和中国银监会(现在的国家金融监督管理总局)于2005年颁布了《信贷资产证券化试点管理办法》,规定了信贷资产证券化的基本模式。根据该法规,银行业金融机构作为发起机构,将信贷资产信托给受托机构。受托机构以资产支持证券的形式向投资机构发行受益证券,并使用信贷资产的现金流来支付这些证券的收益。资产支持证券在全国银行间债券市场上发行和交易。我国目前主要的资产证券化类型包括资产支持商业票据、信贷资产证券化和企业资产证券化等。这些证券化工具有助于金融机构有效管理他们的信贷风险,并提供了一种投资机会,使投资者能够参与信贷资产的收益。

6. 资产管理产品

资产管理产品是一种金融工具,本质上由一系列合同构成,包括借贷合同、委托合同和担保合同等。这些产品在杠杆比例、投资限制等方面受到复杂的规范要求,因此在证券监管和金融监管中具有较高的风险。私募资产管理业务是指证券期货经营机构非公开募集资金或接受财产委托,设立私募资产管理计划,并担任管理人,同时由托管机构担任托管人,依照法律法规和资产管理合同的约定,为投资者的利益进行投资活动。这一业务受到中国证监会颁布的《证券期货经营机构私募资产管理业务管理办法》的监管。此外,中国人民银行、原中国银保监会、中国证监会和国家外汇管理局发布的《关于规范金融机构资产管理业务的指导意见》也对资产管理业务进行了规范。资产管理业务是指银行、信托、证券、基金、期货、保险资产管理机构等金融机构接受投资者委托,对受托的投资者财产进行投资和管理的金融服务。资产管理产品包括但不限于人民币或外币形式的银行非保本理财产品、资金信托、证券公司及其子公司、基金管理公司及其子公司、期货公司及其子公司、保险资产管理机构、金融资产投资公司等发行的资产管理产品。这些产品根据募集方式分为公募产品和私募产品,根据投资性质分为固定收益类产品、权益类产品、商品及金融衍生品类产品和混合类产品。

7. 国务院依法认定的其他证券

《证券法》中的兜底条款"国务院依法认定的其他证券"具有很强的灵活性和适应性,它的作用是确保法律在证券市场不断发展和创新的情况下仍然能够覆盖所有类型的证券。这一条款的存在避免了列举证券种类时可能出现的遗漏或限制。

对于国务院依法认定其他证券的范围,没有明确的限定,它会根据证券市场的发展和需要而不断扩大。因此,国务院可以通过制定或发布行政法规、部门规章,甚至通过个案认定的方式来确定新的证券类型,使其纳入"国务院依法认定的其他证券"之列。这种认定方式的灵活性和适应性使法律可以更好地适应不断变化的金融市场环境,为未来的金融创新提供了法律框架和规范。通过不断扩大"国务院依法认定的其他证券"的范围,我国证券法能够更好地应对金融市场的变化和发展,同时保护投资者的权益。

(三)证券的法律特征

通过分析上述证券法意义上的证券类型,不难发现这些证券类型都存在共性,即有共同的法律特征。通过对这些法律特征的辨识,我们可以界定某种记载了一定权利的书面凭证是否属于证券法意义上的证券。

1. 财产性

证券是用来表明财产性权利的凭证。在市场经济和社会信用体系不断发展的背景下,人们开始更多地采用证券来间接控制和获取财产性权益,而不是依赖直接占有、使用、收益和处分财产。一般来说,证券权益的标的是财产,证券上通常载明了其面值,可以用一定的财产价值来衡量,并且在市场上有相应的交易价格。这种财产性并不是指证券本身的物质载体具有财产性,而是指证券所代表的财产性权益。证券的财产性能否实现和实现的程度并非固定不变,而是受多种因素影响的。举例来说,如果债券到期时未能获得全额偿付,那么其财产性将受到损失。同样,如果认股权证到期后未能及时行使,那么它可能会变成一张没有价值的废纸。因此,证券是一种用于表明财产性权益的工具,它们代表着财产性权利,但其财产性的实现程度取决于多种因素的影响。这使证券在现代经济中具有了更灵活和便捷的财产控制方式。

2. 证权性

证券具有证权性,即它们是用来证明持券人拥有相应证券权利的凭证。每张证券上都记录着特定的权利,持有人可以根据证券上的信息主张和行使相应的权利。如果证券是记名的,那么权利人可以通过证券上的持有人信息来证明他们拥有证券权利。对于不记名的证券,权利人可以通过持有证券本身来证明他们拥有证券权利。

证券的主要功能和意义之一是证明证券权利的存在和权利的归属。无论是什么类型的证券,都具备这一特性。无论是用于证明持有人的股东权益的股票,还是用于证明持有人的债权地位的债券,都能够有效地证明相应的证券权益。这种证券性赋予了证券实际价值。总之,证券的本质在于证明持券人的权益,无论是股权还是债权等各种权益。这种证权性是证券的核心特征,赋予了证券独特的价值。

3. 投资性

证券在金融活动中充当着重要的投资工具角色。发行人通过向持券人发行证券来筹集所需的资金,而持有人可以在二级市场上买卖证券,通过买低价卖高价来赚取差价从而获得利润。持有人参与证券发行和交易的活动通常以追求最大化投资利益为目标。这种投资利益可以分为两个方面:一是来自证券权益本身价值的增长,二是来自证券市场的溢价收入。证券交易活动的参与者可以分为两类:投资性参与者和投机性参与者。投资性参与者更加注重证券权益本身价值的增长,他们通过长期持有证券来分享其价值增长所带来的收益。而投机性参与者则更加关注证券市场的溢价收入,他们通过短期持有和频繁交易来获取利润。尽管证券投资可以带来一定的收益,但这个过程伴随相应的风险。不同类型的证券具有不同的风险,并且风险与收益通常呈正相关关系。在证券市场上,个人投资者通常较难准确预测和管理风险,而市场上的投机和违法行为也增加了投资风险的存在。

4. 流通性

证券具有良好的流通性,可以在市场上合法地进行买卖和转让。作为财产权利的表现形式,证券以革命性的方式简化了财产和权利转让的复杂流程。它们以标准化的形式代表着财产性权益,使交易变得高效和便捷。交易参与者只需进行简单的交付或登记过户手续,就能方便地完成财产权益的转移。证券的流通性是实现财产权利变动的基本要求,也是实现其自身价格发现和价值增长的基础。证券在市场上的流通使其具有了交换价值,从而根据市场供需关系形成相应的市场价格。随着市场对某一证券的了解和认可程度提高,其价格也会随着更多人愿意购买而上涨。证券持有者还可以通过出售证券来获得溢价收入。证券的流通方式多种多样,可以在证券交易所等集中交易场所进行转让,也可以在场外由买卖双方自行协商或通过代理股份转让系统进行撮合交易。证券交易所提供的交易方式包括集中竞价交易、大宗交易、裁定交易和协议交易等。随着多层次资本市场的建设和完善,证券的流通性将得到进一步的提高和保障。这一特点使证券成为投资者进行资本市场交易的理想选择。

(四)证券市场及其结构

1. 证券市场

证券市场是包括证券投资活动全过程在内的证券供求交易的网络和体系,它是金融市场的重要组成部分。证券市场的作用是为各类市场参与者提供一个专门场所和完善的基础设施,以便进行广泛的证券投资和交易活动。这个市场体系不仅包括了买卖股票、债券、基金等多种金融工具的买卖,还涵盖了信息披露、价格形成、风险管理、融资和投资等一系列重要功能,扮演资本市场的中枢角色,为企业融资、投资者财富增长以及经济繁荣提供了重要的支持和动力。在证券市场中,不同类型的金融工具被交易,包括但不限于股票、债券、互惠基金、衍生品等。这些工具代表着不同的投资机会和风险水平,吸引了广泛的投资者,包括个人投资者、机构投资者,以及国内和国际市场的参与者。证券市场的多样性和灵活性为投资者提供了广泛的选择,以满足他们的投资目标和风险偏好。此外,证券市场也是信息的中心,要求上市公司和发行人按照法定规定披露相关信息。这种信息透明度不仅有助于投资者作出明智的决策,也促进了市场的公平和公正。证券市场还有助于企业筹集资金,支持其扩张和创新,为经济增长提供了资本来源。证券市场的构成有三个要素:市场主体(主要是资金需求者和资金供给者),市场客体(金融工具),市场组织方式(主要有交易所方式和柜台交易方式)。

2. 证券市场的内部结构

证券市场有两个组成部分,一个是发行市场,另一个是交易市场。发行市场的存在是交易市场运行的前提。交易市场又是发行市场得以保持和繁荣的条件。

发行市场是证券市场的一个重要组成部分,它是新证券首次发行和上市的场所。发行市场的存在为公司和其他实体提供了筹集资金的途径,以支持业务扩张、项目投资或债务偿还。以下是发行市场的一些关键特点:(1)首次公开发行。公司首次向公众发行股票或债券,以筹集资本并在证券交易所上市。这是发行市场的核心活动之一。(2)债券发行。发行市场也涵盖了各种类型的债券发行,包括公司债券、政府债券和其他债务工具。(3)募资流程。发行市场的募资流程通常包括申请、审查、核准和发行。公司必须符合一系列要求和标准,以便获准在交易市场上市。(4)信息披露发行市场要求公司提供详细的财务信息和业务计划,以便投资者能够作出明智的投资决策。这包括发行招股说明书等文件。

交易市场是证券市场的另一个主要组成部分,它是证券的买卖和交易活动发生的地方。交易市场为投资者提供了买卖证券的平台,支持市场的流动性和价格发现。以下是交易市场的一些关键特点:(1)买卖交易。交易市场是投资者进行证券交易的场所。在这里,买方和卖方可以通过证券交易所或场外市场交换证券。(2)流动性提供者。市场中存在流动性提供者,如证券经纪商和市场制造商,他们愿意在市场上买卖证券,以确保市场的顺畅运作。(3)价格发现。交易市场通过供求关系来确定证券的价格。投资者的买卖活动会影响证券价格的波动,从而实现价格发现。(4)交易规则。交易市场制定了一系列交易规则和制度,以确保公平、公正和透明的交易。这包括交易时的报价、撮合机制和交易所的监管规则。

二、证券法概述

(一)证券法的概念与调整对象

证券法是关于证券募集、发行、交易、服务以及对证券市场进行监督管理的法律规范的总和。

证券法的调整对象就是指证券市场的参与者和监督管理者在证券的募集、发行、交易、服务、监督管理过程中所发生的各种经济社会关系,包括证券募集、发行关系,证券交易关系,证券服务关系,证券监督管理关系。证券关系一经调整,便上升为证券法律关系。

证券法律关系的构成要素:(1)证券及证券行为;(2)证券市场的参与者和监督管理者;(3)证券市场的参与者和监督管理者所享有的权利(权力)和承担的义务。

（二）证券法的原则

1. 公开原则。公开原则要求在证券市场的各个环节中保持信息的透明度和公开性。这意味着发行公司和市场参与者必须向投资者提供准确、全面和及时的信息，使投资者能够作出明智的投资决策。公开原则包括了信息披露、公告上市、招股说明书等措施，以确保市场中的所有信息都是公开可见的。

2. 公平原则。公平原则要求市场参与者在交易和竞争中遵守公平的规则和道德标准。这包括了对所有投资者平等对待、防止内幕交易、操纵市场和不正当竞争行为等。公平原则的目标是维护市场的公平竞争环境，防止市场操纵和不正当行为，确保每个投资者都有平等的机会。

3. 公正原则。公正原则要求证券市场的监管机构和法院在处理证券纠纷和违规行为时保持公正和公正的立场。这意味着对违规行为的调查、处罚和诉讼必须按照法律程序进行，不受干扰或歧视。公正原则确保了法律的适用和公平的司法程序，以维护法治和法律的尊严。

（三）证券法的体系与结构

从表现形式来看，《证券法》包括：（1）国家立法机关制定的《公司法》《证券法》及其他有关证券的商事、行政、刑事法律；（2）国家行政机关及其部门制定的有关证券监督管理的行政法规规章；（3）地方立法机关与行政机关制定的有关证券的法规规章；（4）经证券监督管理机构认可的证券业协会、证券交易所制定的自律规章、守则等。

从内容来看，《证券法》包括：（1）总则；（2）证券的发行；（3）证券的交易；（4）证券经营机构；（5）证券服务机构；（6）证券交易所；（7）证券管理机构；（8）证券业协会；（9）证券仲裁与诉讼；（10）境外证券投资。

（四）我国证券法发展历程

自改革开放以来，我国资本市场经历了一个从低级到高级、从简单到复杂的发展过程；与此相应，证券法律制度也呈现明显的螺旋式上升与波浪式前进的特征。

回顾改革开放以来的发展历程，我国证券市场实现了从无到有、从小到大的发展，初步实现了依靠市场配置资源的目标；在法治建设方面，市场法治和规则不断完善，《公司法》《证券法》等一系列重要法律相继出台，并根据经济改革的现实需要及时进行了修订，为证券市场的正常运行提供了法律保障。当然，这些只是我国证券市场发展中的阶段性成果，仍需继续完善。

三、证券市场主体法律制度

(一)证券交易所

1. 证券交易所的概念及法律特征

证券交易所是依据国家有关法律设立的,为证券集中交易提供场所和设施,组织和监督证券交易,实行自律管理的法人。因此,证券交易所具有以下法律特征。

(1)提供交易场所和设施。证券交易所是证券市场的核心,为买家和卖家提供了专门的场所和设施,促进了证券的集中和高效交易。这包括场内市场(证券交易所)和场外市场。证券交易所在市场体系中扮演关键角色。

(2)履行组织和监督职能。证券交易所不仅是市场的组织者,还是一线监管者。它的职责包括组织证券交易、接受申报、撮合成交、发布交易行情、公布交易信息以及制定证券交易规则。此外,证券交易所还有监督职能,负责监督和管理证券交易活动,确保市场的公开、公平和公正,以保护投资者的权益。

(3)法人性质。根据法律规定,证券交易所被赋予法人地位,不再被定义为"不以营利为目的的法人",而是明确规定为"法人"。这一修改明确了证券交易所的法律地位,使其成为一个独立的法律实体,有助于明确其民事主体地位,并为其未来可能采取的组织形式(如公司制)留下了更多的制度空间。

2. 证券交易所的组织形式

证券交易所作为证券市场的核心,提供了一个高度组织化、集中化的市场,用于公开买卖证券的交易。它并不直接参与证券买卖,也不干预证券价格的决定,而是为证券交易创造了一定的场所和设施,同时提供了必要的管理和服务人员,以确保证券交易在一个稳定、公开、高效的环境中进行。在世界各国和地区,证券交易所的组织形式通常有两种:一是公司制证券交易所。这些证券交易所是以营利为目的的企业法人,由不同类型的商事组织,如银行、证券公司、投资信托公司等,共同出资建立的股份有限公司。它们运营证券市场,并通过交易费用、会员费等方式盈利。我国的证券交易所属于这一类别。二是会员制证券交易所。这些交易所不以营利为目的,采用非营利性法人的组织形式。其会员通常是各类证券商,必须向证券交易所缴纳会费。证券交易所主要通过会员费用来维持运营。我国除有上海证券交易所、深圳证券交易所和北京证券交易所外,香港交易所和台湾证券交易所也在境内运营,共同构成了我国的证券交易市场体系。这些交易所在维护证券市场的正常运行和监督证券交易活动方面发挥着关键作用。

3. 证券交易所的职责范围

(1)依法制定业务规则。根据《证券法》第 115 条的规定,证券交易所依照法律、行政法规和国务院证券监督管理机构的规定,制定上市规则、交易规则、会员管理规则和其他与证券交易活动相关的业务规则,并报国务院证券监督管理机构批准。这些规则对于证券交易活动的各个参与主体都有约束力,违反这些规则的行为会受到证券交易所的纪律处分或其他自律管理措施。

(2)对证券交易的监管。证券交易所具有实时监控的职能,根据《证券法》第 112 条第 1 款的规定,证券交易所对证券交易实行实时监控,并按照国务院证券监督管理机构的要求,对异常的交易情况提出报告。这一监管措施旨在维护证券市场的交易秩序,保护投资者的利益。证券交易所需要建立符合监管和实时监控要求的技术系统,并保障相关系统的安全和稳定运行。

(3)对证券公司的监管。证券交易所在监管证券公司方面有详细的规定,包括对交易席位、交易单元、技术管理、自营及资产管理业务、客户适当性管理制度等方面的监管。这些规定旨在确保证券公司遵守相关法规和自律要求,维护市场秩序,保障投资者的权益。证券交易所可以要求证券公司建立风险控制系统和监测模型,以防范系统性风险,并对违法违规行为采取相应的处置措施。

(4)对证券上市交易公司的监管。证券交易所通过上市协议来监管证券上市交易公司,确保它们按照章程、协议和业务规则要求披露信息,维护市场秩序。证券交易所可以采取多种措施,如审核信息披露文件、实施停复牌措施、监管特定人员持股变动以及处理违法违规行为,以确保证券上市交易公司的合法运行和信息披露的准确性。

4. 证券交易所的法定义务

《证券法》中规定的特殊义务以及《证券交易所管理办法》中的管理与监督规定有助于确保证券交易所能够妥善行使自律监管职权,维护市场秩序和保护投资者的权益。

(1)不得分配共有积累。证券交易所不得将自行支配的各项费用收入分配给会员。而实行会员制的证券交易所的财产积累归会员所有,不得在其存续期间将其财产积累分配给会员。这一规定有助于确保证券交易所优先用资金维护场所和设施的正常运行,并逐步改善其服务,以保障市场的稳定运行。

(2)设立风险基金。证券交易所应当从其收取的交易费用、会员费和席位费中提取一定比例的金额设立风险基金。风险基金由证券交易所理事会管理,用于应对市场风险和突发事件。具体的提取比例和使用办法由国务院证券监督管理机构会同国务院财政部门规定,以确保证券交易所具备足够的风险防范能力。

(3)从业人员的回避义务。证券交易所的负责人和其他从业人员在执行与证券交易相关的职务时,如果与其本人或其亲属有利害关系,应当回避,以避免利益冲突或不当行为。

(4)依法处理证券交易义务。证券交易所应当保障按照依法制定的交易规则进行的交易不受干扰,确保交易结果不被改变。对于交易中的违规行为者,应依法追究其民事责任,并根据相关规定处理其所获得的利益,以维护市场的公平和透明。

(5)报告与报批义务。证券交易所在行使监管职权过程中,必须及时向证券监管机构报告采取的措施,确保监管的透明和有效性。制定的监管规则应报请证券监管机构批准后实施,以确保合规性和一致性。这些特殊义务和规定有助于确保证券交易所的自律监管体系能够正常运行,维护市场的稳定和公平,以及保护投资者的权益。

(二)证券公司

1. 证券公司的概念与法律地位

证券公司是指依照公司法规定,经证券监督管理机构批准设立的从事证券经营业务的有限责任公司或者股份有限公司。证券公司作为从事证券业的特殊公司,其设立、运行与监管必须同时遵循公司法与证券法的规定。与普通公司相比,证券公司在设立程序、设立条件、经营范围及管理体制等方面都具有特殊属性。

2. 证券公司的业务范围

(1)证券经纪。证券经纪是证券公司的核心业务之一,它涉及证券市场中买卖交易和投资者之间的连接。证券经纪公司扮演着重要的中介角色,帮助投资者买入和卖出各种金融工具,如股票、债券、期权和其他证券产品。证券经纪主要包括以下工作:一是订单执行和交易执行。证券经纪公司接受来自投资者的买卖订单,并在证券交易所或场外市场上代表客户执行这些订单。他们必须确保订单的及时和准确执行,以获得最佳价格。二是市场研究和分析。证券经纪公司通常提供市场研究和分析服务,以帮助客户作出明智的投资决策。这包括行业分析、公司报告和市场趋势分析等。三是客户服务。证券经纪公司与客户之间建立长期的关系,提供咨询、投资建议和客户支持。他们必须了解客户的投资目标和风险偏好,以提供个性化的服务。四是电子交易平台。许多证券经纪公司提供在线交易平台,允许客户自己进行交易,这一趋势在数字化时代越发重要。五是代理交易与自营交易。证券经纪公司可以作为代理人执行客户的订单,也可以自营交易,即公司自己进行交易以赚取利润。

(2)证券投资咨询。证券投资咨询旨在为客户提供有关投资和资产管理的专业建议。这种咨询服务有助于投资者制定和执行他们的投资策略,根据风险偏好和财务目标进行个性化的投资规划。证券投资咨询主要包括以下工作:一是投资组合管理。证券投资咨询公司帮助客户管理其投资组合,根据客户的风险承受能力和投资目标来选择适当的资产类别和证券。他们会监测投资组合的绩效,并在需要时进行调整以最大化回报。二是风险评估。证券投资咨询公司会评估客户的风险偏好,并根据这些信息建议适当的投资策略。一些客户可能更愿意承担高风险以追求更高回报,而另一些客户则可能更关注保值和稳定性。三是市场研究和分析。投资咨询公司提供详细的市场研究和分析,以支持他们的投资建议。这包括宏观经济分析、行业研究和具体证券的分析报告。四是定期报告和客户沟通。证券投资咨询公司通常会向客户提供定期报告,以跟踪投资组合的绩效,并与客户保持沟通,以适应变化的市场条件和客户需求。

(3)与证券交易、证券投资活动有关的财务顾问业务。这是指证券公司利用自身的专业知识和行业经验,为客户的证券交易、证券投资活动提供全面的财务咨询服务。服务范围广泛,涵盖了公司财务、项目融资、资本运作等多个领域,主要包括以下几个方面:一是企业资本运作咨询,为客户的资本运作提供战略规划、方案设计等咨询服务。二是财务分析报告编制,根据客户的需求,编制各类财务分析报告,如尽职调查报告、投资价值分析报告等。三是项目可行性研究,对客户的投资项目进行可行性研究,评估项目的经济效益和风险。四是商业计划书撰写,帮助客户撰写商业计划书,以吸引投资者或合作伙伴。

(4)证券承销与保荐。证券承销与保荐是资本市场的重要环节,它有助于公司和政府机构筹集资金并在市场中获得资本。同时,这一过程需要高度的专业知识和合规性,以确保证券市场的稳健运作。因此,证券公司在这一领域的专业团队非常重要,他们需要协调各方利益,以成功完成发行。

(5)证券融资融券业务。证券融资融券业务是指证券公司向客户出借资金供其买入证券(融资交易),或者出借证券供其卖出(融券交易),并收取担保物的经营活动。这种业务模式为客户提供了更多的交易策略和风险管理手段,助力提升市场的流动性和活跃度。当投资者预测证券价格将上涨,但手头资金不足时,可以向证券公司融资买入证券,到期前偿还本息。当投资者预测证券价格将下跌,但手头没有证券可供卖出时,可以向证券公司融券卖出,待证券价格下跌后再买回并归还证券公司,同时支付相应的利息。证券公司从事融资融券业务需要严格防范和控制风险,确保业务的合规性和稳健性。同时,投资者也需要满足一定的条件才能开通融资融券业务,如具备半年以上的证券交易经验、证券账户内日均资产达到一定规模等。

(6)证券做市交易业务。证券做市交易业务是指证券公司作为特许交易商,在证券市场上不断向公众投资者报出某些特定证券的买卖价格(双向报价),并在该价位上接受公众投资者的买卖要求,以其自有资金和证券与投资者进行的证券交易。做市商通过做市制度来维持市场的流动性,满足公众投资者的投资需求。做市商需要同时报出证券的买入价和卖出价,为投资者提供交易对手方;应具备充足的资金和证券储备,以应对投资者的买卖需求;建立健全的风险管理和内部控制制度,防范市场风险和操作风险。

(7)证券自营。证券自营是指证券公司使用自有资本进行各种证券交易和投资活动的业务领域。这些活动旨在通过买入和卖出不同类型的金融资产来获取利润,如投资组合管理。证券公司的自营交易团队负责管理公司的投资组合,包括股票、债券、期权、期货和其他金融工具。他们会根据市场条件和公司的风险承受能力进行投资决策。

(8)其他证券业务。随着证券市场的发展与金融创新的推进,证券公司还可以经营其他经国务院证券监督管理机构核准的证券业务。例如,证券资产管理业务(需符合《证券投资基金法》等法律、行政法规的规定)。

(三)证券登记结算机构

1. 证券登记结算机构的概念及职能

根据《证券法》第145条的规定,证券登记结算机构,是指为证券交易提供集中登记、存管与结算服务,不以营利为目的,依法登记,取得法人资格的机构。在我国,设立证券登记结算机构必须经国务院证券监督管理机构批准。证券登记结算机构一般具有登记、存管和结算三项职能。证券登记是指记录和管理证券持有人的持有情况和交易信息。证券登记结算机构负责维护证券持有人名册,确保准确记录股东或债券持有人的信息。这包括股份或债券的数量、所有人的身份信息、交易历史等。登记职能有助于确保证券交易的合法性和透明性,防止欺诈行为,并为公司派发红利、利息以及为投资者通信提供便利。存管职能是指托管和保管投资者的证券资产,以确保其安全和可流通性。证券登记结算机构充当了证券资产的安全保管者,托管着投资者的股票、债券和其他金融工具。这有助于防止证券的丢失或损毁,并在投资者需要时便于证券的转移和交易。证券存管也可以提供便捷的服务,如电子交易和资金划转,以支持投资者的交易活动。结算职能是指在证券交易完成后,确保证券和资金的交付和清算过程。证券登记结算机构负责将证券从卖方转移到买方,并确保相应的资金结算。这有助于减少交易风险,确保交易的安全和高效性。证券结算也有助于确保交易的最终履行,即买卖双方都按照合同条件完成交易。

2. 证券登记结算机构的风险防范

(1)建立数据安全保护措施,建立健全的业务、财务和安全防范等管理制度,建立完善的风险管理系统等。为了确保证券登记结算机构的稳健运营和投资者数据的安全性,证券登记结算机构需要采取一系列综合性的措施。这包括建立强有力的数据安全保护措施,制定全面的业务、财务和安全管理制度,以及建立完善的风险管理系统。这些措施协同工作,有助于降低潜在风险,确保机构在日常运营中能够有效地管理和应对各种挑战。在这个数字化时代,数据安全和风险管理已经成为金融机构不可或缺的关键要素,对于机构的声誉和可持续发展至关重要。

(2)建立证券结算风险基金。通过建立风险基金,证券登记结算机构可以积累一定的资金储备,以应对可能的亏损或风险事件,从而维护业务的连续性和稳定性。这种基金的设立为投资者提供了额外的信心,表明机构有能力应对不可预见的挑战,并保障了市场的健康运行。

(四)证券服务机构

证券服务机构,是指依法设立的从事证券服务业务的机构。我国《证券法》规定的证券服务机构包括:投资咨询机构、财务顾问机构、资信评级机构、资产评估机构、会计师事务所及律师事务所。

1. 证券投资咨询机构。证券投资咨询机构,也称"证券投资顾问机构",是指依法成立的,为证券投资人或者客户提供证券投资分析、预测或者建议,以营利为目的的经济组织。该类机构主要任务是为广大投资人或客户提供专业的、与证券市场相关的服务。这包括但不限于对证券投资的深入分析、市场趋势的预测,以及有关投资策略和决策的建议。这些服务的目的是协助投资者作出明智的金融投资决策,以实现其特定的投资目标,并在此过程中追求经济回报。证券投资咨询机构的存在和运营宗旨都是以营利为目的的。这意味着它们在为客户提供专业投资建议的同时,也追求自身的盈利和持续发展。证券投资咨询机构通过向客户提供高质量的投资咨询服务来获得费用或佣金,作为其经济回报的来源。这一模式旨在确保证券投资咨询机构能够吸引并保持一流的金融专业人才,以提供客户所需的高水平服务。在金融市场中,证券投资咨询机构扮演了关键的角色。它们为投资者提供了及时的市场信息和专业建议,帮助客户更好地理解市场动态和风险,制定符合其投资目标的策略。这不仅有助于提高投资者的决策质量,还有助于提高市场的透明度和效率。

2. 证券资信评估机构。证券资信评估机构是依法设立的对证券质量进行评价从而确定证券投资价值的以营利为目的的经济组织。首先，证券资信评估机构运营的核心任务是对各种类型的证券进行全面的信用评估，以明确证券的质量和信用风险，从而为市场参与者提供关键的投资价值信息。这些机构的存在和运作是为了追求经济利益，通过为其提供专业信用评级服务来获取报酬。这些机构的角色在金融领域中至关重要。它们通过独立和客观的信用评级帮助投资者了解证券的风险水平。这对于投资者来说至关重要，因为它有助于他们作出明智的投资决策，选择与其风险偏好和投资目标相符的证券。其次，证券资信评估机构提高了市场的透明度。它们为市场参与者提供了有关证券的信息，包括其信用评级、风险因素和市场表现的历史数据。这使投资者能够更准确地了解市场，并根据他们的需求和情况作出决策。再次，这些机构在风险管理方面也发挥着重要作用。银行、投资机构和其他金融实体依赖于评级来管理其投资组合的风险。评级机构的评级帮助他们确定哪些证券是值得投资的，哪些具有潜在的信用风险。最后，证券资信评估机构的存在也鼓励了信用市场的发展。发行人可以通过获得高质量的信用评级来吸引更多的投资者，降低融资成本。

3. 其他证券交易服务机构。其他证券交易服务机构主要包括会计师事务所和律师事务所。会计师事务所是专门负责审计和验证公司财务报表的机构。它们的独立性和专业性确保了公司的财务报告准确、可信，并符合相关法律法规的要求。这有助于投资者和监管机构了解公司的财务状况，从而增加了市场的透明度和信心。律师事务所为金融市场提供法律咨询和法律服务。它们协助公司处理与合规性、法律争议和合同等有关的法律事务。在上市和交易过程中，律师事务所的法律专业知识确保了交易的合法性和合规性，同时为市场参与者提供法律保护。

（五）证券业协会

1. 证券业协会的概念及法律地位

证券业协会，是指依法设立的旨在对证券业进行自律性管理的具有法人资格的非政府组织。该机构在各个国家及地区的称谓不尽相同，如美国、韩国称证券商协会，英国称证券业理事会，法国称证券经纪人协会，中国、日本称证券业协会。我国《证券法》第 164 条第 2 款规定，证券公司应当加入证券业协会。因此，证券业协会是任何证券公司均须加入的法定组织。这样，既能减轻国家证券监管机构的工作总量与负担，降低行政成本，又能促使证券公司由消极被动接受管理转向积极主动地进行自我约束与规范。证券业协会是依法设立的旨在对证券业进行自律性管理的具有法人资格的社会团体组织。除此之外，其本身是社会团体法人。

2. 职责

(1)教育和组织会员遵守证券法律、行政法规。证券业协会扮演了教育和引导会员遵守证券法律和行政法规的角色。它通过提供培训和指导,帮助会员了解和遵守相关法律法规,确保市场参与者的行为合法合规。

(2)依法维护会员的合法权益,向证券监督管理机构反映会员的建议和要求。收集整理证券信息,为会员提供服务。证券业协会致力于维护会员的合法权益。这包括处理会员的建议和要求,向证券监督管理机构反映会员的关切,并在必要时代表会员提出合理的诉求,以确保他们的利益得到充分保护。

(3)制定会员应遵守的规则等。证券业协会制定了会员应遵守的规则和行为准则。这些规则旨在规范会员的行为,确保市场的公平和透明,防止不当行为和市场操纵。

(4)对会员之间、会员与客户之间发生的证券业务纠纷进行调解。证券业协会扮演了解决会员之间和会员与客户之间发生的证券业务纠纷的调解者角色。它提供一个独立的平台,协助各方就争议达成公平和解,减少诉讼和争端。

(5)组织会员就证券业的发展、运作及有关内容进行研究。证券业协会组织会员就证券业的发展、运作以及与市场相关的内容进行研究。这有助于推动金融市场的创新和改进,促进行业的可持续增长。

(6)监督、检查会员行为。证券业协会对会员的行为进行监督和检查,以确保他们遵守自律规则和法律法规。这有助于维护市场秩序和投资者的信心。

(7)证券业协会章程规定的其他职责。根据证券业协会章程的规定,还包括其他与金融市场运作和自律性管理相关的职责。这些职责可能会根据市场需要进行不断扩展和调整。

四、证券发行、上市与交易

(一)证券发行

1. 证券发行的概念及法律意义

证券发行是指证券的发行者为筹集资金依法向投资者以同一条件招募和出售股票、公司债券以及其他证券的活动。证券发行有宣示权利的法律意义。

2. 证券发行的分类

证券发行可作如下分类:(1)依发行主体的不同,可分为公司发行、金融机构发行以及政府发行。(2)依发行对象的不同,可分为公募发行和私募发行。(3)依发行目的不同,可分为设立发行和增资发行。这种分类适用于股票发行。(4)依发行是否借助证券发行中介机构的不同,可分为直接发行和间接发行。(5)依发行价格与证券票面金额或贴现金额的关系不同,可分为平价发行、溢价发行、折价发行。(6)依发行地点不同,可分为国内发行和国外发行。

3. 证券发行保荐制度

(1)概念

证券发行人申请其证券上市交易,必须聘请依法取得保荐资格的保荐人为其出具保荐意见,证明其发行文件中所载材料真实、完整、准确,符合在交易所上市的条件,从而由保荐人协助发行人建立严格的信息披露制度,承担风险防范责任。

(2)我国的保荐制度适用于两种情况

第一,公开发行股票、可转换为股票的公司债券。这一情况涉及公司通过公开发行股票或可转换为股票的公司债券来筹集资金。保荐制度在这种情况下的主要目标是确保公司充分遵守法律法规和信息披露要求,以保护投资者的权益。保荐机构扮演着中介和监管的双重角色,他们需要审查公司的财务状况、业务计划和风险因素,并向投资者提供专业建议,以协助投资者作出明智的投资决策。

第二,公开发行法律、行政法规规定实行保荐制度的其他证券。这一情况适用于特定类型的其他证券,只要法律或行政法规规定了实行保荐制度。这可以包括各种金融工具,如特定类型的债券、基金份额或其他类似证券。在这些情况下,保荐机构的职责是确保证券发行和交易的合法性和合规性,从而维护市场的稳定性和透明度。

(3)证券发行的保荐人

证券发行的保荐人包括保荐机构和保荐代表人。保荐机构是专业的金融机构,经过监管机构批准和授权,具备为公司进行证券发行、提供专业服务的资格。它们在证券发行过程中扮演着核心角色,负责审核和评估公司的财务状况、业务计划、风险因素等关键信息,以确保相关信息充分、准确地披露给投资者。保荐机构还需要提供专业意见,帮助公司确定发行价格、发行计划以及市场营销策略。在整个证券发行过程中,保荐机构要确保公司遵守法律法规,以及证券交易所的规则和规定,以维护证券市场的正常运行。保荐代表人是保荐机构委派的个人代表,负责协助和监督证券发行过程。他们承担了保荐机构的职责,并作为公司与监管机构之间的重要联系人。保荐代表人需要具备丰富的市场经验和专业知识,以便更好地执行其职责。他们必须确保公司的发行活动符合法规,并及时向监管机构报告任何重大事件或异常情况。保荐代表人的职责还包括向投资者提供专业建议,协助解决可能出现的问题,以维护证券市场的健康和稳定。

4. 证券发行审查

在国际范围内,证券发行核准存在两种主要体制:公开主义和证券发行核准制度。核准制度的特点:一是强调监管审查。核准制度强调证券发行前的监管审查,国务院证券监督管理机构会仔细审查发行申请,确保发行公司满足法定条件,并监督其披露信息的真实性、准确性和完整性。这有助于保护投资者的权益,维护市场秩序。二是政府主导。在核准制度下,政府机构在证券发行审查中发挥主导作用。证券发行需要获得政府机构的明确核准,这通常涉及严格的法律和监管标准。三是较高的审查标准。核准制度通常对发行公司的财务状况、业务计划、公司治理结构等方面提出较高的审查标准。这有助于筛选出具备良好商业潜力和合规性的公司,提高市场的投资质量。四是流程相对较慢。与注册制度相比,核准制度的审查流程通常较为烦琐,需要更多时间。这可能会导致证券发行的审批过程较为缓慢。

近年来,我国证券市场在不断改革。股票发行注册制度可以推动市场改革和提高市场效率。这意味着中国证券市场从核准制度向更加市场化的注册制度转型,为企业提供更多融资渠道,促进市场的发展和创新。这一改革举措有望使中国的资本市场更具竞争力和包容性。

5. 证券发行信息公开

证券发行的信息公开,有利于投资者作出正确的投资选择,保证所有投资者有均等获得信息的权利。通过各方监督以及法律严加规范,也能有利于规范发行公司的行为。

(1)预披露制度,这是指申请人首次公开发行证券的,在按照法律规定向国务院证券监督管理机构报送有关申请文件并在其受理后,将有关申请文件向社会公众披露,而不必等到国务院证券监督管理机构对发行文件审核完毕,作出核准发行的决定后再进行披露。

(2)证券发行需要公开的信息。证券发行过程中需要公开的信息是多方面的,其中包括但不限于以下几个关键文件和信息:

第一,招股说明书。招股说明书是公司首次公开发行股票时必须公开的重要文件。它包括了有关公司的详细信息,如公司业务、财务状况、管理团队、风险因素、募集资金用途等。招股说明书向潜在投资者提供了对公司的全面了解,以便他们能够作出是否投资的决策。

第二,配股说明书。配股说明书是公司进行配股的时候必须提供的文件。它包括了公司决定配股的原因、配股比例、发行价等详细信息,以及有关公司的基本情况。

第三,公司债券募集办法。当公司决定发行债券时,需要提供公司债券募集办法,其中包括了债券的发行规模、利率、到期日、还本付息方式等重要信息。这些信息有助于投资者了解债券的特性和风险。

第四,年度报告和中报。公司需要定期向公众披露其年度报告和中报。这些报告包括了公司的财务报表、经营业绩、管理层讨论与分析、未来展望等信息。投资者可以通过这些报告了解公司的财务状况和经营表现。

第五,定期报告和临时报告。公司需要按照规定定期向证券交易所和监管机构提交定期报告和临时报告。这些报告包括了有关公司业务、财务、重大事项的信息。临时报告通常用于及时披露公司发生的重大事件,以便投资者能够及时了解情况。

第六,内幕信息披露。公司及其管理层需要按照法律规定,及时披露任何可能对公司股票价格产生重大影响的内幕信息。这旨在确保市场公平和透明,防止内幕交易和操纵市场行为。

第七,股东会公告。公司需要在股东会前向股东发出公告,提前公布会议议程、提案、时间和地点等相关信息。这有助于股东了解并参与公司治理事务。

第八,其他必要的信息。根据不同的证券发行和交易,还可能需要提供其他特定的信息,如合同、协议、募资用途说明等。

(二)证券上市

1. 证券上市的概念

证券上市是指发行人发行的证券,依法定条件和程序,在证券交易所或其他法定交易市场公开挂牌交易的法律行为。

2. 证券上市的标准

证券上市的标准包括:(1)规模基准:公司资本额(净资产)或证券发行量来衡量。(2)经营基础基准:经营基础基准一般指公司的资本结构、营利水平等。(3)股权分布基准:最低持股人数及公众持股比例或持股数的要求。(4)其他基准:公司最近三年的财务报表中没有虚假记载,财务报表经注册会计师验证,对证券的转让未加限制等。

3. 证券上市的程序

(1)股票上市

第一,申请核准。公司首先需要向中国证券监督管理机构提交上市申请,并满足一系列法定条件,包括财务和运营状况的合规性。中国证监会将对公司的资质进行审核,确保其符合上市要求。

第二,签署上市协议。一旦上市申请获得核准,公司需要与证券交易所签署上市协议,明确双方的权责和上市的具体条件。

第三,公告上市。公司需要按照法定程序在指定媒体上公告其拟上市的计划,包括上市日期和发行价格等信息。

第四,挂牌交易。一旦上市公告完成,公司股票将在指定的证券交易所上市,并开始进行挂牌交易。

(2)公司债券上市

第一,申请核准。发行公司需要向中国证券监督管理机构提交债券上市申请,并满足相关法定条件,包括公司财务状况和债券的发行计划等。

第二,公告上市。一旦上市申请获得核准,公司需要在指定媒体上公告其债券的上市计划,包括发行日期、发行价格和债券特性等信息。

第三,挂牌交易。债券上市后,投资者可以在证券交易所进行债券交易,包括买入和卖出。

(3)政府债券上市

政府债券上市的程序相对简单,因为政府债券通常由中央或地方政府财政部门直接发行。在中国,政府债券的发行及上市审查流程由中央政府财政部门具体规定。由于政府背书,政府债券一般可豁免证券交易所的发行及上市审查,程序较简化。

4. 证券上市的暂停与终止

证券上市的暂停有三种形式:申请上市暂停、法定上市暂停和自动上市暂停。

证券上市的终止也有三种形式:申请上市终止、法定上市终止和自动上市终止。

上市暂停可在具备法定条件时证券恢复上市交易,而上市终止不能恢复上市。

(三)证券交易

1. 证券交易概述

证券交易是指对已经依法发行并经投资者认购的证券进行买卖的行为。其特证如下:

第一,财产价值的特定权利的买卖。证券交易涉及的是具有财产价值的特定权益,如股票、债券、基金份额等。这些证券赋予持有者一定的权利,如股票持有者享有公司股权,债券持有者享有债务债权关系,基金份额持有者享有基金投资组合的权益。因此,证券交易是投资者在市场上买卖这些特定权益的过程。

第二,标准化合同的买卖。证券交易通常涉及标准化合同,这意味着证券的基本条款和条件在市场上是固定和统一的。例如,一家公司的股票在市场上都具有相似的权益,且发行后的基本条款不会随着每一笔交易而发生变化。这种标准化使证券交易更加高效和流动。

第三,已依法发行并经投资者认购的证券的买卖。证券交易涉及已依法发行的证券,这意味着这些证券已经通过合法的程序进行了发行,并且可以由投资者认购和持有。公司或其他实体通过发行证券来融资;投资者则可以购买这些已发行的证券来获取相应的权益。证券市场的交易活动基于这些合法发行的证券,确保市场的合规性和合法性。

证券交易可作如下分类:(1)从交易场所的角度来看,可分为集中交易市场和分散交易市场。(2)从买卖双方交易主体结合方式来看,可分为议价交易和竞价交易。(3)从达成交易的方式来看,可分为直接交易和间接交易(委托交易)。(4)按交割期限和投资方式的不同,可分为现货交易、期货交易、期权交易、信用交易和回购。

2. 证券交易的一般规则

根据《证券法》和相关法规规定,证券交易的一般规则包括:(1)非依法发行的证券不得买卖。(2)转让期限有限制性规定的证券,在限定期内不得买卖。(3)证券从业人员不得买卖股票。(4)依法公开发行的证券应在证券交易所上市交易或在国务院批准的其他证券场所转让。(5)上市交易的证券应采用公开的集中交易方式或国务院证券监督管理机构批准的其他方式。(6)证券交易可以采用现货交易、期货交易、期权交易和信用交易等方式。(7)证券交易所、证券公司、证券登记结算机构必须依法为客户所开立的账户保密。(8)证券交易的收费必须合理。(9)上市公司董事、监事、高级管理人员、持有上市公司股份5%以上的股东限期内买卖股票收益归于公司。

3. 证券交易的程序

第一步,名册登记与开设账户。证券交易的第一步是投资者将其个人或机构信息登记在证券交易所的名册中,以确认其资格参与交易。此外,投资者通常需要在证券公司或银行开设证券账户,用于进行证券交易。账户开设过程需要提供必要的身份信息和文件,并确保资金账户的准备。

第二步,委托。投资者一旦完成名册登记和账户开设,就可以通过向证券经纪人或经纪公司发出委托单来表达他们的交易意向。委托单包括所要交易的证券、交易数量、价格限制等信息。委托既可以是市价委托(按市场当前价格成交)也可以是限价委托(按指定价格或更好的价格成交)。

第三步,成交。当投资者的委托单与市场上的卖方或买方匹配时,交易发生并达成成交。市场的价格和数量匹配决定了成交的价格和数量。成交后,证券交易所和证券公司会生成交易确认单,将交易结果通知双方当事人。

第四步,结算交割与过户。在成交后,交易需要进行结算交割和过户。结算交割是指买方向卖方支付交易金额，而卖方向买方交付证券的过程。过户是将证券所有权从卖方过户到买方的程序。这些过程通常由证券交易所的结算部门和相关金融机构负责，以确保交易的合法性和资金证券的安全转移。

4. 上市公司收购

(1) 上市公司收购的概念及法律特征

上市公司收购是指投资者（收购人）旨在获得特定上市公司（目标公司）股份控制权或将公司合并所进行的批量股份购买行为。

上市公司收购的法律特征包括：一是被收购公司是股票公开上市的股份有限公司；二是收购人既可以是企业法人，也可以是自然人；三是收购人须通过市场向多个投资者批量购买股份；四是收购人收购股份的行为不单纯是投资，更重要的是要在控制股权的基础上控制目标公司的经营管理权。

(2) 上市公司收购的分类

一是要约收购。收购人为取得或强化对目标公司的控制权，向目标公司全体股东公开发出购买该上市公司股份的要约。二是竞价收购。收购人通过证券交易所以集中竞价交易方式依法连续收购上市公司股份并取得相对控股权的行为。三是协议收购。收购人与目标公司的股票持有人约定收购股份的价格及其他条件，由股票持有人向收购人转让目标公司股份的收购方式。四是其他合法收购方式。理论上，以收购是否成为收购人的法定义务为标准，上市公司收购可分为资源收购和强制收购；依预定收购的股份数量为标准，上市公司的收购还可分为部分收购和全面收购。

(3) 上市公司收购的一般规则

上市公司收购是涉及股权交易和公司控制权转让的复杂过程，它需要在一定的法律和监管框架下进行，以确保交易的公平、公正、透明、有序进行。以下是一些上市公司收购的一般规则，这些规则在不同国家和地区可能会有所不同，但它们都旨在维护市场秩序和保护投资者权益。

第一，权益公开规则。这一规则要求任何人或实体在达到一定股权比例时，必须向市场公开其拥有的股权，并向其他股东提供购买他们的股份的机会。这有助于确保市场参与者都能获得关键信息，并有平等的机会参与股权交易。

第二，“台阶规则”。“台阶规则”要求收购方在达到一定股权比例后，必须继续收购更多的股份，直到达到某个事先确定的目标比例。这有助于避免收购方通过分阶段收购来逃避强制要约规则。

第三，强制要约规则。强制要约规则要求收购方在达到一定股权比例后，必须向其他股东发出正式的强制要约，以收购其剩余的股份。这确保了其他股东有机会以合理的价格出售其股份。

第四,终止上市规则。收购方成功完成收购后,可能需要采取措施将被收购公司从证券交易所上市中剔除。这包括满足上市终止的法律和监管要求。

第五,强制接受规则。如果强制要约得到接受,那么所有其他股东也必须接受相同的条件,以确保平等待遇。

第六,同等条件收购规则。这一规则要求所有股东在同等条件下出售其股份,以确保没有特权或歧视性待遇。

第七,转让股份限制规则。在某些情况下,可能会规定一定期限内不得转让已被收购的股份,以维护公司的稳定性和经营连续性。

这些规则的设置旨在平衡股东权益、维护市场的公平性和保护投资者的利益。不同国家和地区的法律和监管机构可能会有不同的规定和标准,因此在进行上市公司收购时,需要遵守当地的相关法律和规则。

(4)上市公司收购的程序

第一种方式:竞价收购。竞价收购通常包括:第一,通过证券交易所购买目标公司股份达5%。第二,报告与公告,收购人按“百分之五规则”报告与公告。继续购买目标公司股份的,按“台阶规则”报告与公告。第三,报告持股情况及改组计划。达到相对控股的程度时,收购人应向国务院证券监督管理机构和证券交易所报告持股情况及收购后的改组计划。第四,召开股东会。依《公司法》的规定请求召开临时股东会。第五,实施改组计划。

第二种方式:要约收购。要约收购的程序通常包括:第一,置备上市公司收购要约书和收购报告书。第二,报告。第三,公告收购要约。第四,收购。第五,实施改组或合并计划。第六,报告与公告。

第三种方式:协议收购。协议收购的程序通常包括:第一,谈判。第二,经协议双方有关机构批准。第三,正式签订收购协议。第四,报告与公告。第五,发出要约。第六,履行收购协议。第七,实施改组或合并计划。

第二节　股票的发行、上市与交易

一、股票的概念及分类

(一)股票的概念

依我国《公司法》第142条之规定,公司的股份采取股票的形式。股票是公司签发的证明股东所持股份的凭证。由此可知，股票是股份有限公司发行的一种要式证券，用于证明股东所持有的股份。《证券法》也对股票作了相似的规定。因此，所谓股票，可以被定义为股份有限公司发行的一种证明股东持有公司股份的证券。股票是公司股份特有的表现形式，与公司紧密联系在一起。无论是公开发行还是非公开发行的股份有限公司，也无论是上市还是非上市的股份有限公司，其股份都应采取股票的形式。股票和股份是相关的概念，股票是股份的外在形式，是股东享有股权的证明和依据；而股份则是股票的具体内容，是股东权利和义务的对象。股票与股份是不可分割的，股东的地位和股权会随着股票的转让而转移，股票是股东行使股权的凭证和依据。股票代表着股东享有一定权利，持有公司股票的任何人都被视为享有公司股东权益，也就是股权。股票是股东法律地位的计量单位。根据《公司法》的规定，股权包括共益权和自益权。共益权包括参加股东会、投票表决、参与公司重大决策、选择管理者等权利；自益权包括股息利润分配、转让股票等利益。

股票是一种特定的证券形式，其制作形式、记载内容、发行和交易都必须按照法律规定的程序和要求进行。我国《公司法》第 149 条第 1 款、第 2 款规定，股票可以是纸质形式或者其他国务院证券监督管理机构规定的形式。股票采用纸面形式的，应当载明公司名称；公司成立日期或者股票发行的时间；股票种类、票面金额及代表的股份数发行无面额股的，股票代表的股份数。股票采用纸面形式的，还应当载明股票的编号，由公司的法定代表人签名并加盖公章。另依《股票发行与交易管理暂行条例》之规定，国家证券管理部门批准的股票形式包括簿记券式股票和实物券式股票。簿记券式股票是指发行人按照中国证监会规定的统一格式制作的书面名册，记录股东权益。实物券式股票是指发行人在中国证监会指定的印制机构统一印制的书面股票。随着电子证券的出现并成为主导形式，实物券式股票在证券市场上越来越少见。尽管如此，无论股票采取何种媒介作为表现形式，法律规定的内容和格式都是固定的。此外，作为一种特定证券形式，股票的发行和交易必须依照我国《证券法》规定的程序进行，包括股票的公开发行和上市交易都必须符合法律规定的条件；股票发行需要经过国务院证券监督管理机构的注册；股票发行价格可以等于或高于票面金额，但不得低于票面金额；股票的转让应当在依法成立的证券交易场所或者在国务院批准的其他全国性证券交易场所进行；不同类型的股票转让需要符合相应的法律规定和程序等。

（二）股票的分类

股票可以按照不同的标准进行分类，学理上分类众多，结合我国实践，主要包括以下几个方面。

1. 公开发行的股票与非公开发行的股票

根据股票的发行对象和方式的不同,可以将股票分为公开发行的股票和非公开发行的股票。公司法意义上的股票发行,是指公司在设立时或成立后为了募集资本而出售股票的行为。公司的股票发行可分为公司设立时的设立发行和公司成立后的新股发行。新股发行又可以进一步细分为上市公司的新股发行和未上市公司的新股发行。公开发行的股票和非公开发行的股票都可能存在于设立发行和新股发行的各种情况之中。此外,根据我国《证券法》的规定,公开发行的股票包括三种情形:一是向不特定社会公众发行股票;二是向特定对象发行股票的数量累计超过200人(员工持股计划的员工不计算在内);三是根据法律和行政法规的规定进行的其他发行行为。因此,公开发行的股票不仅包括向不特定社会公众发行的情况,还包括向符合法律规定数量的特定对象发行的情况。

2. 国家股、法人股、非法人组织股、个人股

根据股票持有主体的不同,可以将股票分为国家股、法人股、非法人组织股和个人股。国家股是指国家为投资主体以国有资产向股份有限公司投资而持有的股票。根据我国《企业国有资产法》的规定,国家股的持有人应为国务院和地方政府,而具体行使国家股权的是各级政府的国有资产监管机构或授权的其他机构、部门。法人股是指法人作为股东持有的股票,包括国有法人股和普通法人股。国有法人股是指国有企业、事业和其他单位以其法人资产向独立于自身的股份有限公司投资形成的股份。普通法人股是指除国有股外,其他法人所持有的股份。非法人组织股是指非法人组织作为股东持有的股票,包括个人独资企业、合伙企业和不具有法人资格的专业服务机构等。个人股是指自然人作为股东持有的股票,包括社会公众个人持有的普通个人股和公司内部人士持有但受到流通转让限制的公司内部股份。

3. 普通股票与优先股票

根据股东享有股权内容之不同,可将股票分为普通股票与优先股票。普通股票指的是依照我国《公司法》规定所发行的普通类别的股票,对应于一般意义上的公司股份。普通股票在代表财产权利上没有差别,是公司资本的主要部分,其特点主要有两个方面。首先,持有普通股票的股东要承担全面的财产风险,也可称为全风险型股份。普通股票的股利获取在分配顺序上排在公司债务和优先股票之后,且股息率不固定,完全取决于公司的营利情况。当公司破产或解散时,普通股票对于剩余财产的分配顺序是排在债权和优先股票之后的,故持有普通股票股东的利益与公司法人的利益关系十分密切。其次,普通股票的股权包括自益权和共益权

的全部内容。普通股票的持有者既享有分配股利的权利,也享有参与公司决策和管理的权利。

优先股票是指除普通股票外,公司额外发行的一种股票。持有优先股票的股东在分配公司利润和剩余财产时享有优先权,但其参与公司决策和管理的权利受到限制。根据国务院 2013 年 11 月颁布的《关于开展优先股试点的指导意见》以及中国证监会 2014 年 3 月发布的《优先股试点管理办法》两部法规,对优先股具体的发行与管理方式有一定的限制。目前试行的优先股的主要内容包括以下几个方面。第一,优先股票的票面金额通常为 100 元。第二,上市公司可采取公开和非公开方式中的任一方式发行优先股,而非上市公众公司只能以非公开方式发行优先股。公司已发行的优先股票数量不得超过公司普通股股份总数的 50%,且筹资金额不得超过发行前净资产的 50%。第三,优先股股东享有优先权,其特点主要包括:一是优先分配利润。持有优先股票的股东按照约定的股息率优先于普通股股东分配公司利润。公司必须以现金形式向优先股股东支付股息,在完全支付约定的股息之前,不得向普通股股东分配利润。二是优先分配剩余财产。在公司解散或破产进行清算时,剩余财产清偿债务后,应优先向优先股股东支付未派发的股息和公司章程约定的清算金额。值得注意的是,优先股股东的优先权也受到一定的限制,主要体现在对其表决权的限制上。通常情况下,优先股股东没有表决权,除非涉及修改与优先股相关的公司章程,一次或累计减少公司注册资本超过 10%或公司合并、分立、解散、变更公司形式、发行优先股等重大事项。此外,如果公司累计 3 个会计年度或连续 2 个会计年度未按约定支付优先股股息等情况损害了优先股股东的利益,那么优先股股东有权恢复表决权,并有权出席股东会与普通股股东共同行使表决权,每股优先股股份享有公司章程规定的一定比例表决权。

4. A 股、B 股、H 股和红筹股

按照股票的发行对象和上市地的不同,股票可以被分为 A 股、B 股、H 股和红筹股。A 股,也称为人民币普通股,是由中国境内的股份有限公司发行的,以人民币标明面值,并可供国内投资者、符合条件的境外机构投资者以人民币购买并上市交易的股票。B 股,也称为“人民币特种股票”或“境内上市外资股”,以人民币标明股票面值,专供境内外投资者以外币认购和交易,在中国境内发行、承销,并在上海证券交易所和深圳证券交易所上市交易的股票。根据 2001 年 2 月 21 日中国证监会和国家外汇管理局共同颁发的《关于境内居民个人投资境内上市外资股若干问题的通知》,允许我国境内居民个人用存入境内商业银行的现汇存款和外币现钞存款以及从境外汇入的外汇资金从事 B 股交易。H 股,也称为“境外上市外资股”,是指中国境内依法注册的公司通过境外发行股票并在境外证券交易所上市交易的股票。依我国《证券法》第 224 条之规定:“境内企业直接或者间接到境外发行证券或者将其证券在境外上市交易,应当符合国务院的有关规定。”红筹股是指由境外注册但资本由中国内地控制的境外公司发行的股票,包括上市公司和非上市公司。红筹股是中国内地公司进入国际资本市场融资的重要途径之一。

5. 其他股票分类

除了上述股票类型,在理论上还存在其他各种股票类型的概念。比如,根据股票票面上是否载明金额的不同,可以分为有面额股票和无面额股票。有面额股票指的是票面上标明确定金额的股票,该金额表示每一股所代表的资本额。根据我国证券市场的实践,公开发行的股票通常面值为人民币 1 元。无面额股票指的是票面上不显示金额,只注明股份数量或所占总股本比例的股票。目前,我国法律禁止发行无面额股票。

二、股票发行

股票发行,指的是基于筹集资金等目的,根据法定的条件和程序,由发行人向投资者以同等条件招募和销售证券的活动。股票发行按照目的和阶段的不同可分为设立发行和新股发行。而法律上对不同类型的股票发行规定了不同的发行条件。设立发行是指股份有限公司在设立时为筹集注册资本进行的股票发行;而新股发行则是指股份有限公司为扩大公司资本而进行的股票发行,包括向原股东配售股票和向社会公众销售新股。需要注意的是,股票的公开发行和上市条件在我国《证券法》实践中并不一致,因此本部分的股票发行条件不包括股票上市的条件。

(一)股票发行的条件

1. 非上市股份有限公司股票发行条件

(1)设立发行的条件

根据《公司法》第 91 条第 1 款的规定,设立股份有限公司可以采取发起设立和募集设立两种方式。募集设立是指发起人认购公司应发行股份的一部分,而其余部分则向社会公开募集或特定对象募集而设立公司。在募集设立中,发行人向社会公开募集或者向特定对象募集的股票即为股票的设立发行。依据《公司法》第 92 条、第 97 条和第 98 条等有关规定,股票的设立发行条件主要包括以下方面:①发起人至少 1 人,但不得超过 200 人,其中半数以上的发起人应当在中华人民共和国境内有住所;②发起人应以书面形式确认其认购的股份数量,并根据公司章程缴纳出资,对于以非货币财产出资的情况,还需要按照法律规定办理财产权的转移手续;③对于募集设立方式设立的,发起人认购的股份数量不得少于公司章程规定的公司设立时应发行股份总额的35%,但法律或行政法规有另行规定的除外。

(2)新股发行的条件

根据《证券法》第12条第1款的规定,公司首次公开发行新股应当符合以下条件:①具备健全且运行良好的组织机构;②具有持续经营能力;③最近3年财务会计报告被出具无保留意见的审计报告;④发行人及其控股股东、实际控制人在最近3年内不存在贪污、贿赂、侵占财产、挪用财产或破坏社会主义市场经济秩序的刑事犯罪行为;⑤经国务院批准的国务院证券监督管理机构的规定的其他条件。其中,"规定的其他条件"需要中国证监会具体制定规定后方可确定。当前,中国证监会已经制定了《首次公开发行股票注册管理办法》和《上市公司证券发行注册管理办法》,针对首次公开发行股票并上市和上市公司发行证券分别进行了规定。然而,我国对于非上市公司新股发行暂时还未出台具体的管理办法。在此之前,依据理论上的推断,可以参考《股票发行与交易管理暂行条例》的相关规定进行操作。但是,公开发行股票需要经过中国证监会的批准,因此以上规定仅供参考。

2. 上市公司股票发行条件

《上市公司证券发行注册管理办法》规定了上市公司公开发行证券的一般性条件、上市公司配股、增发以及非公开发行股票等的条件。

(1)上市公司公开发行证券的一般性条件

上市公司公开发行新股,应当符合下列条件:①具备健全且运行良好的组织机构。②现任董事、监事和高级管理人员符合法律、行政法规规定的任职要求。③具有完整的业务体系和直接面向市场独立经营的能力,不存在对持续经营有重大不利影响的情形。④会计基础工作规范,内部控制制度健全且有效执行,财务报表的编制和披露符合企业会计准则和相关信息披露规则的规定,在所有重大方面公允反映了上市公司的财务状况、经营成果和现金流量,最近3年财务会计报告被出具无保留意见审计报告。⑤除金融类企业外,最近一期末不存在金额较大的财务性投资。⑥交易所主板上市公司配股、增发的,应当最近3个会计年度盈利。增发还应当满足最近3个会计年度加权平均净资产收益率平均不低于6%。净利润以扣除非经常性损益前后孰低者为计算依据。

第一,上市公司应具备健全且运行良好的组织机构。具体表现为:①公司章程合法有效,股东会、董事会、监事会和独立董事制度健全,并且能够依法有效履行职责;②公司内部控制制度健全,可以有效保证公司运营的效率、合法合规性以及财务报告的可靠性,内部控制制度不存在重大缺陷,其完整性、合理性和有效性得到保证;③现任董事、监事和高级管理人员具备任职资格,能够忠实和勤勉地履行职务,未有违反《公司法》第179—186条规定的行为,最近36个月内未受到中国证监会的行政处罚,最近12个月内未受到证券交易所的公开谴责;④上市公司与控股股东或实际控制人的人员、资产和财务相互独立,机构和业务能够自主经营管理;⑤最近12个月内不存在违规对外提供担保的行为。

第二,上市公司应具备可持续性的盈利能力及财务状况良好。首先,“可持续性的盈利能力”主要体现为:①最近3个会计年度连续盈利,扣除非经常性损益后的净利润与扣除前的净利润相比,取较低者作为计算依据;②业务和盈利来源相对稳定,不存在严重依赖控股股东或实际控制人的情况;③现有主营业务或投资方向能够可持续发展,经营模式和投资计划稳健,主要产品或服务的市场前景良好,行业经营环境和市场需求不存在现实或可预见的重大不利变化;④高级管理人员和核心技术人员稳定,最近12个月内未发生重大不利变化;⑤公司合法获取重要资产、核心技术或其他重大权益,并能够持续使用,不存在现实或可预见的重大不利变化;⑥不存在可能严重影响公司持续经营的担保、诉讼、仲裁或其他重大事项;⑦如果公司最近24个月内曾公开发行证券,则不得存在发行当年营业利润比上年下降50%以上的情形。其次,“财务状况良好”主要体现为:①会计基础工作规范,严格遵循国家统一会计制度的规定。②最近3年及1期财务报表未被注册会计师出具保留意见、否定意见或无法表示意见的审计报告;如被出具带强调事项段的无保留意见的审计报告,其中所涉及的事项对发行人无重大不利影响,或者在发行前重大不利影响已经消除。③资产质量良好,不良资产不足以对公司财务状况造成重大不利影响。④经营成果真实,现金流量正常。营业收入和成本费用的确认严格遵循国家有关企业会计准则的规定,最近3年资产减值准备计提充分合理,不存在操纵经营业绩的情况。⑤最近3年以现金或股票方式累计分配的利润不少于最近3年实现的年均可分配利润的30%。

第三,上市公司在最近36个月内财务会计文件没有虚假记载,且不存在以下重大违法行为。“重大违法行为”具体表现为:①违反证券法律、行政法规或规章,受到中国证监会的行政处罚,或者受到刑事处罚;②违反工商、税收、土地、环保、海关法律、行政法规或规章,受到行政处罚且情节严重,或受到刑事处罚的;③违反国家其他法律、行政法规且情节严重的。

另外,上市公司不得存在以下严重损害投资者的合法权益和社会公共利益的违规行为:①本次发行申请文件存在虚假记载、误导性陈述或重大遗漏的行为;②擅自改变前次公开发行证券募集资金的用途而未作纠正的行为;③最近12个月内受到过证券交易所的公开谴责的;④上市公司及其控股股东或实际控制人最近12个月内存在未履行向投资者作出的公开承诺的行为;⑤上市公司或其现任董事、高级管理人员因涉嫌犯罪被司法机关立案侦查或涉嫌违法违规被中国证监会立案调查的;⑥严重损害投资者的合法权益和社会公共利益的其他行为。

第四,上市公司募集资金的数额和使用应当符合以下要求:①募集资金的金额不超过项目需要的金额;②募集资金的用途符合国家产业政策和有关环境保护、土地管理等法律和行政法规的规定;③除金融类企业外,本次募集资金的使用项目不得为持有交易性金融资产和可供出售的金融资产、借予他人、委托理财等财务性投资,也不得直接或间接投资于以买卖有价证券为主要业务的公司;④投资项目实施后,不会与控股股东或实际控制人产生同业竞争或者影响公司生产经营的独立性;⑤建立募集资金专项存储制度,募集资金必须存放于公司董事会决定的专项账户。

(2)上市公司配股的条件

配股,即向原股东发行股份。除了需要满足上述上市公司公开发行股票的一般条件,还需要满足以下条件:①拟配售的股份数量不得超过本次配售前的总股本的30%;②控股股东在股东会召开前应公开承诺认购配售股份的数量;③应当按照《证券法》规定的代销方式发行。如果控股股东未履行认购配售股份的承诺,或者代销期限届满,原股东认购股票的数量未达到拟配售数量的70%,那么发行人应按发行价并加上银行同期存款利息的方式将股份返还已经认购的股东。

(3)上市公司增发股票的条件

股票增发配售,是指已上市的公司额外向不特定对象公开募集股份的融资方式。增发股票,除了需要满足上市公司公开发行股票的一般条件,还需要满足以下条件:①最近3个会计年度加权平均净资产收益率平均不得低于6%,并且扣除非经常性损益后的净利润与扣除前的净利润相比,取较低者作为计算依据;②除金融类企业外,最近一期期末不得持有较大数额的交易性金融资产、可供出售的金融资产,也不能借款给他人,或委托理财等财务性投资;③发行价格应不低于公告招股意向书发布前20个交易日内公司股票的均价或前一交易日的均价。

(4)上市公司非公开发行股票的条件

上市公司非公开发行股票应符合以下规定:①发行价格不得低于定价基准日前20个交易日公司股票均价的80%;②本次发行的股份自发行结束之日起,6个月内不得转让;控股股东、实际控制人及其控制的企业认购的股份在18个月内不得转让;③募集资金的使用需符合《上市公司证券发行注册管理办法》的相关规定;④如果本次发行将导致上市公司控制权发生变化,则还需符合中国证监会的其他规定。

(二)股票发行的程序

综合前述股票发行的分类且依据我国《证券法》《公司法》相关规定,下文将股票的发行程序分为设立发行程序和新股发行程序进行展开介绍。

1. 股票的设立发行程序

依据《证券法》和《公司法》的相关规定，股份有限公司设立发行股票的程序如下所述。

(1) 设立申请

设立的股份有限公司进行公开发行股票，应符合《公司法》以及经国务院批准的国务院证券监督管理机构规定的条件，需向国务院证券监督管理机构提交募股申请和相关申请文件。应当提交的申请文件主要包括：①设立股份有限公司的公司章程；②发起人协议；③发起人的姓名或名称，发起人认购的股份数量、出资种类以及验资证明；④招股说明书或其他公开发行募集文件；⑤代收股款银行的名称和地址；⑥承销机构的名称和相关协议。如果根据《证券法》的规定需要聘请保荐人，则还需提交由保荐人提供的发行保荐书。如果法律、行政法规规定设立公司必须报经批准，则还需提交相应的批准文件。发行人提交给国务院证券监督管理机构或国务院授权的部门的证券发行申请文件必须真实、准确、完整。同时，证券服务机构和从业人员在出具相关文件时必须严格履行法定职责，并保证其提供的文件真实、准确、完整。

(2) 发行文件的预先披露

依据《证券法》第 20 条之规定，申请首次公开发行股票的发行人在提交申请文件后，应按照国务院证券监督管理机构的规定预先披露相关申请文件。

(3) 发行注册

国务院授权的部门或国务院证券监督管理机构负责依据法定条件和法定程序对证券发行申请进行注册。具体的证券公开发行注册办法由国务院制定。依国务院规定，证券交易所等机构可以审查公开发行证券申请，判断发行人是否符合发行条件和信息披露要求是否达标，并督促发行人完善有缺漏的信息披露内容。国务院授权的部门或国务院证券监督管理机构应在受理证券发行申请文件后 3 个月内，作出是否予以注册的决定。需要注意的是，发行人按审核部门要求补充或修改发行申请文件的时间不计算在内。证券发行申请不予注册的，必须说明理由。在实行发行注册制之前，股票的设立发行还需要经证券监督管理部门的核准。新股发行、上市公司发行新股以及公司债券发行的程序也适用同样的规定。

(4) 公告招股说明书和制作认股书

发起人向社会公开募集股份时，须公告招股说明书并制作认股书。其中，认股书应载明招股说明书所列的事项内容。其中，招股说明书应附有公司章程，并应当包含以下事项：①发起人认购的股数；②每股的票面金额和发行价格；③无记名股票的发行总数；④募集资金的用途；⑤认股人的权利和义务；⑥本次募股的起止期限以及逾期未募足时认股人可以撤回认购股份的说明。认股人认购股票填写认购股数、金额、住所,并签名、盖章,认购完成之后按照认购股数缴纳股款。

(5)股票的发售和交付

发起人在向社会公开募集股份时,应委托合法设立的证券公司进行承销,并与其签订承销协议。发起人还应与银行签订代收股款协议。代收股款的银行应按协议代收和保管股款,向缴款的认股人提供收款单据,并有义务向相关部门提供收款证明。当发行股份的股款缴足后,必须由合法设立的验资机构验资并提供相应的证明。获准公开发行股票后,应正式交付股票给股东。

(6)召开创立大会和申请设立登记

在股款缴足之日起 30 日内,发起人应主持召开公司创立大会。创立大会由发起人和认股人组成。在创立大会召开的前 15 日,发起人应将会议日期和地址通知每位认股人或者进行公告。创立大会应有代表超过半数总股数的发起人和认股人出席方可举行。如果发行的股份超过招股说明书规定的截止日期仍未募足,或者发行股份的股款缴足后,发起人未在股款缴足之日起 30 日内召开创立大会,那么认股人可以要求发起人返还所缴纳的股款并加计银行同期存款利息。创立大会结束后 30 日内,公司董事会应向公司登记机关提交相关文件申请设立登记。

2. 新股发行程序

(1)新股发行前的准备工作

股份有限公司成立后公开发行新股的,首先应根据公司章程的规定由股东会或董事会作出公司发行新股的内部决议。决议的事项主要包括新股的种类和数量、发行价格、发行日期以及向现有股东发行的新股种类和数量。决议通过后,公司应进行必要的准备工作,包括聘请中介机构对公司的资信、资产、财务状况进行审定、评估和预测,完成审计报告和评估报告,并就有关事项征求法律意见书;聘请具备保荐资格的机构担任新股发行的保荐人;编制招股说明书。

(2)申请、预先披露和发行注册

与股票的设立发行一样,公司公开发行新股也需要向国务院证券监督管理机构提交募股申请和相关的申请文件,按要求预先披露相关申请文件,在经国务院证券监督管理机构核准后方能发行新股。而与股票的设立发行不同的是,公司公开发行新股所需提交的文件与设立发行不同,主要包括公司的营业执照、公司章程、股东会决议、招股说明书、财务会计报告、代收股款银行的名称和地址以及承销机构的名称和相关协议。如果根据法律规定需要聘请保荐人,则还需要提交保荐人出具的发行保荐书。

(3)新股招股说明书和财务会计报告的公告

在国务院证券监督管理机构核准公开发行新股后,新股发行公司应当公告新股招股说明书和财务会计报告,并按要求制作认股书。

(4)股票的发售和交付

新股发行的股票发售和交付股票与设立发行股票的相关规定相同。

(5)备案、变更登记和公告

发行人必须在规定的期限内向国务院证券监督管理机构备案股票发行情况。公司发行新股并募得足额股款后,必须向公司登记机构进行变更登记并公告公司股份变动情况。

3. 上市公司发行新股程序的特别规定

根据《上市公司证券发行注册管理办法》的相关规定,上市公司发行新股时,其程序与普通股份有限公司具有不完全重合性,主要体现为以下几个方面。

(1)发行前的决议

上市公司申请发行证券,董事会应根据公司章程以及相关法律法规规定就以下事项作出决议,并提请股东会批准通过:①本次证券发行的方案;②本次发行方案的论证分析报告;本次募集资金使用的可行性报告;③其他必须明确的事项。

此外,股东会决定公司发行股票的事项至少应包括以下方面:①本次发行证券的种类和数量;②本次证券的发行方式、发行对象及向股东配售的安排;③证券的定价方式或价格区间;④募集资金的用途;⑤作出决议的有效期间;⑥授权董事会办理本次股票发行的具体事宜;⑦其他必须明确的事项。对发行证券事项的决议必须经由出席会议的股东所持表决权的2/3以上通过,方为有效决议。若向本公司特定的股东及其关联人发行证券,则关联股东应当进行回避。不得在股东会对股票发行方案进行表决。上市公司就发行证券事项召开股东会时,应提供网络或其他方式等多种渠道方便股东参加股东会。

(2)申请与审核

上市公司申请公开发行证券或非公开发行新股,需要委托保荐人进行保荐,并向中国证监会申报新股发行。保荐人需依据中国证监会的规定进行编制并提交发行申请文件。在新股发行注册制实施之前,上市公司发行新股仍需经国家证券监督管理部门审批。中国证监会审核发行证券申请的程序有如下方面:①须在收到发行申请文件之日起5个工作日内决定是否受理申请;②在受理后,对申请文件进行初步审查;③发行审核委员会对申请文件进行审核;④中国证监会作出核准或不予核准的决定。若未获得中国证监会的核准,则上市公司可在中国证监会作出不予核准的决定之日起6个月后才能再次提出证券发行申请。

(3)股票的发售和交付

上市公司应在中国证监会的核准股票发行之日起6个月的时间内完成证券发行。如果超过6个月未完成发行,那么核准文件将失效,需要重新向中国证监会申请核准。如果在证券发行之前发生重大事件,那么上市公司应该暂停发行,并及时向中国证监会报告。如果该事件对本次发行条件产生重大影响,那么发行证券的申请需要重新由中国证监会进行审查核准。上市公司的证券发行应由证券公司进行承销,但属于非公开发行股票的发行对象均为原前10名股东的,上市公司可以自行销售。

(4)信息披露

上市公司在发行证券时需根据中国证监会规定的程序、格式以及内容进行公开募集证券说明书或其他信息披露文件的编制,以履行信息披露义务。上市公司应确保投资者能够及时、充分、公平地获得法定披露的信息,且该信息披露文件所使用的文字表述应简洁易懂。中国证监会规定,上市公司应充分披露对投资者投资决策有重大影响的信息,这是信息披露内容的最低要求。

上市公司发行证券的信息披露的义务贯穿发行全部过程,主要体现以下三个方面:第一,董事会应在通过证券发行议案后的2个工作日内向证券交易所报告召开股东会的通知,上市公司应在股东会通过发行议案后2个工作日内公布股东会决议。第二,在收到中国证监会关于发行申请的决定后,无论是不予受理还是终止审查,抑或不予核准或予以核准,上市公司都应在次一工作日予以公告,如果上市公司决定撤回证券发行申请,则应在撤回申请文件的次一工作日予以公告。第三,在公开发行证券之前的2至5个工作日内,上市公司应将经中国证监会核准的募集说明书摘要或募集意向书摘要刊登在中国证监会指定的至少一种报刊上,并将其全文刊登在中国证监会指定的互联网网站上,以及置备于指定的场所供公众查阅,上市公司在非公开发行新股后也同样适用该信息披露要求。

三、股票上市

(一)股票上市的条件

目前,我国证券交易所的股票上市交易分为主板、中小企业板、科创板和创业板四个不同的板块,不同板块对股票上市的条件要求不同。如上文所分析,股票的上市亦可作首次公开发行的股票上市和新股上市两类情形之分,而鉴于此处意图将股票的上市定义为发行人依据法定的条件和程序取得上市公司资格的行为过程,故下文对于各板块的上市条件的分别介绍以首次公开发行的股票为基础而展开。另依据上海、深圳两家证券交易所的相关规则,股票上市条件以上市条件的特殊性为标准还可以分为一般股票上市条件和特殊股票上市条件。一般股票上市条件适用于普通股票形式的上市,特殊股票上市条件则主要适用于一些特殊形式的股票。以下除带有“特殊”字样的为特殊股票,其余均为普通股票的介绍。

1. 主板和中小企业板的股票上市条件

根据上海、深圳两家证券交易所 2024 年修订的《股票上市规则》的相关规定,主板和中小企业板的上市条件大致相同。首次公开发行的股票上市应符合以下条件:第一,符合《证券法》、中国证监会规定的发行条件。第二,公司的股本总额不得少于 5000 万元。第三,公开发行的股份占公司股份总数的 25%以上;若公司的股本总额超过 4 亿元,则公开发行股份的比例应在 10%以上。第四,市值及财务指标符合该规则规定的标准。第五,符合交易所规定的其他条件。此外,上海、深圳两家证券交易所也同时声明,虽然《股票上市规则》规定了股票上市的条件并强调该条件为在该所上市的必备条件,但并不保证发行人符合上述条件时,其上市申请一定能够获得该所的同意。

2. 创业板股票上市的条件

根据深圳证券交易所 2024 年修订的《创业板股票上市规则》第 2. 1. 1 条的规定,首次公开发行的股票在创业板上市,应当符合下列条件:第一,符合中国证监会规定的创业板发行条件;第二,发行后股本总额不少于 3000 万元;第三,公开发行的股份达到公司股份总数的 25%以上;公司股本总额超过 4 亿元的,公开发行股份的比例为 10%以上;第四,市值及财务指标符合该规则规定的标准;第五,交易所要求的其他条件。据此,股票在创业板上的上市条件基本与主板和中小企业板一致,主要不同是创业板中规定公司上市的股本总额不少于 3000 万元,而主板和中小企业板规定股本总额不得少于 5000 万元。由此可知,创业板股票上市的准入门槛要低于主板和中小企业板,且这主要在对公司股本总额的要求上有所体现。

3. 科创板股票上市的条件

根据上海证券交易所发布的《上海证券交易所科创板股票上市规则》的相关规定,对于在科创板上市的首次公开发行的股票,需要满足的条件与创业板在某些方面大致相同,如股本总额和股权分布等方面,但也存在显著的不同。最重要的区别在于增加了“市值及财务指标”的要求,这是指以市值为核心,设立了不同的发行上市标准,其中包括市值与净利润、营业收入、研发投入、现金流、技术优势等指标之间的相互关系。只要符合其中的任意一套标准,发行人就可以申请在科创板上市。根据不同的指标搭配,主要存在以下标准:第一,“市值+净利润”的标准。预计市值不低于 10 亿元,最近 2 年净利润持续为正且累计净利润不低于 5000 万元;或预计市值不低于10亿元,最近1年净利润为正且营业收入不低于1亿元。第二,“市值+营业收入+研发投入”的标准。预计市值不低于15亿元,最近1年营业收入不低于2亿元,并且最近3年累计研发投入占最近3年累计营业收入的比例不低于15%。第三,“市值+营业收入+现金流”的标准。预计市值不低于20亿元,最近1年营业收入不低于3亿元,并且最近3年经营活动产生的净现金流量累计不低于1亿元。第四,“市值+营业收入”的标准。预计市值不低于30亿元,并且最近1年营业收入不低于3亿元。第五,“市值+技术优势”的标准。预计市值不低于40亿元,主要业务或产品需经国家有关部门批准,市场空间较大,并且目前已取得阶段性成果。对于医药行业企业,至少需要有一项核心产品获准开展二期临床试验;其他符合科创板定位的企业需要具备明显的技术优势并满足相应条件。这些标准均以市值为核心,旨在满足不同科创公司上市的差异化需求。即使公司没有盈利,但如果预计市值较高且具备明显的技术优势,也可以申请在科创板上市。这样的标准可以满足各类创新企业在科创板上市的选择。需要注意的是,根据《上海证券交易所科创板股票上市规则》的规定,上海证券交易所可以根据市场情况,在中国证监会批准下,对上市条件和具体标准进行调整。

4. 特殊股票上市条件

根据上海、深圳两家证券交易所的《股票上市规则》规定,特殊股票上市条件主要包括B股、限售股、红筹股和特别表决权股。这四种股票均具有不同于一般股票上市的特殊条件。

(1)B股的上市条件

B股是指境内上市的外资股票,发行时就含有“上市”的内容。根据国务院《关于股份有限公司境内上市外资股的规定》和《股份有限公司境内上市外资股规定的实施细则》规定,对于B股的上市,除有“境内上市外资股,可以在证券交易所上市交易”的笼统性表述外,并没有其他具体细则。据此,就B股上市条件而言,其应与B股的发行条件基本相当,其发行条件可以总结为以下四个方面:第一,必须符合一般股票的上市条件;第二,发行B股的公司应当已经获得了外商投资股份有限公司的资格;第三,筹集的资金用途应符合国家产业政策和外资利用之规定;第四,发起人对公司净资产的出资额不少于1.5亿元人民币,且持有的股份不少于公司总股本的35%。

(2)限售股的上市条件

上海、深圳两家证券交易所的《股票上市规则》均有关于限售股上市的规定。限售股是指具有限制转让条件的股份,包括发起人股、公司负责人股和员工股等。限售股的上市需要满足以下特殊条件:第一,法律法规规定的限售期限到期;第二,相关股东履行了限售承诺;第三,股票已经托管。

(3)红筹股的上市条件

《上海证券交易所科创板股票上市规则》规定,红筹股可以在科创板申请发行股票并上市,但限制于在中国证监会《关于开展创新企业境内发行股票或存托凭证试点的若干意见》规定的红筹企业范围内,即"符合国家战略、掌握核心技术、市场认可度高,属于互联网、大数据、云计算、人工智能、软件和集成电路、高端装备制造、生物医药等高新技术产业和战略性新兴产业,且达到相当规模的创新企业"。这包括已在境外上市的红筹企业和未在境外上市的红筹企业。已在境外上市的红筹企业需要满足市值不低于2000亿元人民币的要求。对于未在境外上市的红筹企业,如果它们属于收入快速增长、拥有自主研发且国际领先技术,在同行业竞争中处于相对优势地位,那么依据《上海证券交易所科创板股票上市规则》规定,它们需要满足以下两个条件之一才能上市:一是预计市值不低于100亿元人民币;二是预计市值不低于50亿元人民币,并且最近1年的营业收入不低于5亿元人民币。此外,对于红筹企业的股权结构、公司治理和运行规范等事项适用境外注册地公司法的情况,其投资者权益保护水平应不低于境内法律法规的要求。

(4)特别表决权股的上市条件

特别表决权股是指在普通股份之外,发行人发行具有特殊表决权的股份,每一股份所拥有的表决权数大于普通股份的表决权数。特别表决权股也可以在科创板上市,《上海证券交易所科创板股票上市规则》对其作出的具体特殊条件如下:市值和财务指标需要至少满足以下标准之一:一是预计市值不低于100亿元人民币;二是预计市值不低于50亿元人民币,并且最近1年的营业收入不低于5亿元人民币。

(二)股票上市程序

股票上市是一个由符合证券交易所上市规则规定的一系列程序组成的过程。在满足上市条件的前提下,股票需要经历申请、保荐机构保荐、审查同意、签订上市协议、信息披露等一系列程序才能在证券交易所挂牌交易。

1. 上市申请

根据我国《证券法》第46条之规定,申请股票上市交易,应当向证券交易所提出申请。对于在主板首次上市的股票,根据上海、深圳两家证券交易所有关股票上市的程序规则,发行人需要提交一系列相关材料,包括但不限于:(1)上市申请书;(2)中国证监会注册其股票首次公开发行文件;(3)与发行上市事宜相关的董事会和股东会决议;(4)营业执照复印件;(5)公司章程;(6)最近一期由具有执行证券、期货相关业务资格的会计师事务所审计的财务会计报告;(7)首次公开发行结束后已托管于中国证券登记结算有限责任公司的全部股票的证明文件;(8)首次公开发行结束后具有执行证券、期货相关业务资格的会计师事务所出具的验资报告;(9)董事、监事和高级管理人员持股情况说明和相关声明及承诺书;发行人拟聘任或已聘任的董事会秘书相关资料;(10)首次公开发行后至上市前根据规定新增的财务资料和重大事项说明(如适用);(11)首次公开发行后,发行人股票上市之日起一年内股份持有人的持股锁定证明;(12)根据交易所规则所作的承诺函;(13)最近一次的招股说明书和经审核机构审核的发行申报材料全套;(14)根据规定编制的上市公告书;(15)保荐协议和保荐机构出具的上市保荐书;(16)律师事务所提供的法律意见书;(17)证券交易所要求的其他文件。

2. 保荐机构保荐

根据《证券发行上市保荐业务管理办法》之规定,发行股票和可转换公司债券并上市的公司,都需要聘请具有保荐业务资格的证券公司履行保荐职责。保荐机构是指具有保荐资格的证券公司,在股票上市过程中扮演着重要的角色。保荐机构主要负责推荐发行人的证券进行发行和上市。

根据上海、深圳证券交易所制定的《股票上市规则》之规定,股票上市需要发行人与保荐机构签订保荐协议,明确双方在申请上市期间和持续督导期间的权利和义务。保荐机构在保荐股票或可转换公司债券上市时,需要向交易所提交上市保荐书、保荐协议、保荐机构和相关保荐代表人已经中国证监会注册登记并列入保荐机构和保荐代表人名单的证明文件,以及与上市保荐工作相关的其他文件。保荐机构的主要职责是督导发行人履行信息披露及其他相关义务,监督发行人及其董事、监事和高级管理人员遵守交易所规则并履行承诺,审阅发行人的信息披露文件和向交易所提交的其他文件,并确保提交的文件真实、准确、完整。根据《证券发行上市保荐业务管理办法》的规定,保荐机构在上市保荐书中需要承诺以下事项:(1)有充分理由确信发行人符合相关法律法规和中国证监会有关证券发行上市的规定;(2)有充分理由确信发行人的申请文件和信息披露资料没有虚假记载、误导性陈述或重大遗漏;(3)有充分理由确信发行人及其董事在申请文件和信息披露资料中表达意见的依据是充分合理的;(4)有充分理由确信申请文件和信息披露资料与证券服务机构的意见没有实质性差异;(5)保证所指的保荐代表人和保荐机构的相关人员已经勤勉尽责,对发行人申请文件进行了尽职调查和审慎核查;(6)保证保荐书、与履行保荐职责有关的其他文件没有虚假记载、误导性陈述或重大遗漏;(7)保证对发行人提供的专业服务和出具的意见符合法律、行政法规、中国证监会规定和行业规范;(8)自愿接受中国证监会依法采取的监管措施;(9)中国证监会规定的其他事项。

3. 上市审核

证券上市是一个独立于证券发行的阶段，需要经过审核程序。依据《证券法》的规定，证券上市应当由证券交易所进行审核并决定是否同意上市。上海证券交易所设立了上市委员会，负责审核股票、企业债券、公司债券、证券投资基金份额等首次上市的事项。上市委员会由具备相应资质的会计、法律及相关领域的专家以及其他组织的专业人士组成。交易所根据上市委员会的审核意见，在规定的期限内作出是否同意上市的决定。

根据《证券法》的规定，如果申请人不服证券交易所作出的不予上市的决定，则可以向证券交易所设立的复核机构申请复核。《上海证券交易所股票上市规则》对复核的程序进行了规定。申请人可以在收到相关决定后，在相关规则规定的期间内，以书面形式向交易所申请复核，并提交复核申请书、保荐机构的意见书、律师事务所的法律意见书等文件。交易所在收到复核申请文件后的5个交易日内作出是否受理的决定，并通知申请人。对申请人的复核申请，交易所设立的复核机构将进行审议，并在受理复核申请后的30个交易日内决定是否维持不予上市的决定，此决定为终局决定。

4. 上市协议的签订

我国《证券法》规定，上市申请获得证券交易所的审核同意后，双方应当签订上市协议。上市协议是指在上市申请获得证券交易所审核通过后，上市公司与证券交易所签订的明确双方权利义务关系的书面协议。根据上海、深圳两家证券交易所的规定，股票、公司债券、企业债券、证券投资基金份额的上市都需要与证券交易所签订上市协议。签订上市协议的主要目的是确保上市公司承诺遵守证券交易所的业务规则。尽管上市协议仍然是一种合同形式，但其与一般合同相比存在较大差异。上市协议的内容事先确定，不允许轻易更改。另外，协议双方的权利义务并非完全对等，证券交易所有权增加需要明确的其他内容，而上市公司则没有这个权利。上市协议的差异反映了国家对私法领域的干预，也体现了现代契约发展的特点，即不仅考虑当事人的利益，还注重社会公共利益的存在。因此，上市协议具有公法和私法双重属性。上市协议的签订对于证券交易所加强对上市公司的监管也具有重要作用。首先，上市协议明确了双方的权利义务，尤其是上市公司持续披露信息的义务，避免了上市公司不熟悉法律法规和交易所规则而导致行为不规范和可能损害投资者利益的情况。其次，上市协议为证券交易所查处上市公司违规行为提供了充分的依据，如果上市公司违反交易所规则，交易所就可以根据协议约定进行相应的查处。

中国证监会发布的《证券交易所管理办法》对上市协议的格式和内容进行了具

体规定,尤其是上市协议的内容和格式应符合国家相关法律、行政法规和规章的规定。具体应包括:(1)上市证券的品种、名称、代码、数量和上市时间;(2)上市费用的收取方式;(3)证券交易所对证券上市交易公司及相关主体进行自律管理的主要手段和方式,包括现场和非现场检查等内容;(4)违反上市协议的处理方式,包括惩罚性违约金等内容;(5)上市协议的终止情形;(6)争议解决方式;(7)证券交易所认为需要在上市协议中明确的其他内容。

5. 上市信息的披露

2019 年修订的《证券法》删除了其原来的第 53 条和第 54 条对于上市公司信息披露要求的规定,转而交由证券交易所上市规则予以规定。而依据《上海证券交易所股票上市规则》的规定,股票上市的信息披露要求如下所述。

(1)首次公开发行的股票上市

发行人及其董事、监事、高级管理人员必须确保向证券交易所提交的上市申请文件真实、准确、完整,不能有虚假记载、误导性陈述或重大遗漏。控股股东和实际控制人应承诺,在发行人首次公开发行股票上市之日起 36 个月内,不转让或委托管理其直接和间接持有的发行人首次公开发行股票之前已发行股份。除非转让双方存在控制关系,或者均受同一实际控制人控制,那么发行人股票上市一年后,经控股股东以及实际控制人申请并经证券交易所同意,可以豁免此承诺。发行人应在上市公告书中公告以上承诺。

在上海证券交易所批准上市申请后,发行人应在股票上市前 5 个交易日内,在指定媒体或证券交易所网站上披露上市公告书、公司章程、上市保荐书、法律意见书和其他证券交易所要求的文件。这些文件应置备于公司住所供公众查阅。在提出上市申请期间未经证券交易所同意的,发行人不得擅自披露与上市有关的信息。

(2)申请公开发行前已发行股份的上市

上市公司经上海证券交易所同意后,应在相关股份上市前 3 个交易日内披露股票上市的提示性公告。该公告应包括上市时间和数量,有关股东限售承诺及其履行情况,以及上海证券交易所要求的其他内容。

(3)公开发行股票的上市

上市公司应在公开发行股票或可转换公司债券上市前 5 个交易日内,在指定媒体上披露上市公告书和其他证券交易所要求的文件和事项。

(4)非公开发行股票的上市

上市公司在上海证券交易所同意非公开发行股票上市申请后,应在上市前 3 个交易日内披露上市提示性公告。公告应包括非公开发行股票的上市时间、上市数量、发行价格和发行对象等内容。

(5)配股的上市

经上海证券交易所同意后,上市公司应在配售股份上市前3个交易日内披露上市提示性公告。公告应包括配售股份的上市时间、上市数量、发行价格以及公司历次股份变动情况。

(6)公司内部职工股的上市

经上海证券交易所同意后,上市公司应在内部职工股上市前3个交易日内披露上市提示性公告。公告应包括上市日期、本次上市的股份数量以及董事、监事和高级管理人员持有的数量,发行价格,历次股份变动情况以及持有内部职工股的人数等内容。

以上是根据《上海证券交易所股票上市规则》对于不同类型的股票上市的信息披露要求。这些规定确保了信息披露的真实、准确和完整,以保护投资者的利益并提供公平公正的市场环境。需要注意的是,这些规则可能根据具体情况和证券交易所的要求进行调整和更新,上市公司应时刻关注最新的规定并及时履行相应的信息披露义务。

四、股票交易

(一)交易时间及竞价方式

根据上海、深圳证券交易所的规定,股市交易有特定的交易时间,包括开盘集合竞价时间、连续竞价时间和收盘集合竞价时间。每个交易日(周一到周五,节假日除外)的9:15至9:25为开盘集合竞价时间,9:30至11:30、13:00至14:57为连续竞价时间,14:57至15:00为收盘集合竞价时间。每个交易日的9:25至9:30,交易主机只接受申报,但不对买卖申报或撤销申报作处理。在交易时间内,投资者可以进行委托买卖,而在交易所公告的休市日和节假日,交易所市场将休市。交易所可以根据需要经中国证监会批准,变更交易时间。交易所对因故停市时间不作顺延处理。

股票交易有集合竞价和连续竞价两种方式。集合竞价将多个委托报价或一个时段内的全部委托报价集中在一起,根据不高于买入价和不低于卖出价的原则产生一个成交价格,以此价格成交的股票数量最大,并将该价格作为全部成交委托的交易价格。连续竞价则是根据每一笔买卖委托的最高买入价和最低卖出价来确定成交价。在集合竞价期间,交易所的自动撮合系统只储存委托报价但不进行撮合。集合竞价结束后,进入连续竞价阶段,交易所的撮合系统按照“价格优先,时间优先”的原则进行自动撮合,出现同一价位时,以时间先后顺序为原则依次撮合。

（二）交易金额和涨跌幅限制

关于股票的交易金额，股票交易所规定交易的最低委托数量为 1 手，即 100 股，每次交易委托数量必须是 100 股的整数倍。同时，单笔委托最大数量不得超过 100 万股。涨跌幅限制是指股票交易价格的涨跌幅度，涨跌幅比例为 10%，ST 和*ST 股票的涨跌幅比例为 5%。计算涨跌幅价格所使用的公式为涨跌幅价格 = 前收盘价×(1±涨跌幅比例)。计算结果按照四舍五入原则取至价格最小变动单位。然而，在一些特殊情况下，股票上市首日不实行价格涨跌幅限制。例如，首次公开发行股票和增发股票上市，以及股票暂停上市后恢复上市等情况下，不会设置涨跌幅限制。

（三）风险警示

风险警示，此前又称特别处理，是指当上市公司出现证券交易所业务规则规定的情况时，交易所对其股票交易采取的警示措施。根据上海、深圳证券交易所的规定，当上市公司的财务状况异常或出现其他重大风险，有可能导致股票被终止上市或投资者难以判断公司前景、可能导致投资者权益受到损害时，交易所会对该公司的股票交易实施风险警示。风险警示分为两种形式，一是退市风险警示，表示存在终止上市的风险；二是其他风险警示，表示存在其他重大风险。交易所会向该公司的股票添加特别符号，并对股票的日涨跌幅进行限制。退市风险警示的特别符号为"*ST"字样，其他风险警示的特别符号为"ST"字样。上海证券交易所还设立了风险警示板，被实施风险警示的公司的股票将被移入该板进行交易。

实施"ST"制度，是当上市公司出现财务状况或其他方面的异常情况，导致投资者难以判断其前景时，交易所将对该公司的股票交易实施特别处理。财务状况异常的情况包括：(1)最近两个会计年度的净利润为负值；(2)最近一个会计年度的股东权益低于注册资本；(3)注册会计师对最近一个会计年度的财产报告出具无法表示意见或否定意见的审计报告；(4)最近一个会计年度经审计的股东权益扣除注册会计师、有关部门不予确认的部分，低于注册资本；(5)最近一份经审计的财务报告对上年度利润进行调整，导致连续两个会计年度亏损以及经交易所或中国证监会认定为财务状况异常的情况。其他异常状况包括自然灾害、重大事故导致生产经营活动基本中止以及公司涉及可能赔偿金额超过净资产的诉讼等情形。在公司股票交易被实施特别处理期间，股票交易遵循以下规则：股票的日涨跌幅限制为 5%；股票名称前加上"ST"字样；上市公司的中期报告必须经过审计。

"*ST"是指连续 3 年亏损且面临退市风险的公司，在交易所股票交易中被特别处理。根据上海、深圳证券交易所发布的《关于对存在股票终止上市风险的公司加强风险警示等有关问题的通知》(已失效),对于那些存在股票终止上市风险的上市公司,交易所会对其股票交易实行特别处理,以警示股票可能被终止上市的风险。特别处理的具体措施是在公司股票简称前加上“ST”标记,以区别于其他公司股票。在特别处理期间,股票的日涨跌幅限制为5%。公司在特别处理期间的权利和义务不变。存在下列情形之一的,即认为股票终止上市风险:(1)最近2年连续亏损(以最近2年年度报告披露的当年经审计净利润为依据);(2)财务会计报告因存在重大会计差错或虚假记载,公司主动改正或被中国证监会责令改正,对以前年度财务会计报告进行追溯调整,导致最近2年连续亏损的;(3)财务会计报告因存在重大会计差错或虚假记载,中国证监会责令其改正,在规定期限内未对虚假财务会计报告进行改正的;(4)在法定期限内未依法披露年度报告或者半年度报告的;(5)处于股票恢复上市交易日至其恢复上市后第一个年度报告披露日期间的公司以及交易所认定的其他情形。

特别处理并不是对上市公司的处罚,而是对其当前状况的客观揭示,目的是提醒投资者市场风险,引导投资者进行理性投资。如果公司异常状况消除,则可以恢复正常交易。对于实施风险警示的上市公司,在交易所实施风险警示期间内,如果公司消除了适用风险警示的情况,并符合交易所的撤销条件,则可以向交易所申请撤销风险警示。交易所会根据业务规则审查申请,并决定是否撤销风险警示。

(四)停牌与复牌

停牌和复牌是证券交易所对股票交易的管理制度。根据我国《证券法》的规定,当股票出现重大异常波动时,证券交易所可以采取限制交易、强制停牌等措施,并向国务院证券监督管理机构报告。停牌是指暂停股票的买卖交易。上市公司因出现消息或正在进行的某些活动而使该公司股票的股价大幅度上涨或下跌,该公司的股票就可能需要停牌。上市公司股票可能被停牌的原因有多种,主要包括以下6个方面:(1)上市公司因重要信息公布而停牌,如中期业绩报告、公布年报、增资扩股、公布分配方案、重大资产重组、重大收购兼并、股权分置改革以及股权变动等。(2)证券监管机关认为上市公司应当就对公司有重大影响的有关问题进行澄清和公告而停牌。(3)上市公司因涉嫌违规需要进行调查时被停牌。(4)技术性停牌。依据《证券法》规定,因某些突发性事件而影响到证券交易的正常进行,证券交易所可以采取技术性停牌的措施。证券交易所可以视情况和上市公司的申请予以技术性停牌,主要包括以下几种情形:计划进行重组;计划派发特别股息;计划将上市证券拆细或合并;上市证券计划换发新票券等。上市公司提出停牌申请时,应详细说明停牌原因、停牌时间以及预计复牌时间。在停牌期间,上市公司应主动处理停牌事项,以符合上市标准。(5)当股票竞价交易出现异常波动情况时,交易所会对相关股票实施停牌。异常波动的情形包括以下几种:第一种情况是当日无价格涨跌幅限制的股票,在盘中交易中,其价格较当日开盘价上涨100%以上或下跌50%以上,属于异常波动。交易所可对该股票实施盘中临时停牌,停牌时间不超过30分钟,复牌时间以交易所公告为准。第二种情况是当日有涨跌幅限制的A股,在连续2个交易日内触及涨跌幅限制,在这期间,同一营业部对该股票的净买入或净卖出数量占当日总成交股数的比重达到30%以上,且上市公司没有发布重大事项公告,也属于异常波动。交易所可对该股票实施停牌,直到上市公司作出公告并在当日上午10:30复牌。异常波动指标从股票复牌之日起重新计算。第三种情况是ST股票、*ST股票和S股,在连续3个交易日内触及涨跌幅限制,属于异常波动。交易所可对该股票实施停牌,直到上市公司作出公告并在当日上午10:30复牌。异常波动指标从股票复牌之日起重新计算。第四种情况是中国证监会或交易所认定的其他属于异常波动的情形。对于出现这些异常波动情况的股票,交易所会在下一交易日公告累计买入、卖出金额最大的五家会员营业部的名称及其买入、卖出金额。(6)盘中紧急停牌。证券在开市期间停牌的,停牌前的申报可以参与该证券复牌后的交易。停牌期间,投资者可以继续申报或撤销申报。复牌时,已接受的申报会进行集合竞价,但不会揭示集合竞价参考价格、匹配量和未匹配量。集合竞价产生开盘价后,会继续以连续竞价当日的交易。

复牌是指停牌的股票在开盘时恢复交易。被交易所实施停牌的股票需要负有披露信息义务人作出披露有关信息的公告的当天上午10:30后复牌。停牌期间,交易所会在发布行情信息中包含该股票的信息。如果股票被摘牌,则行情信息中将不包含该股票的信息。

(五)终止上市

1. 主动退市

主动退市是指上市公司自愿决定将其股票从证券交易所撤出交易,或者申请在其他交易场所交易或转让。上市公司必须召开股东会作出退市或转市的决议。该决议需要获得出席会议股东所持表决权的2/3以上通过,并且经出席会议的其他股东所持表决权的2/3以上通过。但是属于以下股东的表决权不在计算范围内:一是上市公司的董事、监事、高级管理人员;二是单独或合计持有上市公司5%以上股份的股东。此外,主动退市还包括通过要约收购实施的退市以及通过合并、解散实施的退市。

2. 强制退市

根据上海、深圳交易所的《股票上市规则》,强制退市分为重大违法类强制退市、交易类强制退市、财务类强制退市、规范类强制退市等情形。

重大违法类强制退市的情形包括:(1)当上市公司存在欺诈发行、重大信息披露违法或其他严重损害证券市场秩序的重大违法行为,并且严重影响其上市地位时,交易所应当终止其股票上市的情形。(2)上市公司实施涉及国家安全、公共安全、生态安全、生产安全和公众健康安全等领域的违法行为,且情节恶劣,严重损害国家利益、社会公众利益,或者严重影响上市地位,应当被终止上市的情形。另外,依据不能满足交易所规定的交易指标、财务指标或规范运作等要求而发生的强制退市,包括交易类强制退市、财务类强制退市、规范类强制退市。

交易类强制退市的情形主要包括:(1)连续 120 个交易日通过上海、深圳证券交易所交易系统实现的累计股票成交量低于 500 万股,或者连续 20 个交易日每日股票收盘价均低于人民币 1 元(面值退市)。(2)上市公司股东数量连续 20 个交易日(不含公司首次公开发行股票上市之日起 20 个交易日)每日均低于 2000 人。(3)上市公司连续 20 个交易日在上海、深圳交易所的每日股票收盘总市值均低于人民币 3 亿元。

财务类强制退市的情形包括:(1)最近一个会计年度经审计的净利润为负值且营业收入低于人民币 3 亿元。(2)最近一个会计年度经审计的期末净资产为负值。(3)最近一个会计年度的财务会计报告被出具无法表示意见或否定意见的审计报告。(4)中国证监会行政处罚决定书表明公司已披露的最近一个会计年度经审计的年度报告存在虚假记载、误导性陈述或者重大遗漏,导致该年度相关财务指标实际已触及第 1 项、第 2 项情形的。

规范类强制退市的情形包括:(1)因财务会计报告存在重大会计差错或者虚假记载,被中国证监会责令改正但公司未在规定期限内改正,公司股票及其衍生品种自前述期限届满的下一交易日起停牌,此后公司在股票及其衍生品种停牌 2 个月内仍未改正。(2)未在法定期限内披露半年度报告或者经审计的年度报告,公司股票及其衍生品种自前述期限届满的下一交易日起停牌,此后公司在股票及其衍生品种停牌 2 个月内仍未披露。(3)因半数以上董事无法保证公司所披露半年度报告或年度报告的真实性、准确性和完整性,且未在法定期限内改正,公司股票及其衍生品种自前述期限届满的下一交易日起停牌,此后公司在股票及其衍生品种停牌 2 个月内仍未改正。(4)因信息披露或者规范运作等方面存在重大缺陷,被交易所要求限期改正但公司未在规定期限内改正,公司股票及其衍生品种自前述期限届满的下一交易日起停牌,此后公司在股票及其衍生品种停牌 2 个月内仍未改正。

(5)因公司股本总额或股权分布发生变化,导致连续 20 个交易日不再具备上市条件,公司股票及其衍生品种自前述期限届满的下一交易日起停牌,此后公司在股票及其衍生品种停牌 1 个月内仍未解决。(6)公司可能被依法强制解散或法院依法受理公司重整、和解和破产清算申请等。

因此,终止上市具体情况根据不同的强制退市类型而有所不同,交易所会根据具体情况进行相应的决定和公告。

第三节 公司债券的发行与交易

一、公司债券的概念及分类

(一)公司债券的概念

依据我国《公司法》第 194 条第 1 款的规定,本法所称公司债券,是指公司发行的约定按期还本付息的有价证券。因此,公司债券是以证券的形式来表现的一种公司债,是指公司为了筹集资金,依照法定的条件和程序发行的、以公司债券的形式约定在一定期限内还本付息的公司债务,即公司债债务以公司债券作为其表现形式。而公司债券与企业债券密切相关。企业债券是指企业发行的约定在一定期限内还本付息的债券。公司债券和企业债券在某些方面有相似之处,但在具体的法律规定和操作层面上,两者存在明显差异。首先,二者在适用法律方面存在不同,公司债券受到《公司法》和《证券法》的规范,而企业债券则按照《企业债券管理条例》进行操作。这导致在多个方面,如发行条件和信息披露等方面的不同。其次,发行这两种债券的主体也有所区别。公司债券只能由股份有限公司和有限责任公司发行,而企业债券则可由公司以外的其他企业类型发行。再次,监管机构也有所不同。公司债券主要由中国证监会监管,而企业债券通常由国家发展和改革委员会以及中国人民银行负责发行的审批和监管。又次,这两种债券还在发行和交易的平台上有差异。公司债券通常在证券交易所和区域性股权市场进行交易,而企业债券还可以在银行间债券市场进行交易。最后,关于发行条件,二者也有显著差异。《证券法》和《公司债券发行与交易管理办法》对公司债券有更严格和具体的公开发行条件要求,而《企业债券管理条例》对企业债券的发行条件要求则更为灵活和原则性,没有细分为公开发行和非公开发行。

(二)公司债券的分类

根据我国《证券法》、《公司法》以及《公司债券发行与交易管理办法》的有关规定和我国债券发行的实践,公司债券可以从多个维度进行分类。

1. 普通公司债券和特别公司债券

按照公司债券性质的不同,可以分为普通公司债券和特别公司债券。所谓普通公司债券,是那些具有债券基本特性的债券,现有的法律和规则大多针对这类债券。而特别公司债券则在发行对象、募集资金用途或债券权益等方面有特殊的要求,这类债券会随着经济的发展出现不同的形式和名称。特别公司债券主要包括如下几类:

第一,可转换公司债券。可转换公司债券,是指公众公司依照法定程序发行的,在一定时间内根据已约定的条件可以转换成股票的公司债券。根据《公司法》第 202 条和《公司债券发行与交易管理办法》规定,可转换公司债券具有一定的法律特性。首先,这类债券由上市公司和某些非上市公众公司发行。它们既可以被转让和质押,也可以被继承。这些债券具有债券和股票的双重性质:在未转换为股票之前,持有人是公司的债权人,不享有股东的权利和承担义务;转换后,持有人将成为公司股东。可转换公司债券是否能够转换成股份取决于持有人的意愿,债券持有人要求将其转换为公司股票的,公司不得拒绝;而持有人不愿转换为公司股票的,公司应于期满后偿还本息。其次,这类债券的发行需遵循更严格的法定程序,涉及中国证监会的注册和承销等环节。这包括应当报中国证监会注册,采取承销方式,实行保荐人保荐,并除了应符合公司债券发行的一般条件,还要符合法律关于公开发行股票的条件。再次,可转换公司债券具有确定的转换期,转换期是指可转换公司债券转换为股票的起始日至结束日的期间。根据《上市公司证券发行管理办法》(2020 年修订)第 21 条的规定,转换期的起始日为上市公司发行可转换公司债券结束之日起 6 个月后,转换期限由公司根据可转换公司债券的存续期及公司财务状况确定。最后,这种债券通常具有较低的票面利率,因为投资者更关注未来可能的转股收益而不是当前债券的票面利率。另外,可转换债券投资者和发行公司都面临一定的利益和风险。对于公司而言,低成本融资和股本结构优化是主要好处,但也存在股价稀释和财务压力等风险。对于投资者来说,这是一种"保本的股票",但转股失败的风险也相对更高。除了普通可转换公司债券,还有如可交换公司债券和分离交易的可转换公司债券等不同种类。可交换公司债券是股东以质押股票为条件发行的,持有人在转换期内可按约定的条件换取质押的股票。分离交易的可转换公司债券则允许持有人按债券发行时约定的价格、认购比例和期间等条件,选择购买发行人的新股或受让质押股票。

第二,绿色公司债券。绿色公司债券是一种专门用于资助符合绿色产业标准项目的特殊类型公司债券。除了要遵守我国《证券法》和其他相关法规,这类债券还需满足绿色项目的特定条件和认证要求。根据中国证监会在2017年3月颁布的《关于支持绿色债券发展的指导意见》里的条款，这些债券的资金主要投向与《绿色债券支持项目目录》（由中国金融学会绿色金融专业委员会编制）一致的绿色项目，包括但不限于节能、环境保护、资源回收、清洁交通和清洁能源等领域。绿色公司债券只是更广泛的绿色债券类别中的一种，绿色债券还包括绿色政府债券和绿色金融债券。

第三，创新创业公司债券。创新创业公司债券是针对具有一定创新和创业特质的公司发行的债券。依据2017年7月中国证监会发布的《关于开展创新创业公司债券试点的指导意见》，这类公司主要是从事高新技术产品研发、生产和服务，或者具有创新业态、创新商业模式的中小型企业。此外，符合条件的创业投资公司也能够发行这种债券。

第四，可续期公司债券。可续期公司债券是一种附带有续期选择权的公司债券。这意味着在这些债券到期后，发行公司有权选择续期。除了要符合关于公司债券的通用法规，还要遵循上海证券交易所和深圳证券交易所的特定规定。实践中，可续期公司债券一般都设置特殊属性的条款，如续期选择权、利息递延支付、强制付息等。也正是基于这些特殊条款，可续期债券对发行人的信用资质有较高要求。

第五，熊猫公司债券。熊猫公司债券是一种由境外企业在中国发行，且以人民币计价的特别公司债券。这类债券是熊猫债券的一种，熊猫债券还包括境外金融机构和国际多边金融机构在中国发行的以人民币计价的金融债券。按国际命名惯例，由于这些债券涉及外国元素，国外机构在一国发行债券时，一般以该国最具特征的吉祥物命名。因此，我国将境外机构在华发行的人民币债券命名为“熊猫债券”，以符合国际命名惯例。

2. 公开发行的公司债券和非公开发行的公司债券

根据发行对象和方式不同，依据《公司债券发行与交易管理办法》第3条的规定，公司债券可以分为公开发行（通常称为公募）和非公开发行（通常称为私募）两种。公募公司债券是那些面向不特定的投资者或者特定投资者人数超过200人发行的债券。根据我国《证券法》的相关规定，这类债券的发行需经过严格的法规审核，并需要通过国务院证券监督管理机构或者国务院授权的部门进行注册。公募公司债券通常在证券交易所、全国中小企业股份转让系统（“新三板”）或者国务院批准的其他平台进行交易。私募公司债券是针对不超过200名合格投资者并且没有通过广告等方式公开发行的债券。根据《公司债券发行与交易管理办法》的规定，这类债券可以在证券交易所、全国中小企业股份转让系统、证券公司柜台进行转让,但发行对象仅限于专业投资者,不得采用广告、公开劝诱和变相公开方式,并且每次发行对象不得超过200人。在区域性股权市场,根据《区域性股权市场监督管理试行办法》规定,当前允许"可转换为股票的公司债券"进行非公开发行。

3. 有担保公司债券和无担保公司债券

公司债券依据是否存在担保,分为有担保公司债券和无担保公司债券。有担保公司债券是那些在发行时公司即为债权人提供了一定担保的债券。这种担保可以由发行公司自身或其他第三方(如公司股东)提供,担保形式多样,包括实物资产和金融证券等。按照中国证监会2006年5月颁布的《上市公司证券发行管理办法》第20条规定,除了最近1期未经审计的净资产不低于15亿元人民币的公司,公开发行的可转换公司债券应提供全额担保,包括本金、利息、违约金和其他相关费用。担保可以通过保证、抵押或质押等方式实施。与之对应的是无担保公司债券,也称为信用债券,这种债券没有任何形式的担保,仅依赖发行人的信誉进行发行。通常,这类债券更适合信用评级较高的发行人。

二、公司债券的发行

债券发行与股票发行有着不同的条件和流程,其主要受到《证券法》、《上市公司证券发行注册管理办法》和中国证监会发布的《公司债券发行与交易管理办法》的规范。

(一)公司债券发行的条件

1. 普通公司债券的发行条件

(1)一般规定

首先,依据《证券法》第15条的规定,要想公开发行公司债券,需要满足以下几点:①公司应有健全且运行良好的组织结构;②最近3年的平均可分配利润足以支付1年的债券利息;③符合国务院规定的其他条件。相对之前的规定,当前的条件更为简洁,虽然加入了"具有健全和高效运作的组织结构"这一要求,但取消了关于净资产、剩余债券总额、资金用途和利率等四个方面的条件。募集的资金必须按照公司债券募集说明书里列出的用途使用,改变用途需要经过债券持有人会议批准,同时也不得使用这些资金来填补亏损或用于非生产性的支出。

其次,根据《证券法》第17条的规定,存在以下情况的公司不得再次公开发行公司债券:①对已公开发行的公司债券或其他债务存在违约或延迟支付本息的事实,并且该状态仍在持续;②违反《证券法》规定,改变了公开发行的公司债券所募资金用途。与以往不同,现有规定去除了"前次公开发行的公司债券还未完全募集”的条件,因为一个债券发行是否完全募集与随后的公开发行无关,删除这个条件有助于消除企业融资的一些多余的障碍。

(2)补充规定

《公司债券发行与交易管理办法》也对公司债券发行作出了补充规定。其第14条规定,要进行公司债券的公开发行,除了要有健全且运行良好的组织结构,近3年的平均可分配利润足够支付1年债券利息,还需要有合理的资产负债结构和正常的现金流量,同时还需要符合国务院规定的其他条件。此外,证券交易所负责处理和审查公开发行公司债券的申请,并报送中国证监会进行注册。《公司债券发行与交易管理办法》第15条进一步指出,如存在以下任一情况,公司则不能再次进行债券的公开发行:①之前已公开发行的公司债券或其他债务存在违约或者延迟支付本息的情况,并且该状态尚未解除;②违反《证券法》的规定,更改了公司公开发行债券所募资金的用途。另外,《公司债券发行与交易管理办法》第16条提到专业投资者和普通投资者都可参与公开发行公司债券的认购,但发行人需要满足以下资信标准:①最近3年没有债务违约或延迟支付本息的事实;②最近3年的平均可分配利润不少于债券1年利息的1.5倍;③最近一期末净资产规模不少于250亿元;④最近36个月内累计公开发行债券不少于3期,且发行规模不少于100亿元;⑤中国证监会基于投资者保护需求而规定的其他条件。如果未能达到这些标准,那么公开发行的公司债券仅限专业投资者认购。《公司债券发行与交易管理办法》还规定了非公开发行的公司债券只能针对专业投资者,不得通过广告、公开劝诱或变相公开的方式进行,而且每次的发行对象不应超过200人。

2. 可转换公司债券的发行条件

对于可转换公司债券的发行条件,除了需要符合公开发行公司债券的通用条件,还需要满足《证券法》对上市公司新股发行的相关规定。不过,如果上市公司打算通过回购自家股票来进行债券转换,那么这一规定可不适用。此外,《上市公司证券发行管理办法》对可转换公司债券的发行条件有更详尽的描述。具体来说,首先,想要进行可转换公司债券的公开发行,该公司应当首先满足《上市公司证券发行管理办法》第13条规定的以下条件:(1)具备健全且运行良好的组织机构;(2)最近3年平均可分配利润足以支付公司债券一年的利息;(3)具有合理的资产负债结构和正常的现金流量;(4)交易所主板上市公司向不特定对象发行可转债的,应当最近3个会计年度盈利,且最近3个会计年度加权平均净资产收益率平均不低于6%。其次,《上市公司证券发行注册管理办法》第61条规定,可转债应当具有期限、面值、利率、评级、债券持有人权利、转股价格及调整原则、赎回及回售、转股价格向下修正等要素;向不特定对象发行的可转债利率由上市公司与主承销商依法协商确定；向特定对象发行的可转债应当采用竞价方式确定利率和发行对象。

（二）公司债券发行的程序

1. 公司决议

根据《公司债券发行与交易管理办法》第11条的规定，发行公司债券发行人应当依照我国《公司法》或其自身公司章程相关规定的对发行债券的金额、发行方式、债券期限、募集资金用途，以及其他依据法律法规和公司章程规定需要明确的事项作出决议。如有增信机制和偿债保障措施安排的，应在决议事项中明确。

2. 信用评级

依据《公司债券发行与交易管理办法》的规定，在公开市场上发行公司债券必须委托有资质的资信评级机构进行信用评级；而对于非公开发行，发行方可自行决定是否进行信用评级，并需在债券募集说明书中予以信息披露。

3. 申请发行文件的提交

依照《证券法》的规定，申请公开发行公司债券，应当向国务院授权部门或国务院证券监管机构报送以下文件：营业执照、公司章程、公司债券募集办法和其他相关文件。如依法律规定应指定保荐人，则还应当提交保荐人出具的发行保荐书。保荐书的申请文件格式、报送方式由负责注册的机构或者部门规定，保荐人应按照要求提交保荐书。

4. 发行申请的申报、审核与注册

《公司债券发行与交易管理办法》第三章第二节规定，申请公开发行的公司债券，应当按照中国证监会有关规定制作注册申请文件，由发行人向证券交易所申报，证券交易所收到注册申请文件后，在5个工作日内作出是否受理的决定；证券交易所负责审核发行人公开发行公司债券并上市申请，按照规定的条件和程序，提出审核意见；中国证监会收到证券交易所报送的审核意见、发行人注册申请文件及相关审核资料后，履行发行注册程序；证券交易所应当自受理注册申请文件之日起2个月内出具审核意见，中国证监会应当自证券交易所受理注册申请文件之日起3个月内作出同意注册或者不予注册的决定；发行人根据中国证监会、证券交易所要求补充、修改注册申请文件的时间不计算在内。《公司债券发行与交易管理办法》第36条第1款规定，非公开发行公司债券，承销机构或依法可以自行销售的发行人应当在每次发行完成后5个工作日内向中国证券业协会报备。第2款规定，报备不代表中国证券业协会实行合规性审查，不构成市场准入，也不豁免相关主体的违规责任。

5. 募集方说明书的发布

根据《证券法》第 23 条的规定，公司债券发行申请注册后，发行人应当按照法律和行政法规，在公开发行前公告公开发行募集文件，并置备于指定的场所以供公众查阅。我国《公司法》规定，公司债券募集办法应载明的事项主要有如下方面：公司名称，募集资金用途，债券总额和票面金额，债券利率的确定方式，还本付息的期限和方式，债券担保情况，债券的发行价格、发行的起止日期，公司净资产额，已发行但尚未到期的公司债券总额以及承销机构等。

6. 债券发行

依照《证券法》第 26 条的规定，若面向不特定公众发行公司债券以及法律和行政法规要求由证券公司承销，则发行人应当与证券公司签署承销协议。

三、公司债券的交易

（一）公司债券交易的方式

1. 匹配成交

匹配成交是指根据价格优先和时间优先的准则以及相关规定，交易系统将自动配对债券交易申报，并采用多边净额结算方式（A 股的限价交易方式）。在集合匹配环节，有效的债券申报价格应在前一个交易日收盘价的上下 30%范围内，而债券通用质押式回购的有效申报价格应在前一个交易日收盘价的上下 100%内。在连续匹配环节，政府债券、政府支持债券、政策性金融债等的有效申报价格应在最新成交价的上下 10%，其他债券的有效申报价格则应在最新成交价的上下 20%，债券通用质押式回购的有效申报价格不应超过最新成交价 100 个基点。

2. 点击成交

点击成交是指报价方发布报价后，经其他债券投资者点击确认由交易系统进行成交，或根据相关规定通过交易系统自动匹配完成的交易方式。在点击成交模式下，报价方既可以向全市场公开报价，也可以向自选的部分债券投资者进行报价。同时，报价方在发出报价时可设置申报数量必须全额成交。

3. 询价成交

询价成交是指询价方向做市商或其他债券交易参与者发送询价请求，并从收到的一个或多个回复中选择确定成交的交易方式。

4. 竞买成交

竞买成交是指在设定的时间范围内，卖方根据特定的竞价交易规则，将债券销售给出最佳报价的一个或多个报价方。竞价成交可以有单一或多个主体中标等不同形式。如果采用单一主体中标方式,那么最优报价的报价方将以其报价和全部申报数量进行交易。在多主体中标方式中,有单一价格中标和多重价格中标两种选项。单一价格中标模式下,所有中标竞价的应价申报会以边际价格进行交易。在多重价格中标模式下,每个成中标的报价将以其自己的报价价格进行交易。

5. 协商成交

协商成交是指债券投资者通过谈判协商等手段达成交易意向,然后向交易系统报告,由系统确认成交的方式。根据法律、行政法规、部门规章、规范性文件以及本规则的相关规定和内部风险控制需求,债券投资者可以选择委托中介服务机构或自行寻找交易对方,并按照债券交易的原则协商一致。

(二)公司债券交易的一般规则

1. 交易时间

(1)匹配成交:集合匹配的操作时间为每个交易日的9:15到9:25,而连续匹配则是9:30到11:30以及13:00到15:30。

(2)点击成交、询价成交、协商成交:这些交易方式在每个交易日的9:00到11:30以及13:00到20:00都可进行。

(3)竞买成交:卖方可以在每个交易日的9:00到10:00内提交竞买发起申报,应价方则在10:00到11:30这段时间提交应价申报。

2. 交易规则

(1)债券交易采用T+0的交易周期。

(2)对于债券现券,申报数量应为10万元面额或其整数倍(委托数量为1000的整数倍);若卖出数量不满10万元面额,则需一次性全部申报。债券通用质押式回购(逆回购)的申报数量则应为1000元面额或其整数倍。

(3)单笔交易的最大申报数量不应超过100亿元面额。值得注意的是,现在上海、深圳证券交易所的债券交易已经废弃了之前的“手”和“张”作为单位,统一使用1000元面额。

(4)匹配成交模式下,债券现券的申报价格的最小变动单位是0.001元,而债券通用质押式回购的最小变动单位是0.005元;在其他交易模式下,申报价格的最小变动单位是0.0001元。

(5)债券现券交易使用净价进行申报,除非交易所有其他规定要求使用全价。净价是不包括当期应计利息的价格,而全价=净价+应计利息。这主要是为了更精确地显示债券的价格变动,排除了应计利息的影响,使投资者能更直接地了解债券价格的变化。

| 扩展阅读 |

“史上最高赔偿金额虚假陈述案”
——顾某骏、黄某香等52,037名投资者诉康美药业股份有限公司等证券虚假陈述责任案

2021年4月8日,中证中小投资者服务中心有限责任公司(以下简称投服中心)代表原告顾某骏、黄某香等52,037名投资者向广东省中级人民法院(以下简称广州中院)提出诉讼请求:(1)判令马某田、许某瑾赔偿案涉投资者的投资差额损失;(2)判令马某田、许某瑾赔偿案涉投资者的佣金、印花税、利息,佣金标准统一为3‰,印花税标准统一为1‰,利息按照同期银行存款利率计算;(3)判令其他被告对案涉投资者的上述损失承担全部的连带责任。主要事实和理由如下:

1.所有被告应对投资者损失承担全部连带责任。(1)本案各被告均系行政处罚决定书被处罚对象,依法均应对投资者损失承担连带赔偿责任。(2)没有必要区分有关独立董事(江某平、李某安、张某、郭某慧)、副总经理(李某华)和总经理助理(唐某、陈某)等责任人员的参与及过错程度。行政处罚决定书已经认定现有证据不足以证明上述高管已尽勤勉尽责义务,应承担连带赔偿责任。(3)正中珠江会计师事务所(以下简称正中珠江)及责任人员应对投资者损失承担全部连带责任。行政处罚决定书足以认定正中珠江在对康美药业股份有限公司(以下简称康美药业)年度财务报表进行审计时违反审计准则及职业道德守则,实质性审计程序存在重大缺陷,正中珠江及责任人员应承担连带赔偿责任。

2.关于投资者的损失核算方法。本案中,虚假陈述日为《2016年年度报告》的公告日即2017年4月20日,揭露日为自媒体上有文章质疑康美药业存在财务造假的2018年10月16日,基准日为2018年12月4日,基准价为12.7元,采用移动加权平均法计算所有投资者损失。由于本案涉及众多投资者,恳请法院委托专业机构对所有投资者的损失进行核算。

3.案涉投资者的损失不包含系统性风险。系统性风险是否存在及具体构成的举证责任在被告,被告并未提出证据证明系统性风险存在,故应推定风险不存在。如果将“是否存在系统性风险”列为争议焦点,则应由法院委托专业机构核定。

当事人围绕诉讼请求依法提交了证据,广州中院向中国证券登记结算有限责任公司深圳分公司调取了有关原告主体资格及康美药业股票交易情况的数据,委托中国证券投资者保护基金有限责任公司对原告投资损失数额、证券侵权行为以外其他风险因素导致的损失扣除比例等进行测算,并组织当事人进行了证据交换

和质证。依据各方当事人提交的证据、测算结果及证券市场公开信息，广州中院认定事实如下。

2001年3月19日，康美药业在上海证券交易所主板上市。2017年4月20日、2018年4月26日、2018年8月29日，康美药业在上海证券交易所网站、巨潮资讯网及中国证监会指定报纸上先后披露了《2016年年度报告》《2017年年度报告》《2018年半年度报告》。2018年10月15日晚开始，网上陆续出现文章，质疑康美药业货币资金真实性，指出可能存在财务造假等问题，指出康美药业存在存贷双高、大股东股票质押比例高和中药材贸易毛利率高等问题，质疑康美药业存在财务造假。前述文章被多家影响范围较大的媒体广泛转载，引起强烈反响。康美药业股票2018年10月16日盘中一度触及跌停，收盘跌幅5.97%，此后连续3日以跌停价收盘，而同期（2018年10月16—19日）上证指数跌幅为0.69%，医药生物（申万）指数（801150）跌幅为4.01%。

2018年12月29日，康美药业发布《康美药业股份有限公司关于收到中国证券监督管理委员会立案调查通知的公告》称："2018年12月28日，康美药业股份有限公司收到中国证券监督管理委员会《调查通知书》（编号：粤证调查通字180199号）：'因你公司涉嫌信息披露违法违规，根据《中华人民共和国证券法》（以下简称《证券法》）的有关规定，我会决定对你公司立案调查，请予以配合。'公司将全面配合中国证监会的调查工作，并严格按照监管要求履行信息披露义务。"2019年8月17日，康美药业公告称该公司及相关当事人收到中国证监会行政处罚及市场禁入事先告知书（处罚字〔2019〕119号），该告知书主要内容为：经中国证监会查明，康美药业涉嫌存在以下违法事实：

1.《2016年年度报告》《2017年年度报告》《2018年半年度报告》《2018年年度报告》中存在虚假记载。其中《2016年年度报告》虚增营业收入89.99亿元，多计利息收入1.51亿元，虚增营业利润6.56亿元，占合并利润表当期披露利润总额的16.44%。《2017年年度报告》虚增营业收入100.32亿元，多计利息收入2.28亿元，虚增营业利润12.51亿元，占合并利润表当期披露利润总额的25.91%。《2018年半年度报告》虚增营业收入84.84亿元，多计利息收入1.31亿元，虚增营业利润20.29亿元，占合并利润表当期披露利润总额的65.52%。

2.《2016年年度报告》《2017年年度报告》《2018年半年度报告》中存在虚假记载，虚增货币资金。2016年1月1日至2018年6月30日，康美药业通过财务不记账、虚假记账，伪造、变造大额定期存单或银行对账单，配合营业收入造假伪造销售回款等方式，虚增货币资金。通过上述方式，康美药业《2016年年度报告》虚增货币资金22,548,513,485.42元，占公司披露总资产的41.13%和净资产的76.74%；

《2017 年年度报告》虚增货币资金 29,944,309,821.45 元,占公司披露总资产的 43.57%和净资产的 93.18%;《2018 年半年度报告》虚增货币资金 36,188,038,359.50 元,占公司披露总资产的 45.96%和净资产的 108.24%。

3.《2018 年年度报告》中存在虚假记载,虚增固定资产、在建工程、投资性房地产。

4.《2016 年年度报告》《2017 年年度报告》《2018 年年度报告》中存在重大遗漏,未按规定披露控股股东及其关联方非经营性占用资金的关联交易情况。2016 年 1 月 1 日至 2018 年 12 月 31 日,康美药业在未经过决策审批或授权程序的情况下,累计向控股股东及其关联方提供非经营性资金 11,619,130,802.74 元用于购买股票、替控股股东及其关联方偿还融资本息、垫付解质押款或支付收购溢价款等用途。中国证监会认为,康美药业虚增营业收入、利息收入、营业利润,虚增货币资金、固定资产、在建工程、投资性房地产,所披露的《2016 年年度报告》《2017 年年度报告》《2018 年半年度报告》《2018 年年度报告》存在虚假记载,康美药业未按规定披露控股股东及其关联方非经营性占用资金的关联交易情况,所披露的《2016 年年度报告》《2017 年年度报告》《2018 年年度报告》存在重大遗漏。

上述行为违反了 2014 年《证券法》第 63 条、第 65 条、第 66 条的规定,构成 2014 年《证券法》第 193 条第 1 款所述的行为。康美药业董事、监事、高级管理人员违反 2014 年《证券法》第 68 条第 3 款的规定,构成 2014 年《证券法》第 193 条第 1 款所述"直接负责的主管人员和其他直接责任人员"。中国证监会拟决定:(1)对康美药业责令改正,给予警告,并处以 60 万元的罚款;(2)对马某田、许某瑾给予警告,并分别处以 90 万元的罚款,其中作为直接负责的主管人员罚款 30 万元,作为实际控制人罚款 60 万元;(3)对邱某伟给予警告,并处以 30 万元的罚款;(4)对庄某清、温某生、马某洲给予警告,并分别处以 25 万元的罚款;(5)对马某耀、林某浩、李某、江某平、李某安、罗某谦、林某雄给予警告,并分别处以 20 万元的罚款;(6)对张某、郭某慧、李某华、韩某伟、王某给予警告,并分别处以 15 万元的罚款;(7)对唐某、陈某给予警告,并分别处以 10 万元的罚款。中国证监会还认为,马某田、许某瑾、邱某伟在康美药业信息披露违法行为中居于核心地位,直接组织、策划、领导并实施了涉案违法行为,是最主要的决策者、实施者,其行为直接导致康美药业相关信息披露违法行为的发生,情节特别严重;庄某清、温某生、马某洲,涉案信息披露违法行为的发生与其职责、具体实施行为直接相关,其行为与康美药业信息披露违法行为的发生具有紧密联系,情节较为严重;并拟对马某田、许某瑾、邱某伟、庄某清、温某生、马某洲采取证券市场禁入措施。

2020 年 5 月 15 日,康美药业公告称公司收到中国证监会行政处罚决定书

(〔2020〕24号),该行政处罚决定书查明的主要事实与行政处罚及市场禁入事先告知书基本一致,作出的行政处罚亦与行政处罚及市场禁入事先告知书一致,同时查明以下事实:康美药业《2016年年度报告》审议中,在董事会投赞成票的董事有马某田等;在监事会上投赞成票的监事有罗某谦等;签署高级管理人员书面确认意见的有林某雄等。《2017年年度报告》审议中,在董事会投赞成票的董事有马某田等;在监事会上投赞成票的监事有罗某谦等;签署高级管理人员书面确认意见的有林某雄等。《2018年半年度报告》审议中,在董事会投赞成票的董事有马某田等;在监事会上投赞成票的监事有罗某谦等;签署高级管理人员书面确认意见的有林某雄等。

2021年2月18日,中国证监会作出行政处罚决定书(〔2021〕11号),主要内容为:

1. 正中珠江出具的康美药业2016年、2017年、2018年年度审计报告存在虚假记载。康美药业2016年、2017年、2018年年度报告存在虚增收入、虚增货币资金等虚假记载行为,正中珠江对康美药业2016年、2017年财务报表出具了标准无保留的审计意见,对康美药业2018年财务报表出具了保留意见,审计报告均存在虚假记载。其中,2016年、2017年审计项目的签字注册会计师为杨某蔚、张某璃,2018年审计项目的签字注册会计师为杨某蔚、刘某。

2. 2016年和2017年年报审计期间,正中珠江未对康美药业的业务管理系统实施相应审计程序,未获取充分适当的审计证据。捷科SCM3.0新架构供应链系统(以下简称捷科系统)是康美药业的业务管理信息系统,金蝶EAS系统是康美药业进行账务处理的信息系统,正中珠江相关审计人员明知康美药业捷科系统的存在,未关注捷科系统与金蝶EAS系统是否存在差异,未分析差异形成的原因及造成的影响,未实施必要的审计程序。具体包括:在财务报表层面了解信息技术的运用时,未涵盖业务管理系统;正中珠江了解金蝶EAS系统时,未执行审计程序了解金蝶EAS系统与科捷系统之间数据的钩稽关系;正中珠江实施风险应对措施时,未从业务管理系统获取审计证据。

3. 正中珠江对康美药业2016年财务报表的审计存在缺陷。(1)风险识别与评估阶段,部分审计底稿存在缺陷,主要为汇总的重大风险领域不包括货币资金和营业收入、认定货币资金和营业收入不存在重大错报风险和不属于特别风险、特别风险领域仅包括货币资金未包括营业收入等。(2)货币资金以及营业收入科目的风险应对措施存在重大缺陷。一是内部控制测试程序存在重大缺陷,如未识别捷科系统与金蝶EAS系统存在的差异及其产生的原因并判断对财务报表的影响。作出的相关内部控制评价结论没有充分、适当的审计证据支持,评价结论不恰当,不符合相应准则规定。二是实质性程序存在重大缺陷,主要有:审计期间项目经理苏某升从康美药业处取得银行对账单,而不是向银行调取;苏某升伪造发函路径,未对应收账款函证过程保持有效控制;对于获取的银行询证函、银行对账单等存在明显异常或相互矛盾的情况,未执行进一步审计程序消除疑虑;2016 年应收账款回函比例仅为 30.89%,正中珠江未对可靠性存疑的回函执行进一步审计程序;对客户进行走访时,并未向对方函证交易数据,走访记录的附件二系"加塞"到审计底稿中,不符合相应会计准则。

4. 正中珠江对康美药业 2017 年财务报表的审计,存在与 2016 年财务报表审计类似缺陷;对 2018 年财务报表的审计,在风险识别与评估阶段、实质性程序存在重大缺陷,不符合相关会计准则的规定。中国证监会作出以下处罚决定:(1)对正中珠江责令改正,没收业务收入 1425 万元,并处以 4275 万元罚款;(2)对杨某蔚、张某璃、苏某升给予警告,并分别处以 10 万元罚款;(3)对刘某给予警告,并处以 3 万元罚款。

本案审理过程中,康美药业等部分被告向广州中院提出申请,申请委托专业机构测算损失金额和系统风险,并主张由上海交通大学中国金融研究院测算;投服中心主张由深圳价值在线信息科技股份有限公司测算。因各方对测算机构的选择未能形成一致意见,广州中院委托中国证券投资者保护基金有限责任公司(以下简称投保基金)对权利人范围内的投资者的损失进行测算。2021 年 7 月 16 日,投保基金出具《证券投资者损失测算报告》。该报告主要内容为:

1. 投保基金测算时选定的实施日为 2017 年 4 月 20 日,揭露日为 2018 年 10 月 16 日,基准日为 2018 年 12 月 4 日,并通过计算揭露日起至基准日期间每个交易日收盘价的平均价格确定了基准价为 12.70 元。

2. 测算投资者实际损失的方法为,先采用移动加权平均法计算投资者买入均价,即投资者每次买入股票后,以新买入的股票成本加上前次的持仓成本,除以本次买入的股票数量加上前次的持仓数。以该方法投资者每次买入股票时测算一次买入成本(持仓成本价),卖出股票的成本以前一次计算所得买入均价为计价依据。该算法公式为:买入均价=(本次购入股票金额+本次购入前持股总成本)/(本次购入股票数量+本次购入前持股数量);卖出均价=揭露日(含)至基准日(含)期间有效卖出总金额/有效卖出总数量。以此方法得到的投资差额损失计算方法为:投资差额损失=卖出损失+持有损失;卖出损失=(买入均价-卖出均价)×有效卖出总股数;持有损失=(买入均价-基准价)×基准日剩余有效股数。此外,佣金费率按 3‰计算,印花税税率按 1‰计算,资金利率为银行同期活期存款利率 0.35%(资金利息天数自第一笔有效买入日计算至揭露后最后一笔有效卖出日或基准日)。

3. 扣除系统风险的方法是,选取医药生物(申万)指数(801150)为系统风险扣除的参考指数,采用“个体相对比例法”测算投资者证券市场系统风险扣除比例。该方法的原理是,从投资者第一笔有效买入开始,假设投资者买卖案涉股票时,同时买入卖出相同数量的指数,每一笔交易均同步对应指数的买入卖出,指数的价格取交易当日的指数数值。揭露后卖出的或持有股票的,假设也同步卖出或持有对应的指数。被测算人可能不同程度受到证券市场系统风险影响。市场系统风险具体计算方法是:将每个投资者持股期间的指数加权平均跌幅与个股加权平均跌幅进行对比,用“相对比例法”扣除证券市场系统风险的影响。指数买入均价、卖出均价、持有损失、卖出损失计算方法同个股的计算方法。具体计算公式为:市场系统风险扣除比例=证券买入与卖出期间指数加权平均跌幅/证券买入与卖出期间个股加权平均跌幅;指数加权平均跌幅=(指数卖出损失+指数持有损失)/(有效索赔股数×指数买入均价);个股加权平均跌幅=(个股卖出损失+个股持有损失)/(有效索赔股数×个股买入均价)。

4. 最终的损失金额计算方法如下:损失金额=投资差额损失+佣金+印花税+资金利息;投资差额损失=A×(1-市场系统风险扣除比例)。A为不扣除市场系统风险的投资差额损失;风险系数大于1,则按1计算;风险小于0,则按0计算;佣金=投资差额损失×佣金费率;印花税=投资差额损失×印花税税率;资金利息=(投资差额损失+佣金+印花税)×银行同期活期存款利率×实际天数/365。

5. 经测算,共计55,326名投资者发生约48.66亿元损失,其中损失金额扣除系统风险后为0或者负数投资者的人数为3289名投资者,扣除系统风险后损失金额为正数的投资者人数为52,037名,该52,037名投资者扣除系统风险后损失金额总数为2,458,928,544元。

投服中心认为,康美药业在申万一级行业指数中所占据的权重比例较高,仅选取该指数可能导致系统风险扣除比例过高,不利于最大限度地保护投资者的合法权益。康美药业等被告认为,测算报告系统风险扣除比例过低;买入均价应当依据先进先出加权平均法进行测算;应当剔除通过大宗交易买入的投资者;利息计算方式存在错误。

广州中院认为,本案为证券虚假陈述责任纠纷。投资者保护机构投服中心在权利登记公告期间受50名以上权利人的特别授权,作为代表人参加诉讼。根据《证券法》第95条第3款和最高人民法院《关于证券纠纷代表人诉讼若干问题的规定》第32条第1款的规定,本案为特别代表人诉讼案件。综合原、被告的诉辩意见,本案的争议焦点在于:(1)案涉虚假陈述行为的认定;(2)原告投资损失与案涉虚假陈述行为之间有无因果关系;(3)各被告赔偿责任的认定。

一、案涉虚假陈述行为的认定

最高人民法院《关于审理证券市场因虚假陈述引发的民事赔偿案件的若干规定》(已失效,以下简称《证券虚假陈述若干规定》)第17条第1款规定:“证券市场虚假陈述,是指信息披露义务人违反证券法律规定,在证券发行或者交易过程中,对重大事件作出违背事实真相的虚假记载、误导性陈述,或者在披露信息时发生重大遗漏、不正当披露信息的行为。”

中国证监会作出的行政处罚决定书(〔2020〕24号)查明,康美药业披露的《2016年年度报告》《2017年年度报告》《2018年半年度报告》中,存在虚增营业收入、利息收入及营业利润,虚增货币资金和未按规定披露控股股东及其关联方非经营性占用资金的关联交易情况,属于对重大事件作出违背事实真相的虚假记载和披露信息时发生重大遗漏的行为;行政处罚决定书(〔2021〕11号)查明,正中珠江出具的康美药业2016年、2017年财务报表审计报告存在虚假记载。康美药业、正中珠江等被告对上述行政处罚决定书查明的事实未予否认,且未提交相反证据,故广州中院对康美药业披露的《2016年年度报告》《2017年年度报告》《2018年半年度报告》以及正中珠江出具的康美药业2016年、2017年财务报表审计报告存在虚假记载和重大遗漏的事实予以确认,并认定本案存在证券虚假陈述行为。

关于案涉虚假陈述行为的实施日问题。2017年4月20日,康美药业披露存在虚假记载和重大遗漏的《2016年年度报告》,此日期应当被认定为虚假陈述行为的实施日。

关于案涉虚假陈述行为的揭露日问题。虚假陈述的揭露和更正,是指虚假陈述被市场知悉、了解,不要求达到全面、完整、准确的程度,只要交易市场对揭露文章存在明显的反应,就可认定市场知悉虚假陈述行为。广州中院认为,应以自媒体质疑康美药业财务造假的2018年10月16日为案涉虚假陈述行为的揭露日。理由为:一是自媒体质疑报道的主要内容,与中国证监会行政处罚认定的财务造假性质、类型基本相同。特别是质疑报道中关于康美药业在货币资金等科目存在较大造假的猜测,在之后中国证监会作出的行政处罚决定中得到了证实,满足揭露行为的一致性要件。二是自媒体揭露内容引发了巨大的市场反应。康美药业股价在被自媒体质疑后短期内急速下挫,走势与上证指数、行业指数的走势存在较大背离,可以认定市场对于自媒体的揭露行为作出了强烈反应,说明自媒体揭露行为对市场显现出很强的警示作用,满足揭露行为的警示性要件。三是虽然揭露文章仅是首发在自媒体而非官方媒体,但在移动互联网蓬勃兴起的当今,发表在自媒体的文章亦有可能会迅速引起较多媒体关注和转载。从本案来看,相关文章确实被多家媒体转载,并直接导致康美药业的百度搜索指数和资讯指数暴增,成为舆论关注重心,满足揭露行为的广泛性要求,达到了揭露效果。

关于基准日和基准价问题。根据《证券虚假陈述若干规定》第30条关于"投资差额损失计算的基准日,是指虚假陈述揭露或者更正后,为将投资人应获赔偿限定在虚假陈述所造成的损失范围内,确定损失计算的合理期间而规定的截止日期。基准日分别按下列情况确定:(一)揭露日或者更正日起,至被虚假陈述影响的证券累计成交量达到其可流通部分100%之日。但通过大宗交易协议转让的证券成交量不予计算"的规定,本案投资差额损失计算的基准日为康美药业上市可流通股票换手率达到100%的2018年12月4日,基准价为12.7元。

二、原告投资损失与案涉虚假陈述行为之间有无因果关系

本争议焦点涉及的因果关系包括原告的交易行为与案涉虚假陈述行为之间是否存在因果关系及原告的投资损失与案涉虚假陈述行为之间是否存在因果关系,即交易因果关系与损失因果关系。

(一)交易因果关系

《证券虚假陈述若干规定》第18条规定:"投资人具有以下情形的,人民法院应当认定虚假陈述与损害结果之间存在因果关系:(一)投资人所投资的是与虚假陈述直接关联的证券;(二)投资人在虚假陈述实施日及以后,至揭露日或者更正日之前买入该证券;(三)投资人在虚假陈述揭露日或者更正日及以后,因卖出该证券发生亏损,或者因持续持有该证券而产生亏损。"按照该司法解释之规定,符合条件的投资者的交易行为与被告虚假陈述行为之间应被推定认为存在交易因果关系。

基于此,根据前述关于实施日、揭露日的分析以及广州中院2021年2月10日作出的(2020)粤01民初2171号民事裁定,本案权利人范围为自2017年4月20日(含)起至2018年10月15日(含)期间以公开竞价方式买入并于2018年10月15日闭市后仍持有康美药业股票(证券代码:600518),且与本案具有相同种类诉讼请求的投资者,但具有《证券虚假陈述若干规定》第19条规定的虚假陈述与损害结果之间不存在因果关系情形的除外。广州中院按照前述范围确定投资者名单,调取了相关投资者交易数据,并委托投保基金对投资者的损失情况进行了核算。

广州中院调取相关投资者数据时已限定为以公开竞价方式买入的投资者的数据,实质上已将通过大宗交易等非竞价交易方式买入的投资者排除。虽然部分被告对此提出异议,但均未能举证证明仍有此类投资者作为原告,故广州中院对该异议不予支持。因此,广州中院认为,本案原告的交易行为均与被告虚假陈述行为之间存在交易因果关系。

(二)损失因果关系

关于原告的损失与被告虚假陈述行为是否具有损失因果关系。首先,原告投资损失金额的认定问题。投保基金计算投资者损失时使用的是移动加权平均法的计算方法,康美药业等部分被告提出异议,认为应当使用先进先出加权平均法。但广州中院认为,使用移动加权平均法计算时,针对投资者每次买入股票测算一次买入成本,卖出股票的成本以前一次的买入均价为计价依据,即买入均价等于本次购入的股票金额加上本次购入前的持股成本的和,除以本次购入股票的数量加上本次购入前股票的数量的和。这个方法实际上考虑了从实施日到揭露日整个期间,投资者每次买入股票的价格和数量,同时也剔除了卖出证券导致的盈亏。因此,该方法更为符合实际情况,对从实施日到揭露日期间多次进行交易的投资者的成本认定更合理,故广州中院对投保基金采用的移动加权平均法表示认可。

其次,关于本案系统风险扣除的问题。《证券虚假陈述若干规定》第 19 条规定:“被告举证证明原告具有以下情形的,人民法院应当认定虚假陈述与损害结果之间不存在因果关系:(一)在虚假陈述揭露日或者更正日之前已经卖出证券;(二)在虚假陈述揭露日或者更正日及以后进行的投资;(三)明知虚假陈述存在而进行的投资;(四)损失或者部分损失是由证券市场系统风险等其他因素所导致;(五)属于恶意投资、操纵证券价格的。”本案中,案涉虚假陈述行为从实施日到揭露日时间较长,在此期间,证券市场走势波动亦较大。在投资者的损失中,部分损失系证券市场系统因素造成,该部分损失应予剔除。至于扣除方式,投保基金选取医药生物(申万)指数作为比对指数,并采用“个体相对比例法”测算投资者证券市场系统风险扣除比例。广州中院认为申万行业指数编制较早,且在证券市场具有较大影响力,可以被选取作为比对指数。而在测算时,投保基金采用“个体相对比例法”测算投资者证券市场系统风险扣除比例,即从投资者第一笔有效买入开始,假设投资者买卖案涉股票时,同时买入卖出相同数量的医药生物(申万)指数,每一笔交易均同步对应指数的买入卖出,并将每个投资者持股期间的指数加权平均跌幅与个股加权平均跌幅进行对比,扣除证券市场系统风险的影响。投保基金具体所采用的计算公式为:市场系统风险扣除比例=证券买入与卖出期间指数加权平均跌幅/证券买入与卖出期间个股加权平均跌幅;指数加权平均跌幅=(指数卖出损失+指数持有损失)/(有效索赔股数×指数买入均价);个股加权平均跌幅=(个股卖出损失+个股持有损失)/(有效索赔股数×个股买入均价)。广州中院认为,该测算方法可以更合理地计算不同时期买入康美药业股票的各投资者因市场系统风险受到的损失,投保基金以此方法测算系统风险扣除比例,并无不妥。根据测算情况,除去损失金额在扣除系统风险后为 0 或者负数的 3289 名投资者后,共计 52,037 名投资者有损失。

最后,关于本案是否还应当扣除非系统风险所导致的投资者损失问题。广州中院认为,一方面,按照《证券虚假陈述若干规定》第19条之规定,缺乏扣除非系统风险导致的损失的法律依据;另一方面,部分被告提出了诸如经营不善、实际控制人曾行贿等应当扣除非系统风险的理由,但未举证证明何种事件应当作为非系统风险,也未证明该等事件独立于虚假陈述行为对康美药业股价产生消极影响。因此,本案缺乏扣除非系统风险的依据,广州中院对于部分被告扣除非系统风险的主张不予支持。此外,经广州中院核实,投保基金测算的投资者佣金、印花税及利息损失结果均无误,故应予采信。

综上所述,经投保基金测算,案涉虚假陈述行为所导致的52,037名投资者损失为2,458,928,544元,广州中院对投资者的该部分赔偿主张予以支持。52,037名投资者所主张的超出上述金额之外的损失,以及损失金额在扣除系统风险后为0或者负数的3289名投资者所主张的损失,与案涉虚假陈述行为之间不具有因果关系,广州中院对该赔偿请求不予支持。

三、各被告赔偿责任的认定

(一)康美药业及其实际控制人、董事、监事、高级管理人员的赔偿责任

2014年《证券法》第69条规定:"发行人、上市公司公告的招股说明书、公司债券募集办法、财务会计报告、上市报告文件、年度报告、中期报告、临时报告以及其他信息披露资料,有虚假记载、误导性陈述或者重大遗漏,致使投资者在证券交易中遭受损失的,发行人、上市公司应当承担赔偿责任;发行人、上市公司的董事、监事、高级管理人员和其他直接责任人员以及保荐人、承销的证券公司,应当与发行人、上市公司承担连带赔偿责任,但是能够证明自己没有过错的除外;发行人、上市公司的控股股东、实际控制人有过错的,应当与发行人、上市公司承担连带赔偿责任。"

康美药业作为上市公司,披露的《2016年年度报告》《2017年年度报告》《2018年半年度报告》中存在虚假记载,虚增营业收入、利息收入及营业利润,虚增货币资金;披露的《2016年年度报告》《2017年年度报告》中存在重大遗漏,未按规定披露控股股东及其关联方非经营性占用资金的关联交易情况,依据《证券法》第69条规定,康美药业对案涉投资者损失承担赔偿责任。

马某田作为康美药业董事长、总经理和实际控制人,组织安排相关人员将上市公司资金转移到其控制的关联方,且未在定期报告中披露相关情况;为掩盖上市公司资金被关联方长期占用、虚构公司经营业绩等违法事实,组织策划康美药业相关人员通过虚增营业收入、虚增货币资金等方式实施财务造假。许某瑾作为康美药业副董事长、副总经理和实际控制人,是主管会计工作的负责人,与马某田共同组织安排相关人员将上市公司资金转移到其控制的关联方,且知悉马某田组织相关

人员实施财务造假。此外,马某田、许某瑾明知康美药业《2016年年度报告》《2017年年度报告》《2018年半年度报告》披露数据存在虚假,仍然作为董事签字并承诺保证相关文件真实、准确、完整。马某田、许某瑾的行为直接导致康美药业披露的定期报告存在虚假陈述,是应当对康美药业信息披露违法行为直接负责的人员。依据2014年《证券法》第69条之规定,马某田、许某瑾应当承担连带赔偿责任。

邱某伟作为康美药业董事、副总经理、董事会秘书,主管公司信息披露事务,对公司定期报告的真实性、完整性、准确性承担主要责任;但根据马某田的授意安排,组织相关人员将上市公司资金转移至控股股东及其关联方,组织策划公司相关人员实施并亲自参与实施财务造假行为。庄某清为康美药业财务负责人,参与实施财务造假行为。温某生协助董事会秘书和财务负责人分管财务工作,根据马某田、邱某伟的授意安排,组织相关人员将上市公司资金转移至控股股东及其关联方,组织协调公司相关人员实施财务造假及信息披露违法行为。马某洲担任财务部总监助理,分管出纳工作,根据马某田等人安排,参与财务造假工作。此外,邱某伟、庄某清、温某生、马某洲明知康美药业《2016年年度报告》《2017年年度报告》《2018年半年度报告》披露数据存在虚假,仍然作为董事、监事或高级管理人员签字并承诺保证相关文件真实、准确、完整。邱某伟、庄某清、温某生、马某洲的行为直接导致康美药业披露的定期报告存在虚假陈述,也是应当对康美药业信息披露违法行为直接负责的人员。依据2014年《证券法》第69条规定,邱某伟、庄某清、温某生、马某洲应当承担连带赔偿责任。

马某耀等被告,虽然并非具体分管康美药业财务工作,但康美药业公司财务造假持续时间长,涉及会计科目众多,金额巨大,前述被告作为董事、监事或高级管理人员如尽勤勉义务,即使仅分管部分业务,也不可能完全不发现端倪。因此,虽然前述被告作为董事、监事或高级管理人员并未直接参与财务造假,却未勤勉尽责,存在较大过失,且均在案涉定期财务报告中签字,保证财务报告真实、准确、完整,所以前述被告是康美药业信息披露违法行为的其他直接责任人员。因此,依据2014年《证券法》第69条之规定,马某耀、林某浩等被告应当承担与其过错程度相适应的赔偿责任。其中,马某耀、林某浩、李某、罗某谦、林某雄、李某华、韩某伟、王某均非财务工作负责人,过失相对较小,广州中院酌情判令其在投资者损失的20%范围内承担连带赔偿责任;江某平、李某安、张某为兼职的独立董事,不参与康美药业日常经营管理,过失相对较小,广州中院酌情判令其在投资者损失的10%范围内承担连带赔偿责任;郭某慧为兼职的独立董事,过失相对较小,且仅在《2018年半年度报告》中签字,广州中院酌情判令其在投资者损失的5%范围内承担连带赔偿责任。

唐某、陈某未以董事、监事、高级管理人员的身份签名确认《2016年年度报告》《2017年年度报告》《2018年半年度报告》内容的真实、准确、完整,不存在虚假记载、误导性陈述或重大遗漏,不属于案涉虚假陈述行为人,不应当对投资者损失承担赔偿责任。

（二）正中珠江及其工作人员的赔偿责任

2014年《证券法》第173条规定:“证券服务机构为证券的发行、上市、交易等证券业务活动制作、出具审计报告、资产评估报告、财务顾问报告、资信评级报告或者法律意见书等文件,应当勤勉尽责,对所依据的文件资料内容的真实性、准确性、完整性进行核查和验证。其制作、出具的文件有虚假记载、误导性陈述或者重大遗漏,给他人造成损失的,应当与发行人、上市公司承担连带赔偿责任,但是能够证明自己没有过错的除外。”

根据中国证监会行政处罚决定书(〔2021〕11号)认定的事实,康美药业2016年、2017年、2018年年度报告存在虚增收入、虚增货币资金等虚假记载行为。正中珠江为上述年度报告提供审计服务,其中2016年、2017年财务报表出具了标准无保留意见的审计意见,2018年财务报表出具了保留意见。在2016年和2017年年报审计期间,正中珠江相关审计人员了解捷科系统为康美药业的业务管理信息系统,金蝶EAS系统为康美药业的财务处理信息系统,但未关注两套系统是否存在差异,未实施必要的审计程序。正中珠江对于货币资金科目和营业收入科目的风险应对措施方面存在重大缺陷,包括未对现金对账执行内部控制测试程序、未关注明显异常或相互矛盾的审计证据、函证回函率较低时未实施替代性程序、审计底稿“加塞”函证交易数据以及项目经理苏某升严重违反独立性要求等。正中珠江上述未实施基本的审计程序行为,严重违反《中国注册会计师审计准则》和《中国注册会计师职业道德守则》等规定,导致康美药业严重财务造假未被审计发现,影响极其恶劣,故广州中院认为正中珠江应当承担连带赔偿责任。

杨某蔚作为正中珠江合伙人和2016年、2017年康美药业审计项目的签字注册会计师,在执业活动中因重大过失造成正中珠江需承担赔偿责任。根据《合伙企业法》第57条第1款关于“一个合伙人或者数个合伙人在执业活动中因故意或者重大过失造成合伙企业债务的,应当承担无限责任或者无限连带责任,其他合伙人以其在合伙企业中的财产份额为限承担责任”之规定,杨某蔚应当在正中珠江承责范围内承担连带赔偿责任。

刘某并非康美药业2016年、2017年审计项目的签字注册会计师,不是案涉虚假陈述行为人,故不应对投资者损失承担赔偿责任。

虽然张某璃作为案涉审计报告签字注册会计师,苏某升作为审计项目经理,均存在过错,但规定中介机构直接责任人承担赔偿责任的《证券虚假陈述若干规定》第24条所依据的《证券法》(1999年施行)第161条已经被修正,而行为发生时施行的《证券法》(2014年修正)第173条已无中介机构直接责任人承担赔偿责任的规定。根据新法优于旧法的法律适用原则,张某璃、苏某升作为正中珠江的员工,不应因其职务行为直接对投资者承担赔偿责任。

综上,广州中院认为,康美药业应对投资者损失共计2,458,928,544元承担赔偿责任;马某田、许某瑾、邱某伟、庄某清、温某生、马某洲与康美药业承担连带赔偿责任;马某耀、林某浩、李某、罗某谦、林某雄、李某华、韩某伟、王某在康美药业赔偿责任20%范围内承担连带赔偿责任;江某平、李某安、张某在10%范围内承担连带赔偿责任;郭某慧在5%范围内承担连带赔偿责任;正中珠江与康美药业承担连带赔偿责任;杨某蔚在正中珠江承责范围内承担连带赔偿责任;唐某、陈某、张某璃、刘某、苏某升在本案中不承担民事赔偿责任。

综上所述,广州中院于2021年11月12日作出(2020)粤01民初2171号民事判决书,判决如下:(1)康美药业于该判决生效之日起15日内,向原告顾某骏、黄某香等52,037名投资者赔偿投资损失2,458,928,544元;(2)被告马某田、许某瑾、邱某伟、庄某清、温某生、马某洲对该判决第1项确定的被告康美药业债务承担连带清偿责任;(3)被告马某耀、林某浩、李某、罗某谦、林某雄、李某华、韩某伟、王某在本判决第1项确定的被告康美药业债务的20%范围内承担连带清偿责任;(4)被告江某平、李某安、张某在该判决第1项确定的被告康美药业债务的10%范围内承担连带清偿责任;(5)被告郭某慧在该判决第1项确定的被告康美药业债务的5%范围内承担连带清偿责任;(6)被告正中珠江、杨某蔚对该判决第1项确定的被告康美药业债务承担连带清偿责任。

推荐阅读

(一)参阅论文

1. 潘林:《优先股与普通股的利益分配——基于信义义务的制度方法》,载《法学研究》2019年第3期。
2. 洪艳蓉:《论基金托管人的治理功能与独立责任》,载《中国法学》2019年第6期。
3. 席涛:《证券法的市场与监管分析》,载《政法论坛》2019年第6期。
4. 冯果、刘怿:《债券投资者司法救济规则建构论纲》,载《财经法学》2020年第3期。
5. 洪艳蓉:《论公司债券市场化治理下的投资者保护》,载《兰州大学学报(社会科学版)》2020年第6期。

6. 汤欣、张鑫渝:《证券发行保荐人的合理信赖及免责抗辩》,载《证券市场导报》2023年第2期。

(二)参阅书目

1. 赵旭东主编:《商法学》(第4版),高等教育出版社2019年版。
2. 禄正平:《证券法学》,商务印书馆2019年版。
3. 施天涛:《商法学》(第6版),法律出版社2020年版。
4. 朱锦清:《证券法学》(第5版),北京大学出版社2022年版。
5. 邢会强主编:《证券法学》(第3版),中国人民大学出版社2023年版。

第四编

经济法律制度

经济法是构成中国特色社会主义法律体系的七大基本法律部门之一。与民商法调整平等主体之间的人身关系和财产关系不同,经济法是调整国家从社会整体利益出发,对经济活动实行干预、管理或者调控所产生的社会关系的法律规范的总称。

经济法产生于现代市场经济发展到一定阶段,各类市场失灵问题层出不穷,如不正当竞争行为、垄断行为、损害消费者权益行为等,对这些新型问题,传统法律规范难以有效解决。在此背景下,经济法应运而生,为国家对市场经济进行适度干预和宏观调控提供法律手段和制度框架,防治市场经济的自发性和盲目性所导致的弊端。

在现代市场经济条件下,调整经济关系的法律制度主要是经济法和民商法这两大部门法。经济法与民商法虽然都服务于现代市场经济,但两者在调整对象、调整主体、权利范畴、基本原则等方面存在诸多差异。第一,经济法的调整对象主要是宏观调控关系和市场规制关系,而非民商法调整的平等主体之间的财产关系和人身关系。第二,经济法主体主要是宏观调控机构和市场规制机构,以及相关的市场主体等各类主体,如纳税人、消费者、市场竞争主体等。而民商法主体主要是自然人、法人和非法人组织。第三,经济法主体享有的权利(力)范畴主要是宏观调控权和市场规制权,而民商法主体的权利则包括物权、债权、知识产权等。第四,经济法主要由宏观调控法和市场规制法构成,民商法则由物权法、债权法、知识产权法、侵权责任法、公司法、破产法、海商法等构成。第五,经济法具有公法属性,以促进全社会公共利益为目的,而民商法是典型的私法,以保护自然人、法人或非法人主体的私益为目的。第六,经济法奉行社会利益本位原则、市场决定性原则、经济安全原则等,而民商法则坚持平等原则、自愿原则、公序良俗原则等。

由于市场经济的极其复杂性,经济法也是由多层次的、多种类的经济法部门组成的有机联系的统一整体,是按照统一性和内在有机联系的要求、由经济法律规范构成的部门法体系。我国的经济法主要包括宏观调控法和市场规制法。宏观调控法是调整国家在领导、组织、管理、协调国民经济过程中,与企业、事业单位、社会团体以及公民个人等其他经济法主体之间发生的宏观经济管理关系的法律规范的总称。宏观调控法主要包括计划法、投资法、预算法、税法、国有资产管理法、价格法、对外贸易法、产业法、土地管理法、金融监管法、统计法、政府采购法等。市场规制法是国家在对市场行为规制过程中所发生的社会关系的法律规范的总称,主要包括反垄断法、反不正当竞争法、消费者权益保护法、产品质量法、广告法等。

第八章　反垄断法律制度

本章概览

反垄断法有广义和狭义之分。广义上的反垄断法，是调整国家规制垄断过程中所发生的社会关系的法律规范的总称。狭义上的反垄断法，是作为规范性法律文件的反垄断基本法律，在我国，就是指2007年8月全国人大常委会通过、2008年8月1日实施、2022年6月第一次修正的《反垄断法》。该法的主要目的是预防和制止垄断行为，保护市场自由、公平竞争，提高经济运行效率，维护消费者利益和社会公共利益，促进社会主义市场经济健康发展。反垄断法所规制的垄断行为主要包括经营者达成垄断协议、经营者滥用市场支配地位、具有或可能具有排除或限制竞争效果的经营者集中，以及行政机关和法律、法规授权的具有管理公共事务职能的组织滥用行政权力排除、限制竞争行为。国家反垄断执法机构有权依法对涉嫌垄断行为进行监督调查，并按照法定程序追究违法者相应的法律责任。反垄断法是确保市场经济良性运行的基础性法律，是确保市场公平自由竞争机制发挥资源性配置作用的主要法律，在市场经济法律体系中占有极其重要、不可替代的地位和作用，有“经济宪法”之称。

第一节　反垄断法概述

一、垄断的概念及特征

垄断是市场经济发展到一定阶段的必然产物。列宁曾经指出，集中发展到一定阶段，可以说就自然而然地走到垄断。具有垄断地位的经营者利用其优势地位排除或限制竞争，破坏了市场竞争机制。

（一）垄断的概念

垄断，是指经营者或者其利益代表者，滥用已经具备的市场支配地位，或者通过协议、合并或其他方式谋求或谋求并滥用市场支配地位,借以排除或限制竞争,牟取超额利益,依法应予规制的行为。[1]

(二)垄断的特征

第一,形成垄断的主要方式是独占或有组织的联合行动。垄断者凭借自己在市场中的独占地位,靠操纵市场来牟取非法利润;不具有独占地位的经营者则依靠有组织的联合性行为,通过不合理的企业规模和减少竞争数量以及对具有竞争性的企业实行控制等方式排挤竞争对手,控制市场。

第二,垄断是一种排斥和控制竞争活动的经济力量。所谓排斥,是指在一定的交易领域内,垄断者使其他企业和经济组织的经济活动难以正常进行,从而把他们从市场上驱逐出去的行为。所谓控制,是指垄断者对其他企业和经济组织的生产经营活动进行约束,剥夺他们在经济活动中自由竞争的行为。垄断的排斥和控制力量,给竞争者进入市场造成困难,所以垄断必然削弱竞争的活力和效率。

第三,垄断者谋取经济利益,是依靠对市场的操纵或独占实现的。垄断者通过滥用市场优势和过度集中的经济力量,以独占或操纵市场获取高额利润。垄断利润的存在加深了社会财富和收入分配的不平等,并且妨碍资源的合理配置,严重削弱了市场对资源配置的决定性作用。

第四,垄断是一种具有违法性和危害性的经济行为。垄断行为一般受国家法律明文禁止,具有违法性。但属于某些国家垄断经营的,对社会公共利益有保护性的,则适用除外制度,不属于违法性垄断之列。

(三)垄断的危害

占据垄断地位的经营者往往利用其市场支配地位,采取形式上合法合理的手段限制或排除竞争,强迫竞争者接受其随意附加的义务,从而损害市场公平竞争机制,使市场竞争名存实亡。对公平竞争机制的破坏,不仅损害了其他经营者的合法利益,也侵害了消费者的利益。由于垄断行为对市场经济健康发展的危害性极大,党的二十大报告强调指出,“加强反垄断和反不正当竞争,破除地方保护和行政性垄断,依法规范和引导资本健康发展”。

二、反垄断法的概念和特征

反垄断法是为预防和制止垄断行为,保护市场自由、公平竞争,提高经济运行效率,维护消费者利益和社会公共利益,促进社会主义市场经济健康发展而制定和

[1] 张守文主编:《经济法学》(第3版),高等教育出版社2022年版,第262页。

实施的重要经济法律。

(一)反垄断法的概念

反垄断法有广义和狭义之分。广义上的反垄断法,是调整国家规制垄断过程中所发生的社会关系的法律规范的总称。狭义上的反垄断法,是作为规范性法律文件的反垄断基本法律,在我国,就是指 2007 年 8 月全国人大常委会通过、2008 年 8 月 1 日实施、2022 年 6 月第一次修正的《反垄断法》。

世界各国对反垄断法的称谓多种多样。如美国称反垄断法为"反托拉斯法",英国称为"垄断企业和限制性贸易惯例(调查和控制)法""限制性贸易惯例法",德国称为"反限制竞争法",日本称为"关于禁止私人垄断和确保公正交易的法律",联合国国际贸易委员会的文件称为"管制限制性商业惯例的法律"。虽然称谓不同,但其基本内容是大体一致的。

(二)反垄断法的特征

1. 反垄断法规制的主体

反垄断法规制的主体一般为市场主体,又称为"经营者",但特殊情况下扩展适用于行业协会等组织。经营者是以营利为目的提供商品或服务的个人或组织,是垄断案件中最常见的主体。行业协会、行政机关或根据法律法规授权享有公权力的其他组织,也可成为垄断行为的主体。

2. 规制对象方面的特征

规制对象主要是垄断行为。垄断行为的目的或后果是排除或限制竞争、牟取超额利益。排除或限制竞争,是垄断的核心特征,而反垄断法就是针对垄断行为排除或限制竞争,导致市场竞争机制失灵。我国反垄断法规定了经营者滥用市场支配地位、经营者达成垄断协议、具有或可能具有排除或限制竞争效果的经营者集中等垄断行为,以及滥用行政权力排除、限制竞争行为等四种垄断行为。

3. 实体法和程序法的结合

反垄断法既有规制垄断行为的反垄断实体法律制度,也有规制反垄断执法主体对垄断行为进行监督检查的反垄断程序法律制度。我国设立国务院反垄断委员会负责组织、协调、指导反垄断工作,我国反垄断执法主体是国家市场监督管理总局(以下简称市场监管总局)。《反垄断法》第六章规定了我国反垄断执法机构对涉嫌垄断行为的调查程序。

三、反垄断法的适用范围

(一)地域范围

我国《反垄断法》第 2 条规定:"中华人民共和国境内经济活动中的垄断行为,

适用本法;中华人民共和国境外的垄断行为,对境内市场竞争产生排除、限制影响的,也适用本法。”由此,引出了所谓反垄断法的“域外效力”。域外效力,也称域外适用,指国外企业发生在本国的经营行为或国外企业行为的结果对本国市场竞争有不利影响导致本国反垄断法的适用。

(二)反垄断法的适用除外

1. 概念

反垄断法适用除外,系指在某些领域对某些事项不适用反垄断法,具体而言是指在某些特定行为或领域中法律允许一定的垄断状态及垄断行为存在,即对于某些属限制竞争的特定协调或联合或单独行为,反垄断法不予追究的一项法律制度。

2. 适用对象

(1)自然垄断。自然垄断就是指由于市场的自然条件而产生的垄断,这些部门如果进行竞争,就可能导致社会资源的浪费或者秩序混乱。国家实行全行业管制,只允许一家或几家企业垄断全部生产。

(2)知识产权领域。知识产权具有法定独占性、垄断性,使知识产权的保护与反垄断法有所冲突。因此,各国反垄断法一般都将行使知识产权的行为排除在反垄断法的规制对象外。但是,经营者滥用知识产权排除、限制竞争的行为,适用反垄断法。

(3)对于国有经济占控制地位的关系国民经济命脉和国家安全的行业以及依法实行专营专卖的行业,国家对其经营者的合法经营活动予以保护,并对经营者的经营行为及其商品和服务的价格依法实施监管和调控,维护消费者利益,促进技术进步。

(4)农业生产者及农村经济组织在农产品生产、加工、销售、运输、储存等经营活动中实施的联合或者协同行为不适用反垄断法。

四、相关市场及其界定

相关市场,是指经营者在一定时期内就特定商品或者服务进行竞争的商品范围和地域范围,包括相关商品市场和相关地域市场。原国务院反垄断委员会于2009年5月24日颁布实施了《关于相关市场界定的指南》。

(一)相关市场的含义

相关商品市场,是根据商品的特性、用途及价格等因素,由需求者认为具有较为紧密替代关系的一组或一类商品所构成的市场。确定商品市场的意义在于,它可以明确哪些商品之间存在竞争。

相关地域市场,是指需求者获取具有较为紧密替代关系的商品的地理区域。如果相同或可替代的商品不在同一地理范围内销售,由于空间的障碍,它们之间也不存在竞争关系。

随着互联网经济的兴起,平台经济已经成为经济社会发展中不可或缺的重要内容。而互联网平台经济引发的垄断行为频繁发生,由此导致互联网平台反垄断常态化监管执法态势基本形成,从而提出了“平台经济领域相关商品市场的界定”问题。界定平台经济领域相关商品市场,可以根据平台一边的商品界定相关商品市场,也可以根据平台所涉及的多边商品将平台整体界定为一个相关商品市场,或者分别界定多个相关商品市场,并考虑各相关商品市场之间的相互关系和影响。

(二)界定相关市场的基本依据

在反垄断执法实践中,相关市场范围的大小主要取决于商品(地域)的可替代程度。在市场竞争中对经营者行为构成直接和有效竞争约束的,是市场里存在需求者认为具有较强替代关系的商品或能够提供这些商品的地域,因此界定相关市场主要从需求者角度进行需求替代分析。当供给替代对经营者行为产生的竞争约束类似于需求替代时,也应考虑供给替代。

1. 需求可替代性。需求可替代性是根据需求者对商品功能用途的需求、质量的认可、价格的接受以及获取的难易程度等因素,从需求者的角度确定不同商品之间的替代程度。原则上,从需求者角度来看,商品之间的替代程度越高,竞争关系就越强,就越可能属于同一相关市场。

2. 供给可替代性。供给可替代性是根据其他经营者改造生产设施的投入、承担的风险、进入目标市场的时间等因素,从经营者的角度确定不同商品之间的替代程度。原则上,其他经营者生产设施改造的投入越少,承担的额外风险越小,提供紧密替代商品越迅速,则供给替代程度就越高,界定相关市场尤其在识别相关市场参与者时就应考虑供给替代。

(三)界定相关市场的一般方法

界定相关市场的方法不是唯一的。在反垄断执法实践中,根据实际情况,可能使用不同的方法。界定相关市场时,可以基于商品的特征、用途、价格等因素进行需求替代分析,必要时进行供给替代分析。

从需求替代角度界定相关商品市场,可以考虑的因素主要包括:(1)需求者因商品价格或其他竞争因素变化,转向或考虑转向购买其他商品的证据;(2)商品的外形、特性、质量和技术特点等总体特征和用途;(3)商品之间的价格差异;(4)商品的销售渠道;(5)其他重要因素。例如,需求者偏好或需求者对商品的依赖程度等。

从供给角度界定相关商品市场,一般考虑的因素包括:(1)其他经营者对商品价格等竞争因素的变化作出反应的证据;(2)其他经营者的生产流程和工艺,转产的难易程度,转产需要的时间,转产的额外费用和风险,转产后所提供商品的市场竞争力,营销渠道等。

第二节　反垄断法规制的主要垄断行为

我国的反垄断法主要规定了三种垄断行为,即经营者达成垄断协议,经营者滥用市场支配地位,具有或者可能具有排除、限制竞争效果的经营者集中。此外,反垄断法也专章规定了滥用行政权力排除或限制竞争。

一、垄断协议

(一)垄断协议的概念

垄断协议,也称限制竞争协议、联合限制竞争行为,是指两个或两个以上经营者排除、限制竞争的协议、决定或者其他协同行为。其中,协议或者决定可以采用书面、口头等形式。其他协同行为是指经营者之间虽未明确订立协议或者决定,但实质上存在协调一致的行为。

实践中,认定其他协同行为,应当考虑下列因素:(1)经营者的市场行为是否具有一致性;(2)经营者之间是否进行过意思联络或者信息交流;(3)经营者能否对行为的一致性作出合理解释;(4)相关市场的市场结构、竞争状况、市场变化等情况。

(二)反垄断法禁止的横向垄断协议

横向垄断协议是指生产或销售同类商品的经营者通过垄断协议相约不竞争。《反垄断法》第17条规定,禁止具有竞争关系的经营者达成下列垄断协议。一是固定或者变更商品价格,包括以下四种情形:(1)固定或者变更价格水平、价格变动幅度、利润水平或者折扣、手续费等其他费用;(2)约定采用据以计算价格的标准公式、算法、平台规则等;(3)限制参与协议的经营者的自主定价权;(4)通过其他方式固定或者变更价格。二是限制商品的生产数量或者销售数量。参与垄断协议的经营者通过限制相关市场上商品的生产或销售数量,形成间接控制商品价格的垄断协议。实践中,限制数量的协议与价格垄断协议往往合并使用,以保证和巩固价格垄断的实现和维持,包括以下三种情形:(1)以限制产量、固定产量、停止生产等方式限制商品的生产数量,或者限制特定品种、型号商品的生产数量;(2)以限制商品投放量等方式限制商品的销售数量,或者限制特定品种、型号商品的销售数量;(3)通过其他方式限制商品的生产数量或者销售数量。三是分割销售市场或者原材料采购市场。划分市场可以通过划分地域、划分客户和划分产品等形式实现。划分地域即经营者约定各自在销售或采购市场上的地域范围,相互不跨区销售或采购;划分客户是指经营者约定各自的采购或销售对象,互不向他方的客户销售或采购;划分产品则是通过约定各自经营的产品类型来实现互不竞争。其具体包括以下三种情形:(1)划分商品销售地域、市场份额、销售对象、销售收入、销售利润或者销售商品的种类、数量、时间;(2)划分原料、半成品、零部件、相关设备等原材料的采购区域、种类、数量、时间或者供应商;(3)通过其他方式分割销售市场或者原材料采购市场。四是限制购买新技术、新设备或者限制开发新技术、新产品。限制购买新技术、新设备或者限制开发新技术、新产品的协议,限制了经营者通过创新开展的竞争,严重伤害市场的创新能力,降低了效率,损害了消费者福利,包括以下五种情形:(1)限制购买、使用新技术、新工艺;(2)限制购买、租赁、使用新设备、新产品;(3)限制投资、研发新技术、新工艺、新产品;(4)拒绝使用新技术、新工艺、新设备、新产品;(5)通过其他方式限制购买新技术、新设备或者限制开发新技术、新产品。五是联合抵制交易。联合抵制交易是指具有竞争关系的经营者联合起来,共同拒绝与其他的特定经营者进行交易的行为,包括以下四种情形:(1)联合拒绝向特定经营者供应或者销售商品;(2)联合拒绝采购或者销售特定经营者的商品;(3)联合限定特定经营者不得与其具有竞争关系的经营者进行交易;(4)通过其他方式联合抵制交易。六是国务院反垄断执法机构认定的其他横向垄断协议。

(三)反垄断法禁止的纵向垄断协议

纵向垄断协议是指发生在处于不同的生产经营阶段或者环节的经营者之间,即上下游经营者之间达成的垄断协议。《反垄断法》第 18 条规定,禁止经营者与交易相对人达成下列垄断协议:一是规定向第三人转售商品的价格,二是限定向第三人转售商品的最低价格,三是国务院反垄断执法机构认定的其他垄断协议。针对日益兴起的数字经济,《禁止垄断协议规定》明确要求经营者不得利用数据和算法、技术以及平台规则等,通过对价格进行统一、限定或者自动化设定转售商品价格等方式,达成纵向垄断协议。

当然,不管是纵向还是横向垄断协议,只要经营者能够证明其不具有排除、限制竞争效果,法律就不予禁止。

除了前述的垄断协议,还有一些协议、决定或者协同行为,如果有证据证明其排除、限制竞争,就同样应当认定为垄断协议并予以禁止。这些垄断协议由市场监管总局负责认定,认定时应当考虑下列因素:(1)经营者达成、实施协议的事实;(2)市场竞争状况;(3)经营者在相关市场中的市场份额及其对市场的控制力;(4)协议对商品价格、数量、质量等方面的影响;(5)协议对市场进入、技术进步等方面的影响;(6)协议对消费者、其他经营者的影响;(7)与认定垄断协议有关的其他因素。

针对近年来经营者组织其他经营者达成垄断协议的行为,反垄断法规定,经营者不得组织其他经营者达成垄断协议或者为其他经营者达成垄断协议提供实质性帮助。其中,经营者组织其他经营者达成垄断协议,包括下列情形:(1)经营者不属于垄断协议的协议方,在垄断协议达成或者实施过程中,对协议的主体范围、主要内容、履行条件等具有决定性或者主导作用;(2)经营者与多个交易相对人签订协议,使具有竞争关系的交易相对人之间通过该经营者进行意思联络或者信息交流,达成垄断协议,以及通过其他方式组织其他经营者达成垄断协议。"经营者为其他经营者达成垄断协议提供实质性帮助",包括提供必要的支持、创造关键性的便利条件,或者其他重要帮助。

针对实践中经常会有行业协会组织本行业的经营者实施垄断行为,反垄断法明确规定,行业协会不得组织本行业的经营者从事法律禁止的垄断行为,主要包括禁止行业协会从事下列行为:(1)制定、发布含有排除、限制竞争内容的行业协会章程、规则、决定、通知、标准等;(2)召集、组织或者推动本行业的经营者达成含有排除、限制竞争内容的协议、决议、纪要、备忘录等;(3)其他组织本行业经营者达成或者实施垄断协议的行为。这里的行业协会是指由同行业经济组织和个人组成,行使行业服务和自律管理职能的各种协会、学会、商会、联合会、促进会等社会团体法人。

(四)垄断协议的豁免

垄断协议的豁免,是指由于违法的限制竞争协议具有某些益处,并且足以抵销其反竞争的危害,经批准免除其法律责任的制度。

《反垄断法》第20条规定,经营者能够证明所达成的协议属于下列情形之一的,不适用前述纵向或横向垄断协议的规定:(1)为改进技术、研究开发新产品的;(2)为提高产品质量、降低成本、增进效率,统一产品规格、标准或者实行专业化分工的;(3)为提高中小经营者经营效率,增强中小经营者竞争力的;(4)为实现节约能源、保护环境、救灾救助等社会公共利益的;(5)因经济不景气,为缓解销售量严重下降或者生产明显过剩的;(6)为保障对外贸易和对外经济合作中的正当利益的;(7)法律和国务院规定的其他情形。

二、滥用市场支配地位

(一)市场支配地位及滥用市场支配地位行为的概念

市场支配地位,是指经营者在相关市场内具有能够控制商品价格、数量或者其他交易条件,或者能够阻碍、影响其他经营者进入相关市场能力的市场地位。其中,“其他交易条件”是指除商品价格、数量之外能够对市场交易产生实质影响的其他因素,包括商品品种、商品品质、付款条件、交付方式、售后服务、交易选择、技术约束等。“能够阻碍、影响其他经营者进入相关市场”,包括排除其他经营者进入相关市场,或者延缓其他经营者在合理时间内进入相关市场,或者导致其他经营者虽能够进入该相关市场但进入成本大幅提高,无法与现有经营者开展有效竞争等情形。

滥用市场支配地位行为,是指具有市场支配地位的经营者凭借其市场支配地位实施的排挤竞争对手或不公平交易行为。

(二)市场支配地位的认定

1. 认定经营者具有市场支配地位时应当依据的因素

(1)经营者在相关市场的市场份额,以及相关市场的竞争状况。其中,确定经营者在相关市场的市场份额,可以考虑一定时期内经营者的特定商品销售金额、销售数量或者其他指标在相关市场所占的比重。分析相关市场竞争状况,可以考虑相关市场的发展状况、现有竞争者的数量和市场份额、市场集中度、商品差异程度、创新和技术变化、销售和采购模式、潜在竞争者情况等因素。(2)经营者控制销售市场或者原材料采购市场的能力。其中,确定经营者控制销售市场或者原材料采购市场的能力,可以考虑该经营者控制产业链上下游市场的能力,控制销售渠道或者采购渠道的能力,影响或者决定价格、数量、合同期限或者其他交易条件的能力,以及优先获得企业生产经营所必需的原料、半成品、零部件、相关设备及需要投入的其他资源的能力等因素。(3)经营者的财力和技术条件。其中,确定经营者的财力和技术条件,可以考虑该经营者的资产规模、盈利能力、融资能力、研发能力、技术装备、技术创新和应用能力、拥有的知识产权等,以及该财力和技术条件能够以何种方式和程度促进该经营者业务扩张或者巩固、维持市场地位等因素。(4)其他经营者对该经营者在交易上的依赖程度。其中,确定其他经营者对该经营者在交易上的依赖程度,可以考虑其他经营者与该经营者之间的交易关系、交易量、交易持续时间、在合理时间内转向其他交易相对人的难易程度等因素。(5)其他经营者进入相关市场的难易程度。确定其他经营者进入相关市场的难易程度,可以考虑市场准入、获取必要资源的难度、采购和销售渠道的控制情况、资金投入规模、技术壁垒、品牌依赖、用户转换成本、消费习惯等因素。(6)与认定该经营者市场支配地位有关的其他因素。

对平台经济领域经营者是否具有市场支配地位的认定,除根据前述规定确定之外,还可以考虑相关行业竞争特点、经营模式、交易金额、交易数量、用户数量、网络效应、锁定效应、技术特性、市场创新、控制流量的能力、掌握和处理相关数据的能力及经营者在关联市场的市场力量等因素。

2. 经营者市场支配地位的推定标准

有下列情形之一的,可以推定经营者具有市场支配地位:(1)一个经营者在相关市场的市场份额达到 1/2 的;(2)两个经营者在相关市场的市场份额合计达到 2/3 的;(3)三个经营者在相关市场的市场份额合计达到 3/4 的。需要注意的是,即便有上述第 2、3 项规定的情形,其中有的经营者市场份额不足 1/10 的,不应当推定该经营者具有市场支配地位;如果被推定具有市场支配地位的经营者,有证据证明不具有市场支配地位的,不应当认定其具有市场支配地位。

(三)反垄断法禁止的滥用市场支配地位行为

1. 以不公平的高价销售商品或者以不公平的低价购买商品。认定"不公平的高价"或者"不公平的低价",可以考虑下列因素:(1)销售价格或者购买价格是否明显高于或者明显低于其他经营者在相同或者相似市场条件下销售或者购买同种商品或者可比较商品的价格;(2)销售价格或者购买价格是否明显高于或者明显低于同一经营者在其他相同或者相似市场条件区域销售或者购买同种商品或者可比较商品的价格;(3)在成本基本稳定的情况下,是否超过正常幅度提高销售价格或者降低购买价格;(4)销售商品的提价幅度是否明显高于成本增长幅度,或者购买商品的降价幅度是否明显高于交易相对人成本降低幅度;(5)需要考虑的其他相关因素。涉及平台经济领域,还可以考虑平台涉及多边市场中各相关市场之间的成本关联情况及其合理性。认定市场条件相同或者相似,应当考虑经营模式、销售渠道、供求状况、监管环境、交易环节、成本结构、交易情况、平台类型等因素。

2. 没有正当理由,以低于成本的价格销售商品。其中,认定以低于成本的价格销售商品,应当重点考虑价格是否低于平均可变成本。平均可变成本是指随着生产的商品数量变化而变动的每单位成本。涉及平台经济领域,还可以考虑平台涉及多边市场中各相关市场之间的成本关联情况及其合理性。所谓"正当理由",应包括:(1)降价处理鲜活商品、季节性商品、有效期限即将到期的商品或者积压商品的;(2)因清偿债务、转产、歇业降价销售商品的;(3)在合理期限内为推广新商品进行促销的；(4)能够证明行为具有正当性的其他理由。

3. 没有正当理由，拒绝与交易相对人进行交易。其主要包括：(1)实质性削减与交易相对人的现有交易数量；(2)拖延、中断与交易相对人的现有交易；(3)拒绝与交易相对人进行新的交易；(4)通过设置交易相对人难以接受的价格、向交易相对人回购商品、与交易相对人进行其他交易等限制性条件，使交易相对人难以与其进行交易；(5)拒绝交易相对人在生产经营活动中，以合理条件使用其必需设施。"正当理由"包括：(1)因不可抗力等客观原因无法进行交易；(2)交易相对人有不良信用记录或者出现经营状况恶化等情况，影响交易安全；(3)与交易相对人进行交易将使经营者利益发生不当减损；(4)交易相对人明确表示或者实际不遵守公平、合理、无歧视的平台规则；(5)能够证明行为具有正当性的其他理由。

4. 没有正当理由，限定交易相对人只能与其进行交易或者只能与其指定的经营者进行交易。其主要包括以下情形：(1)限定交易相对人只能与其进行交易；(2)限定交易相对人只能与其指定的经营者进行交易；(3)限定交易相对人不得与特定经营者进行交易。从事上述限定交易行为可以是直接限定，也可以是采取惩罚性或者激励性措施等方式变相限定。"正当理由"包括：(1)为满足产品安全要求所必需；(2)为保护知识产权、商业秘密或者数据安全所必需；(3)为保护针对交易进行的特定投资所必需；(4)为维护平台合理的经营模式所必需；(5)能够证明行为具有正当性的其他理由。

5. 没有正当理由搭售商品，或者在交易时附加其他不合理的交易条件。其主要包括以下情形：(1)违背交易惯例、消费习惯或者无视商品的功能，利用合同条款或者弹窗、操作必经步骤等交易相对人难以选择、更改、拒绝的方式，将不同商品捆绑销售或者组合销售；(2)对合同期限、支付方式、商品的运输及交付方式或者服务的提供方式等附加不合理的限制；(3)对商品的销售地域、销售对象、售后服务等附加不合理的限制；(4)交易时在价格之外附加不合理费用；(5)附加与交易标的无关的交易条件。"正当理由"包括：(1)符合正当的行业惯例和交易习惯；(2)为满足产品安全要求所必需；(3)为实现特定技术所必需；(4)为保护交易相对人和消费者利益所必需；(5)能够证明行为具有正当性的其他理由。

6. 没有正当理由，对条件相同的交易相对人在交易价格等交易条件上实行差别待遇。其主要包括以下情形：(1)实行不同的交易价格、数量、品种、品质等级；(2)实行不同的数量折扣等优惠条件；(3)实行不同的付款条件、交付方式；(4)实行不同的保修内容和期限、维修内容和时间、零配件供应、技术指导等售后服务条件。其中，条件相同是指交易相对人之间在交易安全、交易成本、规模和能力、信用状况、所处交易环节、交易持续时间等方面不存在实质性影响交易的差别。交易中依法获取的交易相对人的交易数据、个体偏好、消费习惯等方面存在的差异不影响认定交易相对人条件相同。"正当理由"包括:(1)根据交易相对人实际需求且符合正当的交易习惯和行业惯例,实行不同交易条件;(2)针对新用户的首次交易在合理期限内开展的优惠活动;(3)基于公平、合理、无歧视的平台规则实施的随机性交易;(4)能够证明行为具有正当性的其他理由。

7. 国务院反垄断执法机构认定的其他滥用市场支配地位的行为。如果市场监管总局认定其他滥用市场支配地位行为,应当同时符合下列条件:(1)经营者具有市场支配地位;(2)经营者实施了排除、限制竞争行为;(3)经营者实施相关行为不具有正当理由;(4)经营者相关行为对市场竞争具有排除、限制影响。

认定垄断行为是否构成"不公平的高价"或"不公平的低价",以及前述的"正当理由",还应当考虑下列因素:(1)有关行为是否为法律、法规所规定;(2)有关行为对国家安全、网络安全等方面的影响;(3)有关行为对经济运行效率、经济发展的影响;(4)有关行为是否为经营者正常经营及实现正常效益所必需;(5)有关行为对经营者业务发展、未来投资、创新方面的影响;(6)有关行为是否能够使交易相对人或者消费者获益;(7)有关行为对社会公共利益的影响。

三、经营者集中

(一)经营者集中的概念

经营者集中,是指经营者之间通过合并、取得股份或者资产、委托经营或联营以及人事兼任等方式形成的控制与被控制状态。

根据《反垄断法》第25条的规定,经营者集中是指下列情形:(1)经营者合并;(2)经营者通过取得股权或者资产的方式取得对其他经营者的控制权;(3)经营者通过合同等方式取得对其他经营者的控制权或者能够对其他经营者施加决定性影响。其中,判断经营者是否取得对其他经营者的控制权或者能够对其他经营者施加决定性影响,应当考虑下列因素:(1)交易的目的和未来的计划;(2)交易前后其他经营者的股权结构及其变化;(3)其他经营者股东会等权力机构的表决事项及其表决机制,以及其历史出席率和表决情况;(4)其他经营者董事会等决策或者管理机构的组成及其表决机制,以及其历史出席率和表决情况;(5)其他经营者高级管理人员的任免等;(6)其他经营者股东、董事之间的关系,是否存在委托行使投票权、一致行动人等;(7)该经营者与其他经营者是否存在重大商业关系、合作协议等;(8)其他应当考虑的因素。两个以上经营者均拥有对其他经营者的控制权或者能够对其他经营者施加决定性影响的,构成对其他经营者的共同控制。

（二）经营者集中的类型

根据参与集中的经营者在产业中的位置和相互关系，可将经营者集中分为横向集中、纵向集中和混合集中。横向集中，是指因生产或销售同类产品，或者提供同种服务而具有相互直接竞争关系的经营者之间的集中。纵向集中，是指同一产业中处于不同阶段，彼此之间不存在竞争关系，但有买卖关系的经营者之间的集中。混合集中，是指生产经营的产品或服务彼此没有关联的经营者之间的集中。〔1〕

（三）申报标准

反垄断法对经营者集中的规制在于"控制"，而不在于"禁止"。这种控制制度体现为经营者集中申报制度。经营者集中达到国务院规定的申报标准的，经营者应当事先向国务院反垄断执法机构申报，未申报的不得实施集中。

经营者集中达到下列标准之一的，经营者应当事先向国务院反垄断执法机构申报，未申报的不得实施集中：一是参与集中的所有经营者上一会计年度在全球范围内的营业额合计超过 120 亿元人民币，并且其中至少两个经营者上一会计年度在中国境内的营业额均超过 8 亿元人民币；二是参与集中的所有经营者上一会计年度在中国境内的营业额合计超过 40 亿元人民币，并且其中至少两个经营者上一会计年度在中国境内的营业额均超过 8 亿元人民币。

经营者集中未达到上述申报标准，但有证据证明该经营者集中具有或者可能具有排除、限制竞争效果的，市场监管总局可以要求经营者申报并书面通知经营者。集中尚未实施的，经营者未申报或者申报后获得批准前不得实施集中；集中已经实施的，经营者应当自收到书面通知之日起 120 日内申报，并采取暂停实施集中等必要措施减少集中对竞争的不利影响。是否实施集中的判断因素包括但不限于是否完成市场主体登记或者权利变更登记、委派高级管理人员、实际参与经营决策和管理、与其他经营者交换敏感信息、实质性整合业务等。

（四）无须申报的情形

经营者集中有下列情形之一的，可以不向国务院反垄断执法机构申报：一是参与集中的一个经营者拥有其他每个经营者 50%以上有表决权的股份或者资产的；二是参与集中的每个经营者 50%以上有表决权的股份或者资产被同一个未参与集中的经营者拥有的。

〔1〕 中国注册会计师协会：《经济法》，中国财政经济出版社 2024 年版，第 536 页。

（五）经营者集中申报与审查程序

1. 经营者向国务院反垄断执法机构申报集中

经营者向国务院反垄断执法机构申报集中，应当提交下列文件、资料：(1)申报书；(2)集中对相关市场竞争状况影响的说明；(3)集中协议；(4)参与集中的经营者经会计师事务所审计的上一会计年度财务会计报告；(5)国务院反垄断执法机构规定的其他文件、资料。申报书应当载明参与集中的经营者的名称、住所、经营范围、预定实施集中的日期和国务院反垄断执法机构规定的其他事项。经营者提交的文件、资料不完备的，应当在国务院反垄断执法机构规定的期限内补交文件、资料。经营者逾期未补交文件、资料的，视为未申报。

2. 初步审查

国务院反垄断执法机构应当自收到经营者提交的符合上述规定的文件、资料之日起 30 日内，对申报的经营者集中进行初步审查，作出是否实施进一步审查的决定，并书面通知经营者。国务院反垄断执法机构作出决定前，经营者不得实施集中。国务院反垄断执法机构作出不实施进一步审查的决定或者逾期未作出决定的，经营者可以实施集中。

3. 第二阶段审查

国务院反垄断执法机构决定实施进一步审查的，应当自决定之日起 90 日内审查完毕，作出是否禁止经营者集中的决定，并书面通知经营者。作出禁止经营者集中的决定，应当说明理由。审查期间，经营者不得实施集中。

有下列情形之一的，国务院反垄断执法机构经书面通知经营者，可以延长审查期限，但最长不得超过 60 日：(1)经营者同意延长审查期限的；(2)经营者提交的文件、资料不准确，需要进一步核实的；(3)经营者申报后有关情况发生重大变化的。国务院反垄断执法机构逾期未作出决定的，经营者可以实施集中。

4. 审查经营者集中应当考虑的因素

(1)参与集中的经营者在相关市场的市场份额及其对市场的控制力。其中，评估参与集中的经营者对市场的控制力，可以考虑参与集中的经营者在相关市场的市场份额、产品或者服务的替代程度、控制销售市场或者原材料采购市场的能力、财力和技术条件、掌握和处理数据的能力，以及相关市场的市场结构、其他经营者的生产能力、下游客户购买能力和转换供应商的能力、潜在竞争者进入的抵消效果等因素。(2)相关市场的市场集中度。评估相关市场的市场集中度，可以考虑相关市场的经营者数量及市场份额等因素。(3)经营者集中对市场进入、技术进步的影响。评估经营者集中对市场进入的影响，可以考虑经营者通过控制生产要素、销售和采购渠道、关键技术、关键设施、数据等方式影响市场进入的情况，并考虑进入的可能性、及时性和充分性。评估经营者集中对技术进步的影响，可以考虑经营者集中对技术创新动力和能力、技术研发投入和利用、技术资源整合等方面的影响。(4)经营者集中对消费者和其他有关经营者的影响。评估经营者集中对消费者的影响，可以考虑经营者集中对产品或者服务的数量、价格、质量、多样化等方面的影响。评估经营者集中对其他有关经营者的影响，可以考虑经营者集中对同一相关市场、上下游市场或者关联市场经营者的市场进入、交易机会等竞争条件的影响。(5)经营者集中对国民经济发展的影响。评估经营者集中对国民经济发展的影响，可以考虑经营者集中对经济效率、经营规模及其对相关行业发展等方面的影响。(6)国务院反垄断执法机构认为应当考虑的影响市场竞争的其他因素。评估经营者集中的竞争影响，可以考察相关经营者单独或者共同排除、限制竞争的能力、动机及可能性。集中涉及上下游市场或者关联市场的，可以考察相关经营者利用在一个或者多个市场的控制力，排除、限制其他市场竞争的能力、动机及可能性，还可以综合考虑集中对公共利益的影响、参与集中的经营者是否为濒临破产的企业等因素。

5. 限制性条件承诺方案

为减少集中具有或者可能具有的排除、限制竞争的效果，参与集中的经营者可以向市场监管总局提出附加限制性条件承诺方案。市场监管总局应当对承诺方案的有效性、可行性和及时性进行评估，并及时将评估结果通知申报人。市场监管总局认为承诺方案不足以减少集中对竞争的不利影响的，可以与参与集中的经营者就限制性条件进行磋商，要求其在合理期限内提出其他承诺方案。

根据经营者集中交易具体情况，限制性条件可以包括如下种类：(1)剥离有形资产，知识产权、数据等无形资产或者相关权益(以下简称剥离业务)等结构性条件；(2)开放其网络或者平台等基础设施、许可关键技术(包括专利、专有技术或者其他知识产权)、终止排他性或者独占性协议、保持独立运营、修改平台规则或者算法、承诺兼容或者不降低可操作性水平等行为性条件；(3)结构性条件和行为性条件相结合的综合性条件。其中，剥离业务一般应当具有在相关市场开展有效竞争所需要的所有要素，包括有形资产、无形资产、股权、关键人员以及客户协议或者供应协议等权益。剥离对象可以是参与集中经营的子公司、分支机构或者业务部门等。对于具有或者可能具有排除、限制竞争效果的经营者集中，参与集中的经营者提出的附加限制性条件承诺方案能够有效减少集中对竞争产生的不利影响的，市场监管总局可以作出附加限制性条件批准决定。参与集中的经营者未能在规定期限内提出附加限制性条件承诺方案，或者所提出的承诺方案不能有效减少集中对竞争产生的不利影响的,市场监管总局应当作出禁止经营者集中的决定。

6. 限制性条件的监督和实施

对于附加限制性条件批准的经营者集中,义务人应当严格履行审查决定规定的义务,并按规定向市场监管总局报告限制性条件履行情况。市场监管总局可以自行或者通过受托人对义务人履行限制性条件的行为进行监督检查。通过受托人监督检查的,市场监管总局应当在审查决定中予以明确。其中,受托人包括监督受托人和剥离受托人。义务人,是指附加限制性条件批准经营者集中的审查决定中要求履行相关义务的经营者。监督受托人,是指受义务人委托并经市场监管总局评估确定,负责对义务人实施限制性条件进行监督并向市场监管总局报告的自然人、法人或者非法人组织。剥离受托人,是指受义务人委托并经市场监管总局评估确定,在受托剥离阶段负责出售剥离业务并向市场监管总局报告的自然人、法人或者非法人组织。

通过受托人监督检查的,义务人应当在市场监管总局作出审查决定之日起 15 日内向市场监管总局提交监督受托人人选。限制性条件为剥离的,义务人应当在进入受托剥离阶段前 30 日向市场监管总局提交剥离受托人人选。义务人应当严格审慎选择受托人人选并对相关文件、资料的真实性、完整性、准确性负责。义务人正式提交受托人人选后,受托人人选无正当理由不得放弃参与受托人评估。一般情况下,市场监管总局应当从义务人提交的人选中择优评估确定受托人。但义务人未在规定期限内提交受托人人选且经再次书面通知后仍未按时提交,或者两次提交的人选均不符合要求,导致监督执行工作难以正常进行的,市场监管总局可以指导义务人选择符合条件的受托人。受托人确定后,义务人应当与受托人签订书面协议,明确各自权利和义务,并报市场监管总局同意。受托人应当勤勉、尽职地履行职责。义务人向受托人支付报酬,并为受托人提供必要的支持和便利。

附加限制性条件为剥离的,剥离义务人应当在审查决定规定的期限内,自行找到合适的剥离业务买方,签订出售协议,并报经市场监管总局批准后完成剥离。剥离义务人未能在规定期限内完成剥离的,市场监管总局可以要求义务人委托剥离受托人在规定的期限内寻找合适的剥离业务买方。剥离业务买方应当符合下列要求:(1)独立于参与集中的经营者;(2)拥有必要的资源、能力并有意愿使用剥离业务参与市场竞争;(3)取得其他监管机构的批准;(4)不得向参与集中的经营者融资购买剥离业务;(5)市场监管总局根据具体案件情况提出的其他要求。买方已有或者能够从其他途径获得剥离业务中的部分资产或者权益时,可以向市场监管总局申请对剥离业务的范围进行必要调整。

审查决定未规定自行剥离期限的,剥离义务人应当在审查决定作出之日起 6 个月内找到适当的买方并签订出售协议。经剥离义务人申请并说明理由，市场监管总局可以酌情延长自行剥离期限，但延期最长不得超过3个月。审查决定未规定受托剥离期限的，剥离受托人应当在受托剥离开始之日起6个月内找到适当的买方并签订出售协议。

剥离义务人应当在市场监管总局审查批准买方和出售协议后，与买方签订出售协议，并自签订之日起3个月内将剥离业务转移给买方，完成所有权转移等相关法律程序。经剥离义务人申请并说明理由，市场监管总局可以酌情延长业务转移的期限。

经市场监管总局批准的买方购买剥离业务达到申报标准的，取得控制权的经营者应当将其作为一项新的经营者集中向市场监管总局申报。市场监管总局作出审查决定之前，剥离义务人不得将剥离业务出售给买方。

根据审查决定，限制性条件到期自动解除的，经市场监管总局核查确认，义务人未违反审查决定的，限制性条件自动解除。义务人存在违反审查决定情形的，市场监管总局可以适当延长附加限制性条件的期限，并及时向社会公布。根据审查决定，限制性条件到期后义务人需要申请解除的，义务人应当提交书面申请并说明理由。市场监管总局评估后决定解除限制性条件的，应当及时向社会公布。限制性条件为剥离，经市场监管总局核查确认，义务人履行完成所有义务的，限制性条件自动解除。

市场监管总局对违法实施经营者集中应当依法作出处理决定，并可以向社会公布。国务院反垄断执法机构应当健全经营者集中分类分级审查制度，依法加强对涉及国计民生等重要领域的经营者集中的审查，提高审查质量和效率。市场监管总局对经营者集中审查制度的实施效果进行评估，并根据评估结果改进审查工作。

四、滥用行政权力排除、限制竞争

（一）滥用行政权力排除、限制竞争概述

1. 滥用行政权力排除、限制竞争的概念即所谓“行政性垄断”，是指行政机关或法律、法规授权的具有管理公共事务职能的组织滥用行政权力排除、限制竞争的行为。

2. 滥用行政权力排除、限制竞争的特征：（1）主体是行政机关或其授权组织；（2）该类行为是上述主体滥用行政权力而实施的行为；（3）形式是指定交易、限制市场准入和限制资源自由流通等。

3. 滥用行政权力排除、限制竞争具有如下危害性：（1）人为分割市场，扭曲市场

机制;(2)损害市场主体的合法权益;(3)违反依法行政的要求,滋润了腐败的土壤;(4)保护落后,削弱企业竞争力。

(二)反垄断法禁止的滥用行政权力排除、限制竞争行为

1. 强制交易

行政机关和法律、法规授权的具有管理公共事务职能的组织滥用行政权力,限定或者变相限定单位或者个人经营、购买、使用其指定的经营者提供的商品或服务。通常包括以下四种情形:(1)以明确要求、暗示、拒绝或者拖延行政审批、备案、重复检查、不予接入平台或者网络等方式,限定或者变相限定经营、购买、使用特定经营者提供的商品;(2)通过限制投标人所在地、所有制形式、组织形式等方式,限定或者变相限定经营、购买、使用特定经营者提供的商品;(3)通过设置不合理的项目库、名录库、备选库、资格库等方式,限定或者变相限定经营、购买、使用特定经营者提供的商品;(4)限定或者变相限定单位或者个人经营、购买、使用其指定的经营者提供的商品的其他行为。

2. 不平等待遇

行政机关和法律、法规授权的具有管理公共事务职能的组织滥用行政权力,通过与经营者签订合作协议、备忘录等方式,妨碍其他经营者进入相关市场或者对其他经营者实行不平等待遇,排除、限制竞争。

3. 地区封锁

行政机关和法律、法规授权的具有管理公共事务职能的组织滥用行政权力,实施下列行为,妨碍商品在地区之间的自由流通:(1)对外地商品设定歧视性收费项目、实行歧视性收费标准,或者规定歧视性价格、实行歧视性补贴政策;(2)对外地商品规定与本地同类商品不同的技术要求、检验标准,或者对外地商品采取重复检验、重复认证等歧视性技术措施,阻碍、限制外地商品进入本地市场;(3)采取专门针对外地商品的行政许可,或者对外地商品实施行政许可时,设定不同的许可条件、程序、期限等,阻碍、限制外地商品进入本地市场;(4)设置关卡、通过软件或者互联网设置屏蔽等手段,阻碍、限制外地商品进入或者本地商品运出;(5)妨碍商品在地区之间自由流通的其他行为。

4. 排斥或者限制经营者参加招标投标以及其他经营活动

行政机关和法律、法规授权的具有管理公共事务职能的组织滥用行政权力,以设定歧视性资质要求、评审标准或者不依法发布信息等方式,排斥或者限制经营者参加招标投标以及其他经营活动。主要包括以下情形:(1)不依法发布招标投标等信息;(2)排斥或者限制经营者参与招标投标活动和其他经营活动;(3)设定歧视性

的资质要求或者评审标准;(4)设定与实际需要不相适应或者与合同履行无关的资格、技术和商务条件;(5)排斥或者限制经营者参加招标投标以及其他经营活动的其他行为。

5. 排斥、限制、强制或者变相强制外地经营者在本地投资或者设立分支机构

行政机关和法律、法规授权的具有管理公共事务职能的组织不得滥用行政权力,实施下列行为,排斥、限制、强制或者变相强制外地经营者在本地投资或者设立分支机构:(1)拒绝、强制或者变相强制外地经营者在本地投资或者设立分支机构;(2)对外地经营者在本地投资的规模、方式以及设立分支机构的地址、商业模式等进行限制或者提出不合理要求;(3)对外地经营者在本地的投资或者设立的分支机构在投资、经营规模、经营方式、税费缴纳等方面规定与本地经营者不同的要求,在安全生产、节能环保、质量标准、行政审批、备案等方面实行歧视性待遇;(4)排斥、限制、强制或者变相强制外地经营者在本地投资或者设立分支机构的其他行为。

6. 强制或者变相强制经营者从事垄断行为

行政机关和法律、法规授权的具有管理公共事务职能的组织滥用行政权力,强制或者变相强制经营者从事反垄断法规定的垄断行为。

7. 抽象行政性垄断行为

行政机关和法律、法规授权的具有管理公共事务职能的组织滥用行政权力,以办法、决定、公告、通知、意见、会议纪要、函件等形式,制定、发布含有排除、限制竞争内容的规定。

第三节　对涉嫌垄断行为的监督检查和相关法律责任

一、我国反垄断法规定的反垄断机构

根据我国《反垄断法》的规定,我国反垄断机构主要有以下两个:

(一)国务院反垄断委员会

国务院设立反垄断委员会,负责组织、协调、指导反垄断工作,履行下列职责:(1)研究拟订有关竞争政策;(2)组织调查、评估市场总体竞争状况,发布评估报告;(3)制定、发布反垄断指南;(4)协调反垄断行政执法工作;(5)国务院规定的其他职责。

(二)国务院反垄断执法机构

承担《反垄断法》相关执法职能的是反垄断执法机构。国务院反垄断执法机构负责反垄断统一执法工作。2021 年市场监管总局加挂国家反垄断局牌子,设竞争政策协调司、反垄断一司、反垄断二司三个反垄断业务司局,国务院反垄断执法机构根据工作需要,可以授权省、自治区、直辖市人民政府相应的机构,依法负责有关反垄断执法工作。

二、反垄断行政执法概述

(一)举报

举报是重要的案件信息来源,反垄断法规定了对涉嫌垄断行为的举报制度。任何单位和个人均有权向反垄断执法机构举报,举报采用书面形式并提供相关事实和证据的,反垄断执法机构应当进行必要的调查。

(二)反垄断执法机构的职权

为确保反垄断执法机构依法执行反垄断执法检查,反垄断法规定了反垄断执法机构享有的职权,主要有:一是进入被调查的经营者的营业场所或者其他有关场所进行检查;二是询问被调查的经营者、利害关系人或者其他有关单位或者个人,要求其说明有关情况;三是查阅、复制被调查的经营者、利害关系人或者其他有关单位或者个人的有关单证、协议、会计账簿、业务函电、电子数据等文件、资料;四是查封、扣押相关证据;五是查询经营者的银行账户。

(三)反垄断执法程序和义务

反垄断执法机构调查涉嫌垄断行为时,执法人员不得少于二人,并应当出示执法证件。执法人员进行询问和调查,应当制作笔录,并由被询问人或者被调查人签字。被调查的经营者、利害关系人有权陈述意见。反垄断执法机构应当对被调查的经营者、利害关系人提出的事实、理由和证据进行核实。反垄断执法机构对涉嫌垄断行为调查核实后,认为构成垄断行为的,应当依法作出处理决定,并可以向社会公布。反垄断执法机构及其工作人员对执法过程中知悉的商业秘密负有保密义务。

三、对垄断协议行为的行政执法监管

(一)立案

反垄断执法机构经过对涉嫌垄断协议的必要调查,符合下列条件的,应当立案:(1)有证据初步证明经营者达成垄断协议;(2)属于本部门查处范围;(3)在给予行政处罚的法定期限内。

（二）调查

市场监管总局在查处垄断协议时，可以委托省级市场监管部门进行调查。省级市场监管部门在查处垄断协议时，可以委托下级市场监管部门进行调查。受委托的市场监管部门在委托范围内，以委托机关的名义实施调查，不得再委托其他行政机关、组织或者个人进行调查。

省级市场监管部门查处垄断协议时，可以根据需要商请相关省级市场监管部门协助调查，相关省级市场监管部门应当予以协助。

（三）行政处罚

反垄断执法机构对垄断协议进行行政处罚的，应当在作出行政处罚决定之前，书面告知当事人拟作出的行政处罚内容及事实、理由、依据，并告知当事人依法享有的陈述权、申辩权和要求听证的权利。

反垄断执法机构在告知当事人拟作出的行政处罚决定后，应当充分听取当事人的意见，对当事人提出的事实、理由和证据进行复核。反垄断执法机构对垄断协议作出行政处罚决定，应当依法制作行政处罚决定书，并加盖本部门印章。

（四）终止调查

反垄断执法机构认定被调查的垄断协议属于反垄断法适用除外规定情形的，应当终止调查并制作终止调查决定书。终止调查决定书应当载明协议的基本情况、适用反垄断法除外规定的依据和理由等。反垄断执法机构作出终止调查决定后，因情况发生重大变化，被调查的协议不再符合反垄断法适用除外规定情形的，反垄断执法机构应当依法开展调查。

（五）中止调查

涉嫌垄断协议的经营者在被调查期间，可以提出中止调查申请，承诺在反垄断执法机构认可的期限内采取具体措施消除行为影响。反垄断执法机构根据被调查经营者的中止调查申请，在考虑行为的性质、持续时间、后果、社会影响、经营者承诺的措施及其预期效果等具体情况后，决定是否中止调查。

反垄断执法机构对涉嫌垄断协议调查核实后，认为构成垄断协议的，不得中止调查，应当依法作出处理决定。对于符合反垄断法规定的涉嫌垄断协议，反垄断执法机构不得接受中止调查申请。

反垄断执法机构决定中止调查的，应当制作中止调查决定书。中止调查决定书应当载明被调查经营者涉嫌达成垄断协议的事实、承诺的具体内容、消除影响的具体措施、履行承诺的时限以及未履行或者未完全履行承诺的法律后果等内容。

决定中止调查的,反垄断执法机构应当对经营者履行承诺的情况进行监督。经营者应当在规定的时限内向反垄断执法机构书面报告承诺履行情况。反垄断执法机构确定经营者已经履行承诺的,可以决定终止调查,并制作终止调查决定书。

有下列情形之一的,反垄断执法机构应当恢复调查:(1)经营者未履行或者未完全履行承诺的;(2)作出中止调查决定所依据的事实发生重大变化的;(3)中止调查决定是基于经营者提供的不完整或者不真实的信息作出的。

对涉嫌滥用市场支配地位行为的行政执法监管程序,与对涉嫌垄断协议行为的行政执法监督管理程序类似,也有立案、调查、作出行政处罚决定、中止调查、终止调查、恢复调查等程序。比如,反垄断执法机构经过对涉嫌滥用市场支配地位行为的必要调查,认为符合条件的,应当立案。市场监管总局在查处滥用市场支配地位行为时,可以委托省级市场监管部门进行调查。

反垄断执法机构对滥用市场支配地位行为进行行政处罚的,应当在作出行政处罚决定之前,书面告知当事人拟作出的行政处罚内容及事实、理由、依据,并告知当事人依法享有的陈述权、申辩权和要求听证的权利。反垄断执法机构在告知当事人拟作出的行政处罚决定后,应当充分听取当事人的意见,对当事人提出的事实、理由和证据进行复核。反垄断执法机构对滥用市场支配地位的行为作出行政处罚决定,应当依法制作行政处罚决定书,并加盖本部门印章。

反垄断执法机构作出行政处理决定后,依法向社会公布。行政处罚信息应当依法通过国家企业信用信息公示系统向社会公示等。

四、对违法实施经营者集中的行政执法监管

(一)立案和初步调查

对有初步事实和证据表明存在违法实施经营者集中嫌疑的,市场监管总局应当予以立案,并书面通知被调查的经营者。被调查的经营者应当在立案通知送达之日起30日内,向市场监管总局提交是否属于经营者集中、是否达到申报标准、是否申报、是否违法实施等有关的文件、资料。市场监管总局应当自收到被调查的经营者依法提交的文件、资料之日起30日内,对被调查的交易是否属于违法实施经营者集中完成初步调查。属于违法实施经营者集中的,市场监管总局应当作出实施进一步调查的决定,并书面通知被调查的经营者,经营者应当停止违法行为。

(二)进一步调查

市场监管总局决定实施进一步调查的,被调查的经营者应当自收到市场监管总局书面通知之日起30日内,依据法律关于经营者集中申报文件、资料的规定向市

场监管总局提交相关文件、资料。市场监管总局应当自收到被调查的经营者提交的法定文件、资料之日起120日内，完成进一步调查。在进一步调查阶段，市场监管总局应当按照反垄断法及相关规定，对被调查的交易是否具有或者可能具有排除、限制竞争效果进行评估。不属于违法实施经营者集中的，市场监管总局应当作出不实施进一步调查的决定，并书面通知被调查的经营者。

（三）作出处罚决定

市场监管总局在作出行政处罚决定前，应当告知被调查的经营者拟作出的行政处罚内容及事实、理由、依据，并告知被调查的经营者依法享有的陈述、申辩、要求听证等权利。被调查的经营者自告知书送达之日起5个工作日内，未行使陈述、申辩权，未要求听证的，视为放弃此权利。市场监管总局对违法实施经营者集中应当依法作出处理决定，并可以向社会公布。

五、对滥用行政权力排除、限制竞争行为的行政执法监管

（一）一般程序

反垄断执法机构经过对涉嫌滥用行政权力排除、限制竞争行为的必要调查，决定是否立案。被调查单位在上述调查期间已经采取措施停止相关行为，消除相关竞争限制的，可以不予立案。

立案后，反垄断执法机构应当及时进行调查，依法向有关单位和个人了解情况，收集、调取证据。有关单位或者个人应当配合调查。

被调查的单位和个人有权陈述意见，提出事实、理由和相关证据。反垄断执法机构应当进行核实。经调查，反垄断执法机构认为构成滥用行政权力排除、限制竞争行为的，可以向有关上级机关提出依法处理的建议。在调查期间，被调查单位主动采取措施停止相关行为，消除相关竞争限制的，反垄断执法机构可以结束调查。经调查，反垄断执法机构认为不构成滥用行政权力排除、限制竞争行为的，应当结束调查。

（二）行政建议书

反垄断执法机构向有关上级机关提出依法处理建议的，应当制作行政建议书，同时抄送被调查单位。行政建议书应当载明以下事项：（1）主送单位名称；（2）被调查单位名称；（3）违法事实；（4）被调查单位的陈述意见及采纳情况；（5）处理建议及依据；（6）被调查单位改正的时限及要求；（7）反垄断执法机构名称、公章及日期。被调查单位应当按照行政建议书载明的处理建议，积极落实改正措施，并按照反垄断执法机构的要求，限期将有关改正情况书面报告上级机关和反垄断执法机构。

(三)约谈制度

行政机关和法律、法规授权的具有管理公共事务职能的组织涉嫌违反反垄断法规定,滥用行政权力排除、限制竞争的,反垄断执法机构可以对其法定代表人或者负责人进行约谈。约谈可以指出涉嫌滥用行政权力排除、限制竞争的问题,听取情况说明,要求其提出改进措施消除相关竞争限制。约谈结束后,反垄断执法机构可以将约谈情况通报被约谈单位的有关上级机关。约谈应当经反垄断执法机构主要负责人批准。反垄断执法机构可以根据需要,邀请被约谈单位的有关上级机关共同实施约谈。反垄断执法机构可以公开约谈情况,也可以邀请媒体、行业协会、专家学者、相关经营者、社会公众代表列席约谈。

六、反垄断法规定的相关法律责任

(一)行政责任

1. 针对垄断协议行为的法律责任

经营者违法达成并实施垄断协议的,由反垄断执法机构责令停止违法行为,没收违法所得,并处上一年度销售额1%以上10%以下的罚款,上一年度没有销售额的,处500万元以下的罚款;尚未实施所达成的垄断协议的,可以处300万元以下的罚款。经营者的法定代表人、主要负责人和直接责任人员对达成垄断协议负有个人责任的,可以处100万元以下的罚款。

2. 针对滥用市场支配地位的法律责任

经营者违法滥用市场支配地位的,由反垄断执法机构责令停止违法行为,没收违法所得,并处上一年度销售额1%以上10%以下的罚款。反垄断执法机构确定具体罚款数额时,应当考虑违法行为的性质、程度、持续时间和消除违法行为后果的情况等因素。

对违法情节特别严重、影响特别恶劣、造成特别严重后果的,市场监管总局可以在前段规定的罚款数额的2倍以上5倍以下确定具体罚款数额。

3. 针对经营者违法集中的法律责任

经营者违法实施集中,且具有或者可能具有排除、限制竞争效果的,由国务院反垄断执法机构责令停止实施集中、限期处分股份或者资产、限期转让营业以及采取其他必要措施恢复到集中前的状态,处上一年度销售额10%以下的罚款;不具有排除、限制竞争效果的,处500万元以下的罚款。

对市场监管总局依法实施的审查和调查,拒绝提供有关材料、信息,或者提供虚假材料、信息,或者隐匿、销毁、转移证据,或者有其他拒绝、阻碍调查行为的,由市场监管总局责令改正,对单位处上一年度销售额1%以下的罚款,上一年度没有销售额或者销售额难以计算的,处500万元以下的罚款;对个人处50万元以下的罚款。

4. 针对行政性垄断行为的法律责任

行政机关和法律、法规授权的具有管理公共事务职能的组织滥用行政权力,实施排除、限制竞争行为的,由上级机关责令改正;对直接负责的主管人员和其他直接责任人员依法给予处分。反垄断执法机构可以向有关上级机关提出依法处理的建议。

(二)民事及刑事责任

经营者实施垄断行为,给他人造成损失的,依法承担民事责任。违反反垄断法规定,情节严重,构成犯罪的,依法追究刑事责任。

| 扩展阅读 |

反垄断第一案
——可口可乐收购汇源果汁反垄断案

可口可乐,是全世界最大的饮料公司,该公司于1886年5月8日在美国佐治亚州亚特兰大市诞生,迄今已有100多年的历史,在全球饮料市场拥有48%的市场占有率,在200个国家拥有160种饮料品牌,产品范围涵盖汽水、运动饮料、乳类饮品、果汁、茶和咖啡,2021年在《财富》500强世界排名中位居第370位,2022年12月9日以17,550亿元人民币位列《2022胡润世界500强》第29名。可口可乐在改革开放后的1978年重新在中国投资,与中国粮油进出口总公司签订了协议。根据协议,可口可乐在中国大陆的第一家装瓶厂,由中方提供厂房,可口可乐赠送一条先进的生产线。此后在北京、大连、南京、西安、武汉、杭州、广州等地建立合资瓶装企业,可口可乐公司在中国迅速发展起来,到2008年,可口可乐公司在中国投资已经达到12亿美元。2018年9月20日,可口可乐中国的可口可乐520计划项目荣获2018年第三届"CSR中国教育奖"和CSR CHINA典范奖。截至2022年,可口可乐公司为中国消费者提供丰富多元的饮料选择,其中包括20多个品牌,约100多种饮料。可口可乐系统累计在中国投资130亿美元,建有46家工厂,系统员工超过49,000人,其中99%为本地员工,98%原材料为本土采购。其中的知名品牌包括可口可乐、雪碧、芬达、美汁源、爆锐、纯悦、阳光、COSTA咖世家、柠檬道等。

汇源果汁,1992年成立,是中国果汁行业的代表品牌,中国农业产业龙头企业。

1997 年,为开拓国内市场,当时的汇源果汁斥资 7000 万元拿下新闻联播的 5 秒广告时间,一句"喝汇源果汁,走健康之路"的广告词火遍全国,汇源商标被认定为中国"驰名商标"。2007 年 2 月,汇源赴港上市,筹资 24 亿元的规模使它坐稳国内果汁的第一把交椅。汇源已在全国建立了 140 多个经营实体,链接了 1000 多万亩优质果、蔬、茶、粮等种植基地,建立了遍布全国的销售网络,形成了汇源果汁、汇源果业、汇源农业三大产业相互促进、共同发展的新格局。2020 年 4 月,根据 2020 年(第十届)中国品牌力指数(C-BPI)品牌排名和分析报告,汇源果汁品牌在 100%纯果汁行业品牌排名第一位。

2008 年 9 月 3 日,可口可乐宣布以总价 179.2 亿港元全额收购汇源果汁,若收购被批准,则汇源果汁将成为可口可乐全资子公司,24 亿美元的总收购价也使该案成为可口可乐历史上在美国以外最大的一笔收购。2008 年 8 月 1 日,我国制定的第一部《反垄断法》及其配套的国务院《关于经营者集中申报标准的规定》正式开始实施。该法和相关规定强调,经营者集中达到下列标准之一的,就需要接受反垄断审查:在全球范围内的营业额合计超过 100 亿元人民币,并且双方当事人上一会计年度在中国境内的营业额超过 4 亿元人民币;参与集中的所有经营者上一会计年度在中国境内的营业额合计超过 20 亿元人民币,并且当事人双方在中国境内的营业额超过 4 亿元人民币。汇源果汁是中国果汁行业第一品牌,2007 年的销售额达到 25.56 亿元,仅 2008 年上半年,汇源果汁净利润就达到 3.67 亿元人民币,而可口可乐已经在中国经营多年,已成为中国最大的饮料合资企业,每年上交国家各项利税达 30 亿元人民币。显而易见,当事人双方明显符合《反垄断法》和相关法律规定的条件,根据反垄断法规定,为确保市场公平自由竞争,无论是内外资企业,符合规定条件的并购都应该依法向主管行政部门申报,接受中国商务部依法进行的反垄断审查。

2008 年 9 月 18 日,商务部收到可口可乐收购中国汇源果汁公司的经营者集中反垄断申报材料。经申报方补充,申报材料达到了《反垄断法》规定的要求;11 月 20 日,商务部对此项集中予以立案审查;12 月 5 日,商务部首次公开表态称已经对可口可乐收购汇源的申请进行立案受理;12 月 20 日,商务部决定在初步审查基础上进一步审查。公告发布后,这一交易遭到了大量网民的反对。此后,商务部依据《反垄断法》的相关规定,严格遵循相关法律法规的规定,充分听取了各方的意见,从市场份额及市场控制力、市场集中度、集中对市场进入和技术进步的影响、集中对消费者和其他有关经营者的影响及品牌对果汁饮料市场竞争产生的影响等多个方面对该项经营者集中进行了审查。2009 年 3 月 18 日,商务部正式叫停可口可乐对汇源果汁的收购案,此交易最终成为《反垄断法》实行以来首个未被通过的案例。

为了减少经营者集中对饮料行业市场竞争产生的不利影响,商务部与可口可乐公司就附加限制性条件进行了磋商，要求申报方提出可行的解决方案。可口可乐公司对商务部提出的问题表达了自己的意见，提出了初步解决方案及其修改方案。经过审慎全面评估，2009 年 3 月 18 日，商务部表示，可口可乐并购汇源未通过反垄断调查，因为收购会影响或限制竞争，不利于中国果汁行业的健康发展。商务部具体阐述了未通过审查的三个原因：第一，如果收购成功，那么可口可乐有能力把其在碳酸饮料行业的支配地位传导到果汁行业。第二，如果收购成功，那么可口可乐对果汁市场的控制力会明显增强，使其他企业没有能力再进入这个市场。第三，如果收购成功，那么可口可乐会挤压国内中小企业的生存空间，抑制国内其他企业参与果汁市场的竞争。

推荐阅读

（一）参阅论文

1. 高永全：《跨国公司并购我国企业的影响分析——以汇源果汁收购案为例》，载《消费导刊》2009 年第 10 期。
2. 李曦：《从可口可乐收购汇源案看中国反垄断法的适用》，载《现代商业》2010 年第 9 期。
3. 江帆：《竞争法的思想基础与价值共识》，载《现代法学》2019 年第 2 期。
4. 张守文：《反垄断法的完善：定位、定向与定则》，载《华东政法大学学报》2020 年第 2 期。
5. 王晓晔：《转售价格维持的反垄断规制适用“合理原则”之批判》，载《法商研究》2021 年第 1 期。

（二）参阅书目

1. 习近平：《高举中国特色社会主义伟大旗帜　为全面建设社会主义现代化国家而团结奋斗——在中国共产党第二十次全国代表大会上的报告》，人民出版社 2022 年版。
2. 张守文主编：《经济法学》（第 3 版），高等教育出版社 2022 年版。
3. 杨紫烜主编：《经济法》（第 5 版），北京大学出版社、高等教育出版社 2014 年版。
4. 王晓晔：《王晓晔论反垄断法（2011～2018）》，社会科学文献出版社 2019 年版。
5. 谢伟主编：《经济法学》，经济科学出版社 2018 年版。

第九章　反不正当竞争法律制度

本章概览

公平、自由竞争是市场经济的基础性制度，是优化营商环境、确保市场在资源配置中起决定性作用的关键。党的二十大报告强调，“完善产权保护、市场准入、公平竞争、社会信用等市场经济基础制度，优化营商环境”。反不正当竞争法有广义和狭义之分。广义上的反不正当竞争法是调整国家规制不正当竞争行为过程中所发生的社会关系的法律规范的总称。狭义上的反不正当竞争法，是作为规范性法律文件的反不正当竞争基本法律，在我国，就是指1993年9月全国人大常委会通过、2017年11月和2019年4月两次修改的《反不正当竞争法》。该法的主要目的是促进社会主义市场经济健康发展，鼓励和保护公平竞争，制止不正当竞争行为，保护经营者和消费者的合法权益。反不正当竞争法所规制的不正当竞争行为主要包括混淆行为、商业贿赂行为、虚假或引人误解的商业宣传行为、侵犯商业秘密行为、不当有奖销售行为、诋毁他人商誉行为和网络领域不正当竞争行为。国家市场监督管理部门有权依法对涉嫌不正当竞争行为进行监督调查，并按照法定程序追究违法者相应的法律责任。

第一节　反不正当竞争法概述

一、反不正当竞争法的概念和调整对象

反不正当竞争法是由国家制定的，为保护和鼓励公平自由竞争，制止不正当竞争行为，保护经营者和消费者的合法权益，调整竞争关系和竞争监管关系的法律规范的总称。其调整对象包括两个方面：一是国家为保障公平自由竞争，在对竞争者实施反不正当竞争管理监督过程中产生的竞争监管关系；二是经营者之间在市场

竞争过程中所形成的竞争关系。

二、不正当竞争行为的概念及特征

根据我国《反不正当竞争法》第 2 条第 1 款的规定，经营者在生产经营活动中，应当遵循自愿、平等、公平、诚信的原则，遵守法律和商业道德。

(一)概念

不正当竞争，是指经营者在生产经营活动中，违反《反不正当竞争法》的规定，损害其他经营者的合法权益，扰乱社会经济秩序的行为。

(二)特征

不正当竞争行为一般具有以下特征：一是不正当竞争是经营者在竞争活动中的违法交易行为。二是不正当竞争的主体是参与市场竞争的经营者，只有经营者才存在不正当竞争的行为，非经营者的行为不具有不正当竞争的性质。根据《反不正当竞争法》的规定，经营者是指从事商品生产、经营或者提供服务(以下所称商品包括服务)的自然人、法人和非法人组织。三是不正当竞争违背了自愿、平等、公平、诚实信用的原则和公认的商业道德。不正当竞争行为的通常表现就是，违法者采取欺诈的方式进行竞争，违背自愿、平等、公平、诚实信用的原则和公认的商业道德，从中牟取非法利益，这是不正当竞争最本质的特征。四是不正当竞争扰乱了市场竞争秩序。从本质上看，不正当竞争行为主要损害的是其他经营者或消费者的合法权益，破坏公平竞争，阻碍市场竞争机制的正常运行，损害合法诚实的经营者的合法权益，破坏市场经济秩序。

第二节　反不正当竞争法规制的主要不正当竞争行为

一、混淆行为

混淆是指不正当地利用他人的商业信誉或者商品声誉的行为，即经营者对他人(特有)的商业标志进行不正当的相同或类似使用，致使与他人的商品(包括服务)或营业活动产生混淆，引人误认为是他人商品或者与他人存在特定联系，而由此获得市场交易机会和经济利益的行为。

《反不正当竞争法》列出了四种混淆行为：一是擅自使用与他人有一定影响的商品名称、包装、装潢等相同或者近似的标识。二是擅自使用他人有一定影响的企业名称(包括简称、字号等)、社会组织名称(包括简称等)、姓名(包括笔名、艺名、译名等)。三是擅自使用他人有一定影响的域名主体部分、网站名称、网页等。所谓"使用",是指在中国境内将有一定影响的标识用于商品、商品包装或者容器以及商品交易文书上,或者广告宣传、展览以及其他商业活动中,用于识别商品来源的行为。所谓"有一定影响的"标识,是指具有一定的市场知名度并具有区别商品来源的显著特征的标识。对标识是否具有一定的市场知名度,应当综合考虑中国境内相关公众的知悉程度,商品销售的时间、区域、数额和对象,宣传的持续时间、程度和地域范围,标识受保护的情况等因素。四是其他足以引人误认为是他人商品或者与他人存在特定联系的混淆行为。需要注意的是,"引人误认为是他人商品或者与他人存在特定联系",包括误认为与他人具有商业联合、许可使用、商业冠名、广告代言等特定联系。

"标识"有下列情形之一的,人民法院应当认定其不具有区别商品来源的显著特征:(1)商品的通用名称、图形、型号;(2)仅直接表示商品的质量、主要原料、功能、用途、重量、数量及其他特点的标识;(3)仅由商品自身的性质产生的形状,为获得技术效果而需有的商品形状以及使商品具有实质性价值的形状;(4)其他缺乏显著特征的标识。前面第1项、第2项、第4项规定的标识经过使用取得显著特征,并具有一定的市场知名度,应当依据《反不正当竞争法》规定予以保护。如果反不正当竞争法规定的标识或者其显著识别部分属于商标法规定不得作为商标使用的标志,则不能依据反不正当竞争法获得法律保护。另外,由经营者营业场所的装饰、营业用具的式样、营业人员的服饰等构成的具有独特风格的整体营业形象,可以被认定为反不正当竞争法规定的"装潢"。市场主体登记管理部门依法登记的企业名称,以及在中国境内进行商业使用的境外企业名称,可以被认定为反不正当竞争法规定的"企业名称"。有一定影响的个体工商户、农民专业合作社(联合社)以及法律、行政法规规定的其他市场主体的名称(包括简称、字号等),可以依照反不正当竞争法规定予以认定。

因客观描述、说明商品而正当使用下列标识,不属于反不正当竞争法规定的法定保护情形:一是含有本商品的通用名称、图形、型号;二是直接表示商品的质量、主要原料、功能、用途、重量、数量以及其他特点;三是含有地名。

经营者擅自使用与他人有一定影响的企业名称(包括简称、字号等)、社会组织名称(包括简称等)、姓名(包括笔名、艺名、译名等)、域名主体部分、网站名称、网页等近似的标识,引人误认为是他人商品或者与他人存在特定联系,也属于反不正当竞争法规定的混淆行为。在相同商品上使用相同或者视觉上基本无差别的商品名称、包装、装潢等标识,应当视为足以造成与他人有一定影响的标识相混淆。

二、商业贿赂行为

商业贿赂是指经营者为了销售或购买商品而采用财物或者其他手段贿赂对方单位或者个人,以谋取交易机会或竞争优势的行为。

《反不正当竞争法》规定,经营者不得采用财物或者其他手段贿赂下列单位或者个人,以谋取交易机会或者竞争优势:一是交易相对方的工作人员;二是受交易相对方委托办理相关事务的单位或者个人;三是利用职权或者影响力影响交易的单位或者个人。

经营者在交易活动中,可以以明示方式向交易相对方支付折扣,或者向中间人支付佣金。经营者向交易相对方支付折扣、向中间人支付佣金的,应当如实入账。接受折扣、佣金的经营者也应当如实入账。

经营者的工作人员进行贿赂的,应当认定为经营者的行为;但是,经营者有证据证明该工作人员的行为与为经营者谋取交易机会或者竞争优势无关的除外。

商业贿赂中的财物,是指现金和实物,包括经营者为销售或者购买商品,假借促销费、宣传费、赞助费、科研费、劳务费、咨询费、佣金等名义,或者以报销各种费用等方式,给付对方单位或者个人的财物。其他手段,是指提供国内外各种名义的旅游、考察等给付财物以外的其他利益的手段。经营者的职工采用商业贿赂手段为经营者销售或者购买商品的行为,应当认定为经营者的行为。

回扣是商业贿赂的主要形式,是指经营者销售商品时在账外暗中以现金、实物或者其他方式退给对方单位或者个人的一定比例的商品价款。账外暗中,是指未在依法设立的反映其生产经营活动或者行政事业经费收支的财务账上按照财务会计制度规定明确如实记载,包括不记入财务账、转入其他财务账或者做假账等。

需要注意的是,应把回扣同折扣、佣金区别开来。折扣,即商品购销中的让利,是指经营者在销售商品时,以明示并如实入账的方式给予对方的价格优惠,包括支付价款时对价款总额按一定比例即时予以扣除和支付价款总额后再按一定比例予以退还两种形式。明示和入账,是指根据合同约定的金额和支付方式,在依法设立的反映其生产经营活动或者行政事业经费收支的财务账上按照财务会计制度规定明确如实记载。经营者给对方折扣、给中间人佣金的,必须如实入账。接受折扣、佣金的经营者必须如实入账。回扣与正当的折扣、佣金的根本区别在于,折扣和佣金必须明示和如实入账,而回扣是在账外暗中进行的。

三、虚假宣传行为

(一)虚假宣传行为的概念

虚假宣传行为,是指经营者利用广告或者其他方式,对商品的质量、制作成分、性能、用途、特点、价格、使用方法等作引人误解的虚假宣传,诱发消费者产生误购的行为。

虚假宣传有以下特征:(1)宣传提供的信息是引人误解的虚假信息。(2)虚假宣传的性质是不正当竞争。(3)虚假宣传的直接受害者是消费者或同业经营者。

(二)虚假宣传行为的认定

经营者具有下列行为之一,欺骗、误导相关公众的,可以认定为引人误解的商业宣传行为:一是对商品作片面的宣传或者对比;二是将科学上未定论的观点、现象等当作定论的事实用于商品宣传;三是使用歧义性语言进行商业宣传;四是其他足以引人误解的商业宣传行为。在对引人误解的商业宣传行为进行认定时,应当根据日常生活经验、相关公众一般注意力、发生误解的事实和被宣传对象的实际情况等因素综合认定。

经营者在商业宣传过程中,提供不真实的商品相关信息,欺骗、误导相关公众的,应当认定为虚假的商业宣传。

四、侵犯商业秘密行为

(一)商业秘密的概念

商业秘密是指不为公众所知悉,能为权利人带来经济利益,具有实用性,并经权利人采取保密措施的技术信息和经营信息。其中,“不为公众所知悉”,是指该信息是不能从公开渠道直接获取的。“能为权利人带来经济利益,具有实用性”,是指该信息具有确定的可应用性,能为权利人带来现实的或者潜在的经济利益或者竞争优势。“权利人采取保密措施”,包括订立保密协议,建立保密制度及采取其他合理的保密措施。商业秘密中的“技术信息和经营信息”,包括设计、程序、产品配方、制作工艺、制作方法、管理诀窍、客户名单、货源情报、产销策略、招投标中的标底及标书内容等信息。与技术有关的结构、原料、组分、配方、材料、样品、样式、植物新品种繁殖材料、工艺、方法或其步骤、算法、数据、计算机程序及其有关文档等信息,可以认定为技术信息。与经营活动有关的创意、管理、销售、财务、计划、样本、招投标材料、客户信息、数据等信息,可以认定为经营信息。其中的客户名单,一般是指客户的名称、地址、联系方式以及交易的习惯、意向、内容等构成的区别于相关公知信息的特殊客户信息，包括汇集众多客户的客户名册，以及保持长期稳定交易关系的特定客户。“权利人”，是指依法对商业秘密享有所有权或者使用权的公民、法人或者其他组织。

（二）商业秘密的特征

1. 秘密性，即它不为社会公众所知悉。权利人请求保护的信息在被诉侵权行为发生时不为所属领域的相关人员普遍知悉和容易获得的，应当认定为“不为公众所知悉”。具有下列情形之一的，可以认定有关信息不构成不为公众所知悉：（1）该信息在所属领域属于一般常识或者行业惯例的；（2）该信息仅涉及产品的尺寸、结构、材料、部件的简单组合等内容，所属领域的相关人员通过观察上市产品即可直接获得的；（3）该信息已经在公开出版物或者其他媒体上公开披露的；（4）该信息已通过公开的报告会、展览等方式公开的；（5）所属领域的相关人员从其他公开渠道可以获得该信息的。

2. 实用性，即它具有实用价值并能够为权利人带来经济利益，亦即有关信息具有现实的或者潜在的商业价值，能为权利人带来竞争优势的。

3. 保密性，即权利人采取了保密措施。应当根据商业秘密及其载体的性质、商业秘密的商业价值、保密措施的可识别程度、保密措施与商业秘密的对应程度以及权利人的保密意愿等因素，认定权利人是否采取了相应保密措施。

具有下列情形之一，在正常情况下足以防止商业秘密泄露的，应当认定权利人采取了保密措施：（1）签订保密协议或者在合同中约定保密义务的；（2）通过章程、培训、规章制度、书面告知等方式，对能够接触、获取商业秘密的员工、前员工、供应商、客户、来访者等提出保密要求的；（3）对涉密的厂房、车间等生产经营场所限制来访者或者进行区分管理的；（4）以标记、分类、隔离、加密、封存、限制能够接触或者获取的人员范围等方式，对商业秘密及其载体进行区分和管理的；（5）对能够接触、获取商业秘密的计算机设备、电子设备、网络设备、存储设备、软件等，采取禁止或者限制使用、访问、存储、复制等措施的；（6）要求离职员工登记、返还、清除、销毁其接触或者获取的商业秘密及其载体，继续承担保密义务的；（7）采取其他合理保密措施的。

（三）侵犯商业秘密行为的认定

我国《反不正当竞争法》第9条规定，经营者不得实施下列侵犯商业秘密的行为：

1. 以盗窃、贿赂、欺诈、胁迫、电子侵入或者其他不正当手段获取权利人的商业秘密；其中，被诉侵权人以违反法律规定或者公认的商业道德的方式获取权利人的商业秘密的,应当认定属于“以其他不正当手段获取权利人的商业秘密”。

2. 披露、使用或者允许他人使用以前项手段获取的权利人的商业秘密。

3. 违反保密义务或者违反权利人有关保守商业秘密的要求,披露、使用或者允许他人使用其所掌握的商业秘密;其中,“保密义务”是指当事人根据法律规定或者合同约定所承担的保密义务。当事人未在合同中约定保密义务,但根据诚信原则以及合同的性质、目的、缔约过程、交易习惯等,被诉侵权人知道或者应当知道其获取的信息属于权利人的商业秘密的,应当认定被诉侵权人对其获取的商业秘密承担保密义务。

4. 教唆、引诱、帮助他人违反保密义务或者违反权利人有关保守商业秘密的要求,获取、披露、使用或者允许他人使用权利人的商业秘密。其中,被诉侵权人在生产经营活动中直接使用商业秘密,或者对商业秘密进行修改、改进后使用,或者根据商业秘密调整、优化、改进有关生产经营活动的,应当认定属于“使用商业秘密”。第三人明知或者应知商业秘密权利人的员工、前员工或者其他单位、个人实施前述所列违法行为,仍获取、披露、使用或者允许他人使用该商业秘密的,视为侵犯商业秘密。其中,员工、前员工是指法人、非法人组织的经营、管理人员以及具有劳动关系的其他人员。另外,经营者以外的其他自然人、法人和非法人组织实施前述违法行为的,视为侵犯商业秘密。

(四)侵犯商业秘密行为的例外

1. 他人自行开发研制出相同或相似的商业秘密。

2. 通过反向工程(还原过程)获取的商业秘密。“反向工程”,是指通过技术手段对从公开渠道取得的产品进行拆卸、测绘、分析等而获得该产品的有关技术信息。以不正当手段获取权利人的商业秘密后,又以反向工程为由主张未侵犯商业秘密的,不予支持。

五、不正当奖售行为

(一)不正当奖售行为的概念

有奖销售是指经营者销售商品或提供服务时,附带向购买者提供物品、金钱或其他经济利益,表现形式有奖励所有购买者的附赠品式有奖销售和奖励部分购买者的抽奖式有奖销售。其中,抽奖式有奖销售是指经营者以抽签、摇号、游戏等带有偶然性或者不确定性的方法,决定消费者是否中奖的有奖销售行为。附赠式有奖销售是指经营者向满足一定条件的消费者提供奖金、物品或者其他利益的有奖销售行为。此外,经营者为了推广移动客户端、招揽客户、提高知名度、获取流量、提高点击率等,附带性地提供物品、奖金或者其他利益的行为,也属于“有奖销售”。

有奖销售是一种促销手段,如果有奖销售的商品质量可靠,价格合理,则其合法性无可非议。但是,有奖销售毕竟不是靠商品的优质低价取胜,不是经营者经济效益的竞争,而是利用消费者希望通过购买得到额外好处的投机心理促进销售的。因此,过度的有奖销售会破坏公平竞争秩序,败坏社会风气。

实践中,除了不正当奖售行为,以价格、免费试用等方式开展促销的,也可能构成不正当竞争行为。为此,市场监管总局于 2020 年 10 月发布了《规范促销行为暂行规定》,对市场竞争中的促销行为作了规制,主要是有奖销售行为和价格促销行为。

(二)不正当奖售行为的认定

按照规定,经营者进行有奖销售不得存在下列情形:

1. 所设奖的种类、兑奖条件、奖金金额或者奖品等有奖销售信息不明确,影响兑奖。为此,要求经营者在有奖销售前,应当明确公布奖项种类、参与条件、参与方式、开奖时间、开奖方式、奖金金额或者奖品价格、奖品品名、奖品种类、奖品数量或者中奖概率、兑奖时间、兑奖条件、兑奖方式、奖品交付方式、弃奖条件、主办方及其联系方式等信息,不得变更,不得附加条件,不得影响兑奖,但有利于消费者的除外。在现场即时开奖的有奖销售活动中,对超过 500 元奖项的兑奖情况,应当随时公示。奖品为积分、礼券、兑换券、代金券等形式的,应当公布兑换规则、使用范围、有效期限以及其他限制性条件等详细内容;需要向其他经营者兑换的,应当公布其他经营者的名称、兑换地点或者兑换途径。

2. 采用谎称有奖或者故意让内定人员中奖的欺骗方式进行有奖销售。其中,不得采用以下谎称有奖的方式:(1)虚构奖项、奖品、奖金金额等;(2)仅在活动范围中的特定区域投放奖品;(3)在活动期间将带有中奖标志的商品、奖券不投放、未全部投放市场;(4)将带有不同奖金金额或者奖品标志的商品、奖券按不同时间投放市场;(5)未按照向消费者明示的信息兑奖;(6)其他谎称有奖的方式。“故意让内定人员中奖”包括故意让内部员工、指定单位或者个人中奖等欺骗方式。

3. 抽奖式的有奖销售,最高奖的金额超过 5 万元。有下列情形之一的,认定为最高奖的金额超过 5 万元:(1)最高奖设置多个中奖者的,其中任意一个中奖者的最高奖金额超过 5 万元;(2)同一奖券或者购买一次商品具有两次或者两次以上获奖机会的,累计金额超过 5 万元;(3)以物品使用权、服务等形式作为奖品的,该物品使用权、服务等的市场价格超过 5 万元;(4)以游戏装备、账户等网络虚拟物品作为奖品的,该物品市场价格超过5万元;(5)以降价、优惠、打折等方式作为奖品的,降价、优惠、打折等利益折算价格超过5万元;(6)以彩票、抽奖券等作为奖品的,该彩票、抽奖券可能的最高奖金额超过5万元;(7)以提供就业机会、聘为顾问等名义,并以给付薪金等方式设置奖励,最高奖的金额超过5万元;(8)以其他形式进行抽奖式有奖销售,最高奖金额超过5万元。

(三)价格促销行为

1. 对价格促销行为,要求经营者开展价格促销活动有附加条件的,应当显著标明条件。经营者开展限时减价、折价等价格促销活动的,应当显著标明期限。

2. 经营者折价、减价,应当标明或者通过其他方便消费者认知的方式表明折价、减价的基准。未标明或者表明基准的,其折价、减价应当以同一经营者在同一经营场所内,在本次促销活动前7日内最低成交价格为基准。前7日内没有交易的,折价、减价应当以本次促销活动前最后一次交易价格为基准。

3. 经营者通过积分、礼券、兑换券、代金券等折抵价款的,应当以显著方式标明或者通过店堂告示等方式公开折价计算的具体办法。未标明或者公开折价计算具体办法的,应当以经营者接受兑换时的标价作为折价计算基准。

六、诋毁商誉行为

(一)诋毁商誉行为的概念

诋毁商誉行为是指经营者通过捏造、散布虚假事实等不正当手段,损害竞争对手的商业信誉和商品声誉,削弱对手竞争能力的行为。

企业的商业信誉和商品声誉与企业的名称或商品的商标一样,是与企业财产权直接相联的无形财产。良好的商业信誉和商品声誉有利于开拓市场,扩大交易,提高市场占有率。因为商业信誉和商品声誉对经营者至关重要,所以那些为抬高自己,以造谣、诽谤为手段损害竞争对手的商业信誉和商品声誉的做法严重地违反了商业道德,是不正当竞争行为。认定这种不正当竞争行为的关键是违法者“捏造和散布虚伪事实”,即散布有损竞争对手的言辞,却拿不出确凿的证据。为此,《反不正当竞争法》规定,“经营者不得编造、传播虚假信息或者误导性信息,损害竞争对手的商业信誉、商品声誉”。

(二)诋毁商誉行为的构成要件

1. 诋毁行为是针对竞争对手。

2. 侵害的客体和诋毁的内容。诋毁商誉行为侵害的客体是他人的商业信誉和商品声誉。商业信誉是社会对特定经营者商业道德、商品品质、价格、服务等方面的积极评价，包括经营者的信用、资产、经营能力、经营作风等方面。商品声誉是社会对特定商品的评价，是社会对特定的商品品质、性能的赞誉，包括质量、性能、效用、价格等方面。诋毁陈述的内容具有开放性，不只是限于某个企业提供的商品（服务）信息方面，还涉及某个企业本身情况（信用、资产、资格、企业精神等）、企业负责人及职员（雇员）个人情况（地位、种族、宗教信仰、政治立场、身体状况等）。

3. 行为人主观上存在故意。

4. 诋毁在客观上表现为经营者通过捏造、散布虚伪或引人误解的事实，攻击、贬低他人，造成一定的损害后果。经营者传播他人编造的虚假信息或者误导性信息，损害竞争对手的商业信誉、商品声誉的，应当依法认定为"诋毁商誉行为"。

七、互联网领域不正当竞争行为

（一）互联网领域不正当竞争行为的概念

互联网领域不正当竞争行为是指经营者以网络为手段实施的不正当竞争行为。其主要包括两类：一是互联网领域的传统不正当竞争行为，即经营者利用网络但没有使用网络专业技术手段实施的不正当竞争行为。比如，利用网络实施混淆行为、虚假宣传行为、不当促销行为、商业诋毁行为等。二是利用互联网专业技术手段实施的新型不正当竞争行为，即通过影响用户选择或其他方式实施的阻碍、破坏其他经营者合法提供的网络产品或服务正常运行的行为，包括对网络产品或服务的安装、使用、下载等。

（二）互联网领域不正当竞争行为的认定

对于利用互联网实施的传统不正当竞争行为，《反不正当竞争法》第 12 条第 1 款规定，"经营者利用网络从事生产经营活动，应当遵守本法的各项规定"。

对于利用互联网专业技术手段实施的网络不正当竞争行为，《反不正当竞争法》对此专门作了规定，即经营者不得利用技术手段，通过影响用户选择或者其他方式，实施下列妨碍、破坏其他经营者合法提供的网络产品或者服务正常运行的行为：一是未经其他经营者同意，在其合法提供的网络产品或者服务中，插入链接、强制进行目标跳转；未经其他经营者和用户同意而直接发生的目标跳转，应当认定为"强制进行目标跳转"。仅插入链接，目标跳转由用户触发的，应当综合考虑插入链接的具体方式、是否具有合理理由以及对用户利益和其他经营者利益的影响等因素，认定该行为是否构成"强制进行目标跳转"。二是误导、欺骗、强迫用户修改、关闭、卸载其他经营者合法提供的网络产品或者服务。三是恶意对其他经营者合法提供的网络产品或者服务实施不兼容。四是其他妨碍、破坏其他经营者合法提供的网络产品或者服务正常运行的行为。

经营者事前未明确提示并经用户同意,以误导、欺骗、强迫用户修改、关闭、卸载等方式,恶意干扰或者破坏其他经营者合法提供的网络产品或者服务,应当认定为不正当竞争行为。

第三节 对不正当竞争行为的监督检查和相关法律责任

世界各国制止不正当竞争的方式有两种:一是通过行政机关履行其职能和社会监督来实施,二是通过司法途径来监督。这里所说的监督检查,指的是第一种方式。采取行政监督的方式,既能够及时有效地解决问题,又可以减轻司法机关的办案压力,从而达到切实维护当事人合法利益,制止违法行为的目的。而通过社会监督,可以更好地调动广大群众和社会组织的积极性,有效地维护消费者的利益。我国反不正当竞争法确立了对不正当竞争行为的监督检查制度,为开展监督检查提供了法律依据。

一、监督检查机构

反不正当竞争的监督检查机构是指依法对不正当竞争行为进行管理、监督的行政机关或社会组织。《反不正当竞争法》规定,县级以上人民政府履行工商行政管理职责的部门对不正当竞争行为进行查处;法律、行政法规规定由其他部门查处的,依照其规定。也就是说,县级以上的工商行政管理部门是监督检查不正当竞争行为的国家机关。根据国务院2018年的机构改革方案,不再保留国家工商行政管理总局,组建市场监管总局。据此,县级以上人民政府履行市场监督管理职责的部门负责对不正当竞争行为进行查处。对特殊行业的不正当竞争,则按照相关法律规定由特定的行政主管部门查处。比如,对金融行业的不正当竞争,由国家金融监督管理机构负责查处;对证券行业的不正当竞争,由国家证券监督管理机构负责查处;对律师行业的不正当竞争,由国家司法行政主管部门负责查处;等等。

二、监督检查机构的职责

我国反不正当竞争法赋予了有关监督检查机构在监督检查不正当竞争行为时可以行使以下权利：一是检查权。监督检查部门有权进入涉嫌不正当竞争行为的经营场所进行检查。二是询问权。监督检查部门有权按照规定程序询问被调查的经营者、利害关系人及其他有关单位、个人，要求其说明有关情况或者提供与被调查行为有关的其他资料。三是查询、复制权。监督检查部门有权依法查询、复制与涉嫌不正当竞争行为有关的协议、账簿、单据、文件、记录、业务函电和其他资料。四是查封扣押权。监督检查部门有权查封、扣押与涉嫌不正当竞争行为有关的财物。五是查询银行账户权。监督检查部门有权查询涉嫌不正当竞争行为的经营者的银行账户。

检查有关的欺骗性交易行为的财物，必要时可以责令被检查的经营者说明该商品的来源和数量，暂停销售，听候检查，不得转移、隐匿、销毁该财物。监督检查部门在调查涉嫌不正当竞争行为时，被调查的经营者、利害关系人及其他有关单位、个人应当如实提供有关资料或者情况。监督检查部门调查涉嫌不正当竞争行为，应当遵守《行政强制法》和其他有关法律、行政法规的规定，并应当将查处结果及时向社会公开。监督检查部门及其工作人员对调查过程中知悉的商业秘密负有保密义务。

三、对不正当竞争行为的举报制度

《反不正当竞争法》规定，对涉嫌不正当竞争行为，任何单位和个人有权向监督检查部门举报，监督检查部门接到举报后应当依法及时处理。监督检查部门应当向社会公开受理举报的电话、信箱或者电子邮件地址，并为举报人保密。对实名举报并提供相关事实和证据的，监督检查部门应当将处理结果告知举报人。

四、不正当竞争行为的法律责任

违反反不正当竞争法的法律责任有行政责任、民事责任和刑事责任，所涉及的违法主体包括经营者、政府及所属部门和国家工作人员。

（一）民事责任

根据《反不正当竞争法》的规定，因不正当竞争行为受害的经营者，可以向人民法院起诉，要求损害赔偿，赔偿额根据受害人因侵权行为所受到的实际损失确定，实际损失难以计算的，按照侵权人因侵权所获得的利益确定。经营者恶意实施侵犯商业秘密行为，情节严重的，可以在按照上述方法确定数额的1倍以上5倍以下确定赔偿数额。赔偿数额还应当包括经营者为制止侵权行为所支付的合理开支。

需要注意的是，对因经营者的混淆行为、侵犯商业秘密行为而受到侵害的权利人，因被侵权所受到的实际损失、侵权人因侵权所获得的利益难以确定的，由人民法院根据侵权行为的情节判决给予权利人500万元以下的赔偿。

(二)行政责任

对经营者的不正当竞争行为，监督检查部门有以下处罚权：经营者违法实施混淆行为的，由监督检查部门责令停止违法行为，没收违法商品。违法经营额5万元以上的，可以并处违法经营额5倍以下的罚款；没有违法经营额或者违法经营额不足5万元的，可以并处25万元以下的罚款。情节严重的，吊销营业执照。

经营者违法贿赂他人的，由监督检查部门没收违法所得，处10万元以上300万元以下的罚款。情节严重的，吊销营业执照。

经营者违法对其商品作虚假或者引人误解的商业宣传，或者通过组织虚假交易等方式帮助其他经营者进行虚假或者引人误解的商业宣传的，由监督检查部门责令停止违法行为，处20万元以上100万元以下的罚款；情节严重的，处100万元以上200万元以下的罚款，可以吊销营业执照。

经营者以及其他自然人、法人和非法人组织违法侵犯商业秘密的，由监督检查部门责令停止违法行为，没收违法所得，处10万元以上100万元以下的罚款；情节严重的，处50万元以上500万元以下的罚款。

经营者违法进行有奖销售的，由监督检查部门责令停止违法行为，处5万元以上50万元以下的罚款。

经营者违法损害竞争对手商业信誉、商品声誉的，由监督检查部门责令停止违法行为、消除影响，处10万元以上50万元以下的罚款；情节严重的，处50万元以上300万元以下的罚款。

经营者违法妨碍、破坏其他经营者合法提供的网络产品或者服务正常运行的，由监督检查部门责令停止违法行为，处10万元以上50万元以下的罚款；情节严重的，处50万元以上300万元以下的罚款。

需要注意的是，经营者违法从事不正当竞争，受到行政处罚的，由监督检查部门记入信用记录，并依照有关法律、行政法规的规定予以公示。

(三)刑事责任

违反反不正当竞争法的规定，构成犯罪的，依法追究刑事责任。

| 扩展阅读 |

腾讯 QQ 诉奇虎 360 不正当竞争纠纷案[1]

深圳腾讯公司提供的社交和通信服务软件 QQ、微信(WeChat)及其社交网络平台已经成为中国的主流社交网络工具之一。奇虎公司(俗称 360)是中国领先的互联网安全软件和互联网服务公司,其提供的 360 安全卫士、360 安全浏览器等 360 系列软件已经成为千家万户必不可少的电脑工具,在电脑用户中拥有强大的影响力。腾讯科技公司系 QQ2010 正式版的著作权人。腾讯计算机公司系 QQ 软件及各升级版本软件运营的专用使用权人。2010 年 9 月,奇智软件公司开发了名为"360 隐私保护器"的软件,奇虎公司注册域名为"360. CN"的"360 网",并提供信息服务业务。"360 网"由三际无限网络公司作为主办单位进行登记。

2010 年 10 月 14 日,腾讯科技公司、腾讯计算机公司起诉奇虎公司、奇智软件公司、三际无限网络公司共同实施了不正当竞争行为,请求法院判令三被告立即停止不正当竞争行为,公开赔礼道歉、消除影响,连带赔偿原告经济损失 400 万元。

2010 年 12 月 14 日,此案在北京市朝阳区人民法院开庭审理。法院经审理认为,"360 隐私保护器"只针对 QQ 软件进行监测,具有唯一针对性,双方客户群同一,存在竞争关系。当"360 隐私保护器"对 QQ 软件运行监测以及对监测结果进行表述和评价时,应当遵循诚实信用的准则,公正且客观地表述和评价。"360 隐私保护器"监测提示用语和界面用语以及"360 网"上存在的评价和表述,带有较强的感情色彩并具有负面评价效果和误导性后果,不符合诚实信用的商业准则,构成商业诋毁。2011 年 4 月 26 日,法院一审判决三被告停止发行使用涉案"360 隐私保护器"V1. 0Beta 版软件;在"360 网"上删除涉案侵权内容;在"360 网"的首页以及《法制日报》上公开发表声明,消除不良影响;共同赔偿原告经济损失 40 万元。北京市第二中级人民法院二审维持了原判。

然而,该案到此并未结束。2011 年 8 月,腾讯向广东省高级人民法院提起诉讼,称奇虎 360 的"360 扣扣保镖"是打着保护用户利益的旗号,污蔑、破坏和篡改腾讯 QQ 软件的功能,并通过虚假宣传,鼓励和诱导用户删除 QQ 软件中的增值业务插件、屏蔽原告的客户广告,而将其产品和服务嵌入 QQ 软件界面,借机宣传和推广

---

[1] 安平:《腾讯诉 360 不正当竞争案——我国反不正当竞争法司法实践的经典案例》,载《人民法院报》2019 年 10 月 1 日,第 46 版。

自己的产品。其认为奇虎公司等的行为不仅破坏了其合法的经营模式，导致其产品和服务的完整性和安全性遭到严重破坏，其公司商业信誉和商品声誉也遭到严重损害，奇虎公司的行为严重违反了公认的商业道德，构成不正当竞争，请求法院判令被告立即停止涉案不正当竞争行为，包括但不限于停止开发、传播和发行“360扣扣保镖”及相关软件，停止已发行和传播的“360扣扣保镖”软件现有功能，停止诋毁原告及原告的产品和服务的行为；连续3个月在相关网站和报纸上就其不正当竞争行为赔礼道歉，消除影响；连带赔偿原告经济损失人民币1.25亿元；承担原告维权支出的合理费用和全部诉讼费用。

2013年4月25日，广东省高级人民法院对此案曾作出一审判决，奇虎公司构成不正当竞争，判令其赔偿腾讯公司经济损失及合理维权费用500万元。宣判结束后，奇虎公司公开发表声明，对判决结果表示非常遗憾，决定向最高人民法院提起上诉。2013年12月4日，最高人民法院第一法庭公开开庭审理了这一案件。2014年4月24日，最高人民法院作出二审判决，驳回奇虎公司的上诉，维持一审法院的判决——奇虎公司构成不正当竞争，判令其赔偿腾讯公司经济损失及合理维权费用500万元。

本案件的意义与影响在于，本案是首例在不正当竞争案件中涉及用户隐私保护的案件，是中国互联网发展史上重大的社会实践，也是中国反不正当竞争法司法实践最经典的案例之一。法院通过对该案的审理，确定了安全类软件商业言论的正当边界，同时也明确了当事人有权依法维护自己在网络经营中的合法权益，但不可以对他人的经营行为轻易地作出非法评判，否则就可能构成法律所禁止的不正当竞争行为。法院判决通过对“360隐私保护器”就QQ软件监测结果不当评论构成商业诋毁的认定，宣示了市场主体应遵循诚实信用的商业准则，维护市场正当合理的竞争秩序，对互联网不正当竞争案件的审理具有典型的示范意义。

最高人民法院也把此案列入了典型案例。此案也是最高人民法院审理的第一起涉及互联网领域不正当竞争的二审案件。通过对该案的审理，最高人民法院澄清并确立了相关市场竞争规则，对相关互联网企业之间开展有序竞争，促进市场资源化配置具有里程碑的意义。

推荐阅读

(一)参阅论文

1. 安平:《腾讯诉360不正当竞争案——我国反不正当竞争法司法实践的经典案例》,载《人民法院报》2019年10月1日。

2. 宋亚辉:《论反不正当竞争法的一般分析框架》,载《中外法学》2023 年第 4 期。
3. 孔祥俊:《理念变革与制度演化:〈反不正当竞争法〉30 年回望与前瞻》,载《知识产权》2023 年第 7 期。
4. 郭传凯:《平台封禁的反不正当竞争法应对——以〈反不正当竞争法〉的修订为背景》,载《当代法学》2024 年第 2 期。
5. 陈耿华:《反不正当竞争法规制界限之反思》,载《法学》2025 年第 3 期。

(二)参阅书目

1. 邵建东:《德国反不正当竞争法研究》,中国人民大学出版社 2001 年版。
2. 王晓晔:《竞争法学》,社会科学文献出版社 2007 年版。
3. 谢伟主编:《经济法学》,经济科学出版社 2018 年版。
4. 张守文主编:《经济法学》(第 3 版),高等教育出版社 2022 年版。
5.《中共中央关于进一步全面深化改革、推进中国式现代化的决定》,人民出版社 2024 年版。

第十章　消费者权益保护法律制度

本章概览

消费是生产的目的，也是市场配置资源的重要一环，消费者是市场经济健康运行和发展的重要原动力之一。没有消费者的积极消费，商品市场就会无法充分流通，进而影响经济持续发展。我国当前的社会主要矛盾已经转变为人民日益增长的美好生活需要和不平衡不充分的发展之间的矛盾，更加需要刺激有效消费需求。党的二十大报告提出，要“构建高水平的社会主义市场经济体制”，其中特别强调要“着力扩大内需，增强消费对经济发展的基础性作用和投资对优化供给结构的关键作用”。因此，保护消费者的正当权利至关重要。消费者权益保护法规定了消费者享有的权利和经营者需要履行的义务。法律赋予消费者的权利需要国家和社会在法律框架下的多元化保护实现，同时，消费者权益争议的解决涉及消费者权利的实现，需要依法实施。

第一节　消费者权益保护法概述

一、消费和消费者的概念

（一）消费的概念

消费是社会再生产的一个重要环节，与生产相辅相成。生产是社会生产过程的起点和前提，其目的是满足人们不断增长的物质和文化生活的需要；消费是社会再生产过程的终点和归宿，反过来又折射出生产力发展水平的高低。

消费可以分为生产消费和生活消费。生产消费是指生产过程中生产设备、原材料、燃料、电力等生产资料和劳动力的消费，生产消费的过程便是生产的过程，其结果是创造出新的产品。生活消费是指人们对衣、食、住、行等生活必需品的消费，同时也包括为满足精神文化生活所需要的消费活动。

消费者权益保护法所保护的“消费”专指生活消费,生活消费具有下面三个特征。一是生活消费的主体是自然人。生产消费的主体具有广泛性,可以是自然人也可以是法人和其他经济组织;而生活消费的主体却只能是自然人,具有唯一性。马克思将社会再生产分为生产、分配、交换、消费四个相联系的环节,指出生产创造出适合需要的对象,分配依照社会规律将其进行分配,交换依照个人需要把已经分配的东西再分配,最后在消费中,产品脱离这种社会运动而直接变成个人需要的对象,被享受和满足个人需要。二是生活消费的消费客体是商品和服务。这里的商品和服务不是指所有的商品和服务,仅指那些可以用于生活消费的任何种类的商品和服务。用于生活消费的物品和服务必须是法律所允许的,如法律所禁止的赌博用品、色情服务就不在此列。三是生活消费的方式包括购买、使用和接受。商品的购买和使用以及服务的接受是消费者进行消费的确定方式,是生活消费的具体体现。

（二）消费者的概念

消费的主体即消费者。在全世界,消费者已经成为一个专用名词。国际标准化组织消费者政策委员会1978年在日内瓦会议上,将消费者界定为“为了个人目的购买商品、使用商品和接受服务的社会成员”。英国1977年的《货物买卖法》规定消费者是在与对方进行交易时,非从事商业并且也不能使人认为其专门从事商事活动的当事人。美国《布莱克法律大词典》对消费者的定义为从事消费的人,即购买、使用、持有以及处理物品或服务的人,是最终产品或服务的使用人。

我国法律规定,消费者是指为满足个人或者家庭的生活需要而购买、使用商品或接受服务的个体社会成员。对于消费者的概念,可从以下几方面理解:一是消费者是个人,即个体社会成员,包括居住生活在一个国家的所有自然人。二是消费者是获取生活资料、满足自身或家庭生活消费需要的个人。消费者要取得的是生活资料,而不是生产资料。确定一物是生产资料还是生活资料,必须与行为、目的联系起来。消费者获取生活资料是为了满足自身或家庭的生活需要。生活消费资料就是商品,消费者获取生活资料主要指购买以及获取后的占有、使用和处分的各个环节和过程。购买是为了使用和处分,二者不可分割。三是消费者是通过商品交换形式获取生活消费资料和接受生活消费服务的个人。四是消费者是从经营者手中获取生活消费品和接受服务的个人。经营者是指生产和销售商品的单位或个人。消费者与经营者是相对应的概念,二者共生并存,不可或缺。五是消费者是由国家专门法律确认其主体地位、保护其特定消费权利的个人。

二、消费者权益保护法及其调整对象

(一)消费者权益保护法的价值取向

消费者权益保护法是与反垄断法、反不正当竞争法相并列的市场规制法。它对市场的规制是通过保护消费者的利益而得以实现的。生产与消费被分离开来,并置于社会再生产过程的两端,生产经营者与消费者既相对立又相依存。自给自足的经济条件下,生产者、经营者与消费者是同一主体,不存在侵犯消费者权益的问题。损害消费者利益和保护消费者问题,是商品经济条件下生产者、经营者与消费者分离的结果。在与损害消费者权益的行为相抗衡的过程中发展起来的消费者权利运动,逐渐形成一股国际性的潮流,它使各国在消费者保护方面的专门立法得以应运而生。

所谓消费者权益,是指消费者依法享有的权利及该权利受到保护时给消费者带来的应得利益,其核心是消费者的权利。消费者权益保护法律制度是确认与保障人权实现的有力工具。保护消费者权益专门立法是人权法律保障的重要方面,体现出国家对以生存权为主的基本人权的确认和伸张。从世界范围来看,以 1776 年美国《独立宣言》、1791 年《权利法案》和 1789 年法国《人权宣言》为标志,人类开始了将人权作为法的重要内容,21 世纪突出以消费者权益保护法保护人权。

消费者权益保护法体现出国家对"效益"价值目标的重视与追求。保护消费者权益专门立法是维持正常的社会再生产,推动经济稳定增长的重要环节,体现出国家对"效益"价值目标的重视与追求。

消费者权益保护法着重保护弱者以彰显公平。立法的天平倾向于交易中弱小而无援的消费者一方。其立法趋势是对产品责任的规定越来越严格,对法律责任承担者的制裁日趋严厉。

(二)消费者权益保护法的概念

消费者权益保护法是调整在保护消费者的过程中发生的经济关系的法律规范的总称。由于消费者保护运动的推动作用,垄断市场经济时期,西方发达国家颁布了不少含有保护消费者规范的法律、法规。世界上第一个专门的消费者保护法律是 1968 年日本制定的《保护消费者基本法》。继日本之后,泰国、西班牙、英国等也先后制定了保护消费者基本法。与此同时,保护消费者权益的国际性合作也得到了加强,1985 年联合国通过了《保护消费者准则》。

我国于 1993 年 10 月 31 日第八届全国人大常委会第四次会议通过了第一部关于消费者权益保护的基本法——《消费者权益保护法》。该法的制定和实施,对保护消费者的合法权益,维护社会经济秩序,促进社会主义市场经济健康发展具有十分重要的意义。除《消费者权益保护法》以外,《反垄断法》《反不正当竞争法》《产品质量法》《广告法》《食品安全法》等法律及有关行政法规和地方性法规对保护消费者权益亦作了相关规定,由此形成我国消费者权益保护法体系。2009 年和 2013 年我国先后对消费者权益保护法进行了修订。2024 年 3 月,国务院发布了《消费者权益保护法实施条例》,进一步完善了我国消费者权益保护法律制度体系。

《消费者权益保护法》从消费者的利益出发,在充分考虑消费者弱者地位的基础上给予消费者特殊的法律保护,体现了国家对消费者利益的倾斜式保护,是国家对社会经济生活的一种干预。因此,消费者权益保护法在本质上是经济法,尽管其中不乏大量的私法规范。在经济法体系中,消费者权益保护法是市场规制法的重要部门法。

我国的消费者权益保护法有广义和狭义之分:狭义的消费者权益保护法仅指《消费者权益保护法》,该法是我国消费者权益保护法律体系中的基本法;广义的消费者权益保护法则包括所有含有保护消费者权益内容的法律法规,如《反垄断法》《产品质量法》《反不正当竞争法》《食品安全法》《药品管理法》《农产品质量安全法》等。《消费者权益保护法》的调整范围,限于消费者为生活消费需要购买、使用商品或者接受服务。

第二节　消费者的权利和经营者的义务

一、消费者权利和经营者义务概述

(一)消费者权利概述

1. 消费者权利的含义

消费者权利是指由国家法律(通常是由一个国家的消费者权益基本法)所确认的,在消费领域消费者能够作出或者不作出一定行为,以及其要求经营者相应作出或者不作出一定行为的许可和保障。

消费者权利不是一种简单的民法上规定的权益可能性,民法上规定的民事权利是平等主体之间基于法律的规定或者约定而产生的,它们在法律上不存在弱者与强者的区分;民事法律关系中一方主体对另一主体造成的损害,一般都是通过等价有偿的原则获得补救,而消费者权益保护法中的消费者权利则具有下列特点:

第一,消费者权利以消费者特定的身份为基础。消费者权利具有鲜明的人身特点,是与消费者的人身紧密联系的,消费者权利是消费者所享有的权利。也就是说,只有在以消费者的身份购买、使用商品或者接受服务时,才能享有这些权利,而且凡是消费者,他们在购买、使用商品或者接受服务时,都享有这种权利。

第二,消费者权利具有法律规定性。消费者权利通常是法定权利。法定权利是由法律直接规定而产生的,具有强制性,任何人不得剥夺,经营者以任何方式剥夺消费者权利的行为均无效。《消费者权益保护法》规定,经营者不得以格式条款、通知、声明、店堂告示等方式,作出排除或者限制消费者权利、减轻或者免除经营者责任、加重消费者责任等对消费者不公平、不合理的规定,不得利用格式条款并借助技术手段强制交易。

第三,消费者权利是特别赋予居于弱者地位的消费者的权利。由于在商品交换过程中,消费者始终处于弱者地位,这就需要由专门的消费者权益保护法律法规对消费者予以特别保护。

2. 消费者权利的产生

消费者的权利是随着商品经济的发展和消费争议的产生而提出的。1962 年 3 月 15 日,时任美国总统约翰 · 肯尼迪在向美国国会提交的《关于保护消费者利益的特别国情咨文》中首次提出了消费者应享有的四项权利:获得消费安全的权利、取得消费资讯的权利、自由选择商品的权利、合法申诉的权利。

为了纪念消费者权利的提出和扩大对消费者权益保护的宣传,使之在全世界范围内得到重视,促进国家、地区、消费者组织之间的合作和交流,更好地开展保护消费者权益工作,国际消费者联合会于 1983 年确定每年的 3 月 15 日为“国际消费者权利日”。从这一年起,每年的 3 月 15 日世界各国的消费者组织都要举行大规模活动,通过各种形式、利用各种媒体集中宣传消费者的权利和消费者组织的义务,显示消费者的强大力量。

1949 年,时任美国总统尼克松又提出消费者的索赔权,即消费者在消费过程中其人身、财产遭受损失时,有获得赔偿的权利,消费者权利的内容进一步得到了丰富。1968 年韩国颁布的《消费者保护法》赋予消费者 7 项权利:(1)消费者有要求免遭因物品及劳务产生的生命、身体及财产上的危害的权利;(2)要求其提供物品及劳务所需知识及情报的权利;(3)使用或利用物品及劳务时自由选择交易对象、场所、价格、交易条件等权利;(4)对影响消费生活的国家及地方自治团体的政策和事业者等事业活动反映意见的权利;(5)对因使用或利用物品及劳务所受到的损害按照迅速而公正的程序得到及时补偿的权利;(6)得到为合理地维护消费生活而受到必要的教育的权利;(7)为消费者的自身利益组织团体并通过该团体进行活动的权利。

1985 年联合国大会通过的《保护消费者准则》以示范的形式规定了消费者的 6 项权利:(1)消费者有获得健康和安全的权利;(2)促进和保护消费者经济利益;(3)有获得足够资料和信息的权利;(4)消费者权益受到侵害时获得有效赔偿的权利;(5)有受教育的权利;(6)组织消费者及其他有关团体或组织的自由。我国《消费者权益保护法》在借鉴各国立法的基础上,确立了我国消费者的 9 项权利,下文将分别讲述。

(二)经营者义务概述

1. 经营者的含义

我国《消费者权益保护法》没有对经营者下定义,仅仅规定了"经营者为消费者提供其生产、销售的商品或者提供服务,应当遵守本法"。《反不正当竞争法》第 2 条第 3 款规定:"本法所称的经营者,是指从事商品生产、经营或者提供服务(以下所称商品包括服务)的自然人、法人和非法人组织。"

实际上,经营者是一个很宽泛的概念,从事一切商品经营及提供各种营利性服务的自然人、法人及其他经济组织都是经营者。但是,《消费者权益保护法》对经营者单指向消费者提供其生产、销售的商品或者提供营利性服务的自然人、法人及其他经济组织。由此可见,经营者必须具备下面 3 项条件:

(1)经营者包括生产者、销售者和服务提供者。生产者既包括制造产品的人,也包括商品的拣选和提炼人,以及在商品或包装上标明自己是生产者的人,但能证明被他人假冒的除外。销售者既包括自己生产并销售的人,也包括批发或零售及批发兼零售的人。服务的提供者指向不特定消费者提供有偿服务的人。这里的人包括自然人、法人和其他经济组织。

(2)在消费法律关系中,经营者是与消费者相对应的另一方当事人。有消费者就有经营者。但是,这里的经营者是狭义的,不是指所有从事生产经营活动的人,而是指那些向消费者提供与生活消费有关的商品和服务的自然人、法人及其他经济组织。经营者分为合法的经营者和非法的经营者,合法的经营者包括依法登记注册的从事商品生产经营活动和服务活动的单位和个人。这类经营者在登记核准的经营范围内从事经营活动,如依法登记的药品的生产者和经营者,还有无须登记注册由法律直接授权的合法经营者,如农民从事的农副产品生产经营活动。非法经营者包括应当登记注册而未登记注册从事生产经营活动者,如无照经营和持他人的营业执照经营的人,以及超越经营范围从事经营活动的人等。无论是合法经营者还是非法经营者,只要他们向消费者提供了商品或者服务,就与消费者发生了市场交易,就不能因为其是否合法而肯定或否定其经营者的身份,他们都是《消费者权益保护法》所称的经营者。

(3)经营者都是以营利为目的。营利即通过经营活动获得经济效益,即追求以最小的投入获得最大的收益。营利是经营者最主要的构成要件,也是经营者追求的目标和其从事经营活动的直接动因。经营者的营利是以向消费者提供有偿商品和服务实现的。但是,提供的商品和服务本身是否有偿不是判断经营者的唯一标准,关键是看其提供的商品和服务是否以营利为目的。

2. 经营者义务的含义

经营者是指以营利为目的进行商品生产、销售或者提供服务的人,具体包括企业法人、其他经济组织、个体工商户和自然人等。经营者的义务是指法律规定或者与生产经营者约定的,在消费过程中经营者必须对消费者作出一定行为或者不作出一定行为的约束。

经营者应尽的义务可分为法定义务和约定义务两种类型。法定义务是指由法律、法规直接规定的经营者应当承担的义务。这是消费者与经营者进行交易时无须另行约定的义务,经营者必须依法予以履行。约定义务是经营者与消费者在进行某项具体消费交易时,双方约定的义务。约定义务不能违背法律、法规的规定,否则无效。

经营者义务的主体是经营者,即生产者、销售者和服务提供者。经营者的义务由法律规定或约定而产生,任何人不得自行为经营者设定义务。

二、消费者的具体权利

消费者权利的概念是随着消费者运动的发展而产生并逐渐得到认同的。由于经营者和消费者之间的信息不对称和双方实力的不匹配,消费者往往处于弱势地位,少数经营者为谋求利益最大化,时常会侵害消费者利益。消费者为维护自身利益,不得不联合起来,同损害消费者利益的行为进行斗争,从而形成了消费者运动。1898 年,美国成立了全美消费者同盟,开启了消费者保护运动。到 20 世纪 60 年代,美国消费者运动规模进一步扩大。1962 年 3 月 15 日,时任美国总统约翰·肯尼迪提出了消费者应享有的四项基本权利。肯尼迪的“四权论”,首次提出了消费者权利这一概念,对于消费者运动具有重大且深远的历史意义,国际消费者组织因此将每年的 3 月 15 日定为“世界消费者权益日”。1969 年,尼克松总统进而提出消费者的第五项权利:求偿权。此后,消费者权利概念得到不断发展、完善。各个国家消费者享有哪些权利,规定都不尽相同,但是都以“四权论”为基础,大同小异。我国消费者权益保护法规定了以消费者安全权为首的 9 项权利。

(一)保障安全权

保障安全权是指消费者在购买、使用或者接受服务时依法律规定或依合同约定所享有的生命健康和财产不受威胁、没有危险、不出事故、不受侵害的权利。它是消费者最基本的权利,《消费者权益保护法》第7条对此作了规定。具体包括:

1. 人身安全权,是指消费者的生命、健康不受威胁、不受侵害的安全权,包括生命安全权和健康安全权。

2. 财产安全权,是指消费者的财产不受侵害的权利。人身健康和财产安全的确定,有主观标准和客观标准。主观标准是人们制定的标准,包括国家和有关部门制定的国家标准、行业标准以及企业标准。客观标准,即实践标准,是人们在正常使用的情况下,所应达到的安全标准,即避免消费者有权期待的、不会引起人身和财产安全的问题。宾馆、商场、餐馆、银行、机场、车站、港口、影剧院等经营场所的经营者,应当对消费者尽到安全保障义务。经营者发现其提供的商品或者服务存在缺陷,有危及人身、财产安全危险的,应当立即向有关行政部门报告和告知消费者,并采取停止销售、警示、召回、无害化处理、销毁、停止生产或者服务等措施。采取召回措施的,经营者应当承担消费者因商品被召回支出的必要费用。保护消费者的人身财产安全是《消费者权益保护法》的重要任务。

3. 信息安全权,是指消费者在购买、使用商品和接受服务时,享有个人信息依法得到保护的权利。这是2013年修改的《消费者权益保护法》上新增加的权利,在信息技术高速发展的情况下,消费者的个人信息容易被非法泄露,从而带来损失。

(二)知悉真情权

知悉真情权是指消费者依法享有的了解其购买、使用的商品或者接受的服务的真实情况的权利。具体来说,消费者知悉真情权的内容大致分为以下三方面:

1. 要求经营者提供有关商品或者服务的基本情况。商品或者服务的基本情况主要包括商品的名称、注册商标、产地、生产者、生产日期、有效期限、服务内容、规格、费用等。经营者向消费者提供有关商品或者服务的质量、性能、用途、有效期限等信息,应当真实、全面,不得作虚假或者引人误解的宣传。

2. 要求经营者提供有关商品的技术指标情况。商品的技术指标情况主要包括商品用途、性能、规格、等级、所含成分、有效期限、使用方法、使用说明书、检验合格证明等。

3. 要求经营者提供商品或者服务的价格以及商品的售后服务情况。商品或者服务的价格是商品、服务交易的关键性内容。消费者应对价格有确切的了解,商品的售后服务也与消费者的利益紧密关联,了解售后服务主要看生产厂家与经营者有无质量担保期、提供维修服务的方式、方法以及是否收费、收费多少等。

(三)自主选择权

自主选择权是指消费者在购买、使用商品或者接受服务时,有根据自己的意志加以选择,择优选取的权利。具体地说,自主选择权包括以下几方面:

1. 自主选择提供商品或者服务的经营者的权利。消费者有权选择那些信誉优良、价格合理、实力雄厚、售后服务周到的商品或者服务的经营者,以避免自己的合法权益受到不法经营者的侵害。

2. 自主选择商品品种或者服务方式的权利。

3. 自主决定购买或者不购买任何一种商品、接受或者不接受任何一项服务的权利。

4. 在自主选择商品或服务时进行比较、鉴别和挑选的权利。

消费者的选择权是消费者享有的自主选择商品或者服务的权利。这实际上是民法的意思自治、契约自由原则在消费领域中的具体体现。任何人不得违背消费者的真实意思,强行推销商品和服务。消费者的自主选择权是消费者权利的核心,也是一项基本的人权。

为了充分保障消费者的自主选择权,《反不正当竞争法》禁止经营者搭售、不正当的有奖销售等行为,《产品质量法》禁止任何单位和个人排斥非本地区或者非本系统企业生产的质量合格产品进入本地区、本系统,《价格法》禁止价格垄断行为。

(四)公平交易权

公平交易权是指经营者应当恪守社会公德,诚信经营,不得设定不公平、不合理的交易条件,不得强制交易;消费者在购买商品或者接受服务时所享有的获得质量保障和价格合理、计量正确等公平交易条件的权利。公平交易权应包括以下四项内容:

1. 消费者在购买商品或接受服务时,有权获得质量保障。商品或者服务质量的好坏,是消费者公平交易权能否得到满足的关键。这就要求经营者提供的商品或服务符合国家规定的质量标准;具备其应有的使用性能;符合生产经营者在其商品上或商品包装上或产品说明中标示的产品标准。

2. 消费者在购买商品或接受服务时,有权以合理的价格成交。价格合理,是指商品或服务的价格应当符合国家的物价规定,与价值相符。价格是否合理,直接关系到消费者的财产利益能否得到实现。因此,消费者有权行使自己的公平交易权,要求生产经营者对提供的商品或者服务实行公平合理的价格,做到货有所值、质价相等。

3. 消费者有权要求计量准确。计量准确包括两个方面:(1)使用的计量仪器、工具应当符合国家法律、法规、规章的规定;(2)计量的结果正确,尤其是数量充足。

4. 消费者有权拒绝强制交易行为。强制交易是指经营者违背消费者的意愿,采取各种手段强行推销产品或服务。现实生活中的强制交易行为多种多样,如威胁、利诱消费者购买其商品或接受其服务;采取尾随、硬拖等胡搅蛮缠的方法要求消费者购买其商品或接受其服务;等等。对上述强制交易的行为,消费者可断然拒绝。

(五)索赔权

索赔权是指消费者在购买、使用商品或者接受服务过程中非因自己的故意或者过失而使人身、财产遭受损害时,向经营者提出请求,由经营者予以一定赔偿的权利。消费者求偿权的实质是一种民事索赔权。消费者的求偿范围包括生命健康损害赔偿和财产损失赔偿两个方面。

消费者索赔权的实质在于当消费者权益受到损害时,对其给予一种物质上的救济。如果说赋予消费者其他权利的目的在于对消费者可能遭受的损害进行事前的防范与控制,那么依法获得赔偿的权利则是对消费者已经遭受的损害进行事后的补救。权利被损害而得不到补偿则不是真正享有权利。

为了保障消费者的索赔权能得到充分的实现,法律规定了多种实现索赔权的途径。联合国《保护消费者准则》第32条规定,"各国政府应当制定并维护法律,使消费者或有关组织能够通过迅速、公平、花费不多和容易进行的正式或非正式的程序取得赔偿"。有的国家针对消费者经济实力弱小、消费纠纷争议标的金额小的特点,专门设立小额诉讼法庭、集团诉讼制度,为消费者提供及时有效的救济。

(六)依法结社权

依法结社权是指消费者享有的依法成立维护自身合法权益的社会组织的权利。具体内容为:

1. 消费者有权要求国家或者政府建立代表、保障消费者合法权益的职能部门。

2. 消费者有权建立自己的组织。消费者可以凭借自己的组织和活动,维护消费者自身的权益,并参与国家消费法律、法规的制定,以及参与对政府和经营者的社会监督。

宪法规定公民享有依法结社的政治权利,消费者的结社权正是这一公民权利在消费者问题上的具体体现。消费者成立专门维权的社会组织是保护自身权利的很好途径。它能使消费者从分散、弱小走向集中和强大,从而使自己能够与实力雄厚、有组织的经营者相抗衡。因此,法律特别赋予消费者有权成立保护自身利益的自治团体。

(七)接受教育权

接受教育权也称获得知识权,是指消费者享有获得消费和消费者权益保护方面的知识以及获得所需商品或服务的知识和使用技能的权利。消费者通过行使接受教育权获得的知识包括两大类:

1. 消费知识的获得,通常是指有关商品、服务、市场、消费心理等方面的知识。

2. 消费者权益保护知识,是指涉及消费者权利、经营者的义务、消费者在其合法权益受侵害时应当如何维护以及消费者在行使权利过程中应注意的问题等诸方面的知识。

该权利又称获得消费教育权、知识获取权。它是从消费者的知情权发展出来的一种权利,是知情权的升华,是对消费者的进一步保护。现代社会,商品和服务的知识、技术含量越来越高,而消费者的专业技术知识往往很有限,消费者只有充分掌握了有关的消费知识,才能正确使用商品、接受服务,防止损害事件的发生。这就要求国家的法律能够保障消费者从经营者或有关部门得到消费和消费者权益保护方面的知识。消费者获得消费知识的权利包括两个方面:一是消费者享有获得与商品与服务密切相关的知识的权利,即获取消费知识权;二是消费者享有获得有关消费者利益保护方面的法律知识的权利,即消费者权益保护知识获取权。实现消费者受教育权有两种方式:接受教育和自我教育。自我教育是基础,《消费者权益保护法》特别强调:消费者应当努力掌握所需商品或者服务的知识和使用技能,正确使用商品,提高自我保护意识。

(八)维护尊严权

维护尊严权是指消费者在购买、使用商品和接受服务时所享有的人格尊严、民族风俗习惯得到尊重的权利。

1. 人格尊严权,主要是公民的姓名、名誉、荣誉、肖像等方面的权利。

2. 民族风俗习惯受尊重权。这是指少数民族消费者在购买、使用商品或接受服务时,所享有的其民族风俗习惯不受歧视、不受侵犯的权利。

(九)监督批评权

监督批评权是指消费者享有对商品和服务以及保护消费者权益工作进行监督和批评的权利。《消费者权益保护法》第15条对此作了规定。

监督批评权包括三个方面:一是消费者有权对经营者提供的商品和服务进行监督;二是消费者有权对国家机关及其工作人员在保护消费者权益工作中的违法失职行为进行监督;三是消费者有权对保护消费者权益工作提出批评和建议。

三、经营者的具体义务

经营者的义务是与消费者的权利相对应的概念。消费者权利的有效实现依赖经营者义务的履行,明确经营者的义务对于保护消费者权益同样至关重要。为此,《消费者权益保护法》用专章对经营者的义务作了规定。

(一)依法定或约定履行义务

1. 法定义务。经营者为消费者提供商品或者服务应当依照《消费者权益保护法》《产品质量法》和其他有关法律、法规的规定履行义务。保护消费者的合法权益同样是《产品质量法》的重要任务,为了保障经营者能向消费者提供合格产品,《产品质量法》专章规定了生产者和销售者的产品质量责任和义务,主要是禁止生产者、销售者向消费者提供不合格产品。

2. 约定义务。经营者和消费者有约定的,经营者应当按照约定履行义务,但双方的约定不得违背法律、法规的规定。约定义务不得与法定义务相抵触。

(二)接受消费者监督的义务

经营者应当听取消费者对其提供的商品或服务的意见,接受消费者的监督。规定经营者的这一义务是为了保障消费者的监督权的充分实现,有利于提高和改善消费者的地位。

(三)保障安全的义务

保障安全的义务指保护消费者人身和财产、信息安全的义务,与消费者的安全权相对应。经营者应当保证其提供的商品或者服务符合保障人身、财产、信息安全的要求。信息安全亦包括消费者在购买商品和接受服务之后的服务,时间上具有持续性。

经营者发现其提供的商品或服务存在缺陷,对可能危及人身、财产安全的商品和服务,应当向消费者作出真实的说明和明确的警示,并说明和标明正确使用商品或者接受服务的方法以及防止危害发生的方法。当经营者发现其提供的商品或者服务存在严重缺陷,即使正确使用商品或者接受服务仍然可能对人身、财产安全造成危害时,应当立即向有关行政部门报告和告知消费者,并及时采取防止危害发生的措施。

(四)提供真实、明确信息的义务

《消费者权益保护法》规定经营者对消费者必须提供真实、明确的商品和服务信息的义务是为了保障消费者的知情权的充分实现。这一义务包括七个方面:一是经营者应当向消费者提供有关商品或者服务的质量、性能、用途、有效期限等信息，不得作引人误解的虚假宣传；二是经营者对消费者就其提供的商品或者服务的质量和使用方法等问题所提出的询问，应当作出真实、明确的答复；三是经营者提供商品或服务应当明码标价；四是经营者应当标明其真实名称和标记；五是租赁他人柜台或者场地的经营者，应当标明其真实名称和标记；六是经营者在经营活动中使用格式条款的，应当以显著方式提请消费者注意商品或者服务的数量和质量、价款或者费用、履行期限和方式、安全注意事项和风险警示、售后服务、民事责任等与消费者有重大利害关系的内容，并按照消费者的要求予以说明；七是采用网络、电视、电话、邮购等方式提供商品或者服务的经营者，以及提供证券、保险、银行等金融服务的经营者，应当向消费者提供经营地址、联系方式、商品或者服务的数量和质量、价款或者费用、履行期限和方式、安全注意事项和风险警示、售后服务、民事责任等信息。

(五)出具购货凭证和服务单据的义务

经营者提供商品或者服务，应当按照国家有关规定和商业惯例向消费者出具发票等购货凭证或服务单据；消费者索要发票等购货凭证或者服务单据的，经营者必须出具。由于购货凭证和服务单据具有重要的证据价值，对于界定消费者和经营者的权利义务具有重要意义，是消费者行使索赔权的重要依据，明确经营者出具购货凭证和服务单据的义务，有利于保护消费者权益。

(六)品质担保义务

经营者的品质担保义务分为默示担保义务和明示担保义务。默示担保是指经营者理应保证在正常使用商品或者接受服务的情况下，其提供的商品或者服务应当具有的质量、性能、用途和有效期限；但消费者在购买该商品或者接受该服务前已经知道其存在瑕疵，且存在该瑕疵不违反法律强制性规定的除外。明示担保是指经营者以广告、产品说明、实物样品或者其他方式表明商品或者服务的质量状况的，应当保证其提供的商品或者服务的实际质量与表明的质量状况相符。

经营者提供的机动车、计算机、电视机、电冰箱、空调器、洗衣机等耐用商品或者装饰装修等服务，消费者自接受商品或者服务之日起6个月内发现瑕疵，发生争议的，由经营者承担有关瑕疵的举证责任。

(七)不得从事不公平、不合理交易的义务

为了保障消费者的公平交易权、依法索赔权，经营者在经营活动中使用格式条款的，应当以显著方式提请消费者注意商品或者服务的数量和质量、价款或者费用、履行期限和方式、安全注意事项和风险警示、售后服务、民事责任等与消费者有重大利害关系的内容，并按照消费者的要求予以说明。

经营者不得以格式条款、通知、声明、店堂告示等方式，作出排除或者限制消费者权利、减轻或者免除经营者责任、加重消费者责任等对消费者不公平、不合理的规定，不得利用格式条款并借助技术手段强制交易。格式条款、通知、声明、店堂告示等含有上述所列内容的，其内容无效。

(八) 不得侵犯消费者人身权的义务

消费者的人身自由、人格尊严不受侵犯。经营者不得对消费者进行侮辱、诽谤，不得搜查消费者的身体及其携带的物品，不得侵犯消费者的人身自由。《消费者权益保护法》规定经营者的这项义务是为了保护消费者的维护尊严权的实现。

(九) 承担“三包”和相关义务

所谓三包，是指包修、包换、包退。经营者提供的商品或者服务不符合质量要求的，消费者可以依照国家规定、当事人约定退货，或者要求经营者履行更换、修理等义务。没有国家规定和当事人约定的，消费者可以自收到商品之日起 7 日内退货；7 日后符合法定解除合同条件的，消费者可以及时退货，不符合法定解除合同条件的，可以要求经营者履行更换、修理等义务。

第三节　消费者权益的保护和争议的解决

一、国家对消费者权益的保护

对消费者权益的保护，不仅经营者承担直接的义务，也是国家和社会的共同责任。只有靠国家和全社会各方面力量形成一个完整的保护体系，通过立法确定各自的职责，明确法律责任，才能使消费者的合法权益真正得到保护。

(一) 国家对消费者权益的保护

由于消费者的弱者地位，需要国家公共管理权力对经营者与消费者之间的利益关系进行干预，从而达到二者利益上的平衡。为此，《消费者权益保护法》特别规定了国家对消费者权益保护的立法、行政、司法手段。

(二) 立法保护

国家立法机关通过制定有关消费者权益的法律、法规来保护消费者利益。国家制定了《消费者权益保护法》作为保护消费者权益的基本法，还制定《反不正当竞争法》《产品质量法》《广告法》《食品安全法》《农产品质量安全法》《侵害消费者权益行为处罚办法》《市场监督管理投诉举报处理暂行办法》《部分商品修理更换退货责任规定》等法律法规从不同角度、不同领域、不同层次来保护消费者权益。

（三）行政保护

各级人民政府应当加强领导，组织、协调、督促有关行政部门做好保护消费者合法权益的工作，落实保护消费者合法权益的职责；应当加强监督，预防和及时制止危害消费者人身、财产安全的行为。

各级人民政府以及各级市场监督管理部门，卫生、食品安全、产品质量等行政管理机关，均应在各自的职责范围内采取各种措施，保护消费者的合法权益。有关行政管理部门应当听取消费者和消费者协会等组织对经营者的交易行为、商品和服务质量问题的意见，并及时调查处理。

（四）司法保护

对于经营者侵害消费者合法权益的违法犯罪行为应当依法严厉惩处，切实保护消费者的合法权益。人民法院应当采取措施，方便消费者诉讼。对于符合《民事诉讼法》起诉条件的消费者权益争议，必须受理并及时审判，以使消费者权益争议尽快得到解决。

二、社会对消费者权益的保护

保护消费者的合法权益是全社会的共同责任，国家鼓励、支持一切组织和个人对损害消费者合法权益的行为进行社会监督。而社会对消费者权益的保护，主要是通过各类消费者组织来实现的。

（一）消费者组织

根据《消费者权益保护法》的规定，在我国，消费者协会和其他消费者组织是依法成立的对商品和服务进行社会监督的保护消费者合法权益的社会组织，以法律的形式确认了消费者协会的合法地位、性质及职能，并规定消费者组织不得从事商品经营和营利性服务，不得以收取费用或者其他牟取利益的方式向消费者推荐商品和服务。

1. 消费者组织的概念

消费者组织是为维护消费者权益而由消费者自发成立或者由其他社会团体组建的社会组织。消费者组织以切实维护消费者权益为宗旨，完全代表消费者的利益，并站在消费者的立场上开展活动和进行工作。消费者组织所进行的一切活动均不以营利为目的，其独立或相对独立地进行活动，不受其他组织及团体的干涉。

2. 消费者问题与消费者组织的产生

消费者组织起源于消费者问题的出现及消费者权利的保护运动。

消费者问题是指消费者利益受到损害的问题,即消费者受到提供商品和服务的经营者损害而产生的问题。消费者问题是商品经济社会出现后才产生的。消费者问题的普遍存在和日益恶化是消费者权益保护立法的根本原因。

由于消费者与经营者在经济利益上的对立性,二者难免会发生冲突。经营者总是想尽一切办法推销自己的产品和服务,尽量从消费者那里获取更多的利润,甚至不惜牺牲消费者的利益。随着生产的社会化和专业化程度的提高,组织化程度也越来越高,对于此类经营者而言,消费者只是分散、孤立的个体,明显处于弱势地位。这样就产生了消费者问题和消费者保护问题。

另外,由于生产力的发展和科学技术的进步,高科技产品大量问世,消费者因为认识能力的局限,对其难辨真伪、优劣。这使经营者能够利用信息占有优势,更隐蔽、更巧妙地损害消费者的权利。再加上现代市场经济条件下,人类生存对商品的完全依赖,消费者处于更加不利的地位,消费者问题日显突出。

消费者权利保护运动是在现代市场经济条件下,消费者对经营者的监督和批评,并对消费者采取保护措施的有组织的社会活动。

消费者问题的日趋恶化和现有法律对消费者权利保护的不足,激起并引发了消费者保护运动。消费者保护运动经历了由自发到自觉、由分散的个人到有组织地保护的发展过程。

消费者保护运动发端于美国。19 世纪末 20 世纪初,美国发生了针对食品、药品方面保护消费者的运动,像毒面包案件、磺胺特效药事件,后者导致 100 多名服药者丧生,发明者因此事件自杀。1936 年,美国出版专门保护消费者的《消费者月刊》,之后对消费者的保护向各种产品和服务全面展开,消费者组织应运而生。1891 年,人类历史上第一个保护消费者权益的消费者组织——纽约消费者协会在美国纽约成立。以后,全美各地相继成立了各种消费者组织。1898 年,这些消费者组织联合组成了世界上第一个全国性消费组织——美国消费者联盟。消费者组织发起了各种保护消费者、争取无害商品的斗争,并指导和教育消费者自我保护。20 世纪 60 年代,爆发了世界范围内的消费者保护运动。

日本的消费者运动主要表现在针对劣质产品展开的抵制和驱逐有害消费品方面。20 世纪五六十年代,日本发生了多起严重的中毒事件,食品、药品安全成焦点:1955 年,日本森永乳业德岛工厂生产的奶粉因混有砒霜致使 1.2 万名婴儿中毒,其中 130 人死亡;1962 年,日本某药厂生产的一种治疗孕妇恶心的名为酞胺哌啶酮的药物造成了婴儿畸形,结果 1000 余名新生儿因服用此药畸形;1963 年,日本九州大牟田市一家粮油加工厂因管理不善在生产米糠油时将一种有毒的多氯联苯液体混进了米糠油,导致 1.4 万余名食用者中毒,53 人死亡。之后,从驱逐糖精运动、抵制合成洗涤剂运动发展到日常生活用品、化工产品等对消费者的保护运动。日本的消费者保护组织也随之如雨后春笋般产生，在日本有民间消费者组织4000多个，日本政府由上至下设立了专司消费者权益的保护机构——国民生活中心和消费生活中心。消费者运动得到了全社会及舆论界的广泛支持。1953年，德国消费者同盟诞生。1957年，英国成立消费者协会。1985年，联合国起草了《保护消费者准则》，对消费者组织的产生起到了指导作用。

消费者保护运动的兴起与发展，不但直接导致了消费者组织的产生，而且对社会各个领域，如生产、流通、文化教育等领域，乃至人们的消费观、价值观都产生了积极的影响。

消费者保护运动不断发展，并逐渐取得了各国政府的重视与支持。许多国家设立了专门的消费者保护机构，制定了保护消费者权益的专门法律。

3. 中国消费者协会

1984年，中国消费者协会在北京成立。我国的消费者协会和其他消费者组织是依法成立的对商品和服务进行社会监督的保护消费者合法权益的社会组织。

消费者协会履行公益性职责：(1)向消费者提供消费信息和咨询服务，提高消费者维护自身合法权益的能力，引导文明、健康、节约资源和保护环境的消费方式；(2)参与制定有关消费者权益的法律、法规、规章和强制性标准；(3)参与有关行政部门对商品和服务的监督、检查；(4)就有关消费者合法权益的问题，向有关部门反映、查询，提出建议；(5)受理消费者的投诉，并对投诉事项进行调查、调解；(6)投诉事项涉及商品和服务质量问题的，可以委托具备资格的鉴定人鉴定，鉴定人应当告知鉴定意见；(7)就损害消费者合法权益的行为，支持受损害的消费者提起诉讼或者依照《消费者权益保护法》提起诉讼；(8)对损害消费者合法权益的行为，通过大众传播媒介予以揭露、批评。

消费者协会应当认真履行保护消费者合法权益的职责，听取消费者的意见和建议，接受社会监督。依法成立的其他消费者组织依照法律、法规及其章程的规定，开展保护消费者合法权益的活动。各级人民政府对消费者协会履行职责应当予以必要的经费等支持。

(二) 消费者公益诉讼

公益诉讼是指任何个人或组织可根据法律的授权，对违反法律、侵犯国家利益、社会公共利益及不特定个人利益的行为，向法院提起诉讼，由法院依法追究违法者法律责任的诉讼活动。公益诉讼最大的特点是案件中的原告与案件本身没有直接的利害关系，这也是它和一般民事诉讼的根本区别。

诉讼是最有强制力的权利救济手段,但消费者在利用传统的民事诉讼手段维护自己的权利时,高昂的诉讼成本、繁杂的诉讼程序、苛刻的举证责任和低廉的赔偿标准往往使其得不偿失。普通消费者在权益受到损害时,多数情况下不得不忍气吞声,放弃索赔。消费者权益尤其是其最基本的权利——安全权得不到普遍尊重的现状呼唤公益诉讼发挥作用。建立消费者公益诉讼制度可以弥补消费者权益社会保护力度不足的缺陷。

消费者公益诉讼是指不特定组织或个人根据法律法规的授权,对侵害或者可能侵害消费者公共利益的不法经营者的违法行为提起诉讼,由法院依法处理的司法活动。我国《消费者权益保护法》赋予了消费者协会公益诉讼权:对侵害众多消费者合法权益的行为,中国消费者协会以及在省、自治区、直辖市设立的消费者协会,可以向人民法院提起诉讼。建立消费者公益诉讼制度,必须在诉讼主体、诉讼费用、举证责任、赔偿标准等制度安排上突破原有民事诉讼制度。最高人民法院专门出台了《关于审理消费民事公益诉讼案件适用法律若干问题的解释》,该解释明确规定了能够提起消费者公益诉讼的起诉主体,针对经营者提供的商品或服务存在的问题、能够运用消费公益诉讼救济的具体情形,提起消费民事公益诉讼需要提交的诉讼材料、证据保全、诉讼请求、司法建议等内容。

(三)舆论监督

对消费者权益的社会保护除了通过消费者协会这一社会组织来实现外,舆论监督也是重要的社会手段。因此,《消费者权益保护法》第6条第3款规定,大众传播媒介应当做好维护消费者合法权益的宣传,对损害消费者合法权益的行为进行舆论监督。

三、消费者权益争议的解决

(一)争议的解决途径

消费者与经营者发生争议的,可以通过下列途径解决:

1. 与经营者协商和解,即消费者与经营者在平等自愿基础上,就有关争议进行协商,达成解决争议的方案。

2. 请求消费者协会或者依法成立的其他调解组织调解,即由消费者协会或者依法成立的其他调解组织作为第三方,就消费者与经营者之间的有关争议进行协调,使双方达成协议。

3. 向有关行政部门投诉,即向市场监督管理行政机关及其他专业部门申诉。消费者向有关行政部门投诉的,该部门应当自收到投诉之日起7个工作日内,予以处理并告知消费者。

4. 根据与经营者达成的仲裁协议提请仲裁机构仲裁。

5. 向人民法院提起诉讼。对侵害众多消费者合法权益的行为，中国消费者协会以及在省、自治区、直辖市设立的消费者协会，可以向人民法院提起消费者公益诉讼。

(二) 损害赔偿责任主体的确定

1. 消费者在购买、使用商品时，其合法权益受到损害的，可以向销售者要求赔偿。销售者赔偿后，属于生产者的责任或者属于向销售者提供商品的其他销售者的责任的，销售者有权向生产者或者其他销售者追偿。

2. 销售者或者其他受害人因商品缺陷造成人身、财产损害的，可以向销售者要求赔偿，也可以向生产者要求赔偿。属于生产者责任的，销售者赔偿后，有权向生产者追偿。属于销售者责任的，生产者赔偿后，有权向销售者追偿。

3. 消费者在接受服务时，其合法权益受到损害的，可以向服务者要求赔偿。

4. 消费者在展销会、租赁柜台购买商品或者接受服务，其合法权益受到损害的，可以向销售者或者服务者要求赔偿。展销会结束或者柜台租赁期满后，也可以向展销会的举办者、柜台的出租者要求赔偿。展销会的举办者、柜台的出租者赔偿后，有权向销售者或者服务者追偿。

5. 消费者在购买、使用商品或者接受服务时，其合法权益受到损害，因原企业分立、合并的，可以向变更后承受其权利义务的企业要求赔偿。

6. 使用他人营业执照的违法经营者提供商品或者服务，损害消费者合法权益的，消费者可以向其要求赔偿，也可以向营业执照的持有人要求赔偿。

7. 消费者因经营者利用虚假广告或者其他虚假宣传方式提供商品或者服务，其合法权益受到损害的，可以向经营者要求赔偿。广告经营者、发布者发布虚假广告的，消费者可以请求行政主管部门予以惩处。广告经营者、发布者不能提供经营者的真实名称、地址和有效联系方式的，应当承担赔偿责任。

8. 消费者通过网络交易平台购买商品或者接受服务，其合法权益受到损害的，可以向销售者或者服务者要求赔偿。网络交易平台提供者不能提供销售者或者服务者的真实名称、地址和有效联系方式的，消费者也可以向网络交易平台提供者要求赔偿；网络交易平台提供者作出更有利于消费者的承诺的，应当履行承诺。网络交易平台提供者赔偿后，有权向销售者或者服务者追偿。

网络交易平台提供者明知或者应知销售者或者服务者利用其平台侵害消费者合法权益，未采取必要措施的，依法与该销售者或者服务者承担连带责任。

9. 广告经营者、发布者设计、制作、发布关系消费者生命健康商品或者服务的虚假广告，造成消费者损害的，应当与提供该商品或者服务的经营者承担连带责任。

10. 社会团体或者其他组织、个人在关系消费者生命健康商品或者服务的虚假广告或者其他虚假宣传中向消费者推荐商品或者服务，造成消费者损害的，应当与提供该商品或者服务的经营者承担连带责任。

四、违反消费者权益保护法的法律责任

（一）民事责任

1. 应当承担民事责任的行为

消费者权益保护法规定了应当承担民事责任的具体情形：一是商品或者服务存在缺陷的；二是不具备商品应当具备的使用性能而出售时未作说明的；三是不符合在商品或者其包装上注明采用的商品标准的；四是不符合商品说明、实物样品等方式表明的质量状况的；五是生产国家明令淘汰的商品或者销售失效、变质的商品的；六是销售的商品数量不足的；七是服务的内容和费用违反约定的；八是对消费者提出的修理、重作、更换、退货、补足商品数量、退还货款和服务费用或者赔偿损失的要求，故意拖延或者无理拒绝的；九是法律、法规规定的其他损害消费者权益的情形。经营者对消费者未尽到安全保障义务，造成消费者损害的，应当承担侵权责任。

2. 民事责任的具体内容

经营者提供商品或者服务，造成消费者或者其他受害人人身伤害的，应当赔偿医疗费、护理费、交通费等为治疗和康复支出的合理费用，以及因误工减少的收入。造成残疾的，还应当赔偿残疾生活辅助具费和残疾赔偿金。造成死亡的，还应当赔偿丧葬费和死亡赔偿金。经营者侵害消费者的人格尊严、侵犯消费者人身自由或者侵害消费者个人信息依法得到保护的权利的，应当停止侵害、恢复名誉、消除影响、赔礼道歉，并赔偿损失。经营者有侮辱诽谤、搜查身体、侵犯人身自由等侵害消费者或者其他受害人人身权益的行为，造成严重精神损害的，受害人可以要求精神损害赔偿。经营者提供商品或者服务，造成消费者财产损害的，应当依照法律规定或者当事人约定承担修理、重作、更换、退货、补足商品数量、退还货款和服务费用或者赔偿损失等民事责任。经营者以预收款方式提供商品或者服务的，应当按照约定提供。未按照约定提供的，应当按照消费者的要求履行约定或者退回预付款，并应当承担预付款的利息、消费者必须支付的合理费用。依法经有关行政部门认

定为不合格的商品,消费者要求退货的,经营者应当负责退货。

经营者提供商品或者服务有欺诈行为的,应当按照消费者的要求增加赔偿其受到的损失,增加赔偿的金额为消费者购买商品的价款或者接受服务的费用的3倍;增加赔偿的金额不足500元的,为500元。

经营者明知商品或者服务存在缺陷,仍然向消费者提供,造成消费者或者其他受害人死亡或者健康严重损害的,受害人有权要求经营者依照《消费者权益保护法》第49条、第51条等法律规定赔偿损失,并有权要求所受损失2倍以下的惩罚性赔偿。

(二)行政责任

《消费者权益保护法》也对违法侵害消费者权益的经营者规定了行政责任。对有以下情形的经营者,由市场监督行政管理部门或者其他有关行政部门责令改正,可以根据情节单处或者并处警告、没收违法所得、处以违法所得1倍以上10倍以下的罚款,没有违法所得的,处以50万元以下的罚款;情节严重的,责令停业整顿、吊销营业执照:一是提供的商品或者服务不符合保障人身、财产安全要求的;二是在商品中掺杂、掺假,以假充真,以次充好,或者以不合格商品冒充合格商品的;三是生产国家明令淘汰的商品或者销售失效、变质的商品的;四是伪造商品的产地,伪造或者冒用他人的厂名、厂址,篡改生产日期,伪造或者冒用认证标志等质量标志的;五是销售的商品应当检验、检疫而未检验、检疫或者伪造检验、检疫结果的;六是对商品或者服务作虚假或者引人误解的宣传的;七是拒绝或者拖延有关行政部门责令对缺陷商品或者服务采取停止销售、警示、召回、无害化处理、销毁、停止生产或者服务等措施的;八是对消费者提出的修理、重作、更换、退货、补足商品数量、退还货款和服务费用或者赔偿损失的要求,故意拖延或者无理拒绝的;九是侵害消费者人格尊严、侵犯消费者人身自由或者侵害消费者个人信息依法得到保护的权利的;十是法律、法规规定的对损害消费者权益应当予以处罚的其他情形。经营者对行政处罚决定不服的,可以依法申请行政复议或者提起行政诉讼。

《消费者权益保护法》也规定了对经营者的信用惩戒制度,即经营者有侵害消费者权益规定情形的,除依照法律、法规规定予以处罚外,处罚机关应当记入信用档案,向社会公布。

(三)刑事责任

经营者违法提供商品或者服务,侵害消费者合法权益,构成犯罪的,依法追究刑事责任。经营者违反《消费者权益保护法》规定,应当承担民事赔偿责任和缴纳罚款、罚金,其财产不足以同时支付的,先承担民事赔偿责任。

以暴力、威胁等方法阻碍有关行政部门工作人员依法执行职务的，依法追究刑事责任；拒绝、阻碍有关行政部门工作人员依法执行职务，未使用暴力、威胁等方法的，由公安机关依照《治安管理处罚法》的规定处罚。国家机关工作人员玩忽职守或者包庇经营者侵害消费者合法权益的行为的，由其所在单位或者上级机关给予行政处分；情节严重，构成犯罪的，依法追究刑事责任。

| 扩展阅读 |

王某诉陈某网络购物合同纠纷案[1]

2019 年 9 月，原告王某为求学所需，在某二手交易平台中被告陈某处下单购买某品牌笔记本电脑一台，收货后发现该电脑外观磨损严重，无法正常充电使用，后送至官方售后检测发现电脑内部电池鼓胀、有非官方拆改痕迹和非原厂部件，与陈某所宣传的 95 成新明显不符，王某联系陈某退货退款遭拒。王某认为陈某构成欺诈，诉至法院请求陈某退款并按照价款 3 倍赔偿。陈某辩称，其在二手平台处理自用二手物品，不属于消费者权益保护法规定的经营者。

审理法院认为，本次合同成立前，陈某通过其二手平台账号多次销售某品牌电脑等电子设备，非偶然、少量处理闲置物品，超过一般二手闲置物品处理的合理范畴，具有以营利为目的持续性对外出售商品获利的意图，故陈某具有电子商务经营者身份。从双方联系情况来看，双方是以涉案电脑为正品电脑作为交易前提的，而涉案电脑经检查设备内部固态硬盘非原装部件，设备有非官方拆改痕迹，即涉案电脑并非正品二手电脑。被告构成欺诈，应当承担惩罚性赔偿责任，依据《消费者权益保护法》第 55 条之规定，判决陈某退款并按照货款 3 倍赔偿。

闲置物品交易模式是数字经济中的一种典型模式。二手物品交易平台的出现有利于闲置物品的盘活、再利用。但在现实中，有些人在二手交易平台以交易闲置物品的名义进行经营行为，商品出现问题后又以自用闲置物品交易为由拒绝承担经营者责任。本案裁判综合销售者出售商品的性质、来源、数量、价格、频率、收入等情况，认定以营利为目的持续性销售二手商品的销售者应承担经营者责任，有利于更好地维护消费者合法权益，对于类似案件的处理具有借鉴意义。

---

〔1〕《网络消费典型案例》，载最高人民法院官网 2023 年 3 月 15 日，https://www.court.gov.cn/zixun/xiangqing/393481.html。

推荐阅读

(一)参阅论文

1. 明俊:《国外消费者权益保护》,载《团结》2006 年第 5 期。
2. 韩世远:《消费者合同三题:知假买假、惩罚性赔偿与合同终了》,载《法律适用》2015 年第 10 期。
3. 姚佳:《中国消费者法理论的再认识——以消费者运动与私法基础为观察重点》,载《政治与法律》2019 年第 4 期。
4. 王利明:《以人民为中心　不断完善消费者权益保护法律制度》,载《中国市场监管研究》2024 年第 3 期。
5. 任震宇:《〈消费者权益保护法实施条例〉解读》,载《中国食品安全》2024 年第 7 期。

(二)参阅书目

1. 王兴运:《消费者权益保护法》,北京大学出版社 2015 年版。
2. 袁卫国、彭恋:《消费维权纠纷案例与实务》,清华大学出版社 2017 年版。
3. 谢伟主编:《经济法学》,经济科学出版社 2018 年版。
4. 张守文主编:《经济法学》(第 3 版),高等教育出版社 2022 年版。
5.《中华人民共和国消费者权益保护法:案例注释版》,中国法制出版社 2024 年版。